학생 맞춤형 역량교육의 이론과 실천

-학습자 중심 패러다임의 재구성-

구교정 고흔석 양일동 이안정 채민정 곽지순

교육과학사

머리말

우리 교육은 오랫동안 '정답'을 잘 찾아내는 능력을 중심으로 발전해 왔다. 교실에서는 모두가 같은 교과서로 같은 속도와 방식으로 배우는 것이 당연하게 여겨졌다. 교사의 말은 곧 정답이 되었고, 학생은 그것을 빠르고 정확하게 받아 적는 역할을 맡았다. 이러한 교육 방식은 산업화 시대의 인재를 길러내는 데 분명한 역할을 했지만, 동시에 한계도 드러냈다. 서로 다른 재능과 흥미, 배경을 가진 학생들이 각자의 개성과 잠재력을 충분히 발휘하기 어려웠기 때문이다. 암기와 경쟁이 중심이 된 교실에서는 창의적 사고력과 문제 해결력이 점차 약화되었고, 배움은 시험을 위한 기술로 축소되었다.

그러나 이제 교육은 과거의 틀에 머물러 있을 수 없다. 인공지능과 디지털 기술의 비약적인 발전은 지식의 의미 자체를 근본적으로 바꾸어 놓았다. 스마트폰 하나로도 원하는 정보를 손쉽게 얻을 수 있는 시대에 중요한 것은 '얼마나 많이 아는가'가 아니라 '어떻게 사고하고, 협력하며, 새로운 가치를 창출할 수 있는가'이다. 그럼에도 불구하고 여전히 많은 교실은 교사가 중심이 되어 지식을 전달하고, 학생은 받아 적는 일에 머물러 있다. 이로 인해 학교는 사회 변화의 흐름에서 점점 멀어지고, 학생은 배움의 즐거움과 목적을 잃으며, 교사는 행정과 평가 업무에 매몰되어 수업의 본질을 지키기 어려워지고 있다.

이러한 현실 속에서 인구 감소는 교육의 방향을 다시 돌아보게 하는 계기가 되었다. 학생 수의 감소는 단순한 위기가 아니라, 오히려 한 명 한 명의 성장을 세심하게 지원할 수 있는 새로운 기회로 해석할 수 있다. 따라서 교육의 초점은 '평균적인 다수'가 아니라 '각자의 가능성'으로 옮겨져야 한다. 인구가 줄어드는 시대일수록 모든 학생이 자신에게 맞는 속도와 방식으로 배우고 성장할 수 있는 환경이 필요하다. 이를 위해 학생의 흥미와 수준, 재능을 존중하는 맞춤형 학습 체제가 마련되어야 하며, 학교는 획일적인 평가 기준을 넘어 개별의 배움과 성장을 존중하는 공간으로 새롭게 자리 잡아야 한다.

이와 같은 변화는 교육의 중심이 지식 전달에서 학습자의 성장으로 옮겨가고 있음을 보여준다. 이제 학습자 중심 패러다임이 새로운 교육의 핵심으로 부상하고 있다. 미래 사회가 요구하는 인재는 스스로 배우고, 타인과 협력하며, 실제 문제를 해결할 수 있는 사람이다. 이러한 능력은 단편적인 지식이 아니라 지식・기능・태도가 통합된 역량(Competency)을 통해 길러진다. OECD의 학습 나침반 2030(Learning Compass 2030)과 웰빙 2030(Well-Being 2030)은 교육의 목표를 '개인의 행복'과 '사회 전체의 지속가능성'을 두고, 협력・공감・자기 주도성을 핵심 가치로 지원해야 한다고 강조한다. 교육은 경쟁을 통해 승자를 가려내는 과정이 아니라, 모두가 함께 배우고 성장하는 여정이 되어야 한다. 이러한 비전은 학습자의 다양성과 자율성을 존중하는 새로운 교육 철학과도 맥을 같이한다.

교육혁신의 동력은 첨단 기술의 발전에서도 찾아볼 수 있다. 인공지능(AI)은 학습 데이터를 분석하여 학생별 맞춤형 피드백을 제공하고, 가상현실(VR)과 증강현실(AR)은 몰입감 있는 학습 경험을 만들어낸다. 교실은 더 이상 네 벽 안에 머무르지 않는다. 온라인 학습, 지역사회 연계 프로젝트, 메타버스 기반 수업 등으로 배움의 공간은 시공간의 제약을 넘어 확장되고 있다. 이러한 환경 속에서 교사의 역할도 근본적으로 달라지고 있다. 교사는 단순히 지식을 전달하는 사람을 넘어, 학생의 학습 여정을 설계하고 지원하는 '배움의 디자이너'로 변화해야 한다. 학생의 배움을 중심에 두고, 교사는 안내자이자 동반자로서 학습자의 성장을 돕는 존재가 되어야 한다.

학습자 중심 교육이 온전히 자리 잡기 위해서는 교육과정, 수업, 평가가 유기적으로 연계되어야 한다. 백워드 설계(Backward Design)와 이해 중심 교육과정(Understanding by Design, UbD)은 학습 목표를 중심으로 수업과 평가를 통합적으로 설계하는 방식을 제시한다. 학교는 더 이상 정답을 암기하는 공간이 아니라, 사고력과 협업 능력, 태도의 성장을 관찰하고 기록하는 공간으로 바뀌어야 한다. 평가 또한 점수를 매기는 절차를 넘어, 학생의 성장 과정을 세밀하게 피드백하는 학습의 일부로 기능해야 한다. 성적이 아닌 성장을 중심에 둔 교육이 이루어질 때, 학교는 비로소 배움의 본질을 회복할 수 있다.

이러한 교육의 전환 방향은 2022 개정 교육과정에서도 분명하게 드러난다. 이 개정은 단순한 지식 전달을 넘어 개념의 깊은 이해와 탐구를 강조하며, 학생이 학습의 의미를 스스로 구성하고 실생활과 연계할 수 있도록 돕는다. 배운 내용을 실제 삶 속에서 활용하며 지속가능한 역량으로 발전시킬 수 있도록 설계된 것이다. 따라서 학교 교육의 중심은 '무엇을 가르칠 것인가'에서 '어떻게 배우고 성장할 것인가'로 이동해야 한다. 학생 맞춤형 역량교육은 이러한 변화의 중심에 있으며, 지식 중심 교육의 한계를 넘어 학생을 진정한 배움의 주체로 세우는 새로운 교육 패러다임이다.

이 책은 바로 이러한 시대적 흐름 속에서 학생 맞춤형 역량교육의 이론과 실천을 체계적으로 다루고자 하였다. 제1장에서는 지식 중심 교육의 한계를 분석하고, 사회·기술 변화에 따른 역량 중심 교육의 필요성을 제시하였다. OECD, EU, IB, 핀란드 등의 국제 사례를 통해 역량 중심 교육의 흐름을 살펴보고, 2007년부터 2022년까지 우리나라 교육과정의 변화를 분석하여 발전 방향을 정리하였다. 제2장에서는 구성주의와 자기주도성을 기반으로 한 학생 맞춤형 교육의 철학적 기초를 다루고, 2022 개정 교육과정 속에서 다양성과 선택의 원리가 구현된 실제 학교 사례를 소개하였다.

이어 제3장에서는 역량 중심 교육과정의 설계 원리와 성취기준 재구조화, 그리고 교육과정·수업·평가의 통합적 설계 방안을 구체적으로 제시하였다. 제4장에서는 탐구 중심과 협력 중심의 수업 구조, 수준별 수업과 개별화 전략 등 학습자 중심 수업 설계 방안을 다루었으며, 제5장에서는 수행평가와 루브릭을 기반으로 한 과정 중심 평가의 철학과 실천을 제시하였다.

제6장에서는 학교 자율성을 높이기 위한 정책 지원 체계와 현장 피드백 구조를 분석하고, 인공지능, 시민성, 진로 교육 등 미래형 학교 운영 방향을 제안하였다. 마지막으로 제7장에서는 성적 중심이 아닌 성장 중심 교육의 본질을 다시 조명하

며, 현실적인 제약 속에서도 이를 실현하기 위한 실행 전략과 비전을 구체적으로 제시하였다.

교육은 단순히 지식을 전달하는 일을 넘어, 한 사람의 삶과 성장을 이끌어 가는 과정이다. 우리 교육이 나아가야 할 길은 이미 명확하다. 경쟁보다 협력, 암기보다 역량, 정답보다 성장을 지향하는 교육이 바로 그 길이다. 이 책이 그 길을 함께 걷는 교사, 연구자, 그리고 정책 입안자들에게 실질적인 통찰과 용기를 전하는 나침반이 되기를 바란다. 변화의 길목에서 새로운 교육의 방향을 모색하고 실천하는 모든 이들에게 따뜻한 영감과 작은 빛이 되기를 기대한다.

2026년 1월

집필진

차 례

제 1 장

교육 패러다임의 전환과 역량 중심 교육의 부상

1.1 미래 사회를 대비한 역량 중심 교육의 필요성

1.1.1 지식 전달 중심 교육의 한계와 변화 요구

가. 지식 중심 교육의 한계

오랫동안 학교는 교과서와 시험이 중심이 되는 공간으로 인식되어 왔다. 교사가 설명하고 학생이 받아 적는 장면은 너무나 익숙했고, 수업은 늘 정해진 시간표와 진도표에 맞춰 진행되었다. 짧은 시간 안에 많은 내용을 전달하는 데에는 효과적이었지만, 시험이 끝나면 머릿속에 남는 것은 많지 않았다. 외운 지식은 금세 사라지고, 배움은 점수를 얻기 위한 활동으로 남았다. 학습의 즐거움은 점차 의무감으로 바뀌었고, 학생들에게 공부는 스스로 성장하기 위한 과정이 아닌 '해야만 하는 일'로 인식되기 시작했다.

이러한 교육은 모든 학생이 동일한 속도로 동일한 방법으로 배운다는 전제를 깔고 있었다. 같은 교재로 같은 속도에 맞추어 진행되는 수업 속에서 어떤 학생은 따라가기 벅차 숨이 찼고, 또 어떤 학생은 이미 알고 있는 내용을 반복하며 지루함을 느꼈다. 배움의 개별성은 고려되지 못했고, '학생 중심'이라는 말은 교실 밖에서만 맴돌았다. 그 결과 수업은 점차 획일화되었고, 학생들은 스스로 배우는 주체가 아니라 '듣는 존재'로 남았다.

평가의 방식 또한 배움의 본질을 충분히 반영하지 못했다. 점수와 등수는 학생의 능력을 한 줄의 숫자로 단순화했고, 비교와 경쟁의 문화는 학급의 일상으로 자리 잡았다. 높은 점수를 받은 학생은 인정받았지만, 그렇지 못한 학생은 쉽게 소외되었다. 협력보다는 서열이 강조되고, 학습의 과정보다는 결과가 우선시되었다. 배움 속에서 느끼는 성취와 성장의 기쁨은 점차 사라져 갔다.

교사 또한 이러한 구조에서 자유롭지 못했다. 교사는 '배움을 설계하는 전문가'이기보다, 정해진 내용을 효율적으로 전달하는 전달자의 역할에 머물렀다. 수많은 행정 업무와 평가 부담 속에서 학생 한 명 한 명의 마음을 깊이 살피기란 어려웠다. 창의적인 수업을 기획할 여유는 줄어들었고, 교실은 점점 규율과 절차를 따르는 공간으로 변했다(1). 교사의 자율성과 전문성은 제한되었으며, 학교는 살아 있는 배움의 장이라기보다 관리와 통제의 체계로 굳어져 갔다.

나. 산업화 교육 유산과 변화의 필요

우리 교육의 구조적 한계는 단순히 교실 안에서 비롯된 것이 아니다. 그 뿌리는 산업화 시대가 남긴 교육의 유산에 있다. 빠른 경제 성장과 대량의 인재 양성을 목표로 했던 산업화 사회에서 학교는 효율과 규율을 중시하는 '공장형 시스템'으로 운영되었다. 종이 울리면 수업이 시작되고, 학생들은 교사의 지시에 맞추어 일제히 학습했다. 이 체계는 일정한 지식을 정확하게 전달하는 데에는 효과적이었지만, 개성과 창의성, 자율적 사고를 기르는 데에는 명확한 한계를 보였다.

이러한 교육 모델은 학생을 수동적인 존재로 만들었다. 학생들은 주어진 정답을 외우는 데 익숙해졌고, 스스로 문제를 정의하거나 협력 속에서 해결책을 찾아가는 경험은 부족했다. 학교는 생각의 다양성을 키우는 공간이 아니라, 정답을 빠르게 찾아내는 훈련장이 되어버렸다. 사회는 빠르게 변했지만, 학교의 풍경은 오랫동안 그대로 머물렀다(2).

이제 교육은 산업화의 틀을 넘어야 한다. 학생이 모두 다르다는 사실을 인정하고, 각자의 속도와 흥미, 발달 수준에 맞춘 학습이 이루어져야 한다. 배움은 더 이상 시험을 위한 과정이 아니라, 삶 속에서 스스로 배우고 성장하는 경험이 되어야 한다. 지식을 얼마나 많이 아느냐보다 그 지식을 어떻게 삶에 연결할 수 있는지가 중요하다. 이러한 변화는 단순히 교수법의 개선이 아니라 교육의 존재 이유를 다시 묻는 일이다. 교육은 더 이상 정답을 찾는 훈련이 아니라, 불확실한 세상 속에서 스스로 배우고 함께 살아갈 힘을 기르는 과정이어야 한다[3].

1.1.2 사회 · 기술 환경 변화에 따른 역량 중심 교육 도입 배경

가. 사회 · 기술 변화와 교육의 혁신

21세기에 들어서면서 사회와 기술은 그 어느 때보다 빠르게 변화하고 있다. 인공지능과 디지털 기술의 눈부신 발전은 인간의 삶과 일터를 완전히 바꾸어 놓았다. 이제 학생들은 단순히 지식을 습득하는 것을 넘어, 데이터를 분석하고 기술을 활용하며 문제를 해결하는 역량을 길러야 한다. 기후 위기의 심화는 또 다른 교육적 과제를 던진다. 지속가능한 사회를 만들기 위해 학생들은 생태 감수성과 환경 윤리를 배우고, 과학적이면서도 윤리적인 시각으로 세상을 바라볼 필요가 있다.

오늘날의 사회는 정답이 존재하지 않는 문제로 가득하다. 다양성과 유동성이 커지는 사회에서 단순한 암기나 모범 답안 중심의 교육으로는 변화에 대응할 수 없다. 이제 교육의 초점은 '얼마나 많이 알고 있는가'에서 '무엇을 실제로 할 수 있는가'로 이동해야 한다. 창의적으로 사고하고, 비판적으로 성찰하며, 다양한 관점을 이해하고 협력할 수 있는 능력이 미래 사회를 살아가는 데 필요한 필수 역량이다.

이러한 변화의 흐름 속에서 등장한 것이 바로 역량 중심 교육(Competency-Based Education, CBE)이다. 이는 학생이 단순히 지식을 배우는 것을 넘어, 실제 상황 속에서 문제를 해결하고 타인과 협력하며 스스로 배우는 힘을 기르는 교육 패러다임이다. 수학 시간이라면 정답을 빠르게 맞히는 것보다, 왜 그렇게 풀었는지 설명하고 다른 해결 방법을 찾아보는 과정이 더 중요하다. 배움이 교실을 넘어 삶으로 확장되는 교육, 그것이 바로 역량 중심 교육의 핵심이다[4].

나. 역량 중심 교육의 확산

역량 중심 교육의 철학은 국제 사회가 지향하는 교육의 방향과 맞닿아 있다. OECD의 교육 2030 학습 프레임워크(Learning Framework 2030)는 창의성, 자기주도성, 협업, 문제 해결력, 시민성과 같은 핵심 역량을 제시하며, 배운 지식이 실제 삶의 문제 해결로 이어져야 함을 강조한다(5). 유럽연합(EU) 역시 평생학습을 위한 핵심역량(Key Competences for Lifelong Learning)을 통해 평생학습 역량의 중요성을 명확히 하고 있다(6).

우리나라 역시 이러한 변화의 흐름에 발맞추고 있다. 2015 개정 교육과정에서는 처음으로 '핵심역량'이 도입되어, 자기관리 · 지식정보처리 · 창의적 사고 · 의사소통 · 심미적 감성 · 공동체 역량 등 여섯 가지 역량을 중심으로 교육과정이 재구성되었다. 이어 2022 개정 교육과정에서는 학생의 자기주도성과 학습 선택권을 강화하여 각자의 진로와 흥미에 맞는 학습 경로를 설계할 수 있도록 했다. 교사는 지식을 전달하는 역할에서 벗어나, 학습을 설계하고 지원하는 전문가로 변화하고 있다(7).

평가 방식 또한 변하고 있다. 점수 중심의 시험 대신, 루브릭 기반의 수행평가, 자기 · 동료 평가, 포트폴리오 평가 등 과정 중심 평가가 확산되었다. 평가는 이제 '누가 더 잘했는가'를 가리기보다 '어떻게 성장하고 있는가'를 살피는 과정으로 진화하고 있다. 디지털 기술 또한 평가의 변화에 중요한 역할을 한다. 예를 들어 '수평기 하나로' 플랫폼은 수업, 평가, 기록의 전 과정을 하나의 체계로 연결하여, 교사와 학생 모두에게 효율적이고 일관된 학습 환경을 제공한다(8, 9).

연구 결과도 이러한 변화를 뒷받침한다. 국내 중학교에서는 역량 중심 수업을 받은 학생들이 그렇지 않은 학생들보다 핵심역량이 높게 나타났고(10), 의학교육 분야에서도 실습과 평가가 유기적으로 연계된 수업이 학생의 학습 동기와 이해도를 향상시킨 것으로 보고되었다(11).

이러한 맥락에서, 역량 중심 교육은 단순한 교수법의 변화가 아니라 교육의 철학적 전환이라 할 수 있다. 학생이 자기 삶을 주도하고, 타인과 협력하며 살아가는 힘을 기르기 위해서는 교사의 역할 변화, 유연한 교육과정 운영, 새로운 평가 체계,

학교 문화의 혁신이 함께 이루어져야 한다. 앞으로의 교육은 "무엇을 가르칠 것인가"보다 "어떤 사람으로 성장할 것인가"를 묻는 교육이어야 한다. 역량 중심 교육은 바로 그 물음에 대한 실천적 답이자, 학교가 다시 '배움의 본질'을 회복할 수 있는 새로운 길을 제시한다.

탐구 질문

1. 교사는 왜 여전히 지식 전달자 역할에 머무르는가, 그리고 이를 변화시키기 위한 구체적 방안은 무엇인가?
2. 산업화 교육의 유산은 오늘날 교실에서 어떤 형태로 재생산되고 있으며, 이를 극복하기 위한 실천적 대안은 무엇인가?
3. 역량 중심 교육은 학생의 삶과 학습을 어떻게 변화시키며, 그 효과를 측정하기 위한 평가는 어떤 방식이어야 하는가?

1.2 역량에 대한 국내외 동향과 정책 방향

1.2.1 국내 역량 연구 동향 및 교육과정 변화

가. 국내 역량 연구 동향

핵심역량 교육은 단순히 지식을 배우는 데서 멈추지 않는다. 학생이 실제 생활 속에서 문제를 해결하고, 다른 사람과 협력하며, 스스로 배우고 성장할 수 있는 힘을 기르는 것을 목표로 한다. 이러한 교육의 필요성을 인식한 국내 연구자들은 핵심역량의 개념을 정립하고, 미래 교육이 나아가야 할 방향을 찾기 위한 연구를 꾸준히 이어왔다.

1) 개념의 도입과 정립

핵심역량에 대한 논의는 국제사회의 움직임에서 출발하였다. OECD의 「학습 나침반 2030(Learning Compass 2030)」, EU의 「평생학습을 위한 핵심역량(Key Competences for Lifelong Learning)」, 국제 바칼로레아(International Baccalaureate, IB) 교육과정, 핀란드의 범교과 역량 등은 모두 역량을 단순한 지식의 산물이 아니라 미래 사회를 살아가기 위해 필요한 필수 능력으로 정의하였다. 이러한 국제적 논의는 우리나라 교육에도 큰 영향을 미쳤으며, 학생이 배운 지식을 어떻게 활용할 것인가에 대한 근본적인 성찰을 이끌어 냈다.

우리나라는 2000년대 초반부터 이러한 국제적 논의를 바탕으로 핵심역량의 개념을 적극적으로 도입하였다. 이후 2015 개정 교육과정에서 핵심역량이 처음으로 국가 교육과정에 공식 반영되었고, 이를 계기로 교과별 연구, 학교급별 적용 방안, 정책 분석이 활발히 전개되었다. 더불어 2024년에는 한국핵심역량교육학회가 발간하는 「핵심역량 교육 연구학회지(Journal of Core Competency Education Research)」가 KCI 등재 학술지로 승격되면서, 핵심역량 교육이 하나의 독립된 학문 분야로 자리 잡았음을 보여주었다[(12)]. 이러한 흐름은 단순한 제도적 성과를 넘어, 우리나라 교육이 지식 중심의 전통에서 벗어나 학생의 삶과 미래 역량을 중시하는 새로운 교육 패러다임으로 전환하는 중요한 전기가 되었다.

2) 학교 현장으로의 확산

2010년대 중반 이후에는 핵심역량이 이론적 논의를 넘어 실제 학교 현장으로 확산되었다. 교수·학습 연구자와 교사들은 각 교과의 특성에 맞게 핵심역량을 구체적으로 구현하기 위한 실천적 방안을 모색하였다. 국어과는 단순한 독해 중심 수업에서 벗어나 글을 비판적으로 읽고 자신의 생각을 논리적으로 표현하며, 토론을 통해 타인의 의견을 존중하고 소통하는 능력을 기르는 방향으로 변화하였다. 과학과는 학생 주도형 탐구 수업을 중심으로 문제를 발견하고 가설을 세우며 실험을 설계하는 과정을 통해 협력과 창의성을 함께 기르는 데 중점을 두었다. 수학과는 프로젝트 기반 학습을 확대하여 실생활 속 문제를 해결하는 과정에서 수학 개념을 적용하도록 하였고, 사회과는 다양한 사회 현상을 분석하고 여러 관점을 탐색하면서 비판적 사고력과 협업 역량을 강화하였다.

이러한 교과별 변화와 함께 '수업-평가-기록의 일관성'을 강조하는 흐름이 확산되었다. 루브릭 기반 수행평가, 자기・동료 평가, 포트폴리오 평가 등 과정 중심 평가가 본격적으로 도입되면서 학생이 단순히 결과를 내는 것이 아니라 학습의 과정을 통해 성장하는 것이 교육의 핵심 가치로 인식되었다. 이로써 학생의 사고 과정과 학습 경험을 존중하고, 수업과 평가가 자연스럽게 연결되는 교육 문화가 형성되었다.

3) 제도적 정착과 실천

2015 개정 교육과정은 핵심역량을 국가 교육과정의 중심에 제도적으로 정착시킨 중요한 계기였다. 국가 차원에서 여섯 가지 핵심역량(자기관리, 지식정보처리, 창의적 사고, 심미적 감성, 의사소통, 공동체 역량)이 명확히 제시되었고, 이를 교과별 성취기준과 연계한 교육과정이 새롭게 개발되었다. 학교 현장에서는 교사들이 전문적 학습공동체(PLC)를 중심으로 협력하며, 핵심역량을 수업에 반영하기 위한 다양한 시도를 이어갔다. 교사들은 함께 수업을 설계하고 평가 기준을 공유하며, 학생이 주도적으로 참여할 수 있는 학습 환경을 조성하였다.

특히 코로나19 이후 온라인 수업이 폭발적으로 늘어나면서 디지털 기술의 발전은 수업과 평가의 방식에 큰 변화를 가져왔다. 온라인 협업 플랫폼과 학습 분석 도구를 활용해 사고 과정을 시각화하고 학습 데이터를 분석함으로써, 교사는 학생에게 개별 맞춤형 피드백을 제공할 수 있게 되었고, 학생은 스스로 학습을 돌아보며 성찰하는 경험을 할 수 있었다.

이러한 변화는 다양한 실증 연구를 통해 효과가 검증되었다. 2022년 서울의 5개 중학교 150명을 대상으로 한 연구에서는 자기 주도 학습 기반 핵심역량 강화 프로그램이 학생의 학습 동기와 문제 해결력을 유의미하게 향상시켰으며($p < .05$)[13], 2024년에는 4개 학교 200명을 대상으로 한 프로젝트형 수학 수업 연구에서 문제

해결력과 협업 태도의 개선이 보고되었다[14]. 사회과 토론 수업 연구에서도 학생들의 비판적 사고력과 의사소통 능력이 향상된 것으로 나타났다[15]. 그러나 대부분의 연구가 단기적 효과에 초점을 맞추고 있어, 학습의 변화가 장기적으로 유지되는지를 살펴보는 종단 연구는 여전히 부족하다. 향후에는 학생의 학습 과정을 장기적으로 관찰하고, 다양한 평가 도구를 결합한 체계적인 연구가 필요하다.

4) 미래 대응과 확장

2020년대 이후 핵심역량 연구는 사회적·기술적 변화에 대응하며 새로운 방향으로 확장되고 있다. 디지털 리터러시, 인공지능 소양, 지속가능발전(ESD), 시민성, 윤리적 판단력 등 새로운 사회적 역량이 교육의 중요한 요소로 포함되면서 핵심역량은 학교 교육을 넘어 생애 전반에서 요구되는 미래형 학습 능력으로 발전하고 있다.

평가의 방식 또한 점점 다양해지고 있다. 점수 중심의 평가에서 벗어나 학습 과정, 협력 능력, 문제 해결 태도 등을 중시하는 과정 중심 평가가 확대되었으며, 루브릭 수행평가, 자기·동료 평가, 포트폴리오 평가가 일반화되었다. 이러한 변화는 학생이 학습의 주체로서 스스로 성장의 방향을 찾아가도록 돕는 긍정적인 평가 문화로 이어졌다.

또한, 핵심역량을 체계적으로 측정하기 위한 다양한 진단 도구가 개발되었다. 대표적인 예로 우리나라형 대학생 핵심역량 진단도구(Korea Collegiate Essential Skills Assessment, K-CESA)가 있다[16]. 이 도구는 자기관리, 의사소통, 종합적 사고력, 자원 및 정보 활용, 대인관계, 글로벌 역량의 여섯 영역을 측정하여 학생의 강점과 보완점을 파악하고, 개인 맞춤형 성장 자료로 활용할 수 있도록 설계되었다.

최근에는 문항 신뢰도와 타당도를 높이고 문항 은행을 구축함으로써, 대학뿐 아니라 초·중등 교육 현장에서도 활용 범위가 확대되고 있다. 한편, 한국교육과정평가원의 디지털 기반 평가 시스템(KICE-eAssessment)을 운영하며, 인공지능 분석 기능을 통해 학생의 학습 데이터를 실시간으로 분석하고 교사에게 피드백을 제공하는 체계를 마련하였다[17]. 이러한 디지털 평가 방식은 학생의 학습 동기를 높이고 개념 이해를 심화하는 데 긍정적인 효과를 보였으나, 학교 간 인프라 격차와 교사 간 디지털 역량 차이는 여전히 해결해야 할 과제로 남아 있다.

나. 국내 역량 교육과정의 변화

1) 2007 개정 교육과정: 핵심역량 개념의 언급

2007 개정 교육과정은 우리나라에서 처음으로 '역량(Competency)'이라는 개념을 담아낸 시기라는 점에서 특별한 의미를 가진다. 당시 OECD의 핵심역량 정의와 선별(Definition and Selection of Competencies, DeSeCo) 프로젝트의 영향을 받아 "학교 교육은 단순히 지식을 전달하는 데 그치지 않고 실제 생활에서 활용할 수 있는 능력을 길러야 한다"는 요구가 높아졌다[(18)]. 이 시기의 변화는 지식 중심 교육에서 탈피하려는 세계적 흐름과 맞물려 있었다는 점에서 의미가 크며, 우리 교육도 단순한 성취보다 '삶에 적용되는 학습'의 가치를 자각하기 시작한 것이다.

이러한 흐름 속에서 2007 개정 교육과정은 교과 중심 성취 기준을 보완하고, 학생이 균형 있게 성장할 수 있도록 총론 차원에서 역량 개념을 부분적으로 반영했다. 그러나 이때의 역량은 오늘날처럼 구체적이고 체계적으로 정리된 '핵심역량'은 아니었고, 주로 '기초 능력'이나 '기본 능력' 수준에 머물렀다[(19)]. 예를 들어 의사소통, 자기 주도적 학습, 문제 해결과 같은 능력이 강조되기는 했지만, 교과별 성취 기준이나 실제 수업·평가와 직접 연결되지는 못했다. 따라서 2007 개정 교육과정은 본격적인 핵심역량 교육이 제도화되기 전, 그 방향을 미리 보여준 준비 단계로 평가된다. 이는 역량 중심 교육의 철학적 씨앗이 뿌려진 시기였다고 볼 수 있으며, 제도적 완성도는 낮았지만 이후 개정 교육과정의 방향성을 예고한 전환의 출발점이었다.

한편 학교 현장에서의 적용에는 한계가 있었다. 총론에서는 역량이 강조되었지만, 교과 교육과정에는 구체적인 지침이 부족해 교사들이 수업이나 평가에 반영하기가 쉽지 않았다. 일부 학교에서는 의사소통이나 문제 해결 같은 능력을 수업에 포함하려는 시도가 있었지만, 이는 교사 개인의 자율적인 노력에 머물렀을 뿐 체계적이고 지속적인 실행으로 이어지지는 못했다. 이러한 점은 정책적 담론과 학교 현장의 실행 간의 괴리를 보여주며, 역량 교육이 선언적 구호에 머물지 않으려면 교사 지원 체계와 평가 패러다임의 변화가 병행되어야 함을 시사한다.

2) 2009 개정 교육과정: 역량 중심 교육으로 전환의 출발점

2009 개정 교육과정은 2007 개정 교육과정에서 처음 언급된 '역량' 개념을 한 단계 발전시켜, 우리 교육이 본격적으로 역량 중심 교육으로 전환할 것임을 공식적으로 예고한 출발점이 되었다. 이 시기의 교육과정은 학생의 능력을 단순한 지식 습득에 그치지 않고, 실제 생활과 사회 속에서 활용할 수 있는 방향으로 확장하려 했다. 또 교과별 성취기준을 제시하여 교육 목표를 보다 구체화하였는데, 이는 이후 역량 기반 교육과정의 밑거름이 되었다[20]. 이러한 변화는 교육의 본질을 '무엇을 아는가'에서 '무엇을 할 수 있는가'로 옮기려는 시도로, 우리나라 교육이 세계적 흐름에 발맞추어 구조적 변화를 모색하기 시작했다는 점에서 의미가 크다.

그러나 여전히 교과 지식 중심의 성격이 강해, 역량이 수업과 평가 전반에 체계적으로 반영되지는 못했다. 그럼에도 2009 개정 교육과정은 "지식 중심에서 역량 중심으로"의 흐름을 제도적으로 드러낸 중요한 이정표였다. 이 시점의 시도는 완성이라기보다 방향 설정의 성격이 강했으며, 이후 교육과정 개정의 논리적 기반을 제공했다는 점에서 역사적 의미를 지닌다.

특히 '학년군 체계'의 도입은 학교 현장의 자율성과 교육과정 운영의 유연성을 넓히는 계기가 되었다. 이로써 단편적인 지식 암기식 수업에서 벗어나, 학생들이 개념을 깊이 이해하고 스스로 문제를 해결할 수 있는 학습 구조로 전환하려는 시도가 가능해졌다. 또한 교육과정을 핵심 개념 중심으로 재구성하도록 유도함으로써, 학생들이 개념 간의 관계를 탐색하고 다양한 상황에 적용할 수 있는 기회를 넓혔다. 이는 곧 '지식정보처리 역량'을 기르는 토대가 되었다. 이러한 변화는 단순한 제도 개편을 넘어, 수업의 본질을 재구조화하려는 의미 있는 실험이었다고 볼 수 있다.

아울러 집중이수제를 통해 특정 교과를 깊이 있게 학습할 수 있는 기회가 마련되었다. 학생들은 스스로 학습 계획을 세우고 실천하는 경험을 쌓으면서 '자기관리 역량'과 '자기 주도 학습 능력'을 키울 수 있었다(21). 이는 학습의 주체를 교사에서 학생으로 이동시키려는 첫걸음이었다는 점에서 교육 패러다임 전환의 상징적 의미를 갖는다. 무엇보다 큰 변화는 '창의적 체험활동'의 전면 도입이었다. 자율활동, 동아리 활동, 봉사활동, 진로활동을 통해 학생들은 교과 수업을 넘어 학교생활 전반에서 균형 있게 성장할 수 있었다. 이를 통해 공동체 의식, 의사소통 능력, 진로 탐색 능력 등 비인지적 역량이 학교 현장에 조금씩 뿌리내리기 시작했다. 이는 역량 중심 교육이 단순한 정책 용어가 아니라, 실제 학교 경험 속에서 의미를 갖기 시작한 전환점이었다.

하지만 한계도 뚜렷했다. 여전히 교실 수업은 교사 중심의 설명식·전달식 방식에서 크게 벗어나지 못했고, 성취 기준과 평가는 지필시험과 점수 위주로 운영되었다. 이 때문에 교육과정 설계, 수업 운영, 평가, 기록이 유기적으로 연결되지 못했고, 학생들이 실제 수업 속에서 어떤 역량을 발휘했는지를 제대로 진단하거나 증명하기 어려웠다. 따라서 2009 개정 교육과정은 역량 중심 교육으로 나아가기 위한 의미 있는 출발점이었지만, 핵심역량이 학교 현장에 안착하기 위해서는 이후 더 구조적이고 지속적인 제도적 지원이 필요함을 보여주었다.

3) 2015 개정 교육과정: 핵심역량 중심 교육의 본격화

2015 개정 교육과정은 우리 교육이 지향해야 할 목표를 '핵심역량'에 두고, 이를 총론에 처음으로 명시한 상징적인 교육과정이었다. 이는 단순히 지식을 전달하는 기존의 교육에서 벗어나 학생들이 변화하는 미래 사회 속에서 자신의 삶을 주도적으로 설계하고 이끌어 갈 힘을 기르는 것을 학교 교육의 본질적인 목표로 삼겠다는 선언이었다. 동시에 학생 개인의 성장뿐 아니라 공동체의 발전에 기여하는 책임 있는 시민으로 길러내는 데에도 초점을 맞췄다(22). 교육이 단지 개인의 성취를 넘어서 사회적 책임과 연대를 포괄하는 방향으로 진화했음을 보여준다.

[그림 1-1] 2015 개정 교육과정의 핵심역량

이 교육과정은 [그림 1－1]과 같이 여섯 가지 핵심역량을 제시했다. 자기관리 역량은 학습과 삶의 목표를 세우고 실천하며 조절하는 능력을, 지식정보처리 역량은 다양한 자료를 탐색·분석해 새로운 지식으로 재구성하고 문제 해결에 활용하는 능력을 뜻한다. 창의적 사고 역량은 기존 지식을 토대로 새로운 아이디어를 만들어내고 복잡한 문제를 창의적으로 해결하는 힘을, 심미적 감성 역량은 문화와 예술을 향유하고 아름다움을 느끼며 삶의 가치를 높이는 감수성을 의미한다. 또한 의사소통 역량은 말하기·쓰기·듣기 등 다양한 방식으로 생각을 표현하고 타인의 의견을 수용하며 의미 있게 소통하는 능력을, 공동체 역량은 사회 구성원으로서 문제에 관심을 가지고 협력하며 책임 있게 참여하는 태도를 뜻한다. 이 여섯 가지 역량은 특정 교과에 국한되지 않고, 모든 교과와 학교 활동 전반에서 길러야 할 핵심 목표로 설정되었다[23].

핵심역량은 단순한 선언에 머물지 않고 교과 성취기준 속에 구체적으로 반영되었다. 교사들은 이를 바탕으로 수업 목표를 세우고 학습 활동을 설계했으며, 학생들이 수업 과정에서 자연스럽게 역량을 발휘할 수 있도록 수업을 운영했다. 예를 들어 과학 수업에서는 탐구 과정을 통해 문제를 발견하고 실험을 설계하며 결론을 도출하는 활동으로 '지식정보처리 역량'과 '창의적 사고 역량'을 길렀다. 국어 수업에서는 글쓰기, 토론, 협력 과제를 통해 '의사소통 역량'과 '공동체 역량'을 동시에 기를 수 있었다[24]. 이러한 변화는 교실이 단순한 지식 전달의 공간이 아니라, 학생이 스스로 사고하고 표현하며 협력하는 '학습의 장'으로 전환되었음을 보여준다.

또한 교과별로 특화된 역량 체계도 제시되었다. 국어는 의사소통과 자기 성찰・계발 역량, 수학은 문제 해결・추론・정보처리 역량, 과학은 탐구와 과학적 의사소통 역량, 체육은 건강 관리와 신체 활동 역량, 예술은 심미적 감성과 창의적 표현 역량 등을 중심으로 구성되었다[25]. 이러한 교과별 역량은 핵심역량이 실제 교과 목표와 수업 활동 속에서 작동하도록 하는 장치였다.

평가 방식에도 큰 변화가 있었다. 기존의 지필시험 중심 평가에서 벗어나, 성취기준에 기반한 루브릭 평가, 수행평가, 자기 성찰 평가 등 과정 중심 평가가 확대되었다. 교사들은 점수 대신 서술형 기록을 활용해 학교생활기록부에 학생의 역량 발현 정도를 구체적으로 기술했으며, 이를 통해 수업-평가-기록이 유기적으로 연결되는 체계가 마련되었다[26]. 이처럼 2015 개정 교육과정이 지향했던 역량 중심 교육이 실제 수업 현장과 학생 성장 기록에 실질적으로 반영된 제도적 정착기로 평가된다.

4) 2022 개정 교육과정: 학습자 주도성과 실천 중심의 심화

2022 개정 교육과정은 2015년의 역량 중심 교육 철학을 계승하면서도 한 단계 더 발전하여 학생 주도성, 실천 중심 수업을 더욱 뚜렷하게 드러냈다. 단순히 역량을 나열하는 수준을 넘어, 개념 기반 교육과정을 토대로 핵심 아이디어와 함께 지식 이해-과정 기능-가치・태도라는 역량의 요소를 반영해 설계되었다. 성취 기준 또한 "알고-하고-가치까지 담아내는" 구조로 개편되어 교수・학습과 평가를 이끄는 중심 기준이 되었다.

[그림 1-2] 2022 개정 교육과정의 핵심역량

[그림 1-2]에서 제시된 여섯 가지 핵심역량, 즉 자기관리 역량, 지식정보처리 역량, 창의적 사고 역량, 심미적 감성 역량, 협력적 소통 역량, 공동체 역량을 모든 교과와 수업 활동에 통합적으로 길러내도록 설계했다[27]. 이 역량들은 학생들이 단순히 지식을 습득하는 것을 넘어 스스로 판단하고 문제를 해결하며 협력할 수 있는 주도적 민주시민으로 성장하도록 이끈다. 특히 2015 개정 교육과정에서 의사소통 역량이 표현과 이해에 초점을 두었다면, 2022 개정 교육과정의 협력적 소통 역량은 협력 과정 속에서 의미를 만들고 문제를 해결하는 능력까지 강조했다[28]. 이는 학교가 더 이상 개인의 성취를 중심으로 운영되는 공간이 아니라, 공동체적 배움과 협업이 일어나는 사회적 장으로 변화하고 있음을 보여준다.

이러한 변화는 교과 차원에서도 구체적으로 반영되었다. 성취기준은 핵심 아이디어 및 내용 체계와 긴밀히 연결되어 제시되었으며, 교사는 이를 토대로 단순한 지식 전달을 넘어 학생의 삶과 연계된 깊이 있는 수업을 설계할 수 있게 되었다[29]. 그 결과, 교실은 질문과 탐구 중심의 배움의 장으로 변화되고 있고, 학습자는 스스로 사고하고 탐구하는 과정을 통해 주도성을 기르게 되었다. 이는 '어떻게 배우는가'에 초점을 맞춘 교육의 방향 전환을 보여주는 것으로, 이러한 수업의 변화는 학생을 배움의 주체로 성장시키는 중요한 전환점이 되었다고 할 수 있다.

수업 운영 방식 역시 크게 달라졌다. 프로젝트 기반 학습(PBL), 협력학습, 지역사회 연계 활동이 활발해지면서 학생들은 실제 생활의 문제를 탐구하며 비판적 사고력, 창의적 문제 해결력, 그리고 소통 능력을 함께 기르게 되었다. 또한 교육과정을 유연하게 운영함으로써 학생들은 선택 과목이나 모듈형·블록형 수업을 통해 자신의 진로와 흥미에 맞는 학습 경로를 직접 설계할 수 있게 되었다. 이를 통해 자기관리 역량과 진로 개발 역량이 한층 강화되었으며[30], 학생의 자율성과 책임감을 기르는 역량 중심 교육이 구체적으로 실현되었다.

평가의 영역에서도 변화가 이어졌다. 루브릭, 포트폴리오, 자기 성찰 평가 등 질적·과정 중심 평가가 확대되었고, 디지털 기반 평가 시스템인 '수평기 하나로'의 도입으로 학생의 참여, 사고 과정, 협업 활동이 실시간으로 시각화되고 누적 기록될 수 있게 되었다[31]. 이로써 수업-평가-기록이 유기적으로 연결되는 구조가 마련되었고, 학생의 학습 과정을 존중하며 성장의 궤적을 구체적으로 드러내는 평가 문화가 자리 잡았다.

이러한 일련의 변화는 단순한 교수·학습 방법의 혁신을 넘어, 교육이 근본적으로 지향해야 할 질문 — "학생은 어떤 존재로 성장해야 하는가?" — 에 대한 성찰로 이어진다. 역량 중심 교육은 지식의 축적이 아니라, 배운 것을 삶과 사회 속에서 능동적으로 적용하고 실천하는 힘을 기르는 데 초점을 두고 있다. 교육의 목적은 성취기준의 충족이나 성적 향상에 머무르지 않는다. 그것은 학생이 스스로 삶의 주체로 서도록 돕는 데 있다. 따라서 수업과 평가는 학생이 자신과 세계를 성찰하고, 타인과 협력하며, 창의적으로 문제를 해결하는 능동적 시민으로 성장하도록 설계되어야 한다. 이는 단순한 제도적 개편을 넘어 교사와 학생의 관계, 수업의 본질, 학교의 역할을 새롭게 재정립해야 하는 과제임을 보여준다.

1.2.2 국외 역량 연구 동향과 주요 정책

최근 세계 교육은 지식 전달을 넘어, 학생들이 실제 삶에서 활용할 수 있는 역량 중심 교육으로 빠르게 전환되고 있다. 이러한 변화의 움직임은 OECD와 EU, IB를 비롯한 국제기구의 교육 방향, 그리고 핀란드 등 주요 국가의 정책에서도 분명하게 확인된다.

경제협력개발기구(OECD)의 학습 나침반 2030(Learning Compass 2030)은 핵심 역량을 개인의 삶과 사회 참여에 연결되는 능력으로 정의하며, 이를 통해 의미 있는 행동과 책임 있는 결정을 내릴 수 있는 '변혁적 역량(Transformative Competencies)'을 강조한다. 유럽연합(EU)은 평생학습 핵심역량(2023)에서 문해력, 디지털 역량, 시민성 등 여덟 가지 역량을 제시하며, 이를 통해 개인의 평생 성장과 사회 적응을 지원하고자 한다. 국제 바칼로레아(IB) 교육과정은 비판적 사고, 탐구, 다문화적 이해, 공동체 봉사를 중심으로 학생이 균형 잡힌 세계시민으로 성장하도록 돕고 있다. 또한, 핀란드는 2024 개정 교육과정에서 사고력, 디지털 활용, 지속가능성 등 일곱 가지 공통 역량을 제시하며, 교사 연수와 수업 지침을 통해 이를 실제 수업 현장에 정착시키고 있다. 이러한 정책은 역량을 단순한 학습 목표로 끝내지 않고, 학습과 삶을 연결하는 실질적 능력으로 구현하려는 공통된 방향성을 보여준다.

이처럼 주요 국제 교육 기구와 국가들의 핵심 역량을 비교하고 분석하는 일은 우리 교육이 나아갈 방향을 구체적으로 모색하는 데 중요한 의미를 갖는다. 또한, 이를 통해 미래 사회가 요구하는 역량 중심 교육의 시사점을 발견하고, 이를 바탕으로 교육의 혁신을 이끌어낼 수 있는 기회를 제공한다.

가. 국외 역량 연구 동향

1) 경제협력개발기구(OECD)

경제협력개발기구(OECD)는 역량 중심 교육을 선도적으로 제시해 왔다. 특히 2018년에 발표된 교육 2030 프레임워크와 2024년에 개정된 학습 나침반 2030은 서로 다른 관점을 보여주며, 교육이 지향해야 할 철학과 실천 전략을 점점 더 깊이 있게 드러내고 있다. 이는 OECD가 단순한 교육 정책 제안 기관을 넘어, 인류 사회가 직면한 복잡한 문제 속에서 교육이 어떤 역할을 수행해야 하는지 방향을 제시하는 '교육적 나침반'으로 기능하고 있음을 보여준다.

[그림 1-3] 2030년을 향한 교육과 역량의 미래: 교육 2030 프레임워크

먼저 2018년 프레임워크는 "역량을 어떻게 실천할 것인가"에 초점을 두었다. [그림 1-3]에서 보듯이 실생활과 연결된 학습, 개인 업무 요구 지원, 유연한 수업 구조, 맞춤형 학습, 전이 가능한 지식과 기술, 시간 및 자원의 효율적 활용, 성과 개선 등을 강조되었다. 이는 교사와 학생, 그리고 학습 환경이 앞으로 어떤 방향으로 변화해야 하는지를 보여주는 지침이었다. 다시 말해, "앞으로의 교육은 어떻게 수업을 설계하고 운영해야 하는가"라는 질문에 대한 구체적인 해답을 제시한 것이다. 이 시기의 교육관은 교실의 지식을 삶 속 문제 해결에 연결하고, 교사·동료·전문가와 상호작용하며 성장하는 경험, 개인의 흥미와 상황에 맞는 맞춤형 학습을 중시했다. 또한 평가는 단순한 지식 확인을 넘어 활용 능력과 학습 과정을 살피고, 협력적 학습 속에서 의사소통과 책임감을 기르는 방향을 지향했다[32]. 이러한 접근은 교육을 더 이상 '지식 전달의 과정'이 아니라, '삶과 사회를 연결하는 실천적 과정'으로 확장시켰다는 점에서 혁신적이었다. 특히, 학습자 개개인의 맥락을 존중하는 관점은 이후 각국의 교육 개혁이 학생 맞춤형 학습으로 전환되는 데 중요한 영향을 미쳤다.

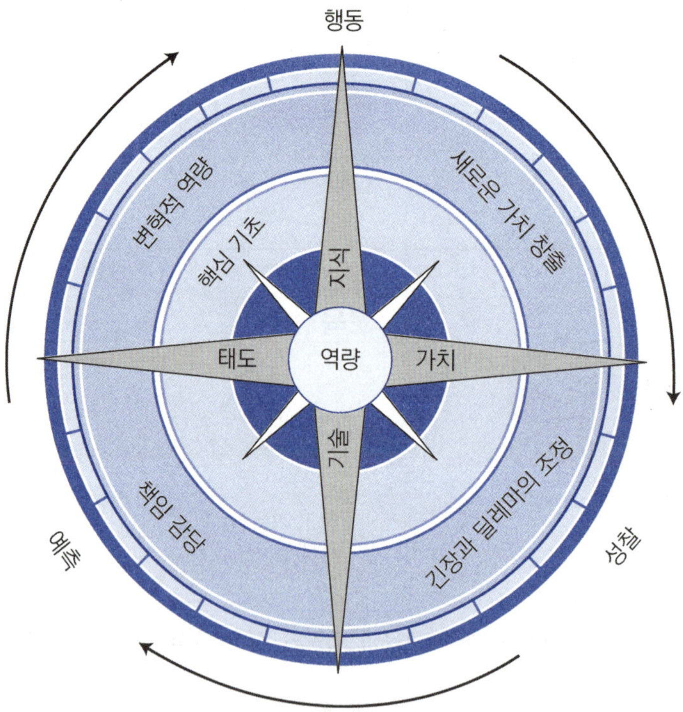

[그림 1-4] OECD의 2030 학습 나침반

반면, 2024년 학습 나침반 2030은 역량의 본질과 철학을 한층 더 선명하게 드러냈다. [그림 1-4]에서 보듯이 중심에는 지식 · 기술 · 태도 · 가치가 균형 있게 배치되어 있으며, 이를 둘러싼 원은 예측-행동-성찰로 이어지는 학습의 순환을 나타낸다. 학습은 단절된 사건이 아니라 사고와 실천, 성찰이 반복되면서 점차 심화되는 과정임을 보여준다[33]. 가장 바깥의 변혁적 역량은 새로운 가치를 창출하고, 사회적 갈등과 딜레마를 조정하며, 책임 있는 실천을 가능하게 하는 힘으로 OECD는 이를 미래 사회에서 반드시 길러야 할 역량으로 강조한다. 이는 교육이 단순한 인적 자원 개발의 수단이 아니라, 더 나은 사회를 만들어가는 윤리적 · 문화적 과정임을 천명하는 선언이기도 하다.

교육과정의 관점에서 보면, 2018년은 역량을 수업 설계와 운영의 지침으로 제시했다면, 2024년은 역량을 모든 교과와 학습 경험 속에 스며드는 통합적 구조로 제시했다. 국어 · 수학 · 과학 · 사회 등의 학습 목표는 단순한 지식 습득에 머무르지 않고, 지식・기술・태도・가치가 함께 발현되도록 설계된다. 교육과정은 이제 지식 전달의 틀을 넘어, 학생이 스스로 의미 있는 선택을 하고 책임 있는 실천을 할 수 있도록 방향성을 제시한다. 이는 교육을 '성과 중심'에서 '성장 중심'으로 재정의하는 근본적 전환으로 이해할 수 있다.

교수・학습 측면에서도 차이가 있다. 2018년은 맞춤형 학습, 전이 가능한 지식, 협력적 학습 등 구체적 방법을 강조했다면, 2024년은 학생이 사회 변화를 이끄는 주체적 학습자로 성장하도록 지원하는 데 무게를 두었다. 이 과정에서 교사는 지식 전달자가 아니라 학습의 동반자로 변화해야 하며, 학생은 프로젝트 수행, 협력적 활동, 실생활 문제 해결을 통해 탐구와 성찰의 주체로 자리매김해야 한다. 이러한 변화는 교육의 중심이 '가르치는 사람'에서 '배우는 사람'으로 이동하는 패러다임의 전환을 상징한다.

평가 또한 진화했다. 2018년이 지식 활용 능력과 협력 과정을 강조했다면, 2024년은 학습의 순환적 과정(예측-행동-성찰) 자체를 평가의 중심에 두었다. 루브릭과 포트폴리오를 활용해 학생이 역량을 확장하는 과정을 지속적으로 점검하며, 시험 결과가 아니라 성장의 궤적이 평가의 기준이 된다. 학교생활기록부 역시 단순히 학습 성과를 나열하는 수준을 넘어서, 학생이 수업과 평가 속에서 어떤 역량을 발휘하고 어떻게 성찰하며 성장했는지를 기록하는 도구로 자리 잡고 있다. 이러한 변화는 평가를 단순한 결과 검증의 도구가 아니라 성장을 지원하는 학습의 일부로 재정의한 시도로 평가된다.

이처럼 2018년이 "실천 전략"을 중심에 두었다면, 2024년은 "철학적 구조"를 통해 역량 중심 교육의 본질을 심화한 셈이다. 두 관점이 균형 있게 반영될 때, 핵심역량은 선언적 구호에 머물지 않고 성취 기준과 수업, 평가 속에서 살아 움직이게 된다. 학생들은 단순히 지식을 배우는 것을 넘어, 새로운 가치를 창출하고, 갈등을 조정하며, 책임 있는 행동을 실천하는 시민으로 성장할 수 있다. 나아가 교육과정・수업・평가・기록이 유기적으로 연결될 때, 학교는 지식 전달의 공간을 넘어 삶과 사회에 주체적으로 참여하는 배움의 공동체로 거듭날 수 있다.

2) 유럽연합(EU)

유럽연합(EU)은 2023년 평생학습을 위한 핵심역량(Key Competences for Lifelong Learning)을 새롭게 개정하였다. 그 핵심은 모든 시민이 변화하는 사회 속에서 스스로 삶의 주체가 되어 적극적으로 참여하고, 끊임없이 성장할 수 있도록 돕는 것에 있다(34). 이는 단순히 지식을 많이 아는 사람을 길러내는 데 그치지 않고, 실제 문제를 해결하고 다양한 사회와 문화 속에서 유연하게 대응할 수 있는 힘을 기르는 것이야말로 진정한 교육의 의미라는 메시지를 담고 있다.

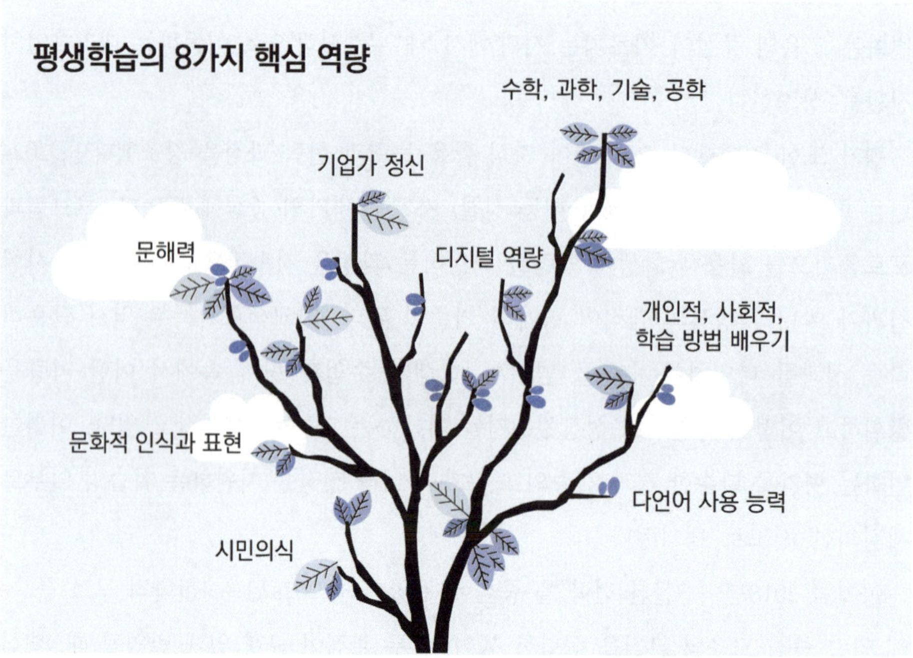

[그림 1-5] 유럽연합의 평생학습을 위한 핵심역량

EU는 [그림 1−5]와 같이 여덟 가지 핵심역량을 제시했다. 각 역량은 나무의 가지처럼 각각 독립되어 보이지만 실제 삶에서는 서로 긴밀하게 연결되어, 학습자가 다양한 상황 속에서 통합적으로 발휘할 수 있는 능력으로 작동한다. 이는 역량이 단순한 기술(Skill)의 나열이 아니라 상황에 맞게 융합적으로 발현되는 복합적 능력임을 보여준다.

첫째, 문해력은 읽기, 쓰기, 말하기, 듣기를 포함해 모든 학습과 소통의 기초가 된다. 둘째, 다국어 역량은 여러 언어를 이해하고 사용할 수 있는 능력으로, 문화 간 소통과 상호 이해를 가능하게 한다. 셋째, 수학·과학·기술·공학 역량은 논리적 사고와 탐구 능력을 바탕으로 문제를 깊이 있게 분석하고 해결하는 힘을 뜻한다. 넷째, 디지털 역량은 정보를 탐색·생산하며 책임 있게 소통하는 능력을 포함한다. 다섯째, 개인적·사회적·학습 역량은 자기 인식, 감정 조절, 협력, 자기 주도적 학습을 통해 지속적인 성장을 이끄는 힘이다. 여섯째, 시민 역량은 민주주의, 인권, 지속가능성의 가치를 바탕으로 공동체에 참여하고 책임을 실천하는 능력을 말한다. 일곱째, 기업가 정신은 기회를 발견하고 창의적 아이디어를 실행하는 능력으로, 문제 해결력과 혁신적 사고를 포함한다. 마지막으로 문화 인식 및 표현 역량은 다양한 문화와 예술을 이해하고 존중하며 창의적으로 표현하는 능력을 뜻한다. 이 여덟 가지 역량은 지식의 전달보다 삶의 맥락 속 실천과 가치 창출을 중시하는 교육관을 반영하고 있다.

이러한 핵심역량은 교육과정 차원에서 모든 교과와 학습 경험의 공통 목표로 작동한다. 국어, 수학, 과학, 외국어 등 각 교과는 단순히 지식을 전달하는 것을 넘어, 이 여덟 가지 역량을 어떻게 기를 것인가를 중심으로 설계된다. 따라서 학생은 교과 지식을 배우는 동시에 의사소통, 협력, 자기 주도성, 창의성 같은 역량을 자연스럽게 길러간다.

교수-학습 역시 역량 중심으로 구현된다. 읽기·쓰기·말하기 활동을 통한 의사소통 능력 강화, 외국어와 다문화 학습, 융합형 탐구 프로젝트, 디지털 도구 활용 활동이 이루어진다. 또한 협력학습, 민주시민 교육, 창업 프로그램, 문화예술 활동 등을 통해 학생은 지식과 역량을 통합적으로 활용하는 경험을 쌓는다.

평가 또한 일회성 시험에서 벗어나 과정 속에서 드러나는 역량 발휘를 중시한다. 루브릭 기반 수행평가, 학습 포트폴리오, 자기·동료 평가 등이 활용되어 단순히 정답 여부가 아니라 학습자의 탐구 과정, 협력, 책임감, 창의적 사고를 다면적으로 드러낸다. 학교생활기록부 기록도 달라졌다. 단순히 성취 결과를 나열하는 대신,

학생이 어떤 상황에서 어떤 역량을 발휘했는지를 서술적으로 보여준다. 예컨대, "디지털 프로젝트에서 새로운 아이디어를 제안하고 협력하여 문제를 해결하며 책임 있는 소통을 보여줌"이라는 기록은 학생의 성장 이야기를 생생하게 드러낸다. 학생부는 이제 결과표가 아니라 학습자의 성장 포트폴리오로 자리매김하고 있다. 이러한 변화는 평가가 더 이상 '끝'이 아닌 성찰과 성장을 이어주는 교육의 일부로 재해석되고 있음을 보여준다.

따라서 EU의 핵심역량 체계는 교육과정, 교수-학습, 평가, 기록을 긴밀히 연결한다. 이를 통해 학생은 지식의 수동적 수용자가 아니라 평생학습의 주체로 변화하며, 자율성과 책임감을 갖춘 시민으로 성장한다. 더 나아가 급변하는 사회 속에서 스스로 삶을 능동적으로 이끌어 갈 수 있는 힘을 기르게 된다.

3) 국제 바칼로레아(IB)

국제 바칼로레아(IB)는 현재 전 세계 약 5,000여 개 학교에서 운영되는 대표적인 국제 교육 프로그램이다. IB의 가장 큰 특징은 학생들이 단순한 지식 습득을 넘어, 탐구와 사고를 통해 배우고, 의사소통과 자기관리, 협력을 실천하며 다양한 역량을 기르도록 설계되어 있다는 점이다[35]. 다시 말해 IB는 학문적 성취를 넘어, 세계시민으로서 책임 있게 행동하고 다양한 문화 속에서 의미 있는 기여를 할 수 있는 인재를 길러내는 것을 목표로 한다. 이는 교육이 지식 전달을 넘어 삶의 태도와 가치 형성을 포함하는 전인적 성장 과정임을 보여준다.

[그림 1-6]은 IB가 제시하는 학습자상을 원형 퍼즐로 표현한 것이다. 퍼즐 조각에는 탐구자, 지식을 갖춘 사람, 사고하는 사람, 의사소통자, 원칙 있는 사람, 열린 마음을 지닌 사람, 배려하는 사람, 도전하는 사람, 균형 잡힌 사람, 성찰하는 사람 등 열 가지 역량이 담겨 있다[36]. 각각은 독립적으로 보이지만 서로 긴밀하게 맞물려 있으며, 학생이 전인적으로 성장하기 위해서는 이 모든 요소가 조화를 이루어야 함을 상징한다. 이는 지식・기능・태도의 통합을 통해 인간적 성숙을 지향하는 교육의 방향성을 잘 보여준다.

[그림 1-6] 국제 바칼로레아(IB)의 11가지 역량

IB의 교육과정은 지식 중심이 아니라 학습자 중심의 틀을 바탕으로 운영된다. 학습자상은 교과와 활동 전반에 스며들어 지식・기술・태도・가치를 통합적으로 배우도록 한다. 예를 들어, 중등 프로그램(MYP)에서는 교과 간 주제 학습을 강조하고, 고등 프로그램(DP)에서는 지식론(Theory of Knowledge, TOK), 창의・활동・봉사(Creativity, Activity, Service, CAS), 확장 에세이(Extended Essay, EE) 등을 통해 교과 밖에서도 다양한 역량을 기를 수 있다. 이러한 접근은 우리나라의 2022 개정 교육과정이 강조하는 프로젝트 기반 학습, 루브릭・포트폴리오 평가, 공동체・시민성 역량과도 밀접하게 닿아 있다. 이는 글로벌 교육 담론이 '역량 중심 교육'이라는 공통된 철학으로 수렴되고 있음을 보여주는 사례라 할 수 있다.

수업 방식 또한 교사가 일방적으로 지식을 전달하는 데 머물지 않고, 학생이 스스로 질문을 만들고 탐구 과정을 주도하는 탐구 기반 학습이 중심이다. 프로젝트, 토론, 협력학습, 실험 활동을 통해 학생은 실제 생활과 연결된 과제를 수행하고,

교사는 학습을 촉진하는 동반자의 역할을 맡는다[37]. 이러한 수업의 전환은 학습의 주체를 교사에서 학생으로 이동시키는 교육 패러다임의 근본적 변화를 의미한다.

평가 역시 결과 확인에 머무르지 않고 과정과 수행을 중시한다. 서술형 과제, 발표, 포트폴리오, 프로젝트 결과물, 실험 보고서 등이 평가 도구로 활용되며, 특히 DP 과정에서는 외부 시험과 내부 평가가 병행된다. 이때 기준은 역량별 루브릭으로 제시되어, 학생은 단순히 정답을 맞히는 것이 아니라 문제 해결 과정, 창의성, 협력, 비판적 사고를 입증해야 한다[38]. 이는 우리나라의 과정 중심 평가와도 유사하며, '평가를 통한 성장'이라는 관점이 국제적으로 확산되고 있음을 시사한다.

기록 또한 성적 나열을 넘어, 성장 과정과 역량 발휘를 드러내는 데 중점을 둔다. 학습 포트폴리오, 자기 성찰 기록, CAS(Creativity, Activity, Service) 활동 보고서 등은 학생이 어떤 경험을 통해 어떤 역량을 발휘했는지를 구체적으로 보여준다[39]. 이는 최근 우리나라의 학교생활기록부가 지향하는 변화와도 맞닿아 있으며, 교육이 점수보다 학습의 과정과 성장 서사를 중시하는 방향으로 이동하고 있음을 반영한다.

그러나 IB가 장점만 지닌 것은 아니다. 무엇보다 교사에게 매우 높은 전문성과 헌신이 요구된다. 학생 주도 탐구 수업, 루브릭 기반 평가, 포트폴리오 기록을 제대로 운영하려면 교사의 준비와 역량이 필수적이지만, 모든 학교에서 이를 뒷받침할 여건을 갖추기는 쉽지 않다. 학생에게도 확장 에세이, CAS(Creativity, Activity, Service) 활동, 수많은 프로젝트는 성장의 기회가 되지만 동시에 학업·정서적 압박으로 이어질 수 있다. 또한 운영 비용이 높다는 점은 현실적인 걸림돌이다. 교재, 평가, 연수 체계를 포함해 IB를 공교육에 도입하려면 재정적·제도적 기반이 필요한데, 현재 우리나라 교육 현실에서는 쉽지 않은 과제다[40]. 이는 이상적 모델과 실제 실행 간의 간극이 존재함을 보여주며, 제도적 지원 없이 철학만 수용하는 것은 한계가 있다는 점을 시사한다.

따라서 IB는 단순한 국제 학력 인증 프로그램을 넘어, 미래 사회가 요구하는 역량을 기르는 교육 모델로서 의미가 크다. 그러나 동시에 제도적·현실적 한계도 지니고 있다. 따라서 우리나라 교육과정 개혁과의 접점은 분명 존재하지만, 이를 무비판적으로 도입하기보다 교사의 전문성, 학생의 수용 가능성, 국가 차원의 제도 지원을 종합적으로 고려해 선별적이고 비판적으로 수용할 필요가 있다. 그렇지 않으면 IB의 강점이 오히려 교육 불평등이나 과중한 부담으로 이어질 수 있다.

4) 핀란드

핀란드는 2024년에 국가 기본 교육과정을 새롭게 개정하였다. 이번 개정의 핵심 목표는 학생들이 급변하는 미래 사회에서 단순히 지식을 습득하는 데 그치지 않고, 스스로 삶을 설계하며 전인적으로 성장할 수 있도록 돕는 것에 있다[41]. 이를 위해 기존의 교과 중심 교육에서 벗어나, 교과 간 공통 역량을 중심에 둔 학습 체제로 전환하였다. 이는 '배움을 통한 삶의 역량'을 교육의 중심에 둔 전환이라 할 수 있다.

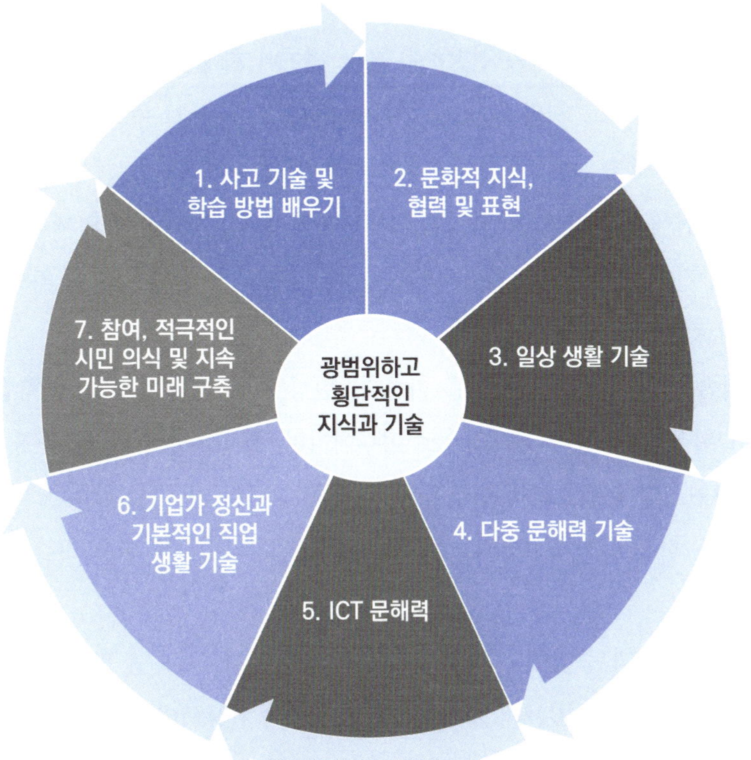

[그림 1-7] 핀란드의 일곱 가지 교과 간 공통 역량

핀란드에서 말하는 역량은 단일 교과의 성취가 아니라 모든 교과와 학교 활동 전반에서 지속적으로 길러야 할 '삶의 힘'으로 정의된다. 이는 지식, 기술, 태도, 가치를 통합하며, 학생이 실제 사회와 생활 속에서 문제를 해결하고 의미 있게 행동할 수 있는 실천 능력을 의미한다. 이러한 정의는 역량을 단순한 학업 능력이 아닌 '삶의 실천적 지혜'로 확장한 접근이라 할 수 있다.

이 교육과정은 [그림 1-7]에서 보듯 일곱 가지 교과 간 공통 역량을 제시한다. 중앙의 전반적·통합적 지식과 역량은 특정 교과에 국한되지 않고 삶 전반에 적용되는 횡단적 지식과 기술을 뜻한다. 바깥의 일곱 가지 역량은 사고력과 학습력, 문화적 이해·협력·자기표현, 일상생활 관리, 다양한 문해력, ICT 활용, 직업 기초 및 기업가 정신, 참여와 지속가능한 미래 역량으로 구성된다. 각각은 독립된 영역처럼 보이지만 실제 생활에서는 서로 긴밀히 연결되어 발휘된다. 이는 교육이 교과의 경계를 넘어 삶과 사회 속에서 통합적으로 작동해야 함을 시사한다.

이번 개정은 단순히 지식을 전달하는 데서 벗어나 학생들이 변화하는 사회 속에서 유연하게 대응하고 책임감 있게 참여할 수 있도록 자기 주도성, 창의적 문제해결력, 협력과 소통 능력, 시민성과 지속가능한 삶의 태도를 기르는 것을 목표로 한다. 이를 위해 프로젝트 기반 학습, 교과 융합 수업, 지역사회 연계 활동, 학생 포트폴리오 기반 평가가 강조되며, 학교는 지식 전달의 공간에서 미래 역량을 기르는 배움터로 재구조화되고 있다.

교수-학습 역시 이러한 방향성을 따른다. 현상 기반 학습, 프로젝트 학습, 협력 토론, ICT 활용 활동 등이 적극적으로 이루어지며, 학생은 탐구와 협력, 표현 과정을 통해 자연스럽게 범교과적 역량을 발휘한다. 교사는 더 이상 단순한 지식 전달자가 아니라, 학생이 실제 맥락 속에서 역량을 기를 수 있도록 돕는 학습의 동반자로 자리한다.

평가 방식도 결과 중심에서 과정 중심으로 전환된다. 서술형 평가, 포트폴리오 평가, 자기·동료 평가, 루브릭 기반 관찰 평가 등이 활용되며, 학생이 무엇을 아는가보다 어떻게 사고하고 협력하며 책임 있는 태도를 보였는지가 핵심 기준이 된다. 기록 또한 단순한 성적이나 활동 여부를 나열하는 수준에서 벗어나 역량 발현과 성장 과정을 드러내는 방식으로 바뀌었다. 예를 들어, "팀 프로젝트에서 문제 해결 방안을 제시하고 협력하여 결과물을 완성하며 디지털 도구를 활용함"과 같은 기록은 학생의 구체적 성장 과정을 보여준다. 학생부는 이제 단순한 성취 결과의 목록이 아니라, 학생의 역량과 성장을 담아내는 장치가 된다.

이처럼 핀란드 교육과정은 교수-학습, 평가, 기록이 긴밀하게 연결되어 있다. 지식은 단순한 목표가 아니라 역량을 기르기 위한 수단으로 이해되며, 학교는 학생이 실제 삶 속에서 문제를 해결하고 주체적으로 참여할 수 있는 배움의 공동체로 기능한다. 이러한 접근은 전인적 성장과 실천 중심 학습을 강조하는 핀란드 교육철학을 반영하며, 학생이 미래 사회에서 능동적 시민으로 성장할 수 있도록 하는 중요한 기반이 된다.

나. 국외 역량 기반 교육 정책 비교 및 시사점

국제적으로 역량 중심 교육은 단순한 교육 개혁의 흐름을 넘어, 미래 사회를 살아갈 시민을 기르는 보편적이고 지속가능한 교육의 방향성으로 자리 잡고 있다. 각국은 자국의 사회적·문화적 맥락에 맞게 핵심역량의 개념을 구체화하고, 이를 교육과정과 교수·학습, 평가 전반에 반영하려는 노력을 기울이고 있다. 이러한 국제적 흐름 속에서 국외 역량 기반 교육 정책의 공통점과 차이점은 〈표 1−1〉과 같다.

〈표 1-1〉 국제 교육 기구와 국가의 역량 기반 교육 정책의 공통점과 차이점

구분	공통점	차이점			
		OECD	EU	IB	핀란드
교육 철학	역량 중심, 지식·기술·태도·가치 통합, 학생 주도성·시민성 지향	2018: 실천 전략(수업 운영 지침) 2024: 철학·변혁적 역량(새 가치 창출·갈등 조정·책임 실천)	평생학습·시민성·민주주의·지속가능성 중심	세계 시민성과 학습자상(10 속성) 중심	교과 간 공통 역량을 '삶의 힘'으로 규정, 배움의 공동체 지향

구분	공통점	차이점			
		OECD	EU	IB	핀란드
교육과정	역량을 교과 전반에 내재화, 교과=역량 발현의 장	역량을 성취기준·교과 전반에 구조화	8대 핵심역량을 교과에 통합	교과+TOK·CAS·EE로 교과 밖 학습 확장	7대 공통 역량 중심으로 국가 교육과정 재구성
교수·학습	프로젝트·탐구·협력학습, 교사=촉진자	맞춤형·전이 가능한 지식→사회 변화 주도 학습자	다국어·문화 간 소통·민주시민 교육 강화	탐구 기반 학습, 학생 주도 질문·성찰	현상 기반 학습, 지역사회 연계·융합 수업
평가	결과 → 과정 중심(루브릭·포트폴리오·성찰)	예측-행동-성찰의 학습 순환 평가	성장 과정과 역량 발휘 기록 중시	외부+내부평가 병행, 루브릭으로 창의성·협력·비판적 사고 평가	맥락 기반 평가(상황 속 역량 발휘)·포트폴리오
기록	성적 나열 → 성장/역량 발현 과정 서술	역량·성찰 과정 중심 기록	성장 스토리와 사례 중심 기록	CAS·포트폴리오·성찰로 전인적 성장 기록	역량 발휘 맥락 중심 서술
도입 시 과제	교사 역량·평가체제·자원 필요	정책 일관성·현장 적용성	국가·지역별 해석 차	교사 전문성·학생 부담·비용	학교 전반의 문화·조직 변화 필요

이러한 흐름은 단지 제도적 변화에 그치지 않고, '무엇을 가르칠 것인가'에서 '어떻게 배우고 살아갈 것인가'로의 근본적 전환을 보여준다. OECD, EU, IB, 핀란드는 모두 지식·기술·태도·가치를 통합하는 교육을 지향하며, 공통적으로 학생 주도 학습과 과정 중심 평가를 강조한다. 이들의 목표는 학생을 단순한 지식의 수용자가 아닌 평생학습자이자 능동적인 시민으로 성장시키는 데 있다. 네 체계의 공통점은 교육을 지식 습득에 한정하지 않고, 실제 삶과 사회 속에서 실천할 수 있는 힘으로 확장하려 한다는 데 있다. OECD는 학습을 예측-행동-성찰의 순환 과정으로 바라보고, EU는 평생학습과 민주시민성을 교과 전반에 녹여냈다. IB는 탐구 기반 학습과 국제적 시민성을 강조하며, 핀란드는 교과 간 공통 역량을 중심으로 학교를 배움의 공동체로 재구조화하였다. 이처럼 모두가 지향하는 바는 교육을 성적 향상에 머물게 하지 않고, 학생이 삶의 주체로 성장하도록 하는 데 있다.

그러나 동시에 각국은 문화적 맥락에 따라 역량의 해석과 적용 방식을 달리한다. 예를 들어, OECD는 2018년 교육 2030 프레임워크에서 수업 운영 전략을 제시했으나, 2024년 학습 나침반에서는 변혁적 역량을 강조하는 철학적 구조로 발전하였다. EU는 여덟 가지 핵심역량을 명확히 제시하며, 언어·디지털·민주시민성 등 유럽 사회가 직면한 현실적 과제를 반영하였다. IB는 CAS 활동과 확장 에세이 같은 독자적 프로그램을 통해 세계시민을 양성하는 데 주안점을 두었으며, 핀란드는 일곱 가지 교과 간 공통 역량을 중심으로 학교를 지식 전달의 공간에서 삶과 연결된 배움의 장으로 전환하였다.

이러한 국제 동향은 우리나라에 세 가지 시사점을 준다. 첫째, 역량은 총론에서만 강조되는 선언이 아니라 교과 성취 기준과 학습 활동 속에 통합되어야 한다. 둘째, 수업·평가·기록은 단절된 절차가 아니라 학생 성장의 과정을 유기적으로 드러내야 한다. 셋째, 교사는 지식 전달자가 아닌 학습의 동반자로서 학생이 탐구와 협력, 성찰을 통해 역량을 발휘하도록 돕는 역할을 해야 한다.

이와 같이 국제사회의 경험은 우리에게 교육의 본질적인 질문, 곧 "학생은 어떤 사람으로 성장해야 하는가"라는 화두를 던진다. 우리나라 교육도 이제 역량 중심 교육을 선언에 그치는 것이 아니라, 수업과 평가, 기록 전반에서 구체적으로 실천해 나가야 한다. 그럴 때 비로소 학생들은 단순히 지식을 배우는 존재를 넘어, 삶과 사회 속에서 주체적으로 참여하며 책임 있게 살아가는 시민으로 성장할 수 있을 것이다.

탐구 질문

1. 2015 · 2022 개정 교육과정에서 제시된 핵심역량이 실제 교실 수업과 평가에서 어떻게 구현되고 있으며, 그 효과와 한계는 무엇인가?

2. 루브릭 · 포트폴리오 · 디지털 기반 평가(K-CESA, KICE-eAssessment 등)를 통해 학생의 역량 발현 과정을 어떻게 측정 · 기록할 수 있으며, 이러한 평가는 학생 성장 서사를 어떻게 재구성할 수 있는가?

3. 국내 핵심역량 교육 연구와 정책은 OECD, EU, IB, 핀란드 등 국제적 프레임워크와 비교했을 때 어떤 공통점과 차별성을 보이며, 이를 우리나라 교육과정 발전에 어떻게 반영할 수 있을까?

1.3 역량 중심의 교육활동 적용

1.3.1 역량 중심의 교육과정 · 수업 · 평가 방안

가. 역량 중심의 교육과정 방안

오늘날 전 세계 교육은 단순한 암기가 아니라 실제 삶 속에서 문제를 해결하고, 타인과 협업하며, 끊임없이 배우고 성장할 수 있는 핵심역량을 기르는 방향으로 빠르게 전환되고 있다. 역량은 지식 · 기능 · 태도가 통합적으로 발현되는 총체적 능력을 의미하며, 특정 교과나 상황에 한정되지 않고 새로운 맥락으로 전이 · 활용될 수 있어야 한다. 즉, 역량 중심 교육과정은 학생이 교실에서 배운 지식을 실생활의 문제 해결, 사회적 참여, 공동체 협력 등 다양한 장면에서 실천할 수 있는 힘을 기르는 것을 목표로 한다(42). 따라서 교육과정의 초점은 "무엇을 아는가"보다 "그것을 어떻게 활용하고, 어떤 가치를 창출하는가"에 맞추어져야 한다.

이러한 변화에 따라 세계 각국은 교과 간 연계를 강화하고, 학습의 폭과 깊이를 확대하며, 학생이 능동적으로 선택할 수 있는 교육 구조를 마련하고 있다. 최근에는 디지털 리터러시, 정보 윤리, 기술 활용 능력 등 미래 사회가 요구하는 새로운 역량도 교육과정에 포함되고 있다. 또한 모든 학생이 배움의 기회를 공평하게 누릴 수 있도록 포용성과 형평성을 강화하는 방향으로 발전하고 있다(43).

우리나라는 이러한 세계적 흐름에 맞추어 2015 개정 교육과정에서 처음으로 '핵심역량'을 제시하였고, 2022 개정 교육과정에서는 학생의 선택권과 자기 주도성을 한층 더 강조하였다. 교과 내 재구성과 교과 간 통합, 학교자율시간의 운영, 인공지능(AI) 기반 맞춤형 학습 환경 조성 등은 모두 학생 중심 학습 생태계를 구축하기 위한 구체적 방안이라 할 수 있다(44).

학교 현장에서도 변화에 부응하려는 다양한 노력이 이루어지고 있다. 일부 학교는 교과 내 재구성과 교과 간 융합을 통해 학생의 핵심역량을 강화하는 교육과정을 운영하고 있으며, 교과별 전문적 학습공동체를 중심으로 교사들이 함께 수업을 설계하고 평가를 연계하는 체계를 마련하고 있다. 이러한 시도는 역량 중심 교육과정이 선언적 구호에 머무르지 않고 실제 학교 현장에서 구현될 수 있음을 보여준다.

그러나 우리나라의 수업 문화는 여전히 교사 중심, 결과 중심의 학습 구조에서 완전히 벗어나지 못했다. 입시 중심의 경쟁적 분위기는 학생이 자유롭게 탐구하고 실패를 통해 배우는 경험을 제한하며, 교사의 과중한 행정 업무는 수업 혁신에 필요한 시간과 에너지를 부족하게 만든다. 또한 수업 혁신을 지속적으로 지원할 체계적 기반도 충분하지 않다. 교사 연수는 여전히 일회성 정보 전달에 머무르고, 장기적 연구나 실험을 지원하는 제도적 장치도 미비한 것이 현실이다.

우리나라 교육의 과제는 단순히 역량 중심 교육과정의 철학을 선언하는 데 그치지 않는다. 교사의 전문성을 실질적으로 강화하고, 수업 혁신이 지속될 수 있도록 행정적 지원을 줄이며, 협력적 교사 문화와 장기적 실험·연구를 지원하는 제도적 기반을 마련해야 한다. 또한 학생 참여형 수업이 학교 현장에서 안정적으로 정착할 수 있도록 평가제도와 입시 구조의 연계 개선도 병행되어야 한다. 이러한 노력이 뒷받침될 때 비로소 역량 중심 교육과정이 실제 학교 현장에 뿌리내리고, 학생이 삶과 사회 속에서 주체적으로 참여하는 민주시민으로 성장할 수 있다.

나. 역량 중심의 교수-학습 방안

역량 중심 교육과정이 제대로 실현되기 위해서는 무엇보다 '수업'이 바뀌어야 한다. 이제는 단순히 '무엇을 가르칠 것인가'에서 벗어나, '어떻게 가르치고 어떻게 함께 배울 것인가'를 고민해야 한다. 지식을 일방적으로 전달하는 수업으로는 더 이상 학생의 성장을 이끌 수 없다. 학생이 배우는 내용을 자신의 경험과 실제 삶의 문제 해결로 연결할 때 비로소 진정한 배움이 이루어진다.

예를 들어 국어 수업에서는 사회적 이슈를 함께 토론하고 글로 표현하며, 비판적으로 사고하고 설득력 있게 의사소통하는 능력을 기를 수 있다. 과학 수업에서는 환경과 에너지 문제를 탐구하고 해결책을 모색하는 과정에서 과학적 사고력과 창의성을 함께 키울 수 있다. 사회 수업에서는 시민으로서 역할을 모의 체험하며 공동체 의식과 책임감을 함양할 수도 있다[45]. 이처럼 학생이 스스로 목표를 세우고 문제를 탐구하며 답을 찾아가는 과정이 중심이 되는 수업이 바로 역량 중심 수업의 핵심이다. 이러한 수업은 단순한 교수법의 변화가 아니라, 배움의 주체를 교사에서 학생으로 이동시키는 패러다임의 전환이라 할 수 있다.

프로젝트 학습, 문제 기반 학습(PBL), 탐구 중심 수업은 학생에게 자기 주도성과 책임감을 길러주며, 교사는 단순한 '지식 전달자'가 아니라 학습을 설계하고 촉진하는 '학습 동반자'의 역할을 하게 된다. 협력학습 또한 중요한 방법으로, 학생들이 서로의 생각을 존중하고 다양한 의견을 조율하며 공동의 목표를 달성하는 과정을 통해 사회적 역량과 협업 능력을 기를 수 있다.

또한 인공지능(AI)을 활용한 맞춤형 학습 플랫폼은 학생 개개인의 학습 수준과 성취 정도를 진단하고, 그에 맞는 피드백을 제공함으로써 학습의 개별 맞춤형 학습을 가능하게 한다. 여기에 "오늘 무엇을 배우고, 어떻게 성장했는가"를 스스로 되돌아보는 자기 성찰 활동이 더해질 때, 학습은 단순한 지식의 습득을 넘어 자기 성장을 이끄는 의미 있는 경험이 된다.

현재 학교 현장에서도 토의·토론, 프로젝트, 실험, 발표 등 학생 참여 중심의 수업이 점차 확대되고 있다. 교사는 학생과 함께 수업을 설계하고 조정하는 협력적 파트너로 변화하고 있으며, 이러한 변화는 학생이 교실에서 배운 내용을 실제 삶과 사회 문제 해결로 연결하도록 돕는다. 특히 우리나라에서는 수업의 일률성과 교과 중심적 운영을 넘어, 학교 간·교사 간 협력 네트워크를 구축하여 수업 혁신의 지속성을 높일 필요가 있다. 이러한 변화가 학생이 배움의 주체로 서서, 스스로 사고하고 협력하며 성장의 의미를 발견하도록 이끄는 역량 중심 교육의 실질적 완성 단계라 할 수 있다.

다. 역량 중심의 평가 및 기록 방안

교수·학습 방식의 변화는 곧 평가 방식의 변화로 이어져야 한다. 수업이 학생 중심으로 바뀌었다면, 평가 또한 그 변화의 흐름 속에서 재구조화되어야 한다.

더 이상 평가는 단순히 정답을 맞히거나 점수를 산출하는 절차가 아니다. 이제 평가는 학생의 학습 과정과 성장의 궤적을 기록하고 피드백하는 도구로서 기능해야 한다. 과정 중심 평가, 루브릭, 포트폴리오, 자기·동료 평가는 학생이 어떻게 탐구하고 협력하며 성찰했는지를 구체적으로 보여주며, 결과뿐 아니라 배움의 여정 자체를 드러낸다. 이는 학습을 측정의 대상이 아니라 성장의 과정으로 인식하는 전환점이 된다.

무엇보다 중요한 것은 평가가 학습의 '끝'이 아니라 '과정의 일부'로 작동해야 한다는 점이다. 학생은 평가를 통해 자신의 강점과 약점을 인식하고, 새로운 목표를 설정하며 더 나은 학습 전략을 찾을 수 있다. 교사는 평가 결과를 바탕으로 수업 방향을 조정하고, 개별 학생의 학습 경로를 지원할 수 있다. 이렇게 평가는 단순한 점수 부여의 행위를 넘어, 학생의 성장과 학습 개선을 위한 피드백의 과정으로 작동해야 한다. 평가의 본질이 "선별"이 아니라 "성장 지원"으로 바뀌는 것이다.

이러한 변화는 첨단 기술의 발전과도 맞물려 있다. 인공지능(AI) 기반 진단 시스템(KICE e-Assessment 등)은 학습자의 데이터를 분석하여 학습 수준을 세밀하게 진단하고, 맞춤형 피드백을 제공한다[(46)]. 이를 통해 학생은 자신의 학습 패턴과 약점을 스스로 이해하며, 학습 목표를 구체화할 수 있다. 교사 역시 이러한 데이터를 활용해 개별화된 학습 계획을 세우고, 학생의 잠재력을 극대화할 수 있다. 나아가 AI 기반 피드백은 교사와 학생이 함께 성장 중심 학습공동체를 만들어가는 데 중요한 도구로 활용될 수 있다.

실제 학교 현장에서도 루브릭 기반 수행평가, 탐구 활동 점검, 교사의 관찰 기록, 학생의 자기 성찰 기록 등 다양한 평가 방식이 확산되고 있으며, 이는 단편적인 시험 점수 대신 학습 과정 전반의 질적 변화를 반영하고 있다. 평가 결과는 학교생활기록부와 긴밀히 연계되어 학생의 역량 발휘 과정을 세밀하게 기록하고, 성장의 근거 자료로 남는다.

이처럼 평가와 기록이 유기적으로 연결되면, 학교생활기록부는 단순한 성적표를 넘어 학생의 성장 스토리를 담은 '학습 포트폴리오'로 전환된다. 교사는 학생의 변화를 서술적으로 기록하며, 학부모와 학생은 이를 통해 배움의 과정을 시각적으로 확인할 수 있다. 이는 학교 교육이 성취 결과 중심에서 성장 중심·성찰 중심으로 나아가고 있음을 보여주는 상징적인 변화라 할 수 있다. 나아가 평가가 학생의 배움, 교사의 성찰, 학교의 변화를 연결하는 교육 생태계의 중심으로 자리 잡을 때, 진정한 역량 중심 교육이 완성될 것이다.

1.3.2 역량 중심의 교육활동 적용 사례

가. 국내 교육활동 적용 사례

역량 중심 교육은 이제 교실 속에서 점점 구체적인 모습으로 자리 잡아 가고 있다. 교사가 가르치고 학생이 외우던 시대를 지나, 배움이 삶 속에서 살아 움직이는 수업이 이루어지고 있다. 학생들은 단순히 지식을 쌓는 데 그치지 않고, 스스로 생각하고 협력하며 배운 것을 실천한다.

경기도의 한 초등학교에서는 융합 프로젝트 수업을 통해 학생들이 함께 문제를 탐구하며 자기 주도성과 협업 능력을 기르고 있다. 인천의 한 중학교에서는 교과 재구성을 통해 스마트 기기를 활용하여 학교 숲을 탐구하며, 환경 감수성과 디지털 활용 능력을 동시에 키운다. 울산의 한 고등학교에서는 교과 간 융합 수업을 통해 실생활의 문제를 해결하며 창의적 사고력과 문제 해결력을 기른다.

이처럼 전국의 교실에서 이루어지는 다양한 시도들은 역량 중심 교육이 더 이상 구호에 머물지 않고, 학생의 성장과 변화를 이끌어 내는 실질적인 교육으로 자리 잡고 있음을 보여준다. 교실의 풍경은 서서히 바뀌고 있다. 설명 대신 대화가, 점수 대신 성장이 중심이 되는 교육. 그것이 바로 오늘의 학교가 나아가고 있는 방향이다.

1) 융합 프로젝트 수업을 통한 자기 주도적 역량 강화

가) 교육과정

경기도교육청은 초등학생들이 생활 속 주제를 중심으로 탐구할 수 있도록 융합 프로젝트 수업을 운영하고 있다. 그중에서도 '우리 마을의 물 절약 방안' 프로젝트는 초등학교 5·6학년 학생들이 일상에서 마주하는 환경 문제를 스스로 해결해 보는 기회를 제공한다[47]. 이 프로젝트는 과학, 사회, 수학, 국어, 실과, 미술 등 다양한 교과를 하나로 엮어 물 낭비 문제를 탐구하고 해결책을 제안하도록 구성하였다. 이 과정을 통해 학생들은 문제 해결력과 협업 능력, 의사소통 역량을 기르는 동시에 창의적 사고력, 지속가능한 발전 의식, 디지털 리터러시까지 종합적으로 함양할 수 있었다. 이는 교과 간 연계를 통해 학습의 의미를 확장했다는 점에서 의의가 있다.

나) 교수-학습

수업은 〈표 1-2〉와 같이 단계별 프로젝트 기반 학습으로 진행되었다. 먼저 마을의 물 사용 실태 자료를 보며 절약의 필요성을 인식하고, 학생들끼리 토론을 거쳐 해결 과제를 설정하였다. 이후 조별로 역할을 나누어 조사 계획서를 작성하고, 지역사회의 물 사용 현황을 인터뷰와 설문, 관찰을 통해 직접 조사하였다.

수집된 자료는 표와 그래프로 정리해 원인을 분석하였고, 브레인스토밍을 통해 실천 가능한 절수 방안을 모색했다. 마지막 단계에서는 포스터, 영상, 시제품 등을 제작해 캠페인을 펼치고, 발표회를 열어 결과를 공유하였다. 학생들은 활동 후 자기 성찰일지를 작성하고, 동료의 피드백을 통해 생활 속 실천 의지를 다졌다. 이러한 단계별 구성은 학생이 주도적으로 탐구 과정을 이끌며 배움의 흐름을 스스로 만들어 간다는 점에서 의미가 있다.

〈표 1-2〉 우리 마을의 물 절약 방안 교수-학습 과정

단계	활동 내용	교과
문제 인식	마을 물 사용 영상 시청·토의 → 절약 필요성 인식	과학, 사회, 국어
자료 조사	설문·관찰·인터뷰를 통한 물 사용 실태 조사	사회, 수학, 국어
자료 분석	조사 자료 표·그래프화 및 문제점 도출	수학, 과학
실행 방안	아이디어 브레인스토밍 → 포스터·영상·절수 도구 기획	실과, 미술, 국어
산출물 제작	절수 캠페인 카드뉴스·포스터·UCC 제작	미술, 국어, 실과
캠페인 실천	영상 상영, 포스터 부착, 절수 도구 설치 등 실천 활동 전개	도덕, 실과
발표·성찰	조별 결과 발표 및 성찰일지 작성	국어, 도덕

다) 평가 방식

이 프로젝트에서의 평가는 결과물이 아니라 과정을 중시하였다. 교사는 학생들이 문제를 인식하고 자료를 조사·분석해 해결책을 마련하는 전 과정을 관찰하며, 참여도와 탐구 태도, 협업 및 의사소통 능력, 그리고 실천 노력을 종합적으로 평가하였다. 루브릭을 활용해 단계별 수행을 점검하고 교사의 피드백, 자기평가, 동료평가를 병행하였다. 최종적으로는 포스터, 영상, 절수 도구 등 산출물의 완성도뿐 아니라 창의성, 협업 능력, 그리고 지속가능한 태도의 변화를 균형 있게 반영하였다. 이는 학생이 지식을 적용하고 협력하며 문제를 해결하는 전 과정을 통해 핵심역량이 실제로 발현되는지를 평가하는 과정이라 할 수 있다.

라) 기록

학교생활기록부에는 학생의 참여 태도, 탐구 과정, 협업 및 의사소통 역량이 드러나도록 기록하였다. "융합 프로젝트인 '우리 마을의 물 절약 방안'에 참여하여 마을 물 사용 실태를 조사하고 절수 방안을 탐색하는 전 과정에서 주도적으로 참여하였으며, 협업 능력을 발휘하였다. 포스터와 홍보 영상 제작 활동을 통해 지속가능한 생활 실천 의지를 보여 자료 분석력, 의사소통 능력, 문제 해결력이 우수함."

으로 기재하였다. 이러한 서술형 기록은 단순한 성취의 나열이 아니라, 학생의 성장 과정을 구체적으로 보여준다는 점에서 의미가 있다.

이 프로젝트는 교육과정 설계, 교수-학습 운영, 평가, 기록이 유기적으로 연결되며 지식이 아닌 문제 해결력·협업·의사소통·자기관리와 같은 핵심역량이 자연스럽게 발휘되는 구조를 보여준다. 따라서 융합 프로젝트 수업은 학생이 배움을 실천으로 확장하며 자기 주도적 성장을 경험하는 역량 중심 교육의 실천적 모델이라 할 수 있다.

2) 스마트 기기를 활용한 학교 숲 생태 프로젝트

가) 교육과정

이 프로젝트는 인천의 ○○중학교 1학년 과학 3단원 '생물의 다양성'을 기반으로 설계되었다[48]. 단순히 교과서 속 지식을 배우는 데서 멈추지 않고, 학생들이 생활 속에서 직접 식물의 다양성을 탐구하며 문제를 발견하고 해결책을 모색하도록 한 것이다. 나무 이름을 외우는 수준을 넘어, 스마트 기기와 지역사회의 자원을 적극 활용하면서 지식정보처리 역량과 공동체 역량을 함께 기르는 것을 목표로 삼았다. 작은 숲에서 시작된 배움은 학교와 마을을 잇고, 나아가 지속가능한 환경을 만들어 가는 실천으로 확장되었다.

나) 교수-학습

수업은 〈표 1-3〉과 같이 총 여섯 차시로 구성하였다. 첫 시간에는 네이처링 앱을 활용해 학생들이 직접 학교 숲의 나무를 촬영하고 이름을 확인했다. 이후 온라인 커뮤니티의 도움을 받아 식물 이름의 정확성을 검증하였다. 2-3차시에는 국립생물자원관 사이트를 통해 학명, 분류 체계, 서식지 정보를 조사하고 분석하였다. 4차시에는 패들릿(Padlet)에 촬영한 사진과 분류 정보, QR코드를 올리며 학급 전체가 함께 학교 나무 지도를 완성했다. 마지막 5-6차시에는 지역사회 숲 전문가를 초청해 QR코드를 검토하고 부족한 부분을 보완하였다. 나아가 학생들은 학교 숲의 다양성을 평가하고, 더 풍요로운 생태 환경을 위한 가상 설계 활동으로 학습을 확장하였다. 이러한 수업 구성은 학생이 탐구의 주체로서 디지털 도구와 협업을 결합하여 실제 문제 해결로 나아간 점에서 역량 중심 학습의 실천적 모델이라 할 수 있다.

〈표 1-3〉 학교 숲 생태 프로젝트 교수-학습 과정

차시	활동 내용	지역사회 연계
1차시	네이처링 앱을 활용해 학교 숲의 나무를 촬영하고 이름 확인	네이처링 커뮤니티를 통한 식물 이름 검증
2-3차시	국립생물자원관 사이트를 활용하여 학명·분류·서식지 조사 및 분석	국립생물자원관 자료 활용
4차시	Padlet에 사진·분류·QR코드를 올려 학교 나무 지도 제작	디지털 협업 도구 활용, 학급 내 공유
5-6차시	QR코드 제작·검토, 학교 숲의 다양성 평가, 가상 설계 활동	지역사회 학교 숲 전문가 초청 및 피드백

다) 평가

이 프로젝트에서의 평가는 결과물이 아니라 학습 과정을 중심으로 이루어졌다. 학생들이 탐구 과정에서 어떤 문제를 발견했는지, 그 문제를 해결하기 위해 어떤 시도를 했는지, 그리고 자료를 탐색하고 도구를 활용하는 방식이 중요한 평가 요소였다. 모둠 활동에서는 의견을 어떻게 조율했는지, 역할 분담은 공정하게 이루어졌는지, 서로의 아이디어를 존중하며 협력했는지가 관찰되었다.

지식 이해 측면에서는 생물 분류 체계를 얼마나 정확히 이해하고 적용했는지, 조사한 나무의 특징을 얼마나 과학적으로 분석했는지가 평가의 기준이 되었다. 또한 산출물 측면에서는 QR코드와 나무 지도가 단순한 정보 나열이 아니라, 학생들의 창의적인 아이디어와 시각을 담아냈는지가 중요한 판단 기준이 되었다. 예컨대, QR코드 속에 학명과 사진뿐 아니라 생태적 가치와 지역사회와의 연결성을 함께 담았다면 창의적 확장으로 인정되었다. 무엇보다 학생들이 얼마나 주도적으로 참여했는지, 시행착오 속에서도 스스로 성장한 흔적이 드러나는지가 핵심이었다. 실패조차도 배움의 일부로 존중되며, 이를 통해 과학적 태도와 공동체 역량이 함께 길러졌다.

라) 기록

학생들의 배움은 탐구 활동지, 패들릿, 게시물, QR코드, 나무 지도 속에 고스란히 남았다. 이는 단순한 과제가 아니라 학생 개개인의 성취이자 모둠이 함께 이룬 협력의 흔적이었다. 실제 학교생활기록부에는 다음과 같이 기록될 수 있었다.

“학교 숲 생태 프로젝트에서 네이처링 앱을 활용해 나무를 탐구하고, QR코드와 패들릿을 통해 교내 나무 지도를 제작함. 국립생물자원관 자료를 참고하여 학명과 분류 체계를 정리하며 과학적 탐구 태도를 보였고, 지역 숲 전문가의 피드백을 반영해 가상 설계 활동으로 발전시킴.” 등과 같이 기록하였다. 이처럼 학생들의 배움은 지역사회 전문가의 조언과 연결되면서 더 큰 의미를 가졌다. 시간이 지나도 이 기록들은 학교 숲 조성과 생태 교육을 이어가는 중요한 자료가 되어, 다음 세대 학생들에게 학습의 길잡이로 남는다. 배움은 기록 속에서 살아남아, 끊임없이 확장되고 깊어져 간다. 이러한 기록은 학생이 실생활 속에서 과학적 사고력과 공동체 의식을 함께 길러가는 역량 중심 학습의 증거로서 가치가 크다.

3) 교과 융합 프로젝트를 통한 복합적 문제 해결력 강화

가) 교육과정

교과 간 연계의 좋은 사례로 울산광역시교육청의 「고등학교 교과 융합 프로젝트 수업 사례집」에 소개된 ‘기후 위기 대응 방안’ 프로젝트가 있다. 이 프로그램은 고등학교 2학년을 대상으로 운영된 12차시 프로젝트 기반 교육과정으로, 과학・사회・환경・정보 교과와 창의적 체험활동을 하나로 엮어 구성되었다[49].

학생들은 기후 변화의 과학적 원리를 탐구하고, 사회적・정책적 대응 방안을 함께 모색하면서 복합적인 시각에서 문제를 이해했다. 모둠별로 콘텐츠를 제작하고 발표하는 과정에서 협업과 의사소통 능력을 기를 수 있었으며, 카드뉴스·포스터·영상 캠페인 활동을 통해 디지털 리터러시, 창의적 표현력, 지속가능발전 의식, 그리고 책임 있는 시민 태도를 함께 함양했다.

이처럼 교과를 넘나드는 배움의 경험은 학생들이 복잡한 사회 문제를 다층적으로 바라보고, 과학적 사고와 사회적 통찰을 바탕으로 실질적 해결 방안을 탐색할 수 있는 힘을 길러주는 계기가 되었다.

나) 교수-학습

수업은 〈표 1-4〉와 같이 각 교과의 특성을 살려 기후 위기를 다각도로 탐구하는 방식으로 이루어졌다. 과학 시간에는 탄소 배출량과 기온 변화 데이터를 수집·분석하며 기후 변화의 과학적 원인을 이해했고, 사회 시간에는 국내외 기후 정책과 제도의 장단점을 비교·분석하며 토론을 이어갔다. 국어 시간에는 탐구 결과를 토대로 정책 제안서를 작성하고 설득력 있는 발표를 준비하였다. 정보와 환경 교과, 그리고 창의적 체험활동 시간에는 디지털 도구를 활용해 카드뉴스, 포스터, 영상 캠페인 콘텐츠를 제작하였고, 이를 학교 게시판과 SNS를 통해 홍보하며 실천 경험을 쌓았다. 마지막으로 성찰 저널을 작성하며 프로젝트 전 과정을 되돌아보고, 스스로의 태도 변화를 점검하는 것으로 학습을 마무리했다. 이러한 과정은 학생들이 기후 위기라는 복잡한 현실 문제를 다양한 관점에서 분석하고, 실천 가능한 해결책을 모색하는 사고력과 의사소통 역량을 기르는 실질적 기회를 제공하였다.

〈표 1-4〉 기후 위기 대응 방안의 교과별 교수-학습 과정

차시	단계	활동 내용	교과
1-2차시	문제 인식	기후 변화 관련 영상 시청 및 실태 조사 → 탄소 배출량, 기온 변화 등 데이터를 분석하며 문제의식 형성	과학
3-4차시	탐구 및 실천 방안 도출	기후 변화의 과학적 원인 탐구 → 국내외 기후 정책 및 제도 분석 → 정책적 대응 방안 도출	과학·사회

차시	단계	활동 내용	교과
5-6차시	실천 계획 수립	모둠별 역할 분담(연구자 · 기획 · 디자이너 등) → 실천 계획 및 기후 대응 메시지 기획	사회 · 창의적 체험활동
7-9차시	콘텐츠 제작	캔바(Canva), 픽토차트(Piktochart) 등 디지털 도구를 활용하여 카드뉴스 · 포스터 · 영상 등 캠페인 콘텐츠 제작	정보 · 환경
10차시	홍보 실행	완성된 콘텐츠를 학교 게시판 · SNS 등 다양한 채널에 업로드 및 캠페인 실천	정보 · 창의적 체험활동
11차시	공유 및 발표	모둠별 발표회 운영 → 타 모둠 및 교사 피드백 통해 의견 교환	창의적 체험 활동(발표)
12차시	성찰 및 확산	성찰 저널 작성 → 프로젝트 과정 되돌아보고 태도 변화 및 실천 의지 다짐	창의적 체험활동

다) 평가

이 프로젝트의 평가는 루브릭을 기반으로 하여 과정 중심으로 이루어졌다. 교사는 학생들의 정보 해석 능력, 논리적 사고력, 의사소통 능력, 자기 주도성, 협업 태도를 종합적으로 평가하였다. 발표의 구조와 설득력, 정책 제안서의 완성도, 문제 해결 방안의 타당성까지 세심하게 살펴보았다. 또한 모둠 간 상호 피드백을 반영하여 평가가 단순한 성적 산출이 아닌, 학생들의 성장을 지원하는 기제로 기능하도록 했다. 이러한 평가 방식은 학생이 스스로 사고하고 협력하며 사회적 책임감을 발휘하는 전 과정에서 핵심역량이 실제로 작동하도록 이끌었다.

라) 기록

학생들은 프로젝트의 전 과정을 포트폴리오에 정리했다. 여기에는 데이터 수집 결과, 토론 자료, 정책 제안서, 성찰문 등이 포함되었으며, 교사는 이를 토대로 개별 피드백을 제공하여 학생들이 스스로 부족한 점을 인식하고 개선할 수 있도록 이끌었다. 이러한 학습 기록은 학교생활기록부에도 반영되어, 학생들이 기후 위기를 과학적 · 정책적으로 분석하고 해결 방안을 제시한 경험으로 남았다. 이처럼 교육과정 설계, 교수・학습 운영, 과정 중심 평가, 학습 기록이 긴밀하게 연결되면서 교과 융합 프로젝트는 학생들에게 문제 해결력과 실천 역량을 동시에 기를 수 있는 기회가 되었다.

나. 국외 교육활동 적용 사례

OECD, EU, IB, 그리고 핀란드가 제시한 역량은 실제 교육 현장에서 다양한 방식으로 구현되고 있다. 이는 단순한 정책적 선언을 넘어, 교육과정의 설계와 교수・학습 운영, 평가, 그리고 학습 결과 기록 등 교육 전반에 반영되고 있다. 이러한 변화가 실제로 어떻게 구체화되고 있는지를 살펴보았다.

1) OECD 기반 사례: 지속가능한 도시 만들기 프로젝트

가) 교육과정

포르투갈 교육부는 OECD 「학습 나침판 2030(Learning Compass 2030)」의 철학을 반영해 중학교에 '유연한 교육과정 시간(Flexible Curriculum Time)'을 도입하였다. 이에 따라 모든 중학교는 6주 동안 매주 2시간 이상을 배정해, 국가 교육과정의 틀 안에서 자율적으로 프로젝트형 융합 수업을 운영할 수 있게 되었다.

그 대표적 사례가 바로 '지속가능한 도시 만들기' 프로젝트이다. 학생들은 도시 쓰레기와 같은 실제 사회 문제를 다루며, 소규모 조별 활동을 통해 문제를 정의하고 해결책을 모색하였다. 이 과정에서 문제 해결력과 협업 능력, 비판적 사고력, 자기 주도성, 시민성 등 미래 사회가 요구하는 핵심 역량을 수업 속에서 자연스럽게 길러 갈 수 있도록 설계되었다[50]. 이는 OECD의 핵심 가치인 '미래를 스스로 설계하는 힘'을 교육과정 안에서 구체적으로 실천한 사례라고 할 수 있다.

나) 교수-학습

교수-학습은 〈표 1-5〉와 같이 단계적으로 구성되었다. 1-2주차에는 뉴스 기사와 지역 환경 데이터를 분석해 도시 쓰레기 문제의 현황과 원인을 정의했고, 3-4주차에는 팀별로 시청 환경국 관계자를 인터뷰하고, 쓰레기 처리장을 견학하며, 주민 설문조사를 진행했다. 이를 통해 학생들은 문제를 다각도로 바라보았다. 5주차에는 수집한 자료를 토대로 해결책을 구상하고, 발표 자료를 포르투갈어와 영어로 제작하며 의사소통 능력을 기를 수 있었다. 마지막 6주차에는 지역 공무원과 학부모를 초청해 공개 발표회를 열고 팀별 해결책을 공유했다.

이 전 과정에서 학생들은 자기성찰 일지를 작성하며 탐구와 실천을 반복하였다. 결과물의 완성에 그치지 않고, 자신이 발휘한 역량과 개선할 점을 돌아보는 성찰적 학습을 경험하게 된 것이다.

〈표 1-5〉 지속가능한 도시 만들기 교수-학습 과정

주차	단계	활동 내용	교과
1-2주	문제 탐색 및 정의	뉴스 기사 분석, 지역 환경 데이터 검토, 도시 쓰레기 문제 정의	사회, 과학, 언어
3-4주	자료 수집 및 조사 활동	팀 구성 후 시청 환경국 인터뷰, 쓰레기 처리장 견학, 주민 설문조사 실시	사회, 과학, 도덕, 언어
5주	해결책 고안 및 발표 준비	발표 자료를 포르투갈어와 영어로 준비하며 의사소통 능력 향상	언어(국어・영어), 사회
6주	발표회 및 공유	지역 공무원 및 학부모 초청, 팀별 문제 해결 발표 진행	언어, 사회, 도덕(진로)

다) 평가

이 프로젝트의 평가는 〈표 1-6〉에 제시된 대로 OECD가 제안한 '변혁적 역량(Transformative Competencies)'을 기준으로 한 루브릭에 따라 이루어졌다. 창의성, 책임감, 갈등 조정 능력, 팀 내 기여도, 조사 활동의 깊이, 발표력 등이 주요 평가 항목이었다. 학생들은 아이디어 발전 노트와 자기성찰 포트폴리오를 제출하였고, 교사는 이를 검토하며 과정 전반을 평가했다. 또한 루브릭에 따른 정성적 서술 피드백을 제공해 학생 개개인이 배움의 성과와 개선점을 구체적으로 확인할 수 있도록 했다. 평가는 단순히 결과물을 평가하는 것이 아니라, 탐구와 성장의 전 과정을 담아내는 방향으로 설계되었다. 이런 평가는 학생이 학습의 주체로서 자신의 사고와 행동, 가치를 성찰하도록 유도하며, 배움의 성과와 개선점을 구체적으로 확인할 수 있게 하였다.

〈표 1-6〉 평가 방식

평가 요소	세부 내용 및 방법
평가 기준	OECD '변혁적 역량'에 기반한 루브릭 활용
평가 항목	창의성, 책임감, 갈등 조정 능력, 팀 내 기여도, 조사 활동의 깊이, 발표력 등
학생 공유 자료	역할수행 기록지, 아이디어 발전 노트, 발표 초안, 참여 태도 기록, 협업 활동 내용 등
평가 방식	과정 중심 평가 및 결과물 평가 병행
피드백 유형	루브릭 세부 항목에 따른 정성적 서술 피드백 제공
교사의 평가 활동	학생 제출 자료 검토 → 루브릭 기준에 따른 항목별 평가 → 서술형 피드백 작성

라) 기록

학생들의 모든 활동은 자기 성찰 포트폴리오에 정리되었다. 이 안에는 조사 자료, 설문지, 발표 자료뿐 아니라 학습 일지, 교사의 피드백, 자기평가서까지 포함되었다. 교사는 루브릭 항목과 연계해 학생별 성장 포인트를 꼼꼼히 기록하였고, 학생들 또한 OECD 학습 나침반 2030이 제시하는 핵심 역량인 자기주도성, 협력적 주도성, 변혁적 역량을 기준으로 자신의 학습 여정을 돌아보았다.

학교생활기록부 세부능력 및 특기사항란에는 '자기 주도적 문제 해결력', '팀워크 기반 창의적 기획력', '지역사회 연계 의사소통 역량'과 같은 문구가 남아, 학생들의 성찰과 성장을 뒷받침하는 기반이 되었다. 이처럼 OECD 철학을 반영한 프로젝트 수업은 학생들에게 단순한 지식 학습을 넘어, 삶 속에서 역량을 발휘하고 확장하는 살아 있는 교육의 장이 되었다.

2) EU 기반 사례: 디지털 시민 교육과 알고리즘

가) 교육과정

에스토니아는 2022년 EU 권고에 따라 디지털 역량을 미래 사회의 핵심역량으로 설정하고 초등학교 1학년부터 정규 교육과정에 반영하였다. 저학년은 주 1시간 '디지털 기술' 수업을 통해 기초 활용과 코딩을 배우고, 중학년은 수학과 프로젝트형 융합 교과 중심으로 주 2시간 블록 코딩과 문제 해결 수업을 진행한다. 고학년 단계에서는 '정보기술' 교과에서 주 2-3시간 파이썬 프로그래밍, 로봇 제작, 디지털 시민성 교육을 심화 학습으로 운영한다.

이처럼 전 교과에 걸쳐 진행되는 디지털 교육은 단순한 활용 능력뿐 아니라 사고력, 온라인 윤리의식, 공동체적 책임 의식을 함께 기르도록 설계되었다. 특히, 디지털 시민 교육과 알고리즘 수업은 초등 실과를 중심으로 하되 국어·수학·도덕 등과 긴밀하게 연계된 융합형 정보 교육으로 구현되었다(51). 이는 기술 학습을 넘어서, 디지털 세계 속에서 책임 있게 행동하는 시민으로 성장시키는 데 초점을 두었다는 점에서 중요한 의미를 지닌다.

나) 교수-학습

수업은 〈표 1-7〉과 같이 총 다섯 차시로 구성되었다. 1차시에는 학생들이 자신의 아침 등교 과정을 말로 설명하고 순서도로 나타내며 알고리즘의 기본 개념을 생활 경험과 연결하였다. 2차시에는 비봇(Bee-Bot) 로봇을 활용해 목표 지점까지 경로를 설계하면서 공간적·논리적 사고를 기르고, 명령어를 조합하는 과정을 통해 계산적 사고를 경험했다.

3차시에는 로봇이 예상대로 움직이지 않을 때 오류를 찾아 수정하는 '버그 찾기' 활동이 이어졌다. 이를 통해 문제 해결력과 협업 능력이 강화되었다. 4차시에는 팀별로 친구를 돕는 상황을 주제로 간단한 알고리즘 게임을 제작하며 협력적 학습과 창의적 발상을 실현했다. 마지막 5차시에는 디지털 기기 사용의 책임감과 예절을 주제로 토의한 뒤, 이를 포스터로 제작하여 공동체적 책임 의식을 갖도록 하였다.

〈표 1-7〉 플라스틱 제로 캠페인 프로젝트 교수-학습 과정

주차	단계	활동 내용	교과
1차	아침 등교 활동 설명 및 도식화	• 학생들이 자신의 아침 등교 과정을 말로 설명하고 순서대로 도식화함 • 알고리즘의 개념 이해 및 순서도 작성 경험	국어(말하기・쓰기), 실과(정보 교육 기초), 수학(순서・자료 정리)
2차	Bee-Bot을 활용한 경로 계획	• Bee-Bot 로봇을 이용해 목표 지점까지 경로 설계 • 논리적 사고력 및 순차적 사고 능력 향상	실과(컴퓨팅 사고력), 수학(공간・논리적 사고)
3차	Bee-Bot '버그 찾기' 활동	• Bee-Bot 경로 수행 중 오류를 찾아 수정 • 디버깅 과정을 통해 문제 해결력 강화	실과(정보과학), 수학(문제 해결)
4차	알고리즘 게임 제작	• 팀별로 친구를 돕기 위한 간단한 알고리즘 게임을 제작 • 협업 능력 및 창의적 문제 해결력 함양	실과, 창의적 체험활동(협업 활동), 국어(표현)
5차	디지털 시민 포스터 만들기	• 디지털 기기 사용 시 책임감과 예절에 대해 토의 후 포스터 제작 • 디지털 시민성 교육과 연계한 표현 활동	도덕(책임・예절), 국어(표현), 실과(디지털 시민성)

다) 평가

이 프로젝트의 평가는 〈표 1-8〉과 같이 루브릭을 중심으로 진행되었다. 학생들이 로봇 경로를 설계하고 오류를 수정하는 과정에서 보여 준 협업 태도, 참여 수준, 문제 해결 방식이 중요한 평가 기준이 되었다. 예를 들어 "문제가 발생했을 때 친구의 의견을 먼저 경청했는가"와 같은 구체적인 항목이 포함되었다. 결과물 평가에서는 학생들이 만든 포스터의 표현력, 주제 의식, 사회적 책임감을 중점적으로 살폈다. 학생들은 사전에 평가 기준을 안내받았기에 목표를 분명히 인식할 수 있었고, 활동 후에는 자기성찰 포트폴리오에 강점과 개선점을 기록했다. 또한 동료평가와 교사의 서술형 피드백이 병행되며, 평가는 단순한 점수 산출이 아니라 성장을 지원하는 과정으로 기능했다. 이러한 평가 방식은 디지털 시대의 핵심인 자기조절 학습 역량과 사회적 협업 능력을 함께 길러주는 실질적 학습의 장이 되었다.

〈표 1-8〉 평가 방식

평가 요소	세부 내용 및 방법
평가 기준	디지털 도구 활용, 알고리즘 이해, 협업, 창의성, 태도, 오류 수정, 상호작용, 표현력, 주제 의식, 사회적 책임감
평가 항목	• 실습 전: 평가 기준 및 루브릭 안내 • 실습 중: 태도, 오류 수정, 협업 관련 관찰 항목 공유 • 결과물: 포스터 평가 항목(표현력, 주제 의식 등) 공유 • 자기평가: 자기성찰 포트폴리오 작성(강점 · 개선점 기록) • 동료평가: 조별 협력 과정에서 상호 평가(기여도 · 협력 태도) • 디지털 기반 평가: 온라인 학습 플랫폼(예: 패들릿, 구글 클래스룸)에 업로드된 활동 기록 · 영상 · 사진 활용
평가 방식	루브릭 평가, 정성적 관찰, 결과물 평가, 형성평가(차시별 미니 퀴즈 · 구두 점검), 자기 · 동료평가 병행, 디지털 포트폴리오 기반 평가
피드백 유형	루브릭 기반 피드백, 실습 중 행동 피드백, 발표 후 내용 피드백, 자기 · 동료 평가 반영 피드백, 디지털 포트폴리오 코멘트 제공
교사의 평가 활동	루브릭 공유, 실습 관찰 및 상호작용 기록, 발표 평가 및 서술형 피드백 작성, 자기 · 동료평가 결과 검토, 디지털 기록(포트폴리오 · 플랫폼 자료) 점검 및 성장 피드백 제공

라) 기록

학생들의 학습 결과는 모두 디지털 포트폴리오에 차곡차곡 쌓였다. 그 안에는 Bee-Bot 동작 명령서, 오류 수정 기록지, 팀별 알고리즘 게임안, 포스터 사진까지, 배움의 흔적이 고스란히 담겨 있었다. 교사는 매 차시마다 짧은 코멘트를 남겨 학생들의 성장을 기록했고, 학교생활기록부에는 "알고리즘의 원리를 생활과 연결해 표현하고 협력적으로 문제를 해결함", "디지털 기기 사용의 책임감과 윤리의식을 포스터 제작을 통해 드러냄"과 같은 문구가 적혔다. 이렇게 남겨진 기록은 단순한 평가 자료를 넘어 학생들의 배움과 성장을 이야기해 주는 소중한 자산이 되었다.

3) IB 기반 사례: MYP 과학에서 파동 단원 적용과 탐구 기반 학습

가) 교육과정

중등 과정 프로그램(Middle Years Programme, MYP)은 국제 바칼로레아(IB)가 만든 교육과정으로, 만 11세에서 16세 학생을 대상으로 한다. 우리나라로 치면 중학교에서 고등학교 1학년에 해당한다. 이 프로그램은 단순히 지식을 습득하는 데 그치지 않고, 학생이 스스로 질문을 던지고 탐구하며 학습을 실제 삶과 연결하는 데 중점을 둔다.

대구 경북대학교 사범대학 부설중학교는 국내 공교육에서 중등프로그램(MYP) 과학을 가장 먼저 적극적으로 도입한 학교 중 하나다. 2023년부터 공개수업과 세미나를 운영하며 현장 교사들과 경험을 공유해 왔고, 2024년 6월에는 전국에서 교사들이 참관할 만큼 주목을 받았다. 이는 IB 교육과정이 현장에 안착하기 위해서는 상당한 비용과 함께 교사의 전문적 연수와 설계 역량이 뒷받침되어야 한다는 점을 잘 보여준다. 실제 MYP 단원 설계서에는 핵심 개념, 글로벌 문맥, 탐구 질문, 학습 접근(Approaches to Learning, ATL) 기술, 성취 기준이 구체적으로 제시되어 있으며, 국가 교육과정 성취 기준과 IB의 개념 기반 설계를 통합하는 높은 수준의 전문성이 요구된다.

특히 과학의 '파동' 단원을 재구성한 사례는 교육과정, 교수-학습, 평가가 어떻게 하나의 유기적 흐름 속에서 구현될 수 있는지를 보여주며, 동시에 IB가 강조하는 탐구·질문 중심 수업과 학생 주도적 성찰의 가치를 잘 드러낸다(52).

나) 교수-학습 흐름

MYP 과학의 '파동 단원' 수업은 〈표 1-9〉와 같이 4주간 탐구 순환 구조로 진행되었다. 첫 주에는 학생들이 파동 현상을 직접 관찰하며 "소리의 크기는 무엇으로 결정될까?", "빛은 물체를 어떻게 통과하거나 반사할까?"와 같은 질문을 스스로 만들어냈다. 이는 마치 IB의 지식론(Theory of Knowledge, TOK) 수업처럼 지식을 탐구하는 방법 자체를 사고하는 경험이 되었다.

둘째 주에는 학생들이 질문을 토대로 가설을 세우고, 변인을 통제하여 실험 설계를 직접 작성했다. 교사는 정답을 제시하기보다 탐구 과정을 지원하는 코칭형 역할을 맡았다. 셋째 주에는 팀별 실험이 이루어졌고, 센서와 ICT 도구를 활용해 파동의 주기와 진폭을 측정하고 데이터를 그래프로 시각화했다. 마지막 넷째 주에는 수집한 자료를 분석하여 파동 모형을 만들고, 이를 소리·빛·통신·환경 문제와 같은 사회적 맥락에 연결해 토의한 뒤, 자기 성찰문을 작성하며 학습을 실제 삶과 연결 지었다.

〈표 1-9〉 파동 단원 적용과 탐구 기반 교수-학습 과정

주차	단계	활동 내용	관련 교과
1주차	관찰·질문	파동 현상 관찰, "소리의 크기는 무엇으로 결정될까?" 등 질문 도출 → 지식론(TOK)처럼 지식 탐구 방법 사고	과학(물리 개념 기초)
2주차	가설 설정·탐구 설계	질문 기반 가설 수립, 변인 통제 실험 설계, 교사는 코칭형 지도	과학(탐구 방법), 수학(측정·계산)
3주차	탐구 수행·데이터 수집	팀별 실험, 센서·ICT로 데이터 수집 및 그래프 시각화	과학(실험), ICT(데이터 처리)
4주차	분석·모형화·성찰	자료 분석·모형화, 소리·빛·통신·환경과 연결 토의, 성찰문 작성	과학(파동 개념 심화), 사회(환경·기술 연계)

다) 평가

MYP 과학의 '파동' 단원 평가는 〈표 1-10〉과 같이 기준 중심 평가(Criterion-related Assessment) 방식을 따랐다. 이는 단순한 점수 매기기가 아니라, 학생 개개인의 성취 수준을 구체적으로 설명하고 성장 과정을 반영하는 평가다.

지식 이해(A)에서는 파동의 기본 개념—진폭, 파장, 주기, 주파수—을 과학적 용어로 설명하는 능력을 본다. 탐구와 설계(B)에서는 스스로 탐구 질문을 만들고 가설을 세워 실험을 설계하는 과정을 평가한다. 자료 처리와 평가(C)에서는 데이터를 분석하고 오류를 찾아 개선점을 제시하는 능력을 중점적으로 살핀다. 마지막으로 과학의 영향 성찰(D)에서는 파동이 생활과 기술, 사회에 미치는 영향을 탐구

하며, 윤리적·사회적 책임을 성찰하는 태도를 평가한다.

IB 평가의 특징은 자기평가와 동료평가가 반드시 포함된다는 점이다. 팀별 발표가 끝나면 학생들은 서로의 탐구 과정을 피드백하고, 교사의 루브릭 평가와 함께 성찰 포트폴리오에 반영한다. 이렇게 학습의 과정, 결과, 성찰이 아우러진 평가 구조는 학생들에게 입체적인 배움의 경험을 제공한다.

〈표 1-10〉 평가 방식

평가 기준	세부 내용	평가 방법
A. 지식 이해	파동의 개념(진폭, 파장, 주기, 주파수 등)을 정확히 설명하고, 관련 현상을 과학적 용어로 표현한다.	서술형 문제, 개념 퀴즈, 탐구 보고서(이론 설명 부분), 자기평가 기록
B. 탐구와 설계	파동 관련 질문을 설정하고, 변인 통제·가설 수립·실험 설계 능력을 보여준다.	탐구 계획서 작성, 팀별 실험 설계 발표, 교사 관찰 기록, 동료평가(탐구 과정 피드백)
C. 자료 처리와 평가	파동 실험에서 얻은 데이터를 표·그래프·모형으로 정리하고, 결과를 분석·해석하며 오류 요인을 파악하고 대안을 제시한다.	실험 보고서, 데이터 그래프 작성, 결과 토의 참여도, 성찰 포트폴리오 기록
D. 과학의 영향 성찰	파동이 생활·기술·사회(소리, 빛, 통신, 환경 등)에 미치는 영향을 설명하고, 윤리적·사회적 책임을 성찰한다.	포스터 제작, 발표 평가, 자기 성찰문, 자기·동료평가 반영

라) 기록

MYP 과학 '파동 단원'에서는 학습의 모든 과정이 증거로 남는다. 단원 설계서의 성찰 기록, 형성평가 자료, 실험 보고서, 그래프, 모형화 활동 결과까지 학생 산출물이 체계적으로 축적된다. 여기에 자기·동료평가 기록이 포함되어, 학생들은 자신의 역할과 협업 기여도를 되돌아보며 개선점을 찾는다. 교사는 관찰 메모와 루브릭, 개별 피드백을 정리하여 학생의 강점과 보완점을 기록하고, 이는 곧 학습 성장 보고로 이어진다.

따라서 IB 수업은 단순한 지식 암기가 아니라, 질문을 중심으로 탐구하고 성찰하며, 학습을 삶과 사회적 맥락에 연결하는 배움의 경험을 남긴다. 이는 높은 비용과 교사 전문성이라는 도전 과제가 따르지만, 학생 중심의 깊이 있는 배움을 구현하는 교육적 가치로 자리매김하고 있다.

4) 핀란드 기반 사례: 플라스틱 제로 캠페인 프로젝트

가) 교육과정

핀란드는 2022년 국가 교육과정을 개정하며 미래 사회 핵심역량을 학교 현장에 본격적으로 뿌리내렸다. 헬싱키 종합학교에서는 초등 1-6학년과 중등 7-9학년 전 학년을 대상으로, 특정 과목이 아니라 모든 교과 속에서 '7개의 교과 간 공통 역량'을 기르는 것을 핵심 목표로 삼았다[53].

과학 수업에서는 탐구 활동을 통해 문제 해결력・협업 능력・지속가능성 의식을, 국어 수업에서는 토론과 글쓰기를 통해 의사소통력・비판적 사고력・문화적 감수성을, 미술 수업에서는 프로젝트 활동을 통해 창의성・자기 주도성・협업 역량을 기르도록 했다. 즉, 지식 전달을 넘어 삶과 사회 속에서 주도적으로 사고하고 협업하는 힘을 키우는 것이 수업의 중심이었으며, 이는 핀란드가 국가 차원에서 추진하는 현상 기반 학습(Phenomenon-based Learning)의 전형적인 모습으로 자리 잡았다. 교사들은 매 수업마다 역량 목표를 제시하고 학생들의 성장을 관찰・기록했으며, 이러한 운영은 소규모 학급과 사회적 합의에 기반한 핀란드 교육 맥락 덕분에 가능했다.

나) 교수-학습

수업은 〈표 1-11〉과 같이 4주간의 통합형 프로젝트로 운영되었다. 첫째 주에는 학생들이 교실, 매점, 급식실, 운동장 등에서 플라스틱 사용 실태를 직접 조사하며 문제를 발견했다. 둘째 주에는 과학 시간에 플라스틱이 토양과 물에 미치는 영향을 실험하고, ICT 시간에는 설문 데이터를 분석하며 문제에 대한 이해를 심화했다. 셋째 주에는 재사용 컵 도입, 에코백 제작, '플라스틱 프리데이' 운영과 같은 실천 방안을 기획·실행하며 캠페인을 펼쳤다. 마지막 넷째 주에는 전교생 앞에서 결과를 발표하고, 일부 모둠은 시청 청소년위원회에 정책 제안서를 제출했다.

이 과정은 단순한 지식 습득을 넘어 실제 사회 문제 해결을 위한 태도와 역량을 길러 주었다. 동시에 현상 기반 학습의 원리에 따라 여러 교과를 아우르는 통합적 탐구가 이루어졌다. 다만 이러한 프로젝트 수업은 교사 협업 문화, 지역사회의 신뢰, 작은 학급 규모라는 핀란드 특유의 교육적 맥락이 뒷받침될 때 가능하다는 점도 드러났다. 이는 학습이 교실을 넘어 사회적 실천으로 확장될 때 비로소 역량이 살아 움직인다는 사실을 보여준다.

〈표 1-11〉 플라스틱 제로 캠페인 프로젝트 교수-학습 과정

주차	활동 내용	교과
1주	교실·매점·급식실·운동장 등에서 플라스틱 쓰레기 양을 직접 조사하고 사진·체크리스트로 기록, 모둠별 차트 작성 후 문제점 도출	환경 탐구, 생활 조사
2주	과학 시간에 플라스틱이 토양·물에 미치는 영향을 소규모 실험으로 탐구, ICT 시간에 설문조사 실시 후 응답 데이터를 통계 처리·그래프 시각화	과학, ICT
3주	모둠별 해결책 기획: 재사용 컵 도입안 작성, 에코백 직접 디자인·제작, '플라스틱 프리데이' 운영 캠페인 기획·홍보 활동 전개	실과, 미술, 도덕, 자율 활동
4주	전교생 앞에서 캠페인 결과 발표, 포스터·에코백 전시 및 체험 부스 운영, 일부 모둠은 시청 청소년위원회에 정책 제안서 제출	국어, 사회, 진로, 창의적 체험

다) 평가

평가는 〈표 1-12〉에 제시된 대로 문해력, 자기 주도성, 지속가능성 인식, 협업 역량을 중심으로 이루어졌다. 교사들은 과목별 루브릭을 활용해 발표와 캠페인 과정에서 학생들의 역할 분담, 문제 분석의 깊이, 기획력을 종합적으로 살폈다. 또한 학생들의 자기평가서와 동료평가, 캠페인 영상, 에코백 시안, 대체 방안 기획안 등이 근거 자료가 되어 학습 과정이 그대로 반영되었다.

이러한 평가는 단순히 결과를 확인하는 데 그치지 않고, 학생의 참여 과정과 성장의 흔적을 충실히 반영하였다. 자기·동료 평가를 기반으로 한 상호 피드백 구조는 학생들이 스스로 배움의 책임을 자각하게 했으며, 평가 과정 자체가 학습의 일부로 작동하였다. 다만 이러한 다층적 평가 방식은 교사의 전문성, 사회적 신뢰, 그리고 교육 자율성이 충분히 보장된 핀란드의 교육적 맥락 속에서 가능하다는 점도 주목할 필요가 있다.

〈표 1-12〉 평가 방식

평가 요소	세부 내용 및 방법
평가 기준	문해력(표현·전달력), 자기 주도성(목표 설정·성찰), 지속가능성 인식(대체 방안 제안), 협업 역량(역할 분담·의견 조율), 문제 분석 깊이(조사·데이터 타당성), 캠페인 기획력(창의성·실현 가능성)
평가 항목	발표 표현력, 성찰의 깊이, 대체 방안의 창의성·현실성, 협업 태도와 기여도, 데이터 분석 정확성, 캠페인 아이디어의 실행 가능성
학생 공유 자료	자기평가지, 동료평가 자료, 캠페인 실행 영상, 에코백 디자인 시안, 플라스틱 대체 방안 기획안
평가 방식	루브릭 평가, 자기평가, 동료평가, 종합 평가(교사·학생·동료 의견 반영)
피드백 유형	자기 성찰 기록, 동료 간 상호 피드백, 교사 서술형 코멘트, 실행 후 개선점 제시

라) 기록

학생들은 매 차시 수업 후 '나의 학습 다이어리'에 활동과 배운 점을 기록하며 성찰했고, 교사는 이를 바탕으로 맞춤형 피드백을 제공했다. 활동 자료, 발표 영상, 평가표, 성찰문 등은 통합 포트폴리오로 보관되었으며, 학교생활기록부에는 "학교 내 플라스틱 문제를 과학적으로 분석하고 해결 방안을 실행함", "팀 활동 속에서 책임감과 협력을 실천하며 지역사회 참여 역량을 높임"과 같은 문장이 남았다.

이러한 기록은 핀란드 교육위원회가 강조하는 자기 주도성·지속가능성·협업·

사회 참여 역량을 보여 주는 동시에, 학습 과정을 구체적인 증거로 남겨 학생들의 성장을 확인하게 했다. 결국 기록은 단순한 학습 확인을 넘어, 현상 기반 학습의 철학처럼 지식을 삶과 태도의 변화로 확장시키는 교육적 도구가 되었다.

탐구 질문

1. 역량 중심 교육과정은 실제 교실 수업과 평가에서 어떻게 구체적으로 구현되고 있으며, 우리나라 교육 맥락에서 나타나는 구조적 장애 요인은 무엇인가?

2. OECD, EU, IB, 핀란드의 역량 중심 교수·학습 사례는 어떤 특징과 차별성을 보이며, 이를 우리나라 교육과정과 수업 혁신에 어떻게 적용할 수 있을까?

3. 루브릭, 포트폴리오, 디지털 기반 평가를 통해 학생의 성장 서사를 어떻게 기록·재구성할 수 있으며, 이는 학교생활기록부와 같은 공식 기록 체계와 어떤 방식으로 연결될 수 있는가?

참고문헌

(1) 김진우, 박현정. (2021). 배움의 재구성: 삶과 연결되는 교육을 위하여. 서울: 교육과미래.

(2) 송은영. (2020). 시험 중심 교육이 학생의 학습 동기에 미치는 영향. 한국교육학연구, 45(2), 123-145.

(3) Robinson, K. (2015). *Creative Schools: The Grassroots Revolution That's Transforming Education.* New York: Viking.

(4) 김진우. (2022). 역량 중심 교육의 이론적 배경과 실천 방향. 교육이론과 실천, 27(2), 85-102.

(5) OECD. (2018). *The Future of Education and Skills: Education 2030 - The OECD Learning Compass 2030.* OECD Publishing.

(6) European Commission. (2018). *Key Competences for Lifelong Learning.* Brussels: European Union.

(7) 교육부. (2022). 2022 개정 교육과정 총론. 세종: 교육부.

(8) 김은정, 박성호. (2023). 디지털 기반 수행평가의 효과 분석. 교육평가연구, 36(1), 101-122.

(9) 인천광역시교육청. (2023). 수평기 하나로 시스템 운영 매뉴얼. 인천: 인천광역시교육청.

(10) 이지연. (2021). 역량 중심 수업이 중학생의 핵심역량 발달에 미치는 영향. 한국교육평가학회지, 34(3), 201-225.

(11) 박성민, 김하늘. (2022). 의학교육에서의 역량 중심 평가의 효과. 의학교육연구, 17(2), 87-104.

(12) 한국핵심역량교육학회. (2024). 핵심역량교육연구, 1(1).

(13) 김영희. (2022). 서울시 중학교 자기주도학습 기반 핵심역량 강화 프로그램 효과 연구. 한국교육학연구, 30(2), 105-123.

(14) 김철수. (2024). 프로젝트 기반 수학 수업이 문제 해결력과 협업 태도에 미치는 영향. 수학교육연구, 18(1), 22-38.

(15) 박민수. (2024). 토론 수업이 중학생의 비판적 사고력과 의사소통 능력에 미치는 효과. 사회과학교육, 12(2), 77-93.

(16) 한국직업능력연구원. (2024). K-CESA: 대학생 핵심역량 진단 매뉴얼(개정판). 세종: 한국직업능력연구원.

(17) 한국교육과정평가원. (2023). 디지털 기반 평가(KICE-eAssessment) 시스템. 진천: 한국교육과정평가원.

(18) OECD. (2005). *The definition and selection of key competencies: Executive summary.* Paris: OECD Publishing.

(19) 교육인적자원부. (2007). 2007 개정 교육과정 총론. 서울: 교육인적자원부.

(20) 교육과학기술부. (2009). 2009 개정 교육과정 총론. 서울: 교육과학기술부.

(21) 이지현. (2011). 집중이수제의 도입과 학교 교육 변화. 한국교육학연구, 47(2), 45-67.

(22) 교육부. (2015). 2015 개정 교육과정 총론. 서울: 교육부.

(23) 박모영. (2016). 2015 개정 교육과정 핵심역량의 특징과 시사점. 교육과정연구, 34(1), 1-20.

(24) 김정호. (2017). 교과 수업 설계와 핵심역량 구현. 학습자중심교과교육연구, 17(3), 45-67.

(25) 이은주. (2016). 교과별 역량 체계와 적용 방안. 한국교육학연구, 52(2), 89-110.

(26) 한지영. (2017). 과정 중심 평가와 학교생활기록부 개선 방향. 교육평가연구, 30(4), 101-123.

(27) 교육부. (2022). 2022 개정 교육과정 총론. 세종: 교육부.

(28) 이수현. (2023). 2015 개정과 2022 개정 교육과정의 역량 비교 분석. 한국교육학연구, 49(1), 55-78.

(29) 교육부. (2021). 2022 개정 교육과정 총론 시안. 세종: 교육부.

(30) 이재은. (2022). 학생 맞춤형 교육과정 운영과 진로 역량 강화. 진로교육연구, 41(3), 55-76.

(31) 박지영. (2023). 디지털 기반 과정 중심 평가와 '수평기 하나로'의 활용. 교육평가연구, 36(3), 101-125.

(32) OECD. (2018). *The future of education and skills: Education 2030 framework.* OECD Publishing.

(33) OECD. (2024). *Learning compass 2030: A framework for student agency and transformative competencies.* OECD Publishing.

(34) European Commission. (2023). *Proposal for a council recommendation on key competences for lifelong learning*. Brussels: European Union.

(35) International Baccalaureate Organization. (2020). *What is an IB education?* Geneva: IBO.

(36) International Baccalaureate Organization. (2021). *IB learner profile.* Geneva: IBO.

(37) International Baccalaureate Organization. (2021). *Middle Years Programme: From principles into practice.* Geneva: IBO.

(38) International Baccalaureate Organization. (2020). *Diploma Programme assessment procedures.* Geneva: IBO.

(39) International Baccalaureate Organization. (2021). *Creativity, activity, service (CAS) guide.* Geneva: IBO.

(40) Resnik, J. (2016). The development of the International Baccalaureate in Spanish-speaking countries: A global-local approach to educational transfer. *Globalisation, Societies and Education, 14*(2), 298-325.

(41) Finnish National Agency for Education. (2024). *National core curriculum for basic education.* Helsinki: Finnish National Agency for Education.

(42) OECD. (2018). *The future of education and skills: Education 2030.* OECD Publishing.

(43) UNESCO. (2021). *Reimagining our futures together: A new social contract for education.* UNESCO.

(44) 교육부. (2022). 2022 개정 교육과정 총론. 세종: 교육부.

(45) OECD. (2018). *The future of education and skills: Education 2030.* OECD Publishing.

(46) 한국교육과정평가원. (2021). 과정 중심 평가와 e-Assessment 활용 방안 연구. 진천: 한국교육과정평가원.

(47) 경기도교육청. (2022). 초등 융합 프로젝트 수업 자료집: 우리 마을의 물 절약 방안. 수원: 경기도교육청.

(48) ○○중학교. (2021). 스마트 기기를 활용한 학교 숲 생태 프로젝트 수업. ○○중학교.

(49) 울산광역시교육청. (2023). 고등학교 교과 융합 프로젝트 수업 사례집. 울산: 울산광역시교육청.

(50) OECD. (2020). *OECD learning compass 2030: A series of concept notes.* OECD Publishing.

(51) Estonian Ministry of Education and Research. (2022). *Digital competence model and curriculum.* Tallinn: Estonian Ministry of Education and Research.

(52) 경북대학교 사범대학 부설중학교. (2024). MYP 과학 공개수업 자료집 및 연구 보고서. 대구: 경북대학교 사범대학 부설중학교.

(53) Finnish National Agency for Education. (2022). *National core curriculum for basic education 2022.* Helsinki: Finnish National Agency for Education.

제 2 장 학생 맞춤형 교육의 철학과 실현 기반

2.1 학생 중심 교육의 철학적 배경

2.1.1 구성주의와 자기 주도성 관점의 학생 맞춤형 교육

가. 구성주의적 관점에서 바라본 학생 맞춤형 교육

구성주의 관점에서 본 학생 맞춤형 교육은 학생이 지식을 스스로 구성해 나가는 과정을 강조하며, 이때 교사는 이 과정을 돕는 조력자이자 촉진자의 역할을 수행한다. 전통적인 교육방식이 교사 중심의 지식 전달이라면 구성주의 교육은 학습자 중심의 경험과 상호작용을 통해 학생이 이루어진다.

구성주의는 우리가 경험하고 이해하고 있는 현실 실재라는 것이 결국 그것을 직접 체험하고 실제 생활하고 있는 인식의 주체자, 곧 개개인에게 의미 있고 중요하고 이해되는 방향으로 사고하고 실천한다는 것이다. 다시 말해, 개인들마다 똑같은 것을 경험해도 그것을 이해하고 의미 부여하고 해석하는 것은 각각 다른 것을 의미한다. 따라서 동일한 이해나 해석은 있을 수 없다. 물론 그 개인이 속해있는 특정 공동체의 구성원이 공통적으로 이해하고 경험하고 받아들이는 집단적 이해 지식은 있을 수 있다. 그러나 그것은 어디까지나 개개인의 개별적 이해의 한 일부를 차지할 뿐이지 그 자체가 개개인의 이해를 대변할 수 없다. 개인마다 각자 나름의 독특한 이해를 바탕으로 그들 나름의 현실을 구성하게 되고 그 결과가 바로 지식이 된다.

바로 이러한 이유로 인해 구성주의에서는 옳고 그름의 판단이 아니라 우리의 이해나 우리의 개별적 지식이 과연 얼마나 내가 이 세상에서 살아가는 데 적합성,

생존성, 유용성을 지니고 있는지가 중요하다. 따라서 우리가 관심을 두어야 할 부분은 과연 우리의 행위와 사고가 적합한지, 유용한지, 잘 들어맞는지에 대한 판단뿐이다.

구성주의에서 말하는 경험에 대한 개별적 지식 구성이나 의미 부여는 인식론적 독단론을 말하는 것이 아니다. 자신이 속한 공동체 구성원들과의 상호작용을 전제로 하여 그가 속한 사회의 사회, 문화적 영향을 받아 가면서 다른 사람과 같이 생존할 수 있는 지식이다. 또한, 살아가는 데 유용하고 사회 공동체로부터 인정을 받거나 혹은 용납되는 그러한 지식이다. 따라서 개인이 구축하는 지식은 매우 개별적 인지 구조 작용에 의해 구성된다. 그러나 그것이 완전히 다른 사람과 통용되거나 호환될 수 없는 성격의 독단성을 지니는 것은 아니다. 이런 의미에서 구성주의에서 말하는 지식은 집단적 지식 혹은 확산적 인지로 표현되는 공유된 인지에 대한 개별적 구성이라고 볼 수 있다(1).

구성주의의 인식론을 실제 교육 현장에서 적용하려면 구성주의는 기존 객관주의적 인식론에 대한 대안적 인식론 곧 상대주의적 인식론을 바탕으로 하여 객관주의적 인식론의 문제점을 극복해야 한다. 마치 포스트모더니즘이 모더니즘의 문제점을 극복하려는 것으로 이해할 때 그 특성이나 추구하는 지향점이 분명해지듯, 구성주의도 객관주의와의 관계에서 파악될 때 그 의미가 분명해진다. 그렇다고 구성주의가 기존의 것들의 뿌리로부터 완전 탈피, 해체를 추구한다고 할 수 없다. 오히려 객관주의의 가정에 대한 의문을 제기하고 그것을 거부하는 동시에 그것에 대한 변화, 변형을 꾀하려고 한다. 특히 구성주의는 그것의 이론적 실천이 교육이라는 특수한 환경에서 이루어지는 것인 만큼, 그것의 단지 언어적 유희의 차원에서 말할 수 있는 해체라는 개념으로 생각할 수 있는 것이 아니다. 이때 교육이라는 특수한 환경은 구성주의가 교사와 학생간의 관계의 재설정, 역할 바꾸기, 교육환경의 혁명적 변화를 꾀하여 기존에 있는 모든 것들의 뒤집기를 시도한다고 해도 결국 교육에는 평가가 존재하고 있고 평가의 최종 결정자는 교사이기 때문에 진정한 의미에서 포스트모더니즘이 말하는 모더니즘으로부터의 해체는 구성주의에서는 어려운 것이라고 판단된다.

이러한 구성주의 인식론을 교육환경에 직접 접목해 볼 때 한마디로 그것은 학습자를 학습의 주체로 보는 학습자 중심의 학습 이론이라고 할 수 있다. 결국 구성주의는 교육환경에서의 학습 이론으로 보기 이전에 우리 시대의 사회, 문화적 이론이라고 할 수 있는 포스트모더니즘과 정보화 이론과의 연결선상에서 접근해야 하기 때문이다.

교육 현장에서 구성주의 인식론을 적용하는 사례를 살펴보면 첫째, 프로젝트기반 학습(PBL)으로 학생이 스스로 주제를 정하고 탐구하며 결과물을 만들어내는 과정에서 지식을 구성한다. 둘째는 문제해결학습으로 실제 생활과 관련된 문제를 제시하고 학생이 협력하여 해결 방안을 모색하는 과정에서 지식을 습득하게 된다. 셋째는 개념화된 학습 경로로 학생의 수준과 관심에 따라 맞춤형 학습자료와 과제를 제공하여 자기 주도 학습을 유도한다.

이와 같이 구성주의는 학생 맞춤형 교육의 핵심역량 철학을 제공해 준다. 이는 모든 학생이 동일한 지식을 수동적으로 습득하는 것이 아니라, 각자의 고유한 경험과 속도에 맞춰 의미 있는 지식을 능동적으로 만들어가도록 돕는 교육방식이라고 할 수 있다.

나. 자기 주도성의 관점에서 바라본 학생 맞춤형 교육

자기 주도성의 관점에서 본 학생 맞춤형 교육은 학생이 학습의 주체가 되어 스스로의 배움을 설계하고 이끌어가는 과정에 초점을 맞춘다. 단순히 개인별 수준에 맞는 콘텐츠를 제공하는 것을 넘어, 학생이 학습 목표를 설정하고, 계획을 세우며, 실행하고, 그 결과를 스스로 평가하는 전 과정을 지원하는 교육이다. 이는 학습자가 수동적으로 지식을 받아들이는 것이 아니라 능동적으로 지식을 구성하는 구성주의 철학과도 맞닿아 있다.

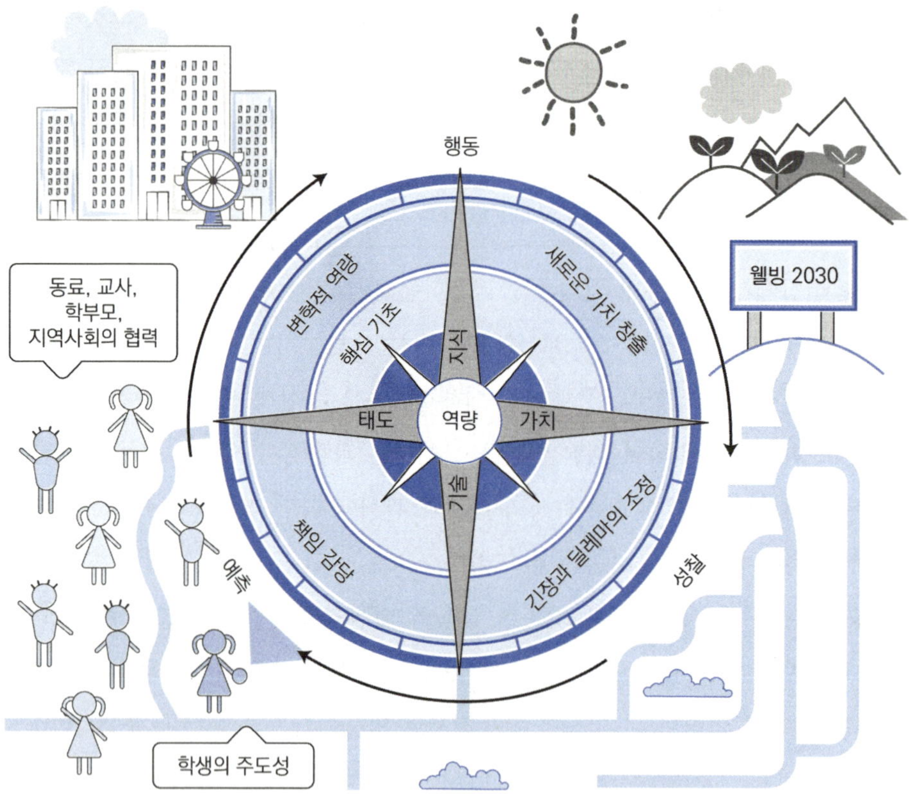

[그림 2-1] OECD 학습나침반 2030 흐름도

2019년 OECD가 미래 교육 변화의 방향을 담은 「OECD 학습 나침반 2030」을 발표하였는데 흐름도는 [그림 2-1]과 같다. 이 그림을 살펴보면 그 속에서 '학생 주도성(Student Agency)'을 미래 교육의 핵심으로 설정하였다[2]. 학생 주도성은 학생들이 목적 의식적이고, 반성적이며, 책임 있는 행위 주체가 되는 것을 의미한다[3].

학생들은 스스로 선택하고 헌신할 수 있는 목표를 수립하고, 이를 달성하기 위해 시간과 노력을 투자해야 한다. 그리고 자신과 자신의 활동에 대해 성찰하며, 그러한 행위의 결과로써 자신이 타자의 삶에 영향을 미칠 수 있다는 사실에 책임을 지기도 해야 한다. 이러한 주도성은 학생 자치 활동의 과정에서 마찬가지로 관철되어야 할 핵심 원리로 학생들이 자신들의 의지나 목적과는 상관없는 외부로부터 주어진 과제를 수행하는 것이 아니라, 바로 '자기의 자유'를 갖고 활동의 목표와 방식을 스스로 선택하며, 그러한 선택이 낳은 결과들을 돌아볼 수 있어야 한다. OECD 미래교육과 역량 2030 프로젝트의 OECD 학습 나침반 2030의 맥락에서 알 수 있듯이 학생들의 자기 주도성의 개념은 학생들이 자신의 삶과 그들을 둘러싸고 있는 세계에 긍정적으로 영향을 주는 능력과 의지를 갖고 있다는 원리에 근거를 두고 있다. 따라서 학생들의 자기 주도성은 목표를 설정하고 책임 있는 실천과 성찰로 변화를 일으키는 능력으로 정의하고 있다. 이것은 누가 시켜서 하는 행동보다는 적극적으로 실행하는 것이며, 다른 사람에 의해 만들어지는 것보다는 스스로 만들어 가는 것이며, 다른 사람이 결정한 것을 받아들이는 것보다는 스스로 책임감 있는 결정과 선택을 하는 것이다(4).

학생이 자신의 학습에 주도자가 되어 무엇을 어떻게 학습할 것인가를 결정하는 데 적극적인 역할을 할 때, 적극적으로 배우려는 높은 동기를 보여주며 적극적으로 학습 목표를 설정하게 된다. 이러한 학생들은 학습하는 방법을 더 잘 배울 수 있고, 그들의 삶을 살아가면서 사용하고 실천할 수 있는 가치의 기술을 배우게 된다.

자기 주도성은 거의 모든 맥락에서 발휘될 수 있다. 예를 들면, 타인의 권리와 요구를 고려하여 의사결정을 내리는 과정에서 도덕적 주도성을 사용하게 된다. 학생들이 주도성을 잘 발달시키면 장기 목표를 성취하고 어려운 것을 헤쳐 나갈 수 있다. 하지만 주도성을 적용하여 사회에 기여하기 위해서는 기본적인 인지 역량, 사회적 및 정서적 역량이 필요하다.

자기 주도성은 나라마다 다르게 인식되고 해석된다. 어떤 나라에서는 OECD 학습나침반 2030에서 사용하는 것과 같은 학생 주도성의 개념에 해당되는 표현을 직접적으로 번역하지 못하고, 각각의 사회와 맥락에 따라 다르게 해석할 수 있다. 그럼에도 불구하고 학생들을 교육하는 교육 분야에서는 학생들이 적극적인 역할을 해야 한다는 의미가 학습 나침반의 핵심이다.

학생들의 자기 주도성을 강조하는 교육 분야에서 학습은 수업과 평가뿐만 아니라 함께 만들어 가는 것을 의미한다. 협력적 자기 주도성은 교수·학습 과정에서 교사와 학생이 함께 창의적으로 만들어 가는 것이며, 학생·교사·학부모·지역

사회가 함께 활동하여 공유된 목표를 향해 지속적으로 발전하는 것을 의미한다.

요즘 학교 현장에서 적극 도입되어 학생 참여형 수업으로 적용하고 있는 프로젝트 학습은 학생이 스스로 주제를 정하고 해결 과정을 탐색하며 결과물을 만들어내는 과정 자체가 지기 주도성 개발의 사례이다. 또한 AI 디지털 교과서와 같은 기술은 학생 개개인의 학습 데이터를 분석하여 맞춤형 과제를 제공해 줌으로써 자기 주도 학습을 효과적으로 지원할 수 있다. 이때 교사는 지식 전달자가 아니라 학생이 스스로 탐구하고 문제를 해결할 수 있도록 돕는 촉진자이자 멘토 역할을 할 뿐이다. 교사는 학생의 성장을 촉진하기 위해 개별 피드백, 협력학습 환경을 조성해 주어 학생들의 자기 주도적 역할을 강화해 나갈 수 있도록 적극 지원해 주어야 한다[5].

이처럼 학생 맞춤형 교육은 자기 주도성을 기반으로 할 때 학습의 효과를 극대화할 수 있다. 그리고 교사는 학생들이 급변하는 사회에 필요한 창의성과 문제 해결 능력을 갖춘 인재로 성장하는 데 필수적인 기반을 제공해 줄 뿐이다.

2.1.2 수준별 · 개별화 학습 관점의 학생 맞춤형 교육

가. 수준별 학습 이론의 관점에서 바라본 학생 맞춤형 교육

1) 수준별 학습의 개념

수준별 교육과정은 학습자의 능력과 요구에 맞는 교육을 제고하여 학생들의 잠재력이 개발될 수 있도록 한다는 데 그 의의가 있다. 수준별 수업은 획일적인 내용과 교수법을 지양하고, 학생들의 능력, 적성, 흥미와 개인차를 고려하여 학생들의 개인차에 따라 교육의 방법과 내용을 달리하는 교육 방법이다.

수준별 학습은 블룸(Bloom), 블록(Block) 등의 학자들이 주장하는 완전 학습의 개념과도 맥을 같이 한다. 그들은 학생들의 개인차를 줄이기 위해서 학생들이 형성평가의 결과에 따라 적절한 보충 수업을 받도록 하였다. 이는 전통적인 집단수업 절차를 수정함으로써 가능하다. 수준별 학습과 같은 완전 학습을 위한 수업체제 개발에서는 각 학생들이 각 교과 영역에서 어떤 능력을 가지고 있는지를 정확하게 파악하기 위해 며칠 동안 학생들의 능력에 대한 진단 검사가 이루어지는데, 이러한 진단의 기초 위에 각 교과 영역에서 학생들에 대한 처방이 이루어진다. 이러한 처방의 결과 학생들의 능력과 단원의 난이도에 따라 학습하는 데 필요한 자료가 제시되고 학습의 진행 과정에서 평가와 피드백이 이루어진다[6]. 교사들은 학생들에게 개별적인 도움을 주기 위해 소집단 수업을 하기도 하고 학습 완성 정도를 평가한 후 학생들의 능력에 따라 다음 단계의 학습에 대한 처방을 할 수 있다.

2) 수준별 학습의 필요성

수준별 학습은 개인차를 고려하여 적절한 수업 방법과 수업량을 제공함으로써 우수 아동과 부진 아동의 능력을 극대화시키는 데 그 의미가 있다.

가네와 브릭스(Gegne & Briggs)는 학생들의 개인차에 맞는 학습 방법으로 집단 교수 학습 방법보다 개별화 교수 방법이 친절한 교수 방법이라고 하였다. 그러나 개인차와 폭이 큰 다인수 학급에서는 개별화 수업의 요건을 충족시키기가 어려우므로 학년이 높아짐에 따라 학생들의 개인차는 더욱 커지게 된다. 수준별 개별화 학습과 비교해 보면, 일제식 수업은 교사 혼자서 학급의 전체 학생을 대상으로 학습을 주도하고 운영하므로 모든 학생들의 주의를 집중시킬 수 없고 교사가 제시하는 언어의 의미가 모든 학생에게 잘 이해되고 있는지 확인할 수 없으므로 이러한 학습 방법은 평균치의 학습자들에게는 효과적일 수 있으나 모든 학습자들에게는 효과적일 수 없다. 따라서 교사는 전체 학습 집단을 과목별 학습 수준에 따라 소집단으로 구성하고, 질문과 토론을 중심으로 지도하는 수준별 학습 방법을 활용하는 것이 효과적이다.

수준별 학습을 하기 위해서는 한 반을 여러 모둠으로 나누는 방법과 능력에 따라 반 편성을 하는 방법이 있다. 반 편성의 경우에는 나누는 것 자체나 기준보다 그 후의 지도 과정 및 학습 효과가 더 중요하다. 협동학습의 특징을 강조한 슬라빈(Slavin)에 따르면, 총점 득점 순위에 의한 획일적 우열반 편성이나 영재아와 부진아를 별도의 학습으로 분리하여 교육하는 것과 같은 능력별 반 편성은 효과가 거의 없는 것으로 나타났다. 간혹 특정 과목에 국한한 능력별 반 편성, 무학년제 등은 학업 성취 개선에 효과를 보이기는 하는데, 그 조건은 다음과 같다. 첫째, 학생들의 하루 대부분은 이질 집단에서 보내고 특정 과목의 특정 시간만 동일 집단에서 보내야만 한다. 둘째, 특정 과목에 한정하여 등질 집단으로 가르되 가르치고자 하는 특정 기능에 대한 이질성을 가급적 줄여야 한다. 셋째, 학생의 집단 재편성은 유연하게 변경이 가능해야 한다. 넷째, 교사는 학생들의 학습 준비도와 학습 속도에 맞추어 수업의 수준과 속도를 조절해야 한다(7).

미국의 수준별 교육과정은 교육과정 차별화라는 용어로 자주 이용되고 있다. 이것은 능력, 관심, 동기 등에 있어서 나타나는 개인차를 인정하고, 그에 따라서 상이한 집단 혹은 개인에게 수준이 다른 지식과 경험을 제공하기 위해서 교육과정을 차별화하는 측면과 학제・학년・학급・모둠 편성 등 학교 조직 방식에 따른 운영 측면을 함께 포함한다. 즉, 미국에서는 학습자관이나 지식관에 따라서 다양한 방식으로 차별화된 교육과정을 경험하게 하고 있기 때문에, 수준별 교육과정은 개인차에 따라서 교과 내용과 수준이 달라지고 이에 따라 교육과정의 운영 방식이 달라지는 이원적 성격이 있다. 초등학교의 경우 사고력 중심 교육과정과 의미 중심 교육과정을 지향하므로, 교육과정 영역을 각 교과로 나누기보다는 주제 중심, 문제 해결 중심 수업 전략을 통해서 관련 과목들이 통합되도록 장려한다. 학생의 능력에 따라 교육과정을 차별화하는 방식 중 특이한 점은 다음과 같다.

가) 주제 중심이나 문제 해결 중심의 학급 내 소집단 구성

학급 내 소집단을 구성하되, 능력별 집단화는 가급적 지양하고 주제 중심이나 문제 해결 중심의 모둠별 수업을 통해서 자연스럽게 학생의 능력에 따른 학습이 이루어지도록 한다.

나) 학업 성취 수준이 낮은 학생에 대한 보충 수업 실시

학업 성취 수준이 낮은 학생은 점심시간 및 방과후 시간에 별도의 교실에서 보충 수업을 받지만, 가급적이면 일반 교실에서 수업을 받을 수 있도록 한다.

다) 영재아를 위한 차별화된 교육과정 제공

특정 교과에서 현저히 뛰어난 학생들은 특정 기준에 따라서 영재아로 선정하여 차별화된 교육과정을 제공한다. 영재 교육은 일반 학생에서 특별학급을 구성하거나 주말을 이용하여 일일 특별 프로그램을 제공하거나 일반 학급에서 별도의 모둠을 구성하거나 또는 독립 학습을 할 수 있도록 능력에 맞는 과정을 제공한다.

라) 특수아를 위한 통합교육 제공 및 개별화 프로그램 제공

특수교육이 필요한 학생은 정상학급이나 특수학급에서 수업을 받지만, 가능한 한 제약이 적은 환경에서 수업을 받을 수 있기 때문에 정상 교실에서 수업을 받을 수 있도록 학교에서 최대한 지원을 한다. 또한, 개별화 학습 목표를 학년 단위로 세우고 개별화 교육프로그램을 제공한다.

마) 학부모회와 협력하여 다양한 프로그램 운영

초등학교 수준에서 선택 과목은 없지만 다양한 프로그램을 학부모회가 계획하고 실천한다. 방과후 프로그램은 학습자의 능력과 관심에 맞는 교육과정의 또 하나의 통로가 되고 있다. 심화 혹은 보충 과목을 개인지도 하는 프로그램들도 포함되며 모든 학부모들에게 계획표를 보낸다.

현재 미국의 초등학교는 계열이나 능력별 반 편성을 지양하고 주제 중심, 문제해결 중심의 교육과정을 실천하려는 노력을 하고 있으며, 과제를 부여하는 교육 정책을 추진하여 심화 및 보충학습이 동시에 일어나게 함으로써 가능한 한 자연스러운 교육과정 차별화가 일어날 수 있도록 노력하고 있다는 시사점을 얻을 수 있다.

3) 수준별 교수 · 학습 원리와 지도 원칙

수준별 교수 · 학습은 학생들의 능력, 흥미, 적성 등 개인차를 고려하여 다양한 학습 기회와 내용을 제공함으로써 모든 학생의 잠재력이 최대한 발달할 수 있도록 돕는 교수·학습 방법이다.

수준별 교수·학습의 주요 원리를 살펴보면 다음과 같다.

가) 개별화의 원리

학생 개개인의 학습 속도, 능력 수준, 학습 스타일을 존중하고 반영하여 교육지도를 개별화해야 한다. 효율적인 학습을 위해 학생 개개인에게 적절한 과제와 피드백을 제공하는 것이 핵심이다.

나) 적정 수준의 불균형 원리

학습자의 현재 발달 수준보다 약간 도전적인 과제나 내용을 제공하여 학습 동기를 유발하고 인지적 성장을 촉진해야 한다. 너무 쉽거나 너무 어려워 학습을 포기하게 만드는 수준은 피해야 한다.

다) 통합과 화합의 원리

학생들을 수준별로 분리하더라도 모든 학생이 함께 참여하고 서로 인정하는 협동 학습이나 상호 작용의 기회를 마련하여 통합적인 교육 환경을 유지해야 한다. 단순한 능력별 분류를 넘어서 긍정적인 교우 관계와 사회성 발달도 중요하게 고려해야 한다.

라) 다양한 표현 기회의 원리

학생들이 학습한 내용을 다양한 방식으로 예를 들어 발표, 토론, 글쓰기, 만들기 등으로 표현하고 보여줄 수 있는 기회를 제공하여 지식 습득 외의 고차적인 사고 능력이나 창의성도 발휘하도록 독려해야 한다.

수준별 교수·학습의 지도원칙은 수준별 집단의 특성에 맞추어 교사가 수업을 효과적으로 이끌기 위한 일반적인 지도 지침으로 다음과 같다.

첫째, 상위 수준의 심화 집단은 탐구력 및 고차적 사고 기능을 강화하고, 독립적 학습 기회를 충분히 제공하여, 학습목표 및 활동을 학생이 자기주도적으로 설정하도록 지도한다.

둘째, 하위 수준의 기본·보충 집단들은 기초 학습 능력 및 이해력을 증진시키고, 긍정적인 학습 동기를 유발하고 개별화된 집단과 피드백을 제공한다.

또한, 수준별 수업은 단순히 학습 내용을 양적으로 차별화하기보다는 내용의 깊이(심화, 보충)나 접근 방법, 학습 속도 등에 차이를 두어 내용의 차별화를 두어야 한다.

나. 개별화 학습 이론의 관점에서 바라본 학생 맞춤형 교육

1) 개별화 학습의 개념

학습에서 개별화의 의미를 학자마다 각기 다르게 제시하고 있는데, 슈베르트(Schubert)는 교사의 의도가 학생 개인의 특성에 부응하기 위해 제공되는 것이라고 하였고, 앤더슨(Anderson)은 학생들 사이에 존재하는 개인차를 수업에 적용함으로써 전통적이고 획일화된 수업보다 학생들을 개인적, 사회적, 그리고 학업적으로 더욱 성장시킬 수 있는 교사 또는 관리자 측면에서의 시도라고 하였다. 톰린슨(Tomlinson)은 교사가 학생들의 준비성, 관심사, 학습 필요 등의 차이를 예상하고 이에 따라 학습 내용, 학습 과정, 학습 결과, 학습 환경에 대한 다양한 접근을 사전에 계획하고 실천하는 교육이라고 하였다[8].

개별화 학습의 대표적인 이론의 하나로 제시되고 있는 계속적 학생 향상 이론은 20세기 초 모트(Mort)에 의해 주장되었던 것으로, 교육 기회의 균등에 관한 하나의 파생적인 이론으로서 오늘날의 현대적이고 혁신적인 대부분의 교육 실제에 영향을 주었다. 이 이론의 주요 과업은 개인의 최적 성장과 발전과 더불어 자율화를 논의하고, 건전한 자아개념과 창의성과 개별성을 발전시키는 것으로 전제하고 있는 몇 가지 기본 가정을 살펴보면 다음과 같다.

첫째, 개인 간의 차이와 개인 내 차이를 포함한 개인차에 대한 지식은, 결국 학년별로 성취기준을 설정할 수 있게 하므로, 교육자들이 학년 규준에 부합하는 지식과 기술의 본질적 요소를 분배할 수 있다고 보는 학년 표준 이론에 대한 이론적 지지를 배제한다.

둘째, 학습자는 발달단계뿐 아니라 지식을 가장 효율적으로 획득하는 방법에서도 다르다. 상이한 학습자를 각각 다른 방법으로 가르칠 때 개인차를 최소화할 수 있다는 크론바흐(Cronbach)의 주장도 여기에 속한다.

셋째, 학습자의 개인차는 학습자들이 그들의 성장 시간표에 따라서 계속적으로 향상해 나가도록 하는 것이다. 따라서 교사는 학습자들의 차이를 학교 조직보다는 수업의 차원에서 해소시켜야 한다.

넷째, 모든 학습자가 그들이 학습하는 내용 및 학습 활동이 자신의 발달 수준에 맞고 또 시간 요인이 가치, 습관, 기술 등과 같은 문제를 개념화하고 발전시키기를 허용한다면 모든 학습자들은 기쁨과 만족을 가지고 학습에 임할 것이라는 점이다.

이상과 같은 기본 가정을 전제로 하고 있는 계속적인 학생 향상 이론은 오늘날의 학교에서 가치 있는 기능이 되었고 무학년제의 발전과 실천, 수업의 개별화, 개인차에 부합하며 개별 수업을 촉진하는 교수 매체의 활용, 무학년제 교육과정 설계, 그리고 개인의 성장을 반영하는 평가 설계의 이론적 기초를 제공하였다.

이처럼 각 학습자는 적성, 진도, 필요에 있어서 각기 개인차를 가지고 있다. 그리고 학습이란 학습자 속에서 일어나는 개인적인 일이다. 또 각 학습자는 특별한 신체적 장애가 없는 한 그들 각자의 적성, 진도, 필요에 따라 학습한다면 소정의 과정을 만족할 만한 수준까지 성취할 수 있는 가능성을 가지고 있다.

개인차에 대한 연구를 살펴보면, 포웰(Powell)은 학습자 개인이 생활 연령, 성별, 인성, 문화적 배경 등에서 서로 차이가 있으며, 이러한 개인차는 읽기 능력에 영향을 미치는 요소들이라고 하였다. 또한, 스키너(Skinner)는 한 학생 집단의 지능지수 조사 결과를 도표로 나타낸 결과 정상 분포 곡선을 이룬다고 하였다. 그러므로 교사들이 대체로 지능지수가 평균인 학생을 중심으로 수업을 진행하기 때문에 결과적으로 평균 이하의 학생들은 좌절과 실패를 맞볼 것이고, 평균 이상의 학생들은 수업을 지루하게 여기며 산만해질 수 있는데, 이러한 사실들이 교육의 보이지 않는 실패라는 것이다.

교육체제 속에 들어온 학생 집단의 구성원들은 그들의 지능지수, 학력, 태도, 인성, 신체 발달 등에 있어서 차이를 보인다. 그러므로 효과적인 수업이 이루어지기 위해서 교사는 학습자들의 개인차를 중시하고, 이를 학습자의 고유한 자질로 인정해야 하며, 개인의 요구나 능력에 적절한 학습을 제공할 수 있는 교수 방법을 적용하는 것이 중요하다. 교사의 관점에서 학습자 개인에게 맞는 개별화 학습을 구현하는 것은 그들의 개인차를 인정하는 데서부터 출발한다[9].

개인차를 고려한 교수·학습은 수업을 이끌어가는 교사와 학습을 하는 학생의 입장에 따라 의미가 달라진다. 수업을 하는 교사의 처방적인 입장에서 본다면 개별화 수업이지만, 스스로 학습을 하는 학습자의 관점에서 본다면 개별화 학습이 된다.

학습자의 적성과 학습에 관하여 크론바흐(Cronbach)는 그의 연구 '교수 방법이 학습자의 개별 차이에 어떻게 적합하도록 설계될 수 있는가?'에서 개인차와 부합하는 가장 적합한 방법은 학습자의 적성 유형에 알맞도록 교수 방법을 변형시키는 것이라고 제안하였다. 여기서 적성이란 특정한 교육환경 내에서 학습자가 학습을 지속하게 하는 모든 요인과 관련이 있으며, 이는 측정 가능한 능력뿐 아니라 사고 양식과 인성 변인과도 관련된다고 하였다. 즉, 학습자가 학습 과제를 성공적으로 이끄는 개인차를 탐색하는 데 있어서 다음의 것들을 학습자의 특성으로 고려할 수 있는데, 일반 정신 능력, 인지 양식, 인성 특성, 성별, 나이, 사회적 신분, 가치 태도, 선호성, 동기, 그리고 어떤 상황에 대한 개인의 지각 등이 그것이다. 수업 과정에서 효율적인 학습을 이끌기 위해서는 학습자의 적성 등 학습자 변인을 분석하고 교수 방법을 효과적으로 제공해 주어야 한다[10].

최근 수준별 개별화 교육에 대한 해외 연구 동향을 살펴보면 기술의 역할, 특히 인공지능(AI)과 데이터 분석에 관한 활동이 두드러지고 있다. 코로나 팬데믹 이후 원격 교육 전환은 이러한 기술 기반의 개별화 교육 연구를 가속화하고 있다. 2020년 이후 가장 주목받는 분야는 AI 기반 맞춤형 학습이다. 이 연구들은 지능형 튜터링 시스템, 적응형 학습 플랫폼, 학습분석, 대시보드 등을 활용하여 학생의 학습패턴과 수준에 맞춰 콘텐츠, 속도, 교수법을 조정하는 것에 초점을 맞추고 있다. 특히, 학생 모델링은 지능형 교육시스템(ITS), 개인화 학습 시스템 등에서 학생의 특성, 지식 상태, 학습 방식, 정서적 상태 등을 파악하고 예측하여 맞춤형 학습 경험을 제공하기 위한 핵심 기술로 학생 모델링 연구의 주요 사례를 들어보면 다음과 같다(11).

가) 지능형 튜터링 시스템(ITS)에서의 학생 모델링 연구

지능형 튜터링 시스템은 학생 모델링을 통해 개별 학생에게 최적화된 학습 경로, 난이도, 피드백을 제공한다. 먼저 지식 숙련도 측정은 항목 반응 이론(IRT) 모델을 활용하여 학생이 문제에 응답하는 패턴을 분석하여 특정 지식 개념에 대한 숙련도를 추정한다. 예를 들어 SAT 작문 시험을 위한 대화 기반 튜터링 시스템 연구에서는 항목 반응 이론(IRT) 모델을 사용하여 학생의 지식 숙련도를 평가하고, 이를 기반으로 대화형 튜터링 시스템(DBTS)이 개별화된 교육을 제공한다. 그리고 지식 그래프는 학습 목표 간의 관계를 그래프로 표현하고, 학생이 특정 목표를 달성하면 연관된 다른 목표도 습득할 가능성이 높다고 가정하여 지식 상태를 추론한다. 또한, 정서 및 학습 스타일의 반영으로 학생의 정서 상태(예: 좌절, 참여도)나 학습 스타일(예: 시각적, 텍스트 기반)을 모델링하여 학습 자료 제공 방식이나 피드백 전략을 조정한다. 이는 학생의 학습 동기와 효과를 높이는 데 기여한다. 또한 교육에서의 인공 일반 지능(AGI)으로, 지능형 튜터링 시스템을 통한 맞춤형 학습 연구에서는 지능형 튜터링 시스템(ITS)이 학생의 학습행동, 진행 상황, 성과 데이터를 수집하여 학습 내용, 속도, 난이도를 조절하고 즉각적인 피드백을 제공한다.

나) 개인화 학습 시스템에서의 학생 모델링 연구

개인화 학습 시스템은 학생 모델링을 통해 개별 학습자에서 최적화된 학습자료, 코스, 활동을 추천한다. 학습자의 프로파일을 분석하여 학생의 정적 정보(예: 학년, 이전 학습 이력 등)와 동적 정보(예: 학습활동기록, 문제해결패턴 등)를 통합하여 포괄적인 학습자 모델을 구축한다. 지능형 교육시스템을 위한 학습자 모델 구축 기술 연구는 학습자 모델이 학습자의 정적 정보, 동적 정보 능력, 경험 및 지식

평가 요소를 유기적으로 연계 분석해야 한다고 강조하며 이를 위한 교육데이터 마이닝 기법이 활용된다. 또한 개인화 추천 시스템으로 학생 모델을 기반으로 특정 학습 목표 달성에 효과적인 콘텐츠나 다음 학습 단계를 추천한다. 예를 들어 지능형 튜터링 시스템(ITS)을 위한 개인화 학습 코스 모델 추천 개발 연구에서는 학습자 프로파일을 분석하고 단어별 가중치를 계산하여 핵심 키워드를 추출한 후, 유사도 측정을 통해 학습자에게 맞춤형 학습 코스를 추천하는 모델을 개발했다.

다) 수학적 모델링에서의 학생 모델링 연구

수학 교육 분야에서는 학생이 현실 문제를 수학적 모델로 표현하고 해결하는 과정을 분석하는 연구도 활발하다. 수학적 모델링 과정 분석은 학생들이 특정 문제를 해결하기 위해 어떤 수학적 모델을 구성하고, 어떻게 정교화하며, 어떤 수학적 사고를 사용하는지 분석한다. 중학생의 수학적 모델링 정교화 과정에 관한 사례 연구를 살펴보면 중학생들이 노트북 선택 문제를 해결하는 과정에서 자신만의 모델을 만들고, 이를 통해 의사결정을 하는 과정을 상세히 분석하였다. 또한 수학적 문제 해결력 및 태도 향상은 수학적 모델링 활동이 학생들의 문제 해결 능력과 수학에 대한 흥미, 의사소통 능력에 미치는 영향을 연구하여 교육적 효과를 검증하였다. 이처럼 학생 모델링 연구는 궁극적으로 개별 학생에게 최적의 학습 환경을 제공하고 학습 효율성을 높이며, 학습자의 자기 주도성을 함양하는 데 중요한 역할을 한다.

이와 같이 여러 학자들의 개념과 사실들을 종합해 본다면, 개별화 학습이란 수업의 초점을 학습자 개인에게 두고 가능한 한 모든 개인 학생으로 하여금 교수 목표에 도달하도록 하기 위해 각 개인의 능력, 속도, 필요 등을 고려해서 적절하고 타당한 교수의 방법 및 절차, 자료의 선택, 평가 등을 변별적으로 실천하는 수업을 말한다. 즉, 개별화 학습이란 학생들의 개인적 요구와 특성에 맞춘 수업 절차 적용이다.

2) 개별화 학습의 필요성과 특징

손다이크(Thorndike)는 오늘날 학교 교육은 지나치게 경직되고 획일화되어 가고 있다고 말하며, 교과서에서 제시하고 있는 똑같은 내용을 모든 학생들에게 가르치는 획일화된 일제식 교육의 문제점을 암시하였다. 또한 브루너(Bruner)는 광범위한 개인차가 학생들 속에 분명히 내재하므로, 수업의 자료, 방법의 다양화와 학습 기회의 확대가 요구된다고 말함으로써 학습자 개개인이 가지고 있는 고유한 흥미와 관심, 개성, 수준, 배경 지식 등에 따라서 학습 방법 및 내용의 수준이 달라져야 함을 암시하였다. 이는 학습자 개개인의 학습 수준이 다르기 때문에 비록 모든 학습자들이 동일한 내용을 학습한다고 하더라도 본 학습을 위해서 과거에 학습한 내용이나 앞으로 학습하게 될 내용이 제시될 수 있음을 의미한다. 즉, 개별화 학습이 필요한 것이다[12].

가네와 브릭스(Gagne & Briggs)는 전통적 집단 수업과 개별화 학습을 비교하여 개별 수업이 집단 수업에 비하여 더 효율적이며 학습자의 요구에 부응하는 더욱 인간적인 교육 방법이라고 하였는데, 그 이유는 다음과 같다.

첫째, 각 학습자에게 적절하고 실제적인 학습 목표가 부여된다. 둘째, 주어진 목표를 성취하기 위해 여러 종류의 교수 자료와 자원을 제고함으로써 각 학습자의 능력과 배경에 맞도록 학습하게 한다. 셋째, 학습 진행 과정에서 학습자가 어려움을 겪게 될 때에는 교사가 개별적으로 지도해 준다. 넷째, 학습자가 자신의 학습 진도에 맞추어 학습할 수 있도록 한다. 다섯째, 학습자의 반응에 대하여 옳다, 틀렸다 등의 단순하고 이원적인 피드백을 주기보다는 지속적이고 개별적인 피드백을 제공해 줄 수 있다.

개별화 수업의 특징은 상이한 기본 전제가 깔려 있는데, 학생들은 각자 상이한 학습 진도를 보이며 동일한 방법으로 문제를 해결하지 않는다는 점이다. 또한, 학생들은 상이한 흥미 경향 및 학습 동기를 가지고 있으며, 특정 시점에서 동일한 학습 준비도를 가지고 있지 않다. 그리고 학습자 개인들은 특정 시점에서 동일한 학습 능력을 가지고 있지 않다. 이러한 기본 전제를 바탕으로 개별화 학습의 특징은 보는 시각 혹은 관점에 따라서 다소 다르게 규정될 수 있지만, 대체로 다음과 같이 정리할 수 있다.

가) 학습자 개인의 동기, 능력, 흥미에 따라 결정

교육목표의 설정에 있어 전통적 수업에서의 교육목표는 국가나 교사에 의해 선택되고 결정되는 반면, 이상적인 개별화 수업에서의 교육목표는 학습자 개인의 동기, 능력, 흥미에 따라 결정된다.

나) 융통성 있는 수업 기간 운영과 진도 결정

종래의 수업에서는 대부분의 경우 교과 진도가 미리 고정되어 있어 학생 개인의 학습 속도 또는 결과에 의존하지 않는다. 그러나 개별화 수업에서는 주어진 전체 시간 범위 내에서 또는 이를 벗어나서 학생의 학습 능력, 동기, 지능, 교수 능력 또는 속도에 따라 융통성 있는 수업 기간 운영과 진도가 결정된다.

다) 학습자의 과제 특성에 따라 다양한 자료나 매체 활용

동일한 교과서와 학습장이 전통적 수업에서의 자료이며 교사의 강의와 설명이 매체의 특징이라면 개별화 수업에서는 학습자의 과제 특성에 따라 다양한 자료나 매체가 활용된다.

라) 재학습 및 보완학습의 기회 제공

평가와 재투입에서도 개별화 수업의 특징이 나타난다. 평가가 신속하게 학습자에게 주어지고 달성하지 못한 목표 행동에 대해서는 재학습 및 보완학습의 기회가 주어지게 된다.

3) 개별화 교수·학습 원리와 지도 원칙

학습자의 개인차를 고려하여, 학습자 개개인이 자신의 학습 상태에 맞는 최적의 학습을 전개할 수 있도록 다음과 같은 교수·학습 원리를 적용할 수 있다.

가) 학력 차에 따른 학습

학력 차에 따른 학습은 성취 수준이나 능력 차이에 따른 개별화 학습을 말한다. 이때, 선수학습의 결손이 발생했을 경우 학습자의 특성에 맞는 프로그램 교재를 통해 보충학습을 제공하며, 개인별 또는 능력별 소집단 협력학습을 실시한다.

나) 학습 적성에 따른 학습

학습 적성에 따른 학습으로 학습 요소, 습관, 흥미와 관심의 차이를 반영한 개별화 학습이다. 개인이 선택한 학습 과정을 자기 주도적으로 수행하게 하고, 교사가 학습 목표와 내용을 제시하여 학습을 지원하는 방법이다.

다) 학습 시간차에 따른 학습

학습 시간차에 따른 학습으로 학습 속도, 단계적 계통 학습 등에 따른 개별화 학습을 말한다. 학습자 개별 진도에 맞추어 학습을 진행하고, 학년 편제의 구애 없이 출발점을 정하여 진행하게 한다.

개별화 학습을 효과적으로 지도하기 위해서는 학생의 학습 능력은 개인별로 각각 다르다. 교사는 학생에 대하여 각각의 장점을 인정하여 이것을 한층 신장시켜 주어야 한다. 이러한 관점에서 다음과 같이 능력에 맞는 지도 원칙이 필요하다[13].

첫째, 학생 스스로 주체적 학습을 추진해야 한다. 스스로 노력하며 성과를 얻으려는 의욕을 가지고 힘을 쓴다면 자신의 능력에 따른 학습효과가 나타날 것이다. 이 과정에서 '노력하면 된다'라는 성취감을 맛보게 되는 것이 중요하다.

둘째, 교사는 학생의 멘토로서의 역할을 충실히 해야 하며, 학생의 자기주도적 학습을 지원하기 위해, 개인별 맞춤 교육 단계에 따라 적절한 교육 내용을 제시하고, 지속적으로 개별 상담을 강화해야 한다. 학생들을 대할 때에는 설득적이고 지시적인 지도보다는 학생들의 자존감을 강화하고 자기주도적 활동을 유도하는 촉진적, 상담적 지도가 중요하다. 이를 위해 교사는 학생의 능력 수준을 충분히 파악하고, 이에 근거하여 상담에 임해야 한다.

셋째, 어떠한 학습 형태에서도 학생에 대한 개별 지도가 수반되어야 한다. 학생 맞춤형 교육이 될 수 있도록 학생의 수준과 학생의 심리적 정서적 상태 그리고 환경적 요인까지도 모두 고려하여 개인별 맞춤형 교육이 되도록 해야 한다. 학생 맞춤형 개별화 학습의 요소는 학습 내용과 학습 과정의 개별화이다. 학습 내용의 개별화는 학생들이 배워야 할 내용 또는 정보에 학생들이 접근하는 방법이다. 아울러, 학습 과정의 개별화는 학습 내용을 의미 있게 구성하고 완전하게 습득하기 위해, 학생들이 참여하는 학습 활동을 통해 이루어져야 한다.

4) 캐나다의 개별화 수업 사례

현재 국내에서는 개별화 수업을 차별화 수업, 개별화 수업, 수준별 수업, 맞춤형 수업 등으로 다양하게 번역하고 있다. 또 몇 년 전부터 개별화 수업을 연구하고 실천해 온 전국 영어 교사 모임에서는 '다변화 수업'이라는 용어를 사용하고 있다. 사실, 개별화 수업은 그 용어 때문에 개인별 수업으로 오해되는 경우가 잦다. 그러나 캐나다 온타리오주에서 발간한 『개별화 수업 교사용 지침서(Differentiated Instruction Educator's Guide)』를 보면 개별화 수업을 '개인별 수업이 아니라, 다양한 학생들의 강점과 수요에 대응하기 위하여 여러 수업 전략을 균형 있게 사용'하는 수업으로 정의한다. 또 미국의 장학협의회에서도 개별화 수업이 능력별로 반을 편성하는 트래킹, 특수교육 대상 학생 및 영재 학생만을 위한 수업, 또는 개인별 수업이 아님을 강조하고 있다. 모든 학생에게 학습 목표는 동일하게 유지한 채로 내용, 과정, 학습 결과물 그리고 학습 환경을 개별화하는 것이며, 교육과정 목표를 수정・적용하는 개인별 수업과는 구분된다.

캐나다 온타리오주 교육부의 비전을 담은 정책 문서 『모두를 위한 교육(Education for All, EFA), (2005)』의 부제는 '유치원생에서 초등학교 6학년에 이르는 특수교육 대상 학생의 문해력과 산수 수업에 대한 전문가 집단의 보고서'이다.

2005~2006년도 캐나다 온타리오주 교육국장 위원회는 모두를 위한 교육(EFA)의 권고사항을 이행하기 위하여 모든 학구에서 독자적인 특수교육 계획을 수립하는 사업을 진행하였다. 이 사업의 명칭은 ESGA, 즉 'Essential for Some, Good for All'로서 '특수교육 대상 학생에게는 필수적이면서 동시에 모든 학생에게 유익한' 교육을 의미한다. ESGA 사업 결과 특수교육 대상 학생의 성적이 향상되고 일반학생과의 현격한 격차가 감소하는 등의 성과를 보이자, 이를 전 학년 학생에게 확대하여 '유치원생에서 12학년에 이르는 모든 학생을 위한 효과적인 평가와 수업 안내서'라는 부제를 단 『모두를 위한 학습(Learning for All, LFA), (2013)』을 발간하였다. 두 정책 문서에서 교실 수업과 관련하여 공통으로 제안하는 것이 개별화 수업이다. 또 캐나다 앨버타주에서는 '개별화 수업으로 다양한 학습 필요 충족하기'라는 부제를 지닌 300쪽이 넘는 『차이 생성(Making a Difference)』이라는 지침서를 만들어 교사들의 개별화 수업 실천을 강력히 권장하였다. 이 문서는 학습 장애 학생을 대상으로 한 개별화 수업 전략이 일반 학생에게도 효과적이었음을 지적하고 있다. 일부 프로젝트에서는 특정 과목에서 얻은 이득이 교육과정 전반으로 확산되거나 모든 학생에게 낙수 효과를 가져왔음을 보고하며, 개별화 수업이 모든 학생에게 유익함을 강조하였다. 특수교육 대상자를 위해 시작한 개별화 수업을 모든 학생에게 적용하는 것이다[14].

캐나다 온타리오주의 개별 교과의 교육과정 문서에도 [그림 2-2]와 같이 개별화 수업 개요도를 제시하면서 개별화 수업을 명시하고 있다. 이 그림을 살펴보면 학생의 배경과 삶의 경험뿐 아니라 학생의 강점과 요구를 이해하면 교사는 효과적으로 수업과 평가를 계획할 수 있다. 교사는 학생의 학습 준비도, 흥미, 학습 스타일, 선호 학습 환경을 관찰하고 평가하여 지속적으로 학생의 학습 강점과 필요를 파악해야 한다. 교사의 개별 학생에 대한 이해가 깊어질수록 교사는 수업을 개별화하여 학생의 필요에 보다 효과적으로 대응할 수 있다. 즉 수업의 방식과 속도를 조절하고, 다양한 유형의 자료를 사용하고, 학생이 다양한 주제를 선택하게 하며, 필요한 경우, 학생의 학습 방식과 학습 내용을 가장 잘 드러낼 수 있도록 학습 환경을 조절하기도 한다.

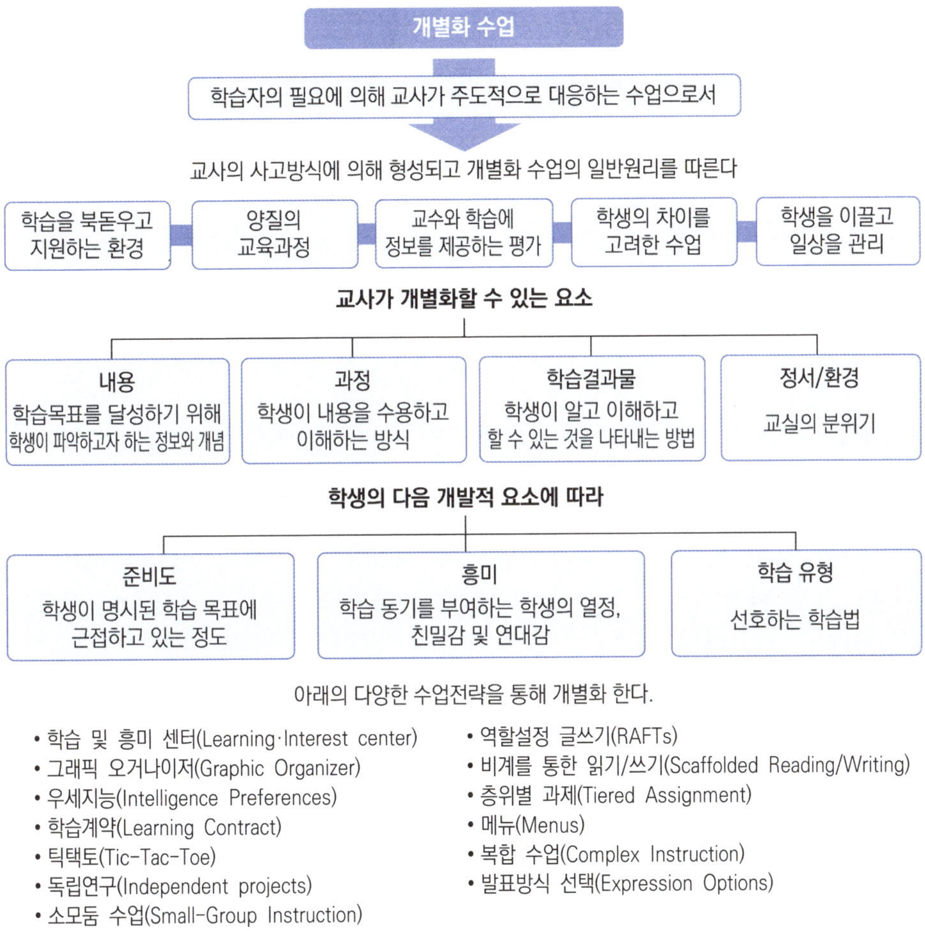

[그림 2-2] 개별화 수업 개요

캐나다 앨버타주의 『차이 생성(Making a Difference)』에서 정의한 개별화 수업을 살펴보면 다음과 같다.

"개별화 수업은 모든 학생의 학습을 적극적으로 지원하기 위하여 사려 깊게 계획을 수립하고 전략적으로 평가하면서 대상을 명확히 하고 유연하게 적용하는 철학이자 교수법이다. 초기 주창자 중의 하나인 캐롤 앤 톰린슨(Karrol & Tomlinson)에 따르면, 수업의 개별화는 현재 교실에서 행해지는 것들을 '뒤흔들어' 학생들이 정보를 수집하고, 아이디어를 이해하며, 학습한 내용을 표현할 수 있는 복수의 기회를 제공한다는 뜻이다. 대부분 교사가 매일 실행하는 수업에는 개별화 수업 요소가 일정 부분 포함되어 있다. 즉, 사전 시험으로 학습활동을 계획하거나, 수업 시간에 정보를 다양한 방식으로 제시하거나, 최종 프로젝트의 형식을 학생이 선택하도록 하는 것 등이 그러한 사례이다. 이는 모든 학생이 자신만의 방식과 속도로 학습할 수 있다는 개별화 수업의 핵심 신념을 반영한다[15].

이러한 관점에서 캐나다 교사들의 학교 교실 현장에서 실시하고 있는 개별화 수업 사례 연구를 살펴보니 다음과 같이 다양하게 교사들의 개별화 수업 양상이 나타났다.

- 핸들리(Handly) 선생님이 학생을 꾸준히 살펴보는 이유는 학생을 잘 알아야 잘 가르칠 수 있다고 생각했기 때문이었다. 그녀는 개별 학생의 학습 필요를 파악하는 가장 주요한 수단으로 공식 또는 비공식적인 형성평가를 활용하였다. 또한 학생의 학습 요구를 교육과정과 연계하고 수업에 반영하여 학생의 성장을 도모하였다.
- 위긴스(Wiggins) 선생님은 3학년 학생 모두가 철자 학습 목록을 공부해야 한다고 생각하지는 않기 때문에 사전평가 결과를 바탕으로 복수의 철자 학습 목록을 만들어 학생에게 할당하였다.
- 오웬(Owen) 선생님은 가능하면 학생의 필요에 맞춘 다양한 숙제를 내어 각자에게 의미 있는 연습문제를 풀게 하였다. 자신에게 가장 도움이 되는 숙제를 학생 스스로 선택하여 수학적 개념과 원리를 이해하고 적용할 수 있게 하였다.
- 저니건(Jernygun) 선생님의 수학 수업은 학급 전체 학생을 대상으로 하기도 하지만 날마다 형성평가를 통해 얻은 정보를 토대로 직접 가르칠 모둠, 연습문제를 풀 모둠, 적용 문제를 풀 모둠 등으로 나누어 수업을 하는 경우가 훨씬 더 많았다. 연습문제 풀이 활동과 이해 활동은 학생들의 학습 준비도에 맞게 제공하였고, 실생활에 수학을 적용하는 활동을 구안할 때에는 학생들의 흥미나 선호하는 학습 유형을 고려하여 모둠을 구성하였다. 저니건(Jernygun) 선생님에 따르면 학생들은 그런 식으로 또래로부터 배우고 학습에도 기여한다고 하였다.

- 윌러비(Willerby) 선생님은 핵심적인 내용을 가르쳐야 할 시점에는 '거꾸로 수업(flip)'을 활용하였다. 즉 학생들이 새로운 내용은 집에서 탐구하고 새롭게 배우는 기술과 개념은 수업 시간에 익히게 하였다. 그다음, 입실 카드(entry card, 수업 직전에 학생들의 학습 상태를 알아보기 위한 짤막한 질문이나 지시가 들어있는 카드) 등의 형성평가를 통해서 학생들의 이해 정도를 주의 깊게 파악하였다. 이를 토대로 모둠을 구성하여 공통의 학습 목표를 달성하기 위해 공동 작업을 수행할 수 있게 하였다. 교사는 모둠을 돌아다니거나, 함께 앉아서 학생들의 학업을 진행할 수 있도록 조언이나 도움을 주었다.
- 엘리스(Alice) 선생님은 주기적으로 소모둠 활동 수업을 구안하여 학생들이 현 수준의 지식, 이해력, 기술을 좀 더 향상시키도록 도왔다. 일정에 따라 교사와 면담 중인 학생을 제외한 나머지 학생들은 혼자서 혹은 짝과 함께 또는 소모둠을 구성하여 공부를 하도록 하였다. 각자의 실력에 맞는 연습 문제 풀이나 내용 이해 과제를 수행하기도 하고, 자신의 흥미와 연계된 과제를 풀기도 하였다[16].

또 『모두를 위한 학습(Learning for All, LFA), (2013)』 보고서에서는 협동학습, 프로젝트 기반 접근, 문제 해결 기반 접근 및 명료한 강의식 수업에서도 개별화 수업이 가능하다고 기술하고 있다. 협동학습에서 소모둠을 구성할 때 학생의 정서적 필요와 학생의 학습 스타일을 고려하는 경우, 프로젝트 기반 접근에서 주제는 동일한 프로젝트를 다양하게 제시하여 학생들이 자신의 흥미, 수준 등에 맞추어 선택하게 하는 경우, 그리고 강의식 수업에서도 지도가 더 필요한 학생들을 위해 수업을 좀 더 구조화하는 경우 등도 개별화 수업의 예이다.

학교 현장에서 개별화 수업의 특성을 인식하고 개별화 수업과 순환적 관계에 있는 학습자 이해와 학습을 위한 평가를 통해 이를 의식적으로 실천에 옮겨야 한다. 이를 통해서 학생들에게 개인별 수업이 아니라, 다양한 학생들의 강점과 수요에 대응하는 학생 맞춤형 개별화 교육을 실천할 수 있다.

탐구 질문

1. 학생중심 교육의 관점에서 구성주의 인식론은 학습이론으로 보기보다는 포스트모더니즘과 정보화 이론과의 연결선상에서 어떻게 접근해야 할까?
2. 요즘 학교 현장에서 학생 참여형 수업으로 프로젝트 학습을 적용하여 자기주도성을 함양한 교육과정을 재구성할 때 유의할 점은 무엇일까?
3. 코로나 이후 기술 기반의 개별화 교육이 활발해지는 계기가 되었는데 어떻게 하면 학습자 개인의 요구와 특성에 맞는 개별적 절차를 구성할 수 있을까?

2.2 맞춤형 교육의 필요성과 실제 조건

2.2.1 학생 맞춤형 교육의 필요성과 목표

가. 학생 맞춤형 교육의 필요성

학생 맞춤형 교육은 개별 학생의 고유한 특성과 필요에 최적화된 교육을 제공함으로써, 급변하는 미래 사회에 적응하고 모든 학생의 잠재력을 최대한 발휘하도록 하기 위해서 필수적이다.

1) 학생 개인 차원

경제력이 약할 때는 학교에서 개인 맞춤형 교육을 한다는 것을 상상하기 어려웠고 학생과 학부모도 그러한 기대를 할 수 없었다. 그러나 경제력이 향상하면서 학생과 학부모로부터 '교육 수요 고급화 현상'이 나타나기 시작했다. 그중의 하나가 학생 맞춤형 교육에 대한 기대 향상이다. 교육에 대한 투자가 늘어남에 따라 학생 맞춤형 교육을 어느 정도 구현할 수 있게 되었다. 최근 들어 학생 개개인의 특성이 더욱 두드러지고 있고, 특별한 도움을 필요로 하는 학생 비율도 늘고 있다. 특히 학생들의 학습 동기와 참여도 저하는 우리 교육이 직면한 주요 문제가 되었다. 이들의 학습 토대를 이루고 있는 정서와 사회성 발달을 위해서도 개인별로 학생 맞춤형 교육이 절실해졌다. 특수교육 대상 학생들의 경우, 개별화 교육이라는 학생 맞춤형 교육이 실시되고 있다. 매 학기마다 학생 맞춤형 교육 계획을 수립하고 이를 토대로 개별화 교육을 실시하고 난 후 가정에 학기 말에 통지하는 시스템으로 활용되고 있다. 그런데 일반 교실에서도 학생 맞춤형 교육을 실시한다면 교육적으로 더 효과적으로 학습할 기회를 얻게 될 것이다.

2) 사회 · 문화 차원

최근 들어 사회 각 분야에서 다양성을 중시하는 경향이 강해지고 있다. 교육 분야에서도 이주 배경 학생을 포함해 학생 개개인의 고유한 특성과 재능을 인정하고 발전시키는 것이 중요한 가치로 부각되고 있다. 다양한 배경과 능력을 가진 학생들에게 각자의 필요에 맞는 교육 기회를 제공할 때, 보다 포용적인 교육 환경 조성이라는 시대 흐름에 부응할 수 있을 것이다. 또한, 출산 인구 급감은 모든 학생의 잠재력을 최대한 발휘하도록 도와야 하는 이유이자 기회가 되고 있다. 학생들 간의 학습 격차는 교육 분야의 오랜 과제 중의 하나이다. 특히 지난 10여 년간 경쟁과 평가를 죄악시하고 기본 개념 학습을 암기식 · 주입식 교육이라고 배척한 교육 이상주의, 그리고 코로나19 등으로 인한 원격 학습 상황으로 인해 학습 격차가 더욱 커졌다[17]. 최근 들어 이러한 차이를 줄이고자 하는 노력의 일환으로 교육 형평성에 대한 관심도 함께 커지고 있다. 다른 한편으로는 사회가 급변하면서 개인의 지속적인 학습과 적응 능력이 중요해지고 있다. 학생 맞춤형 교육은 학생들이 자신의 학습 과정을 주도적으로 설계하고 관리하는 경험을 제공함으로써 평생학습에 필요한 자기 주도적 학습 능력을 개발하는 데 도움을 줄 것으로 기대된다.

3) 기술 개발 차원

4차 산업혁명 시대에는 창의성, 비판적 사고, 문제 해결 능력, 협업 능력 등 복합적인 역량을 갖춘 인재를 요구한다. 학생 맞춤형 교육은 각 학생의 강점을 살리고 약점을 보완하는 방식으로 이러한 역량을 효과적으로 개발할 수 있는 기회를 제공할 것이다. 사실, 학생 맞춤형 교육에 대한 요구가 높더라도 너무 많은 비용을 지불해야 한다거나, 기술적으로 어렵다면 교실 안에서 이를 구현할 수 없다. 하지만, 교육 현장에도 인공지능(AI), 빅데이터, 가상현실 등 첨단 기술의 급속한 발전으로 인해 학생 맞춤형 교육을 실현할 수 있는 가능성이 점점 커지고 있다. 디지털 기술의 발전으로 온라인 학습 플랫폼, 모바일 학습 앱 등을 통해 학생들이 언제 어디서나 자신의 필요에 맞는 학습을 할 수 있는 가능성도 열렸다.

이처럼 학생 맞춤형 교육은 4차 산업혁명 시대를 맞이하여 우리 교육 현장에서 적극 수용하기 위해서 검토해야 할 필요성이 있다. 인공지능(AI) 교육을 학교 현장에 적극 도입하여 학생들의 창의성을 바탕으로 한 창의·융합형 인재를 길러내기 위해서 다양한 교육혁신 운동을 실시해야 한다. 이에 대한 성과를 얻어내기 위해서는 학생 개인별로 맞춤형 교육을 통해서 학생들이 자기 주도적으로 문제를 탐구하고 문제를 해결해 나가는 과정 속에서 창의적인 미래 인재를 양성할 수 있다.

나. 학생 맞춤형 교육의 목표

학생 맞춤형 교육의 목표는 단순히 학습 내용을 전달하는 것을 넘어, 학생 개개인의 전인적 성장을 지원하고 미래 사회에 필요한 역량을 함양하는 데 있다. 학생 맞춤형 교육의 핵심적인 목표와 지향점은 다음과 같다.

1) 학생 중심의 성장과 역량 함양

학생 맞춤형 수업은 학습자 스스로 학습을 계획하고 실행하며 평가하는 주도적인 학습자가 되도록 지원하여 자기 삶을 능동적으로 이끌어가는 힘인 자기 주도성을 기르는 것을 목표로 한다. 문제 해결 역량 함양을 위해 학생 주도 수업의 내실화를 통해 미래 사회에 필요한 문제 해결 역량과 핵심역량을 기르는 것을 목표로 한다. 전인적 성장 및 교육 받을 권리 향상을 위해 학생이 건전한 사회인으로 잘 성장할 수 있도록 지원하며 학생의 학습, 심리·정서, 건강 등 다양한 어려움을 통합적으로 해소하여 전인적인 성장과 교육받을 권리를 향상하는 것을 지향점으로 삼고 있다.

2) 학습 성과 및 공정한 교육 기회 제공

학생 맞춤형 수업은 학업 성취도 향상 및 목표 도달을 위해 학생의 학습 선호도, 흥미도, 준비도와 같은 특성을 고려하여 수업의 내용, 과정, 결과를 다양화함으로써 모든 학생이 같은 성취 기준과 목표에 도달하게 하는 것을 목표로 한다. 학습 참여 및 내재 동기를 부여하기 위해 학생의 참여를 최적화하고, 외부의 강요가 아닌 스스로 질문하고 배워야 할 내용을 찾아 나서는 내재적 동기를 부여한다. 교육 형평성 실현을 위해 학생의 배경이나 환경에 관계없이 공정한 교육기회와 자원에 접근하도록 하여 모든 학습자가 공정한 학습 결과를 달성하는 것을 궁극적인 목표로 한다. 이는 단순한 동일한 기회를 제공하는 평등성을 넘어선 형평성의 개념을 지향한다.

3) 미래 교육 환경에 대한 대응

개별 맞춤형 교육의 실현은 모든 학생에게 같은 수업을 제공하는 대량 생산 교육 방식에서 벗어나, 개별 학생에게 최적의 시간에 맞춤형 수업을 제공하는 대량 개별화 교육 방식을 지향한다. 학습자의 삶과 연계하여 교육이 학생들의 일상적인 삶의 경험과 분리되지 않도록 학생의 삶과 연계된 의미 있는 학습 경험 기반의 수업 설계를 통해 학습 효과를 높인다. 디지털 역량 강화 및 활용을 위해 AI와 에듀테크를 활용하여 학습자의 특성에 맞는 학습 콘텐츠를 제공하는 개인별 맞춤형 교육을 구현하고 디지털 시대에 필요한 역량을 강화하는 것을 목표로 한다.

이러한 관점에서 2022 개정 초·중등학교 교육과정 총론을 살펴보면, 모든 학생이 학습에서 소외되지 않도록 교육공동체가 함께 협력하여 학생 개개인의 필요와 요구에 맞는 맞춤형 교육 활동을 계획하고 실행할 수 있도록 하는 것을 교육목표로 삼고 있다. 즉, 전·입학, 귀국 등으로 인해 공통 교육과정의 교과와 고등학교 공통 과목을 이수하지 못한 학생들이 해당 과목을 이수할 수 있도록 다양한 기회를 마련해 주고, 학생들이 공공성을 갖춘 지역사회 기관을 통해 이수한 과정을 인정해 주는 방안도 마련하였다. 또한, 귀국자 및 다문화 가정 학생을 포함하는 다양한 배경의 학생들이 그들의 교육 경험의 특성과 배경에 의해 이 교육과정을 이수하는 데 어려움이 없도록 다양한 학생 맞춤형 교육을 실시하고 있다. 특히, 특정 분야에서 탁월한 재능을 보이는 학생, 학습 부진 학생, 특수교육 대상 학생들을 위한 교육 기회를 마련하도록 명시하였다.

학생 맞춤형 교육을 실현하기 위해서 학교 현장에서 실천할 수 있는 효과적인 수업은 지식 교육의 차원에서 보면 개별화 수업이다. 특히, 특수교육 대상 학생, 학습에 흥미를 느끼지 못하거나 기초학력이 부족한 학생, 학습 속도가 늦은 학생 등 특별한 도움을 필요로 하는 학생들의 경우에는 개별화된 개인 맞춤형 교육을 하는 것이 바람직하다. 맞춤형 교육을 통해 학생의 특성에 맞게 수업 내용과 계획을 수립하여 진행하고, 그 결과를 점검하며 지속적으로 보완해 나갈 수 있기 때문이다. 그러나 현실적으로 학교 교실에서 1대 1로 수업을 하는 것은 거의 불가능하다.

학생 맞춤형 교육은 교사와 학생 1대 1 교육이 불가능한 상황일 경우에도, 전통적인 '획일적 교육' 혹은 '일제식 교육' 모델에서 벗어나, 각 학생의 개별적인 요구와 특성, 능력, 관심 및 학습 스타일에 맞게 교육과정과 학습 경험을 제공하고, 학생 개인에게 적합한 교수법을 활용하는 교육을 의미한다[18].

학생 맞춤형 교육이 추구하는 일차적 목표는 학생 참여를 최적화하고, 내재적 동기를 부여하며, 학습자 간의 다양성을 인식하고 이를 반영함으로써 학업 성취도를 높이는 것이다. 이를 위해서는 단순히 학습 속도나 난이도만 조절하면 되는 것이 아니라, 학생의 관심사, 학습 스타일, 강점과 약점 등을 종합적으로 고려하여 개별화된 학습 경험을 제공해야 한다. 이러한 과정을 통해 궁극적으로 지향하는 것은 학생에게 자기 주도적 학습 역량을 길러주는 것이다. '학생들이 자신의 진로와 학습을 주도적으로 설계하고, 적절한 시기에 학습할 수 있도록 학습자 맞춤형 교육과정 체제를 구축한다'는 교육과정 구성의 중점은 학생 맞춤형 교육의 궁극적 목적을 잘 보여주고 있다[19]. 이처럼 교사가 학생 맞춤형 교육의 의미와 목표를 명확히 이해하고 있을 때 학생 맞춤형 교육을 위한 제반 전략은 효과를 발휘할 수 있다.

2.2.2 학생 맞춤형 교육의 실제 조건과 기대효과

가. 학생 맞춤형 교육의 실제 조건

학생 맞춤형 교육의 핵심 요소는 개별화된 학습 계획, 유연한 학습 환경, 평가와 피드백, 그리고 결과 차원에서 기대되는 학생 주도성 강화 등으로 나눠볼 수 있다[20].

1) 개별화된 학습 계획

이 계획에는 각 학생의 강점, 약점, 관심사를 고려한 맞춤형 학습 목표와 경로가 포함된다. 학급당 학생 수가 많을 경우 개별화된 학습 계획을 교사 한 명이 만드는 것은 현실적으로 불가능하다. 이를 가능하게 하기 위해서는 국가와 교육청 차원의 프로그램 지원만이 아니라 보조교사 및 업무 지원 인력 등의 인력 지원도 필요하다. 생성형 AI의 등장으로 개별화 학습 계획 수립에 들어가는 시간과 노력은 크게 줄일 수 있게 되었다. 따라서 현재 더욱 필요한 지원은 이러한 계획을 실제 수업에서 구현할 수 있도록 지원하는 보조교사이다.

2) 유연한 학습 환경

시간, 공간, 그리고 학습 방식에 있어 유연성을 발휘하여 학생들이 자신에게 가장 적합한 방식으로 학습할 수 있도록 해야 한다. 이를 구현하는 것이 바람직하나, 현실 속의 공립학교에서 이러한 유연한 학습 환경을 제공하는 데에는 한계가 있다.

3) 지속적인 평가와 피드백

형성평가 등을 통해 학생의 진행 상황을 지속적으로 모니터링하고, 즉각적이고 개별화된 피드백을 제공해야 학생 맞춤형 교육이 결실을 거둘 수 있다. 교사 혼자서 학생 개개인에 대해 이러한 피드백을 제공하는 데에는 한계가 있다. 그러나 생성형 AI 및 AI 기반 교재의 등장으로 인해 개인 맞춤형 피드백 제공이 훨씬 수월해지고 있다.

4) 학생 주도성 강화

학생들이 자신의 학습에 대해 더 많은 책임과 선택권을 가질 수 있도록 해야 한다[21]. 이것이 핵심 요소라 하더라도, 시작 단계에서부터 모든 학생에게 책임과 선택권을 부여하는 것은 타당하지 않다. 궁극적으로 빨리 달리는 것이 목표라고 하더라도 걷지 못하는 아이에게는 손을 잡고 걷는 연습을 시키는 것부터 시작해야 하는 것과 마찬가지이다. 이 과정 중에도 학습자가 홀로 걷고, 나아가 홀로 달리도록 돕는 것이 궁극적인 목표임을 교수자와 학습자가 함께 인식하고 실천하는 것이 중요하다.

학생 주도성 강화는 최근에 등장한 생성형 인공지능 AI 및 AI 디지털 교과서로 인해 더 적은 노력과 시간, 에너지로 충족시킬 수 있게 되었다. 아직은 발전단계에 있지만, 조만간 AI와 학습분석 도구를 활용하여 학생의 학습 데이터를 수집하고 분석한 후, 이를 바탕으로 개별화된 학습 경험을 제공하는 것이 더욱 용이해질 것으로 전망된다.

나. 학생 맞춤형 교육의 기대효과

학생 맞춤형 교육은 개별 학생의 특성, 학습 속도, 흥미, 적성을 반영하여 최적의 학습 경험을 제공함으로써 다양한 긍정적 효과를 가져올 수 있다. 즉, 학생 맞춤형 교육이 제대로 이루어질 경우, 사회 정서적 발달, 학습 동기 강화, 학업 성취도 제고, 메타인지 및 자기조절 학습 능력 향상, 자기주도 학습 역량 개발, 학습 격차 완화 등의 효과가 기대된다. 이는 기대효과이자 학생 맞춤형 교육의 목표이기도 하다[22].

학생 맞춤형 교육을 위한 학습 토대 형성에 대한 구체적인 예를 들어보면 아들러(Adler)의 '삶의 틀'과 원동연의 '수용성 틀'을 들 수 있다. 아들러(Adler)는 삶의 틀을 세 가지 개념으로 정리한다. 첫째는 자기개념으로 내가 어떤 방식으로 존재하는지 의미를 부여하는 것, 둘째는 세계상으로 세상이 나에게 어떤 곳인지 의미를 부여하는 것, 셋째는 자기이상으로 내가 마땅히 그래야 하는 어떤 모습이 그것이다. 학생 교육과 삶의 틀의 관계는 곡식 기르기와 논밭 지력(地力)의 관계와 같다. 곡식을 심어 잘 자라도록 하기 위해서는 먼저 논밭의 지력을 튼실하게 해주어야 한다. 아무리 좋은 씨앗을 골라 심고 최고의 농법으로 기른다고 하더라도 척박한 땅에서는 풍성한 수확을 얻을 수 없다. 그래서 농부들은 곡식을 심기 전에 논밭에 퇴비를 주고, 쟁기질을 하는 등의 노력을 먼저 기울인다. 학생 교육과 관련해서도 학생의 관심에 초점을 맞춰 교육 내용을 선택하고 학생 맞춤형 교수법을 동원해 학생들을 가르치려고 해도 삶의 틀이 깨져 있는 학생들에게서는 학습이 일어나지 않는다.

아들러(Adler)가 삶의 틀을 강조하는 것처럼 원동연은 5가지 수용성 요소(틀)를 강조하였다. 그가 밝힌 인간의 능력을 구성하고 있는 5가지 수용성 요소는 지력, 심력, 체력, 자기 관리 능력, 인간관계 능력이다. 인간의 능력을 극대화하기 위해서는 이 다섯 가지의 본질적 요소들을 골고루 길러줘야 한다는 것이다. 그는 이 다섯 가지 요소를 '수용성 틀'이라는 개념으로 발전시켰다. 수용성 틀이란 학습과 성장을 하기 위해 갖추어야 할 기본적인 틀(요소)을 의미한다. 이러한 학생 맞춤형 교육의 기대 효과를 [그림 2-3]과 같이 사회정서적 발달, 학습 동기 강화, 학업 성취도 향상, 메타인지능력과 자기조절 학습 능력 향상, 자기주도 학습 능력 등으로 구조화하였다.

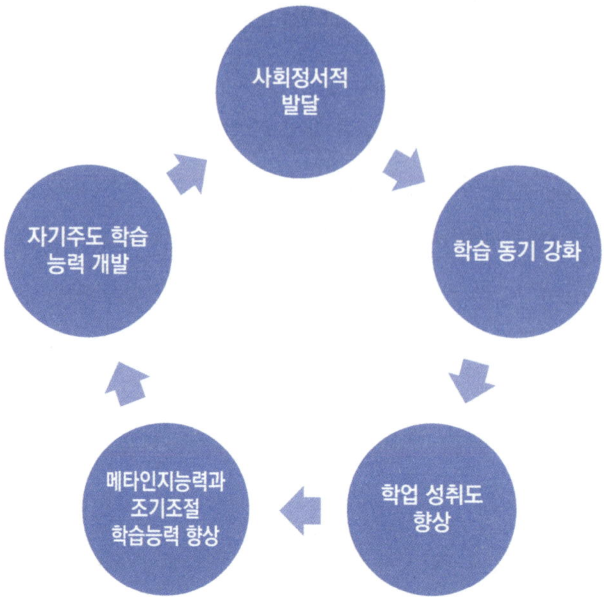

[그림 2-3] 특별 도움을 필요로 하는 학생을 위한 맞춤형 교육 효과 흐름도

1) 사회 정서적 발달

학생 개개인의 특성과 요구를 존중하는 환경은 학생들의 자존감과 학교에 대한 소속감을 높일 수 있다. 학습이 이뤄지려면 학습의 기본 토대가 먼저 형성되어야 한다. 학생 맞춤형 교육의 기대효과로 거론되는 사회·정서적 발달은 학습 기본 토대 형성의 중요한 부분이다. 특히 학습에 어려움을 겪고 있는 학생을 위한 맞춤형 교육을 설계하고 추진할 때 가장 먼저 고려해야 할 것이 바로 정서적 발달이다.

2) 학습 동기 강화

학생 개개인의 관심사와 연결된 학습 경험은 학생들의 내재적 동기를 자극한다. 이는 장기적인 학습 참여도와 성취도의 향상으로 이어질 수 있다. 내재적 동기가 강화될 경우 이는 자연스럽게 학생들의 학업 성취도 향상으로 이어진다. 수업을 진행할 때 각 학생의 현재 수준과 학습 속도에 맞춰 교육이 이뤄지기 때문에 학습 효율성이 증대된다.

3) 학업성취도 향상

개인의 수준과 필요에 맞는 교육 콘텐츠와 방법을 제공하여 학습 결손을 해소하고 특히 느린 학습자들에게 필수적인 지원을 제공하여 학업성취도를 높일 수 있다.

4) 메타인지 능력과 자기조절 학습 능력이 향상

학생 스스로 자신의 학습 과정을 점검하고 조절하는 메타인지 역량을 기르는데 긍정적인 영향을 미치며, 학습에 대한 성찰의 경험을 제공한다.

5) 자기 주도 학습 능력 개발

학습자가 스스로 학습을 계획 · 실행 · 평가하는 과정에 참여하여 자기 주도성을 신장하고 자신의 삶을 능동적으로 이끌어가는 힘인 행위주체성을 기르게 된다.

이처럼 학생 맞춤형 교육이 제대로 이뤄질 경우, 학생들은 자신의 학습에 대해 더 많은 책임과 주인의식을 갖게 되고, 그 과정에서 메타인지 능력과 자기조절 학습 능력이 향상된다. 그 결과로 학생들의 자기 주도 학습 능력이 개발되는데, 이는 맞춤형 교육이 지향하는 궁극적인 목적이기도 하다. 이상의 기대효과는 그림에서 보는 것처럼 상호순환적인 특성을 가지고 있다[(23)]. 또한, 개인 맞춤형 학습 지원은 학습 부진 학생들의 기초학력을 향상시키며, 이는 학생 간의 격차 완화로 이어지게 될 것이다. 물론 맞춤형 학습 지원을 통해 우수 학생들에게는 심화 학습 기회를 제공한다. 하지만 기초학력 부진 학생들의 발달 폭이 상대적으로 크므로 결과적으로 학습 격차가 완화될 수 있다.

이러한 기대 효과가 나타나려면 당연히 학생 맞춤형 교육이 가능하도록 필요한 지원이 이뤄져야 하고, 여건이 갖춰져야 한다. 조건은 충족시켜 주지 않은 채 교사 개인의 노력과 헌신에만 의존하려고 한다면 지속적인 성과를 기대하기 어렵다. 많은 교사가 번아웃 현상을 경험할 수 있어서 결과적으로 학생들의 학습 효율성이 저하될 수 있다. 따라서 교사들의 자존감을 높여주고 교사들의 헌신과 열정을 불러

일으킬 수 있는 학생 맞춤형 교육에 대한 필요성과 공감대가 전제되지 않는다면 학교 현장에서 성공적으로 안착하기 어렵다. 따라서 교사들의 역량 강화와 더불어 교육과정 정책 차원에서 다양한 교사 지원 방안을 마련하여 교사의 열정과 헌신이 지속적인 수업 혁신으로 이어질 수 있도록 적극적인 지원이 되어야 한다.

탐구 질문

1. 코로나 이후 벌어진 학습격차를 줄이고 교육형평성을 확보할 수 있는 방안을 어떻게 마련할까?
2. AI 교육을 학교 현장에 적극 도입하여 학생의 창의성을 길러주는 역량 중심의 교육활동을 하는 데 효과적인 적용 전략은 어떻게 세워야 할까?
3. 단순한 학습 속도나 난이도 조절이 아닌 학생의 관심사, 학습 스타일, 강점과 약점을 고려한 효과적인 개별화 학습 방법은 어떻게 모색해야 할까?

2.3 2022 개정 교육과정에서 학생 맞춤형 교육의 구현 방식

2.3.1 학교자율시간과 전환기 진로 연계 운영

가. 학교자율시간 운영

2022 개정 교육과정 총론에 따르면 학생 맞춤형 교육과정 운영을 위해 초등학교와 중학교에서는 학교자율시간을 운영한다. 이러한 교육과정을 운영하는 취지는 학생 맞춤형 교육을 강화하기 위한 목적이다. 즉, 학교자율시간 운영은 교육과정의 일정 부분을 학교가 자율적으로 편성하여 운영하는 시간이다[24].

학교자율시간은 학교가 교육과정을 자율적으로 편성할 수 있도록 보장된 제도적 장치로서 지역 특성과 학생의 요구에 따라 다양한 형태로 활용될 수 있다. 이는 학교 교육과정의 자율성을 실질적으로 보장하고 교육의 주체성을 회복하기 위한 중요한 전략적 기반이다. 학교자율시간을 어떻게 설계하고 운영하느냐에 따라 교육의 방향성과 질적 수준이 달라질 수 있으며 이는 곧 학교 교육의 정체성과 직결된다.

첫째, 학교자율시간은 지역성과 학교 특성을 반영한 교육과정 설계의 장으로 기능해야 한다. 예를 들어 지역의 생태·역사·문화 자원을 활용하여 프로젝트 학습이나 융합 수업을 운영한다면 학생은 자신의 삶과 공동체를 탐구하는 경험을 할 수 있다. 이때 학교자율시간은 정규 교과를 보완하는 차원에서 지역사회와 학교를 잇는 연결 통로로 작동한다. 따라서 학교는 지역 전문가, 기관, 공동체와 협력하여 학교 자율 시간을 운영하고 학생이 실제 문제 해결 과정에 참여할 수 있도록 구조화해야 한다.

둘째, 학교자율시간은 학생 주도적 배움의 공간으로 설계되어야 한다. 이는 교사가 학생이 스스로 학습 주제를 탐색하고 목표를 설정하며 학습 과정을 설계하는 것을 의미한다. 예컨대 진로 탐색, 동아리 연계 활동, 창의적 체험학습 등이 학교 자율 시간 속에서 학생 주도적으로 운영된다면 학습자는 자기 주도성·책임성·협업 능력을 함양할 수 있다. 특히 프로젝트 기반 학습(PBL)이나 문제 중심 학습을 학교자율시간에 접목하면 학습자는 실질적인 과제 해결 경험을 통해 역량을 발휘하게 된다.

셋째, 학교자율시간은 교과 간 융합과 교육과정 통합을 실현하는 핵심 매개로 활용될 수 있다. 교과의 경계를 넘어 다양한 학문적 관점과 방법론을 결합하는 융합 수업은 학교자율시간을 통해 보다 유연하게 실현된다. 예를 들어 과학·사회·국어 교과가 결합한 지역 환경 조사 프로젝트나 미술·음악·정보 교과가 연계된 디지털 콘텐츠 제작 활동 등이 가능하다. 이러한 융합 활동은 학생의 창의성과 문제 해결력을 신장시키는 동시에 지식과 삶의 연결성을 강화하는 데 기여한다.

학교자율시간의 성공적인 운영을 위해서는 몇 가지 실행 조건이 충족되어야 한다.

1) 교사의 교육과정 설계 역량이 핵심이다

교사가 학교 자율 시간을 보충 학습이나 진도 조정의 도구로 이해한다면 학교

자율 시간의 본래 취지는 훼손될 수 있다. 따라서 교사는 학교 자율 시간을 통해 학생의 역량을 신장시키고 지역성과 삶의 맥락을 반영할 수 있는 교육적 기획력을 갖추어야 한다.

2) 학교 차원의 협력 구조가 마련되어야 한다

학교자율시간은 개별 교사의 노력만으로는 효과적으로 운영되기 어렵기 때문에 학교 교육과정 위원회와 교사 학습 공동체를 중심으로 공동 기획과 실행이 이루어져야 한다. 그리고 지역사회와의 연계 체제가 필수적이다. 지역 기관・전문가・학부모와 협력 네트워크를 형성함으로써 학교자율시간은 학교 울타리를 넘어선 확장된 배움의 장이 된다.

3) 학교자율시간은 평가와도 긴밀히 연결되어야 한다

참여 여부를 확인하는 수준에서 학생이 학교 자율 시간 동안 발휘한 탐구력・협업 능력・창의성・실천력을 종합적으로 반영하는 수행평가와 포트폴리오 평가가 필요하다. 이를 통해 학습자는 학교 자율 시간을 '쉬는 시간'이나 '비공식적 활동 시간'이 아닌 자신의 역량을 발휘하고 성장하는 중요한 학습 경험으로 인식할 수 있다. 결국 학교자율시간은 학교가 교육과정의 주체로 서는 실질적 기회이며 학생이 자기 삶과 지역사회 속에서 배움의 의미를 재발견하도록 돕는 핵심 매개이다. 이를 전략적으로 활용하고 실행 조건을 충족시킬 때 학교자율시간은 미래 교육의 지속가능성을 열어가는 동력이 될 수 있다.

나. 전환기 진로 연계 활동 운영

1) 외국의 전환기 진로 연계

외국의 전환기 진로 연계 프로그램을 살펴보면 핀란드에서는 전환기 진로 연계 교육과정에 대한 인식 제고를 위하여 상급학교로의 전환 시기는 학교급 전환으로 인한 학교생활 적응 과정에서 자아존중감이 저하될 수 있는 시기이며, 진로・진학에 관한 실제적인 고민과 어려움이 시작되는 시기라는 인식하에 국가 수준 핵심 교육과정과 국가교육청이 실시하는 평가에서 학교급의 연속적인 학습과 자연스러운 진로 연계 교육을 강조하고 있다. 따라서 진로 교육이 전환기에 집중하고, 각 단계에 알맞은 교육을 지원하며, 다양하게 실습함으로써 학생은 자연스럽게 종합학교에서 고등교육 또는 직업생활로 이어질 수 있도록 하고 있다. 또한, 진로 연계 교육에 있어 핀란드는 진로 연계의 중요성을 강조하며 진로 전담 매니저를 운영해 진로 전환기 교육에 많은 투자를 하고 있다. 학교와 지역사회의 상호 의존을 통한 윈-윈 방안을 모색하는 관점에서 핀란드의 교육기관에 대한 신뢰는 매우 높게 나타나는데, 핀란드 국민도 학교를 미래 인재 양성 기관이라 생각하여 다방면의 투자와 도움이 필요하다는 것에 동의하고 있다. 각 지자체는 지역사회와 활발하게 교류하기 위하여 학교 현장의 직업 체험을 적극적으로 활용한다. 그래서 직업 체험도 학교 교육과정의 중요한 요소임을 각 산업체가 인지하여 학생에게 많이 개방할 수 있도록 힘쓰고 있다. 이를 통해 학생이 더욱 다양한 곳으로 일터 방문 또는 실습을 할 수 있게 되어 있다.

아일랜드의 경우에는 선택의 폭이 높은 교육과정을 운영하고 있는데, 아일랜드 전환 학년의 참여 시기는 고등학교 1학년에 해당하는 시기로서, 아일랜드의 학제상 중학교 단계(Junior Cycle)와 고등학교 단계의 징검다리 역할을 하는 시기이다. 아일랜드 교육부에서는 전환 학년의 목적이 학생들의 개인적, 사회적, 직업적 발전의 향상을 도모하는 것이라는 점을 강조하였다. 고등학교 1학년 시기에 전환학년을 선택적으로 경험할 수 있도록 배려한 것으로 이 시기의 학생들이 시험 부담에서 벗어나 자율적으로 학습하고 성장할 필요가 있다고 보았기 때문이다. 학생들이 시간적인 여유를 가지면서 자기 주도적으로 자신의 진로를 개척해 나가며 진로 개발 역량(직업 기초 능력)을 함양하여 향후 진로를 탐색하고 결정하는 데 도움을 받을 수 있다는 것이다. 또한 코디네이션 지원 체제를 구축하고 있는데 아일랜드 전환 학년의 코디네이터 역할이 가장 핵심적인 요소로 나타났다. 코디네이터들은 학생과 학부모와 교사 사이의 결속을 위해 역할을 진행하였다. 아울러 질 높은 특별모듈 프로그램 운영을 위해 아일랜드 전환 학년의 프로그램은 학생들이 스스로 할 수 있는 프로그램으로 구성되어 있다. 전환 학년 활동 전반에 대한 평가도 실시하고 있는데 아일랜드 전환 학년 전반에 대해 평가를 실시하여 학부모에게 송부하고 있다. 아일랜드는 4가지 영역에 대해 점수를 부과하고, 점수에 따라 표시 방법이 다르게 제시되고 있다.

영국의 사례도 살펴보면 다양한 진로 교육과정을 운영하고 있다. 영국의 진로 교육 중 가장 눈에 띄는 것은 단연 다양화된 진로 교육과정이다. 영국에서는 Key stage 3과 4 내의 진로 교육으로부터 출발하여 그 이후 교육과정을 만들어 학생들이 자신에게 맞는 과정을 찾아 이행하게 하였다. 또한 진로 선택에 앞서 고학력자와 저학력자 간의 임금에서의 차이가 크게 없으므로 학생들이 선택하고자 하는 진로의 임금, 사회적 지위 등에 구애받지 않고 자신이 진정으로 원하고 자신에게 맞는 일을 찾기가 좀 더 수월하다는 점도 주목할 만하였다. 게다가 어느 한 가지의 진로를 앞서 정했다고 해서 그 진로를 굳이 선택하지 않아도 되는 것과 취업 후에 다시 배우고자 할 때 경력을 학력과 동일시하여 따로 시험을 보지 않아도 다시 대학으로 돌아갈 수 있는 점은 학생들이 '내 진로가 나와 맞지 않으면 어떻게 할까?' 등에 대한 큰 걱정 없이 선취업 후 진학을 성공적으로 해내게 했다. 도제제도 진로 교육활동을 전개하였는데 교육개혁 이전의 영국의 교육과정은 기업으로부터 지속적으로 실제 업무에서 쓰일 기술 및 지식과 동떨어진 학문만을 가르친다는 비판을 들어왔다. 개혁 당시 기업들과 연계하여 교육과정들을 만드니 기업에서도 자신들이 원하는 인재를 찾기가 수월해졌다. 학교에서부터 산학 연계를 통해 각 진로에 해당하는 기술 및 지식 등을 학습할 수 있을 뿐만 아니라 직접 산업현장에 나아가 자신에게 필요한 기술과 지식에는 어떠한 것이 있는지 알아내고 또 학습할 수 있다. 이는 학생들에게 학습에 있어 큰 동기부여가 되고 후에 취업할 때 습득한 자격증과 경험으로 실제 업무에서도 자기 능력을 충분히 발휘할 수 있다. 또한, 도제제도의 경우 실제로 자기소개서를 써보고 면접 과정도 거치기 때문에 모의 취업과 같은 효과를 얻을 수 있어 학생들이 실제 취업전선에 나아갔을 때 훨씬 수월하게 제 일을 찾을 수 있다. 기업의 입장에서도 자신들이 필요로 하는 능력을 갖춘 인재를 실제 기업 환경에서 만들어 낼 수 있으니 학생에게도 기업에도 모두 이득이 되는 과정이라고 할 수 있다. 아울러 맞춤식 진로 교육으로 취업과 연계되는 교육활동으로 영국의 교육제도는 엘리트 중심교육 때부터 학생들의 적성이나 성적 등에 관심을 가져왔고, 이것은 현재까지 이어져 와 학생 맞춤형 진로 교육을 받게 하였다. 만 11살 때 보았던 11 plus exam의 경우 시험을 통해 학생들의 진로를 결정지었다면, 현재에는 학생들이 주요 단계들(Key Stages)을 거치면서 두각을 나타내는 분야를 스스로 혹은 학부모 · 교사와 함께 찾아내어 각자의 흥미와 적성을 고려하여 4가지로 분화된 교육과정 중에 하나를 골라 이행할 수 있다. 또한 여기에서 그치지 않고, 어느 과정을 선택해도 실제 직업과 연관되며 각 학생이 자신의 진로와 연관되는 학습을 할 수 있기에 이것은 진정한 학생 맞춤형 진로 교육이라 할 수 있다. 그리고 각 과정 간에 연계 고리가 전무한 것이 아니기 때문에 자칫 자신이 선택한 진로가 자신과 맞지 않는다고 하더라도 언제든지 다시 공부하여 진로를 재설정할 수 있도록 한 것도 학생들이 가질 수 있는 실패할 수 있다는 두려움을 다소 경감시켜 주어 안정적으로 자신이 하고 싶은 일을 찾을 수 있게 한 점이 특징이다(25).

2) 우리나라의 전환기 진로 연계

우리나라는 2022 개정 교육과정에 따라 학생 성장의 연속선상에서 학교급 간 교과 내용 연계와 진로 설계, 학습 방법 및 생활 적응 활동을 위한 진로 연계 활동으로 전환기 진로 연계 활동이 시작되었는데 학교 현장에서는 다양한 형태로 교육과정이 운영되고 있다. 학교급에 따라서는 교육과정과 프로그램 운영에 있어서도 확연한 차이를 보이고 있다. 〈표 2-1〉을 살펴보면, 전환기 진로연계 교육활동을 초등학교에서는 창의적 체험활동을 활용하여 중학교와 연계를 전개하고 있었다. 중학교에서는 교과 재구성을 통해 교과 심화 또는 주제 중심 프로그램으로 운영되었고, 고등학교에서는 교육과정상의 시수를 조정하여 주제 중심으로 운영되어 일관성을 확보하지 못하고 있는 실정이었다. 또한 전환기 진로운영 프로그램 운영 실태를 살펴보니 초등학교에서는 행사 위주로 구성되어 있고, 중학교에서도 학년말 휴식기로 인식하여 행사로 운영되고 있었다. 고등학교에서는 입시와 취업으로 인하여 실질적인 교육활동을 전개하는 데 어려움을 겪고 있는 것으로 나타났다.

〈표 2-1〉 우리나라 학교급별 전환기 진로 연계 교육활동 비교

구분	초등학교	중학교	고등학교
전환기 진로연계교육활동의 특징	• 창의적 체험활동의 진로활동 시간을 활용하여 초등학교와 중학교의 연계를 전개	• 교육과정의 시수를 고려하지 않고 교과 재구성을 통해 교과 심화 또는 주제 중심 프로그램을 운영	• 교육과정상에서 시수를 조정하여 주제 중심으로 운영
전환기 진로연계프로그램 운영의 실태	• 중학교의 이해를 위한 프로그램 구성이 편성되지 못하고 행사 위주로 구성	• 학년말 휴식기로 인식하고, 교과 심화 및 주제 중심 프로그램 운영이 어렵고 행사 중심으로 운영	• 진학, 취업 그리고 수시, 정시 등의 응시가 모두 달라 실질적인 교육활동을 전개하는 데 한계가 많음

이처럼 우리나라는 아직은 전환기 교육에 대한 관심과 지원이 부족한 실정이다. 하지만 중장기적으로 우리나라도 진로 전환 시기를 교육과정 일부로 운영해야 한다. 이를 위해 우선적으로 진로 연계 교육을 전문적으로 담당하는 운영 지원 조직이 필요하다. 그리고 진로 전환 시기 운영 방안을 마련하고 학부모, 지역사회 관련 단체 등과의 협의체를 구성하여 직업 체험, 지역사회 봉사 등과 같은 교외 활동을 적극적으로 추진해 나가야 한다. 우리 사회도 이제는 산업체의 개방이 장기적인 관점에서 모두가 윈-윈 할 수 있다는 의식을 가져야 한다. 그래서 진로교육과 관련하여 학생들이 다양한 선택지 중에서 본인의 관심과 흥미에 가까운 일을 선택하고 의례적으로 하루 참여하는 것이 아니라, 전문가의 감독하에 실제적인 직무를 적극적으로 관찰하고 실습할 수 있는 장기적인 기회를 제공해야 한다. 이와 같은 제도와 사회의 적극적인 지원을 통해 학생은 고등학교에서 대학으로, 취업 현장으로 자연스럽게 전환할 수 있다고 본다.

2.3.2 학교자율시간과 전환기 진로 연계 사례

가. 학교자율시간 운영 사례

2022 개정 교육과정 총론에 지역 연계하거나 다양하고 특색 있는 교육과정 운영을 위해 교과(군) 및 창의적 체험활동의 일부 시수를 확보하여 국가 교육과정에 제시되어 있는 교과 외 새로운 활동이나 과목을 개발하여 운영하는 학교자율시간을 실시하도록 하고 있다. 학교가 지역과 학교의 여건 및 학생의 필요에 따라 교과 및 창의적 체험활동의 일부 시수를 확보하여, 초등학교의 경우에는 교과 외에 새로운 과목이나 활동, 중학교의 경우에는 새로운 선택 과목을 개설할 수 있도록 하였다. 이처럼 학교자율시간이 2022 개정 교육과정 총론에서 처음 등장하고 2025년 초등학교 3학년부터 연차적으로 적용되고 있다.

구체적인 내용을 살펴보면, 학교는 3~6학년별로 지역과 연계하거나 다양하고 특색 있는 교육과정 운영을 위해 학교자율시간을 편성·운영하도록 하였다. 또한 학교자율시간을 활용하여 교육과정에 제시된 교과 외에 새로운 과목이나 활동을 개설할 수 있으며, 이 경우 시·도 교육감이 정하는 지침에 따라 사전에 필요한 절차를 거치도록 하였다. 학교자율시간에 운영되는 과목과 활동의 내용은 지역과 학교의 여건 및 학생의 필요에 따라 학교가 결정하되, 다양한 과목과 활동으로 개설하여 운영하도록 하였으며, 학교자율시간은 학교 여건에 따라 연간 34주를 기준으로 한 교과별 및 창의적 체험활동 수업 시간의 학기별 1주의 수업 시간을 확보하여 운영하도록 하였다. 교과(군) 및 창의적 체험활동은 20% 범위 내 시수 증감 가능하고 학교자율시간을 통해 과목이나 활동을 개설·운영할 수 있도록 하였다.

학교자율시간은 학교 교육과정의 자율성 확대 정책이자 학교에 부여하는 권한이라는 점에서 기본적으로 학교 교육과정 차원에서 접근해야 한다. 학교 교육과정은 학생, 학부모, 교사가 상호작용하여 함께 만들어가는 과정을 동반해야 한다. 준비·설계·편성 단계에서 교사는 개발자 혹은 설계자로서의 역할을 수행해야 한다. 학년 단위 동일한 활동(과목)이라고 하더라도, 우리 학급 상황과 요구에 맞추어, '학생과 함께' 교육과정을 실행해 내는 것은 학습자의 주도성과 역량 강화에 직결되는 교사의 전문성이라고 할 수 있다.

구체적인 초등학교 학교자율시간 편성·운영 지침은 학교 교육과정이 학교 구성원의 참여와 협력을 통해 디자인된다. 따라서 학교자율시간도 단위 학교 차원의 교육과정 개발 작업이므로 학교 구성원(교사, 학생, 학부모)의 참여와 협력을 통해 이루어지도록 하였다. 즉, 학교 구성원의 참여와 의견 수렴 과정이 필수적이며, 교육과정 편성 주체인 교원들의 학교자율시간에 대한 충분한 이해와 교육과정 개발 전문성을 갖추기 위한 노력이 필요하다. 학교자율시간은 사전 준비, 민주적 합의 과정, 설계·편성, 운영, 평가의 단계로 이루어진다. 학교 공동체는 학교자율시간 운영의 각 단계를 구체적으로, 연수 및 컨설팅 등을 통해 학교자율시간에 대한 이해를 제고하고, 학교 구성원 간 의견을 수렴하여 학교자율시간의 운영 방향을 설정하며, 학년별 학교자율시간 활동이나 과목을 개설하고 운영을 위한 계획을 수립·운영한 후 그 결과를 공유하고 개선점을 모색하여 다음 연도에 반영하는 평가 등의 과정에 참여해야 한다.

시·도 교육청의 학교자율시간 운영 지침에 근거하여 단위 학교에서 학교자율시간 운영 계획을 세우고자 할 때 고려할 사항은 다음과 같다.

첫째, 학교자율시간을 편성·운영하는 데 있어 ○○교육청의 경우 지침에 학년군별 최소 1학기 이상을 학교자율시간으로 편성·운영해야 한다고 명시하였다. 이 부분을 강조한 지침은, 비록 초기에는 실행이 어렵더라도 학교자율시간이 전체 교육과정에서의 계열성과 지속성을 고려할 때 모든 학년에서 이루어지는 것이 바람직하다고 생각되었기 때문이다[26].

둘째, 학교자율시간의 주제를 선정하는 데 있어, 시도교육청 지침에서 제시된 운영 형태, 즉 지역 연계, 교과 통합 설계, 기초 소양 강화, 학생 주도 설계 등을 고려할 필요가 있다. 이를 위해 학교는 학생·학교·지역의 특성과 같은 상황을 먼저 파악하고, 이를 근거로 주제를 지역 연계, 교과 통합, 기초 소양 강화 가운데 어디에 둘 것인지를 결정하게 된다.

셋째, 학교자율시간에는 성취기준 마련이 필요하다. ○○교육청의 경우 지침에서 학교자율시간의 활동과 과목 모두에서 기존 교과 성취기준만을 활용하는 것은 불가하고, 별도의 성취기준을 개발하도록 명시하였다.

마지막으로, 학교자율시간은 단위 학교에서 운영하는 것이므로 이를 원활히 운영하기 위해서는 학교 공동체의 참여와 협력이 필수적이다. 따라서 학교자율시간의 운영 모델을 개발할 때에는 이에 대한 학교 공동체의 이해와 협의를 어떻게 이끌 것인가도 중요하게 다룰 필요가 있다.

이러한 학교자율시간 운영을 위해서 학교현장에서 교육과정을 작성할 때 해야 할 가장 큰 쟁점은 학교자율시간의 시수 확보와 편성이다. 한 연구 결과에 따르면 초등학교는 교과와 창의적 체험 활동의 조정을 선호했지만, 중학교는 특정 교과군 조정을 선호했다. 특히 중학교에서는 교사 정원의 확정과 교육과정 편성 시기의 불일치가 문제로 지적되었다. 그리고 학교자율시간의 과목 선택과 개설, 업무 분담에 대한 명확한 계획 수립과 지원이 필요하며, 지역 연계와 특색 있는 교육과정 운영을 위해 절차의 간소화가 필요하다고 하였다. 평가 기준과 특기사항 기록 방식도 구체화하여 일관성을 확보할 필요가 있다고 조사되었다.

초등학교 학교자율시간의 편성·운영 설계를 살펴보면 학교자율시간을 활용해 다양한 특성을 반영한 과목을 설계하고, 지역 연계형, 교과 통합형, 기초 소양 강화형, 학생 주도형 등 여러 유형을 균형 있게 구성하였다. 예를 들어, 한 학교의 사례를 들어보면, 3~6학년을 대상으로 '별★책마을', '바다와 아이', 'AI와 우리 생활', '생활 스포츠와 우리 생활' 등의 과목을 운영하였으며, 각 과목을 2학기에 집중하여 운영하였다. 또한, 교과와 창의적 체험활동의 시수를 조정해 필수 과목의 시간을 확보하면서 학생들의 다각적 성장을 이루도록 편성하였다.

중학교에서는 학교자율시간을 통해 선택과목을 편성하여 학생들에게 융합적 학습 경험을 제공하였다. 한 중학교 사례를 들어보면 '소통 역량' 과목을 국어, 사회, 수학, 과학 등 여러 교과를 통합하여 집중형 방식으로 운영하였고, 주로 학기 말에 집중 운영하여 다양한 교과를 아우르는 학습 기회를 마련하였다. 또 다른 중학교에서는 '기후변화와 미래사회'와 같은 미래 사회 학교자율시간의 인식조사 및 지원요인 분석을 통한 편성·운영 방법 연구 관련 주제를 편성해 학생들이 변화에 적응할 수 있는 역량을 기르도록 하였으며, 특정 교과군의 시수를 조정해 시간 확보 및 효과적인 교육과정 운영을 추진하였다.

학교자율시간의 운영 방안을 살펴보면 초등학교에서는 3~6학년을 대상으로 학년별로 학교자율시간을 새로운 과목이나 활동으로 편성·운영할 수 있으며, 운영 학년과 학기, 주제는 교육공동체의 협의를 통해 자율적으로 결정할 수 있다. 즉, 각 학년의 특성에 맞춰 새로운 과목이나 활동으로 개설 가능하며, 한 학기 최대 2개의 활동 또는 과목을 운영할 수 있다. 시수는 교과(군)와 창의적 체험활동에서 확보하며, 분산형, 집중형, 혼합형의 방식으로 학기 내에서 운영할 수 있다. 평가는 교과 활동 세부능력 및 특기사항에 기록되며, 학생의 성장과 목표 달성도에 중점을 두어 평가한다. 중학교에서는 학교 자율성을 반영해 선택과목 형태로 개설하며, 교과(군)와 창의적 체험활동에서 시수를 조정하여 편성할 수 있다. 운영 시기는 학기 중 매주 지속형으로 운영하거나 특정 시기에 집중형으로 운영할 수 있으며, 교과 통합형, 지역 연계형 등 다양한 형태로 구성할 수 있다. 평가 방식은 편성된 교과에 따라 5단계, 3단계 또는 P/F로 구분하여 성취도를 평가하며, 학교생활기록부에 맞춰 세부능력 및 특기사항을 기록한다[27].

이러한 방향에서 초등학교와 중학교에서 운영되는 학교자율시간 운영 사례를 살펴보면 주로 학생의 흥미와 필요를 반영한 특화 프로그램을 운영하였는데, 이는 교과 외 활동이나 교과 연계 심화·보충학습의 형태로 운영되었는데 구체적인 운영 사례를 살펴보면 다음과 같다[28].

첫째, 진로 및 탐구 활동으로 창의적 체험활동과 연계하여 지역 사회와 함께하는 진로 탐색 프로그램, 역사동아리, 코딩 교육 등을 운영한다.

둘째, 교과 연계 프로젝트 학습 운영으로 정규 교과 시간 외에 특정 교과(수학, 과학 등)에 대한 심화 학습이나 여러 교과를 융합한 프로젝트 수업을 진행한다. 예를 들어 수학과 미술을 융합한 도형과 예술 수업이나 과학 탐구 보고서 작성 활동 등이 있다.

셋째, 지역사회 연계 교육과정 운영으로 학교가 위치한 지역의 특성을 반영하여 지역 전문가를 초빙해 마을 역사 배우기, 갯벌 생태 탐사 등 생생한 체험교육을 제공한다. 이는 학생들의 학습 흥미와 참여도를 높이는 효과를 가져온다.

1) 초등 학교자율시간의 운영 사례

학교 현장에서 자기주도적으로 학교자율시간을 운영하기 위해서 민주적인 절차를 걸쳐서 교사들이 자율적으로 활동에 참여하도록 계획을 세웠다. 전 교사를 대상으로 연수를 실시한 후 2022 개정 교육과정에서 새롭게 적용하는 교육과정으로 학교에서 다양한 여건을 반영하여 창의적으로 구성하기 위해서 〈표 2-2〉와 같이 활동 주제를 선정하고 세부 활동을 계획하여 학교운영위원회 심의를 득하고 운영한 후 학생 평가를 나이스에 입력하고 환류하는 등의 단계별 운영 사례이다.

〈표 2-2〉 단위 학교 학교자율시간 운영 개요

순	내용	시기	비고
1	교원 연수	0000년 10월	전 교사 다 모임
2	활동 주제 선정	0000년 11월	학교 평가 및 대토론회를 통해 교원, 학생, 학부모 의견 수렴
3	편성할 관련 교과 및 시수 결정	0000년 12월	교사들과 협의를 거쳐 2학기에 29차시로 생태 전환 교육과, 독서교육 과목 결정
4	성취기준 개발	0000년 12월	학년 교육과정에 새롭게 결정된 학교자율시간 과목의 성취 기준을 개발하고 세부적인 활동 내용 작성
5	활동 세부 내용 선정	0000년 12월	
6	학교운영위원회 심의	0000년 1~2월	학교자율시간 운영에 대한 계획안 심의
7	학교자율시간 운영	0000년 2학기	매주 정해진 시간에 교수·학습 실시
8	학생 평가 나이스 입력	0000년 12월	성취기준에 따라 평가 후 나이스 기재
9	운영 평가 및 환류	0000년 12월	학교평가 등을 통해 구성원 의견 수렴, 차년도 5~6학년군 학교자율시간 운영 준비

다음은 서울 ○○초등학교 4학년에서 1학기 동안 29차시에 걸쳐서 책 찾기, 책 읽기, 독후 활동, 독서 축제 등 다양한 독서 활동을 적용하여 학교자율시간을 운영한 차시별 운영 및 평가 계획의 사례이다.

활동 1	활동명	책으로 마음 닿기	편성 교과(차시)	국어(29)
	운영 형태	☐ 지역 연계 ☑ 교과 통합 설계 ☐ 기초 소양 강화 ☐ 학생 주도 설계	편성 방식	☐ 지속형 ☐ 집중형 ☑ 혼합형
	개요/필요성	다양한 독후활동 및 독서 경험 공유 활동을 통해 독서의 즐거움을 느끼는 것은 물론, 협력적 소통 역량 및 심미적 감성 역량을 기르도록 한다.		

차시별 운영계획

차시	소주제	학습 주제 및 내용
1	재미있는 책 찾기	선생님과 함께 책을 소개받고, 읽고 싶은 책을 골라 독서 목표 세우기
2	독서 계획하기	책을 읽는 방법 배우기 및 독서 계획표 작성하기
3-4	돌아가며 읽기	읽기의 여러 가지 방법 알아보고, 돌아가며 실감 나게 낭독하기
5-6	장르 탐색하기	그림책, 동화책 등 다양한 장르의 책을 읽으며 느낀 점 나누기
7-8	독서 감상 표현하기	내가 읽은 책을 그림, 짧은 글, 시, 또는 노래로 표현하기
9-10	책과 내 삶 연결 짓기	책 속에서 중요한 교훈이나 배울 점을 이야기 나누고 내 삶과 연결 지어 글쓰기
11-12	창의적 독후활동 1	책 내용을 바탕으로 다양한 활동을 기획하고 준비하기
13-14	독후활동 발표하기	준비한 독후활동을 친구들 앞에서 발표하고 피드백 받기
15-16	함께 읽고 토의하기	모둠별로 같은 책 읽고 책 속 인물이나 사건에 대해 의견 나누기
17-18	작가 되어보기	내가 작가라면? 뒷이야기 바꾸고 모둠 친구와 바꿔 읽어보기
19-20	프로젝트 준비하기	모둠별로 주제를 정하고 관련된 책을 골라 활동 계획 세우기
21-22	창의적 독후활동 2	모둠별로 고른 책을 바탕으로 창의적인 독후 활동하기
23-24	프로젝트 발표하기	모둠별 활동 발표하고 친구들로부터 피드백 받기
25-27	독서 축제 준비하기	학급 독서 축제 준비

<table>
<tr><td>28-29</td><td>활동 마무리하기</td><td colspan="3">한 해 동안 읽은 책과 활동 정리, 나만의 독서성장 발표, 독서 다짐 작성하기</td></tr>
<tr><td colspan="5">평가 계획</td></tr>
<tr><td colspan="2">성취 기준</td><td colspan="3">[4국책마음05-05] 재미나 감동을 느끼며 작품을 함께 깊이 읽고 감상하는 태도를 지닌다.</td></tr>
<tr><td colspan="2">평가 요소</td><td colspan="3">읽은 책에 대한 감상을 그림, 짧은 글, 시, 또는 노래로 표현하기</td></tr>
<tr><td colspan="2">평가 방법</td><td>산출물 평가</td><td>평가 시기</td><td>9월</td></tr>
<tr><td colspan="2">성취 기준</td><td colspan="3">[4사책마음09-01] 작품 속에서 발생하는 여러 가지 문제 상황을 파악하고, 그 문제를 합리적으로 해결하는 방안을 탐색한다.</td></tr>
<tr><td colspan="2">평가 요소</td><td colspan="3">책 속에서 발견한 문제 상황에 대하여 내 삶과 연결 지어 글쓰기</td></tr>
<tr><td colspan="2">평가 방법</td><td>서술 평가</td><td>평가 시기</td><td>10월</td></tr>
<tr><td colspan="2">성취 기준</td><td colspan="3">[4도책마음02-02] 배려에 대한 올바른 이해를 바탕으로 책을 함께 읽으며 도덕적 관계를 맺을 수 있는 방안을 탐색한다.</td></tr>
<tr><td colspan="2">평가 요소</td><td colspan="3">모둠별로 하나의 주제를 정하고 관련된 책들을 골라 프로젝트 계획 세우기</td></tr>
<tr><td colspan="2">평가 방법</td><td>구술 및 프로젝트 평가</td><td>평가 시기</td><td>11월</td></tr>
</table>

2) 중학교 학교자율시간의 운영 사례

국어 교과는 의사소통 능력, 비판적 사고력, 정서적 공감 능력, 창의적 표현 역량을 길러주는 대표적인 교과다. 특히 역량 중심 수업에서는 읽기와 쓰기, 말하기와 듣기의 통합적 활용을 통해 복합적 사고와 표현이 가능하도록 한다. 예를 들어 환경 문제에 대한 비판적 독해와 주장하는 글쓰기 수업을 구성할 수 있다. 학생들은 '플라스틱 사용과 환경 파괴'라는 주제로 신문 기사, 칼럼, 광고문, SNS 댓글 등 다양한 텍스트를 읽고 분석한 뒤, 각 텍스트의 입장을 비교하고 자신의 관점을 구성하여 주장하는 글을 작성한다. 이 과정에서 학생들은 정보 선별과 종합 능력, 관점 비교와 평가 능력, 자기주장 형성과 표현 능력을 함께 함양하게 된다. 수업 후반에는 토론이나 발표를 통해 타인의 의견을 수용하고 자기주장을 조정하는 과정을 통해 사회적 소통 역량을 실질적으로 발현하게 된다.

수업 과정안		
과목	국어	
주제	플라스틱 사용과 환경 파괴에 대한 비판적 독해와 주장하는 글쓰기	
성취 기준	[10공국1-03-01] 내용 전개의 일반적 원리를 고려하여 사회적 쟁점에 대한 자신의 견해를 정교하게 표현하는 글을 쓴다.	
대상	중1-2학년	
수업 목표	1. 다양한 종류의 텍스트(기사, 칼럼, 광고문, 댓글 등)를 비판적으로 읽고, 정보 선별과 관점 비교 능력을 기를 수 있다. 2. 주제에 대한 자신의 입장을 형성하고, 논리적이고 창의적으로 주장하는 글을 작성하는 능력을 기를 수 있다. 3. 발표와 토론을 통해 타인의 의견을 수용하고 조정하며, 효과적으로 소통하는 의사소통 역량을 함양할 수 있다.	
차시	1-6차시	
핵심 역량	의사소통 역량, 비판적・창의적 사고 역량, 공동체・정서 역량	
학습 단계	교수・학습 활동	학습가이드 및 주의점
1차시	• 일상 속 플라스틱 사용 사례 공유 • 환경오염 사진 및 영상 감상 • 느낌 나누기, 감정 표현하기(정서적 공감) • 질문 만들기: "왜 우리는 플라스틱을 계속 사용할까?"	학생들이 실제 경험하거나 접한 플라스틱 사용 사례를 자유롭게 이야기할 수 있도록 유도한다.
2차시	• 신문 기사 분석: 플라스틱 산업 관련 보도 • 광고문 분석: 생분해 플라스틱 제품 광고 • 작성 활동: 텍스트별 목적・관점 비교하기	기사와 광고문에 담긴 목적, 정보, 설득 전략 등을 비교하도록 안내
3차시	• 칼럼 vs SNS 댓글 분석 • 입장 정리표 작성: 찬성 vs 반대 근거 정리 • 내가 공감하는 입장 선택 및 이유 설명	칼럼과 댓글의 어조, 표현 방식, 근거의 신뢰성을 중심으로 비교하도록 유도
4차시	• 자신의 주장 정하기(예: 플라스틱 사용 줄이기 법제화 찬성) • 근거 정리 및 글쓰기 구조 설계(서론-본론-결론) • 주장하는 글 초안 작성	다양한 예시와 글쓰기 틀을 제공하여 부담을 완화

5차시	• 짝 피드백 활동(문장 표현, 논리성, 관점의 다양성) • 수정된 글 요약 발표 자료로 재구성 • 발표 스크립트 및 슬라이드 작성	또래 피드백 시 긍정적 표현과 건설적 조언을 하도록 훈련
6차시	• 발표: 2~3분 요약 발표 • 찬반 토론: 주장에 대한 반론 듣고 답변하기 • 마무리 글쓰기: 토론 후 내 생각 변화 기술	토론 후 자신의 생각 변화나 느낀 점 정리
평가 도구	1차시: 자기 평가, 관찰 평가 2차시: 수행 평가, 관찰 평가 3차시: 수행 평가, 자기 평가 4차시: 수행 평가, 자기 평가 5차시: 동표 평가, 수행 평가 6차시: 수행 평가, 동료 평가	

나. 전환기 진로 연계 교육활동 사례

1) 초등학교 전환기 진로 연계 교육활동 사례

우리나라의 초·중등의 전환기 진로 연계에 대해서는 최근 몇몇 학교에서 이루어지고 있는 추세이다. 초등학교 6학년 2학기의 경우, 교과수업과 창의적 체험활동 수업을 활용하여 중학교 입학과 연계한 다양한 지식과 체험을 습득할 수 있는 교육과정의 운영이 필요하며, 특히 중학교 생활과 중학교 교과목의 특성과 수업 방법, 배정된 학교의 학교생활에 대한 안내가 초등학교 교육과정과 연계되어 구성될 필요가 있다. 인천 ○○초등학교는 〈표 2-3〉과 같이 학사 운영 취약 시기에 꿈·끼 탐색 주간을 운영을 통해 초등학교 6학년 학생들의 중학교 생활 적응 교육활동을 제공하고, 초등학교에서 중학교로 진학하면서 달라지는 교육활동에서 오는 차이를 최소화하며 학생들이 느끼는 스트레스와 부담감을 느끼지 않도록 하였다. 이 시기에 상급학교 진학을 앞둔 진로 전환기 학생들의 잠재된 꿈과 끼를 미리 발견하며 맞춤형 교육과정을 조성하였다. 프로그램으로 학생 및 학부모를 대상으로 4일 동안 프로그램이 이루어지며, 1부는 시설 탐방 행사, 2부는 학교 자율 교육과정 프로그램(지능형 과학실, 자유학기, 연합오케스트라, 경영 S.A 콘

퍼런스), 3부는 인문 콘서트(마술공연, 강연, 노래 공연, 북 토크), 4부는 과학체험 캠프 등을 전개하였다.

〈표 2-3〉 인천 ○○초등학교 창의적 체험활동을 통한 꿈·끼 탐색 주간 연계 활동

주	기간	요일	학습주제	활동 내용	차시	영역	비고
5	10.13	목	중학교 생활 안내	중학교 생활 안내(진로활동)	1/1	진로활동	중학교 연계교육, 진로교육
14	12.16	금	중학교 탐방	예비 중학생 중학교 탐방	1/1	진로활동	중학교 연계교육, 진로교육
19	1.19	목	예비 중학생	예비 중학생으로서 자신의 학습계획 세워보기	1/1	진로활동	
20	1.27	금	예비 중학생	예비 중학생으로서 자신의 생활계획 세워보기	1/1	진로활동	

2) 중학교 전환기 진로 연계 교육활동 사례

중학교의 전환기 진로 연계 교육활동은 교과 심화학습을 전개하기도 하고, 학생들의 역량을 도모하는 주제 중심 형태로 진행하기도 하였다. 교과 심화학습으로 진행한 자유학기제 연구학교 사례 연구 종합 보고서에서는 학생들의 진로 연계를 지속할 수 있도록 자유학기에 이어 일반학기에서도 교과와 창의적 체험활동을 통한 방안을 제시하였다[29]. 중학생이 상급학교 진학을 위한 진로 연계 활동 과정을 교과와 창의적 체험활동을 통해 사례를 제시하였다. 반면에 주제 중심 교육활동은 교과 융합을 통해 창의적 체험활동으로 진로 연계할 수 있는 교육과정 방안을 강조하였다[30].

인천 ○○중학교는 〈표 2-4〉와 같이 프로그램을 구성하여 3학년 2학기 기말고사 이후 학사 운영 취약 시기에 꿈·끼 탐색 주간을 운영을 통해 이 시기에 상급학교 진학을 앞둔 진로 전환기 학생들의 잠재된 꿈과 끼를 미리 발견하며 맞춤형 교육과정을 조성하였다. 프로그램으로 각 교과별로 교육과정을 재구성하여 프로

그램이 이루어졌다. 그 운영 사례를 살펴보면 국어(독서 광고, 독서 퀴즈, 조별 토론, 그림 완성 후 배경 음악 선정하기), 수학(수학 퍼즐, 수학 게임), 영어(영어 신문, 영어 동화), 기술·가정(의상 디자인, 직업의 세계 조사), 체육(족구 리그전, 피구 리그전), 음악(통기타 연주, 뮤지컬), 미술(예술 관련 직업 탐색, 나만의 글씨체 만들기) 등의 교육과정을 재구성하여 전개하였다.

〈표 2-4〉 인천 ○○중학교 꿈·끼 탐색 주간 프로그램 구성

교과	시간	교육과정 재구성	자료
국어	14차시	• 독서 광고 만들기(4차시) • 문학 작품을 읽은 후 독서 퀴즈 만들기(4차시) • 토론 주제를 선정하여 조별 토론하기(2차시) • 문학 작품 읽기 및 분석 후 그림으로 완성 후 배경 음악 선정하기(4차시)	• 학습지 • 장르별 문학 작품 동영상 및 PPT • 토론(협동학습) 수업 • 발표 수업
영어	6차시	• 영어 신문 만들기(3차시) • 다시 쓰는 영어 동화(2차시) • 주사위 이야기 만들기(1차시)	• 학습지
수학	6차시	• 시어핀스키 카펫을 만들어 보고 실생활에서 활용하기(2차시) • 테셀레이션 원리로 피타고라스 정리로 만들어 보기(2차시) • 수학 퍼즐, 수학 게임(2차시)	• 다빈치코드 게임 • 보드게임
사회	7차시	• 교과서 수업-12~14단원(4차시) • 공부의 왕도(EBS) 시청 후 마인드맵 만들기(1차시) • NIE 활용 수업: 우리나라 주변국의 갈등, 사회문제(2차시)	• 동영상 • 학습지 • 신문 기사
역사	10차시	• 교과서 수업 Ⅳ. 산업사회와 국민국가의 형성(3차시) Ⅴ. 아시아와 아프리카 세계변화와 민족운동(4차시) Ⅵ. 현대 세계의 전개(3차시)	
과학	24차시	• 교과서 수업 외권과 우주(2. 은하와 우주, 3. 우주개발)(13차시) 과학과 인류문명(11차시)	• 토론, 협동학습 • PPT 제작 발표, 동영상

교과	시간	교육과정 재구성	자료
기가	5차시	• 의상 종류별로 디자인해 보기(2차시) • 기술·가정과 관련된 직업의 세계 조사 후 토론 수업(2차시) • 신재생 에너지의 종류와 특성(1차시)	• 토론 수업 • 발표 수업
체육	6차시	• 배구 기능 숙달 후 조별 리그전(2차시) • 스포츠 수업과 연계하여 남학생은 족구 리그전, 여학생은 소인원 피구 리그전 실시(3차시)	
음악	5차시	• 생활 악기 연주(교과서) Ⅱ. 연주하는 즐거움(통기타 연주, 뮤지컬)(5차시)	
미술	5차시	• 예술 관련 직업 탐색하기(2차시) • 나만의 글씨체 만들기(2차시) • 명화 감상문 작성하기(1차시)	• 동영상 • 감상문

3) 고등학교 전환기 진로 연계 교육활동 사례

고등학교의 전환기 진로 연계 교육활동으로 교육부는 시·도 교육청을 통해 수능 이후부터 졸업 시까지 학사 운영의 내실화를 위해 학교 교육과정을 탄력적으로 재편성하여 운영하도록 요구하고 있다. 이에 각 학교에서는 수능 이후 진로 설계·탐색, 상급학교 적응 활동 등의 내용 중심으로 학교마다 특색 있는 교육과정 운영을 위해 노력하고 있다. ○○고등학교 운영 사례는 다음과 같다.

가) 3학년 수능 이후 교육활동 프로그램 운영 계획

월	일	요일	교육활동 내용	담당	장소	비고
11	18	목	대학수학능력시험			
	19	금	원격수업(대학수학능력시험 가채점 결과 확인)	교과	원격	
	20	토				
	21	일				
	22	월	수능 후 프로그램 안내 및 사전 안전 교육	담임	교실	
	23	화	학자금 지원 제도 안내 교육	교과	교실	

월	일	요일	교육활동 내용	담당	장소	비고
	24	수	재량휴업일			1, 2학년 전국연합
	25	목	청소년 금융 교육	교과	교실	
	26	금	여행 계획 수립하기	교과	교실	
	27	토				
	28	일				
	29	월	과학기술 진로 지원 프로그램 및 드림 톡 콘서트	담임	다담 사랑방	
	30	화	선거 교육	교과	교실	
12	1	수	기초 체력을 위한 홈 트레이닝	교과	교실	
	2	목	학교로 찾아가는 작은 공연	담임	별관	
	3	금	건강한 메이크업	교과	교실	
	4	토				
	5	일				
	6	월	인터넷 도박 중독 예방 교육	교과	교실	
	7	화	민속놀이 체험	담임	교담 공방	1, 2학년 기말고사
	8	수	수능 성적표 통지 및 배부	담임	교실	1, 2학년 기말고사
	9	목	우리 고장 생태 체험	담임	교외 활동	1, 2학년 기말고사
	10	금	영화 속 인문학	담임	교실	1, 2학년 기말고사
	11	토				
	12	일				
	13	월	노동 인권 교육	교과	교실	
	14	화	자원순환 체험 교육	교과	교실	
	15	수	수시 등록 및 정시 진학 상담	담임	교실	
	16	목	수시 합격자 발표 마감	담임	교실	
	17	금	수시 합격자 등록 기간(17~20일)	담임	교실	

월	일	요일	교육활동 내용	담당	장소	비고
	18	토				
	19	일				
	20	월	정시 진학 상담	교과	교실	
	21	화	정시 진학 상담	교과	교실	
	22	수	정시 진학 상담	교과	교실	
	23	목	정시 진학 상담	교과	교실	
	24	금	정시 진학 상담	교과	교실	
	25	토				
	26	일				
	27	월	방학식 / 수시 미등록 충원 합격 통보 마감	교과	교실	
	28	화	수시 미등록 충원 등록 마감			
	29	수				
	30	목	정시모집 원서접수(12월 30일~1월 3일, 대학별 3일 이상)			
	31	금				
2	3	목	개학식	담임	교실	
	4	금	진학 결과 파악 및 입력	담임	교실	
	5	토				
	6	일				
	7	월	진학 결과 파악 및 입력	담임	교실	
	8	화	졸업식 / 정시 합격자 발표 마감	담임	교실	

나) 주요 활동 세부 추진계획

(1) 대입 진학지도

주관	일시	내용	비고
3학년부	○○○○년 11월 19일 수시 수시 수시	수능 가채점 확인 수시모집 면접 및 논·구술고사 대비 수시모집 결과 집계 정시 정보 수집 및 정시 진학 상담	입시설명회는 희망 학생이 참가하도록 권장 지도

(2) 테마별 원격수업 지원

(가) 교양 프로그램

프로그램 제목	일시	장소(관련 자료)
학자금 지원 제도 안내 교육	○○○○년 11월 23일	교실(유튜브, TED, K-MOOC)
청소년 금융 교육	○○○○년 11월 25일	교실(유튜브, TED, K-MOOC)
새내기 유권자 교육	○○○○년 11월 30일	교실(외부 강사)
청소년 노동 인권 교육	○○○○년 12월 13일	교실(외부 강사)
자원순환 체험 교육	○○○○년 12월 14일	교실(외부 강사)

(나) 문화 체험 프로그램

프로그램 제목		일시	장소(관련 자료)
학교로 찾아가는 작은 공연	유튜브 이야기	○○○○년 12월 02일	미래 교실(외부 강사)
	재즈로 듣는 K-pop		영어전용실(외부 강사)
	연극		다목적실(외부 강사)
민속놀이 체험		○○○○년 12월 07일	체육관
우리 고장 생태 체험		○○○○년 12월 09일	◇◇ 공원
영화 속 인문학		○○○○년 12월 10일	교실(유튜브, TED, K-MOOC)

(다) 자기 계발 프로그램

프로그램 제목	일시	장소(관련 자료)
여행계획 수립하기	○○○○년 11월 26일	교실(유튜브, TED, K-MOOC)
드림 톡 콘서트	○○○○년 11월 29일	강당(외부 강사)
기초 체력을 위한 홈 트레이닝	○○○○년 12월 01일	교실(유튜브, TED, K-MOOC)
건강한 메이크업	○○○○년 12월 03일	교실(유튜브, TED, K-MOOC)
인터넷 도박 중독 예방 교육	○○○○년 12월 06일	교실(유튜브, TED, K-MOOC)

탐구 질문

1. 학교자율시간과 전환기 진로 연계 교육활동이 본래의 취지에 맞게 운영될 수 있도록, 자율성을 실질적으로 보장하고 교육의 주체성을 회복하기 위한 전략적 기반을 어떻게 마련할 것인가?

2. 교사가 학교자율시간 및 전환기 진로 연계 교육활동을 통해 학생의 역량을 신장시키고 지역성과 삶의 맥락을 반영할 수 있는 교육과정 재구성 역량을 갖추려면 어떻게 해야 할까?

3. 학교자율시간을 통해서 평가와 연계하여 탐구력, 협업능력과 문제해결능력 등을 종합적으로 측정할 수 있는 수업 평가 전략은 어떻게 세워야 할까?

참고문헌

(1) 류미향. (2022). 구성주의 교육이론의 이해와 실천. 서울: 창지사.
(2) OECD. (2020). *The future of education and skills 2030: OECD learning compass 2030.* OECD Publishing.
(3) Leadbeater, C. (2017). Student agency. In *OECD Education 2030 – Conceptual learning framework: Background papers* (pp. 67–90). OECD Publishing.
(4) OECD. (2024). *Learning Compass 2030: A framework for student agency and transformative competencies.* OECD Future of Education and Skills 2030 Project.
(5) 김지영, 최혜정. (2020). 핵심역량 기반 수업의 효과 분석. 중부교육연구, 68(2), 203–230.
(6) Chapman, C., & King, R. (2016). 맞춤형 수준별 개별화 평가 전략 (조영남, 나종식 역). 서울: 아카데미프레스.
(7) 박선영, 이민경. (2021). 중학교 과정 중심 평가 실행 사례에 대한 탐색. 교육과정연구, 39(3), 89–112.
(8) Tomlinson, C. A., & McTighe, J. (2006). *Integrating differentiated instruction & understanding by design: Connecting content and kids.* ASCD.
(9) Pane, J. F., Steiner, E. D., Baird, M. D., & Hamilton, L. S. (2015). *Continued progress: Promising evidence on personalized learning.* RAND Corporation.
(10) Gregory, G. H., & Chapman, C. (2014). *Differentiated instructional strategies: One size doesn't fit all.* Corwin Press.
(11) 백영균. (2024). 인공지능 시대의 교육방법 및 교육공학. 서울: 학지사.
(12) 신재한. (2024). 뇌기반 자기주도적 학습 코칭의 실제. 서울: 박영스토리.
(13) 민철홍. (2025). 학습역량이 미래다. 서울: 한울아카데미.
(14) Ontario Ministry of Education. (2015). *Education for all.*
(15) Alberta Education. (2010). *Making a difference: Meeting diverse learning needs with differentiated instruction.*
(16) Tomlinson, C. A. (2019). 교실현장에서 가져온 개별화 수업 1: 실천편 (홍완기 역). 서울: 한국뇌기반교육연구소.
(17) 홍완기. (2025). 우리 안의 개별화 수업. 서울교육, 2020 여름호. 서울: 서울시교육청 교육연구정보원.
(18) 박남기. (2024). 생성 AI 시대 최고의 교수법. 서울: 천재교육.
(19) Kallick, B. (2019). 학생 중심으로 수업을 바꿔라 (신동숙 역). 서울: 한문화.
(20) 교육부. (2022). 2022 개정 교육과정 총론 해설. 세종: 교육부.
(21) 이원님, 김현욱. (2025). 학생맞춤형 수업의 의미 탐색: 2015 · 2022 개정 교육과정을 중

심으로. 학습자중심교과교육연구, 25(3), 999-1018.

(22) McCombs, B. L., & Whisler, J. S. (1997). *The learner-centered classroom and school: Strategies for increasing student motivation and achievement.* Jossey-Bass.

(23) 이남희, 임진혁. (2023). 학생성공 교육혁신 단계 맞춤형 지원 체계 구축 방안. 학습자중심교과교육연구, 23(15), 695-712.

(24) Zimmerman, B. J. (2002). Becoming a self-regulated learner: An overview. *Theory Into Practice, 41*(2), 64-70.

(25) 김종훈. (2024). 2022 개정 교육과정 학교자율시간 실행 경험 탐색. 학습자중심교과교육연구, 24(1), 89-105.

(26) 구교정, 김영권, 임혜영. (2022). 초 · 중 · 고 전환기 진로 연계 실태분석을 통한 교육활동 지원 및 적용방안 연구. 인천: 인천광역시교육청 교육정책연구소.

(27) 김미진, 홍후조. (2023). 2022 개정 교육과정 학교자율시간에 대한 비판적 분석과 실행 방안 탐색. 교육학연구, 61(5), 63-94.

(28) 구교정, 김영권, 박진성, 곽지순. (2024). 학교자율시간의 인식조사 및 지원 요인 분석을 통한 편성 · 운영 방법 연구. 인천: 인천광역시교육청 교육정책연구소.

(29) 함정화, 박창언. (2024). 초등학교 학교자율시간의 가능성과 한계에 대한 연구. 교육공동체연구와 실천, 6(3), 331-349.

(30) 임종헌, 최원석, 김은경, 양희선, 김갑성, 김민호, 김보경, 박소영, 오범호, 차성현, 박수경. (2018). 자유학기제 연구학교 사례연구 종합 보고서(자유학기-일반학기 연계 운영). 서울: 한국교육개발원.

(31) 박주용, 박혜나, 이동문. (2015). 교과통합을 통한 진로 연계 융합체험. 부산: 참과학.

제 3 장

역량 중심 교육과정의 원리

3.1 역량 중심 교육과정의 기본 원리

3.1.1 역량 중심 교육과정의 의미와 성취기준 재구조화 원리

가. 역량 개념과 교육과정의 의미

교실의 풍경은 여전히 전통적인 틀 안에 머물러 있다. 칠판 앞에 교사가 서 있고 학생들은 책상에 앉아 정해진 교과서를 펼치고 있으나 배움의 장면은 어딘가 공허하다. 지식은 눈앞에 놓여 있지만 학생들의 시선은 멀어져만 간다. 질문은 사라졌으며 대답은 정해져 있다. 생각은 교과서 바깥으로 흘러가지만 교사는 묻는다. "왜 집중하지 못하니?" 학생이 대답한다. "이게 왜 중요한지 모르겠어요." 이 짧은 대화 속에서 우리가 믿어온 교육의 풍경이 흔들린다. 시험을 위한 지식은 넘쳐나지만 삶을 위한 앎은 점차 사라지고 있는 것이다.

우리는 다시 물어야 한다. "배움이란 무엇인가? 그리고 교육은 왜 존재해야 하는가?" 이 질문은 단지 교육제도를 수정하거나 새로운 교재를 개발하는 차원의 문제가 아니다. 그것은 인간이 어떻게 살아야 하며 사회가 무엇을 가치로 삼아야 하는지를 되묻는 근본적 성찰이다. 이러한 맥락에서 역량 중심 교육과정이 등장한다.

역량 중심 교육과정은 교육과정 구조의 변경이나 교과 내용의 재배치가 아니다. 그것은 교육을 통해 길러야 할 인간의 능력을 새롭게 정의하고 이에 따라 교육의 목적・내용・방법・평가 전반을 재구성하는 패러다임의 전환이다(1). 전통적 교육과정이 "무엇을 아느냐"에 초점을 맞췄다면 역량 중심 교육과정은 "무엇을 할 수 있느냐"라는 질문으로 전환한다. 즉, 지식을 삶의 맥락 속에서 활용하고 새로운 문제를 해결하며 타인과 협력하고 스스로 성찰하는 실천적 힘을 기르는 것이 교육의 핵심이 된다. 이러한 변화는 시대의 요구에 따른 기능적 조정이 아니다. 그것은 인간을 이해하는 관점의 변화이며 배움을 바라보는 철학적 전환이다.

역량은 지식・기술・태도가 통합된 실천적 능력이며 개인이 변화하는 사회 속에서 주체적으로 살아가기 위한 핵심적인 힘이다. 따라서 역량 중심 교육은 학습자가 자신의 삶을 주도적으로 설계하고 공동체에 기여할 수 있는 주체로 성장하는 것을 목표로 한다. 예를 들어 과거 국어 수업이 문학의 줄거리를 외우고 문법 규칙을 암기하는 데 그쳤다면 역량 중심 국어 수업은 학생이 자신의 생각을 글로 표현하고 타인의 의견에 귀 기울이며 사회적 의제를 언어로 풀어내는 능력을 기르는 방향으로 설계된다. 수학 수업에서는 정해진 공식을 기계적으로 적용하는 것이 아니라 실제 맥락 속 문제를 수학적으로 모델링하고 창의적인 해결 방안을 고안하는 활동이 중심이 된다. 이러한 변화는 학교 울타리를 넘어 학생들의 삶과 지역 사회로 확장되도록 이끈다.

역량 중심 교육은 교사에게도 역할의 전환을 요구한다. 교사는 학습 경험의 설계자이며 학생의 사고를 이끌어내는 학습 촉진자가 된다. 수업은 강의에서 대화로, 문제 풀이에서 탐구와 창작으로 변화하고 있다. 그 변화의 한가운데에서 교사는 학생과 함께 배우고 자라는 존재로 다시 자리매김하고 있다.

2022 개정 교육과정은 이러한 철학을 제도적으로 구현하고 있다[(2)]. 여섯 가지 핵심 역량을 중심으로 교과와 창의적 체험활동을 설계하며 학교는 학교자율시간과 융합형 교육과정을 통해 지역과 학생의 특성에 맞는 교육을 설계할 수 있게 되었다. 이는 교육의 중심이 학생으로 나아가고 있음을 보여주는 상징적인 변화이다. 평가 역시 성찰적이고 수행 중심적인 방식으로 변화하고 있다. 역량은 단일 시험으로 측정될 수 없기에 포트폴리오, 관찰, 수행평가, 자기 평가와 동료 평가 등이 활용된다. 이는 평가 방식의 변화만이 아니라 학습과 평가를 통합된 과정으로 재개념화하는 교육철학의 실천이다.

이처럼 역량 중심 교육과정은 제도 도입만으로 완성되지 않는다. 그것은 교실에서 학생과 교사가 함께 만들어 가는 삶의 장면 속에서 비로소 구현된다. 역량 중심 교육과정은 우리에게 말한다. "배움은 정답을 맞히는 훈련이 아니라 삶을 살아가기 위한 준비이며 그 삶은 정해진 길이 아니라 각자가 설계하고 실천해야 할 여정이다." 따라서 역량 중심 교육은 교육의 본질로 돌아가려는 시도이다. 배움의 의미를 다시 묻는 이 전환 앞에서 우리는 이렇게 답해야 한다. 배우는 것은 살아가는 힘을 기르는 일이다. 교육은 인간을 사람답게 성장시키고 사회를 더 나은 방향으로 이끄는 근본적 토대이며, 역량 중심 교육과정은 그 토대를 새롭게 세우기 위한 선택이다.

나. 성취기준 재구조화 원리

역량 중심 교육과정의 구체적 실현은 성취기준의 재해석과 재구조화를 통해 가능하다. 성취기준은 수업 목표 설정・교수학습 설계・평가까지 연결되는 핵심 고리이며 학생의 역량 발달을 목표로 하는 교육과정에서 그 중요성은 더욱 크다. 따라서 기존 지식 중심적 성취기준을 수행 중심・역량 반영형 구조로 전환하는 작업이 필요하다(3).

첫째, 성취기준의 해석과 분해 단계가 요구된다. 성취기준은 간결한 문장으로 제시되지만 그 속에는 학습자의 인지 활동, 행동, 지식, 수행 조건 등이 내포되어 있다. 교사는 이를 학습자의 구체적 행동과 수행 요소로 분해하여 수업 설계의 기초 자료로 삼아야 한다. 예컨대 "사회의 다양한 문제를 조사하고 그 해결 방안을 글로 표현한다"라는 기준은 문제 인식, 자료 조사, 분석, 해결 방안 구상, 글쓰기 등 복합적 수행을 포함한다.

둘째, 수행 중심 표현으로의 재구조화가 필요하다. 역량 중심 교육과정은 "무엇을 할 수 있는가"를 중시하므로 성취기준도 결과 중심이 아니라 과정과 수행 중심 언어로 재작성되어야 한다. 예컨대 "고전 시가의 특징을 이해한다"는 기준은 "고전 시가의 정서를 현대의 삶과 연결 지어 발표할 수 있다"로 전환될 수 있다. 이는 학습자가 삶의 맥락 속에서 지식을 적용하고 표현하도록 유도한다.

셋째, 역량 반영형 성취기준을 설계해야 한다. 성취기준은 핵심 역량과 연결되어야 한다. 즉, 성취기준을 재구성할 때 수행 활동이 어떤 역량과 맞닿아 있으며 학습자의 삶 속에서 어떻게 발현될 수 있는지를 명시해야 한다. 이러한 성취기준 재구조화는 수업 설계와 평가 방식의 혁신으로 이어진다. 복합적 수행 과제를 중심으로 한 수업 구조가 가능해지고, 정형화된 기준을 유연한 수행 표현으로 바꿈으로써 개별화·다양화된 수업이 촉진된다. 예컨대 '의사소통 역량'을 기반으로 한 성취기준은 발표·토론·인터뷰·영상 제작 등 다양한 교수학습 방법으로 확장될 수 있다. 이는 학생의 강점과 수준을 반영한 평가로 연결된다.

성취기준을 새롭게 본다는 것은 교육의 본질을 새롭게 정의하고 수업과 평가의 흐름을 근본적으로 전환하는 작업이다. 교사는 성취기준을 수업의 출발점이자 학생 역량 발달의 도구로 인식하여 삶과 연결된 실제적 배움이 일어나는 수업을 설계해야 한다. 따라서 성취기준 재구조화의 노력은 문서 작업에서 교실 혁신과 미래 삶을 준비하는 교육 실천으로 이어져야 한다.

3.1.2 목표에서 수업으로 이어지는 설계와 실천

역량 중심 교육과정에서 수업은 '지식 전달의 장'에서 '능력 발현의 장'으로 변화한다. 수업은 더 이상 지식만을 전달하는 행위가 아니라 배움이 일어나는 장을 의도적으로 설계하고 학습자가 스스로 의미를 구성하며 성장할 수 있도록 돕는 복합적이고 창조적인 교육적 실천이다. 따라서 교사는 가르칠 내용을 나열하는 데 그치지 말고, 학생이 무엇을 이해하고 무엇을 할 수 있게 될 것인가를 목표로 설정하고, 이에 따라 수업 활동과 평가를 정렬해야 한다.

첫째, 수업 설계의 출발점은 목표이다[4]. 목표는 지식 습득의 기준이 아니라 학습자가 어떤 사고와 행동을 할 수 있는지를 구체화한 지향점이다. 이때 중요한 전환은 '아는 것'에서 '이해하고 적용할 수 있는 것'으로 초점을 이동하는 것이다[5]. 이해란 개념이나 원리를 맥락 속에서 설명하고 해석하며 재구성하는 사고 능력이며, 적용은 그러한 지식을 실제 문제 상황에 활용하는 능력이다. 이는 곧 오늘날 교육이 지향하는 학습자의 역량 발휘와 직결된다. 예를 들어 문학 수업에서 '인물의 갈등을 분석한다'는 목표는 그 갈등이 사회적 맥락 속에서 어떻게 형성되었는지를 이해하며 나아가 학생 자신의 삶 속에서 유사한 갈등을 성찰하고 표현하는 활동으로 확장될 수 있다. 따라서 역량 기반 수업은 '무엇을 가르칠 것인가'보다 '학생이 어떤 사고를 하게 할 것인가', '무엇을 할 수 있도록 이끌 것인가'를 중심으로 설계되어야 한다. 목표·활동·평가의 일체화는 역량 기반 수업의 핵심이다(6). 이를 위해 교사는 목표를 지식 재현이 아닌 수행 중심 표현으로 재구성해야 한다. 예를 들어, "기후 변화의 원인을 설명할 수 있다"는 목표는 지식 확인에 불과하지만 "기후 변화 문제에 대한 해결 방안을 제시하고 이를 글로 설득력 있게 표현할 수 있다"는 목표는 이해, 적용, 창의적 표현을 아우르는 수행 중심 목표라 할 수 있다. 이러한 목표 설정에 따라 수업 활동은 탐구-표현-공유-성찰의 흐름으로 조직된다(7). 즉, 학생들은 스스로 문제를 정의하고 자료를 탐구하며 자신의 생각을 다양한 방식으로 표현하고 동료와 피드백을 주고받으며 학습 과정을 성찰하면서 자기 조절적 배움을 강화한다.

둘째, 교육과정의 변화는 반드시 교실 수업의 구체적 실천으로 이어져야 한다. 역량 중심 교육과정이 지향하는 핵심은 학습자가 변화하는 삶의 문제를 주체적으로 해결하는 힘을 기르는 것이다. 이를 위해 수업은 지식 전달에서 학습자 중심의 탐구·문제 해결·소통·창의적 생산 활동으로 전환되어야 한다. 전통적인 수업 설계가 교사 중심 설명과 학생의 수동적 수용을 중심으로 했다면 역량 중심 수업은 학습자가 수업의 중심에서 실제 문제를 탐구하고 자신만의 방식으로 의미를 구성·표현하는 구조를 지향한다. 예를 들어, 국어 교과의 '설명문 읽기' 수업은 중심 내용을 파악하는 데서 그치지 않고 설명문을 활용해 지역 문제를 분석하고 정보 전달 자료를 제작하는 활동으로 확장될 수 있다. 또 다른 사례로 사회 교과에서는 지역사회의 청소년 쉼터 운영 문제를 조사하고 이를 해결하기 위한 정책 제안을 설계·발표하는 프로젝트 수업을 운영하였다. 이 과정에서 학생들은 실제 지역사회 문제를 탐구하고 다양한 이해관계자의 관점을 고려하며 협력적으로 해결책을 모색하였다. 나아가 정책 제안서를 작성하고 발표하는 과정에서 설득력 있는 논거 구성과 효과적인 의사소통 방안을 학습함으로써 협업·설득·논리적 구성 역량을 종합적으로 기를 수 있는 실제적 배움의 장이 되었다.

셋째, 역량 중심 수업 설계는 평가 방식의 전환도 요구한다(8). 정답 중심 지필 평가에서 벗어나 수행 평가·자기 성찰형 평가·포트폴리오 기반 평가 등을 활용하여 학습자의 실제 역량을 다각도로 파악해야 한다. 교사는 수업 과정에서 학생의 사고 전략, 협력 과정, 표현의 창의성과 정확성을 종합적으로 관찰·기록해야 한다. 이는 교사의 전문성과 교육철학이 결합되어야 가능한 실천이다. 나아가 역량 중심 수업 설계는 교사의 전문성을 전제로 한다. 성취기준 해석 능력, 학생의 수준·흥미 진단 능력, 목표에 따른 활동·자료 구성 능력은 지속적으로 성장해야 한다. 이러한 성장은 개별 교사의 노력만으로는 한계가 있으므로 교사학습공동체나 수업 나눔의 장을 통한 협력적 성찰이 필요하다. 교사들이 단원을 재구성하고 수업을 공동 설계·실행·공유함으로써 교실 수업은 단절된 개인 실천이 아니라 공동의 철학과 전략을 바탕으로 한 살아 있는 실천으로 전환된다.

궁극적으로 역량 중심 수업 설계는 교육과정의 철학을 교실에서 실현하는 핵심 통로이다. 학생은 교실 안에서 지식 이상의 것을 배우고 자신의 삶과 사회를 성찰하며 변화시킬 힘을 기르게 된다. 교사는 그 여정의 동반자이자 설계자로서 교실을 살아 있는 배움의 공간으로 전환시키는 실천적 주체가 된다.

탐구 질문

1. 성취기준을 역량 중심으로 재구조화할 때, 교과 고유의 지식과 학문적 깊이를 어떻게 유지하면서도 학습자의 실제적 수행과 삶의 맥락을 반영할 수 있을까?

2. 역량 중심 수업 설계에서 '목표-활동-평가'의 일체화를 실현하기 위해 교사는 어떤 설계 전략과 피드백 방식을 구체적으로 활용할 수 있을까?

3. 역량 중심 교육과정이 지향하는 학습자 주도성과 공동체적 역량은 교실 수업의 어떤 장면에서 가장 뚜렷하게 드러나며, 교사는 그 과정을 어떻게 지원하고 확장할 수 있을까?

3.2 역량 중심 교육과정의 설계와 운영 원리

역량 중심 교육과정의 설계와 운영은 두 축으로 움직인다. 통합적 설계 구조는 목표・성취기준・교수・학습・평가가 일체화되어 순환하는 체계를 제공하고, 맥락 기반 교수학습 운영은 교육과정을 학습자의 삶과 현실적 상황 속에서 구체화할 수 있도록 지원한다. 이 두 원리가 조화를 이룰 때 교육과정은 실제 교실에서 살아 움직이며, 학생은 미래 사회를 주도적으로 살아갈 수 있는 전인적 역량을 기르게 된다.

3.2.1 교육과정 설계의 통합적 구조

가. 역량 개념과 교육과정의 전환

역량 중심 교육과정은 기존의 교육과정이 지니고 있던 분절적 성격을 넘어 목표와 성취기준, 교수・학습 평가가 하나의 흐름 속에서 긴밀하게 맞물려 작동하는 구조를 지향한다. 전통적인 교육과정은 대개 교과 목표를 설정하고 그 목표를 달성하기 위한 성취기준을 제시한 뒤 이를 교수・학습과 평가에 분리된 방식으로 적용하는 경향이 있었다. 그러나 이러한 분리 구조 속에서 학습자는 종종 지식의 습득에만 머물렀고 실제 맥락에서 역량을 발휘하거나 문제를 해결하는 데에는 한계가 있었다. 역량 중심 교육과정이 강조하는 통합적 구조는 바로 이러한 단절을 극복하려는 시도이며 학습자가 실제 삶에서 활용 가능한 총체적 능력을 기르도록 돕는 데 핵심적 의미를 둔다.

이러한 통합적 구조의 강조는 단지 현재의 교육 패러다임 전환에서 비롯된 것이 아니다. '역량 기반 교육'은 시대적 요구와 맥락 속에서 그 기능과 의미가 달라져 왔다. 1960~70년대에는 사회・심리적 측면에서 개인을 선발하고 구분하는 기능에 주로 초점이 맞추어졌으며, 1990년대에는 급변하는 직업세계에서 요구되는 능력으로 강조되었다. 2000년대 들어 OECD는 역량을 삶의 질 향상과 미래 사회 대응을 위한 핵심 능력으로 규정하면서 지식·기능·태도의 통합적 발휘를 강조하였다[9].

'역량'은 특정한 상황이나 맥락에서 나타나는 복잡한 요구를 개인의 심리·사회적 특성(지적 요소와 비지적 요소를 포함)을 활용하여 성공적으로 해결하는 능력으로 정의된다[10]. '역량'은 맥락성을 핵심 조건으로 한다. 역량은 생활 환경이나 직무 환경과 같은 실제 상황 속에서 발휘되고 검증되는 능력이다. 이러한 관점은 국내 2022 개정 교육과정에서 강조하는 역량 개념과도 긴밀히 연결된다. 2022 개정 교육과정은 학생이 삶의 맥락 속에서 문제를 인식하고 해결하며 새로운 가치를 창출할 수 있는 능력을 핵심 목표로 제시한다. 특히 자기관리 역량, 창의적 사고 역량, 심미적 감성 역량, 협력적 소통 역량, 공동체 역량, 지식정보처리 역량의 여섯 가지 핵심 역량은 모두 실제적 상황에서 발현될 때 비로소 의미를 갖는다. 따라서 '맥락성'은 OECD가 제시하는 역량 개념뿐 아니라 한국 교육과정에서 말하는 역량 기반 교육의 방향성을 이해하는 데 중요한 분석 틀로 기능한다. 특히 OECD의 '변혁적 역량'과 한국의 6대 핵심 역량은 모두 맥락 속에서 발휘되는 총체적 능력을 강조한다는 점에서 공통점을 가지며, 동시에 각기 다른 교육적 맥락에 따라 구체화된 특징을 보여준다. 이러한 맥락에서 OECD와 2022 개정 교육과정의 역량 개념을 비교해 보면 그 유사성과 차별성을 더욱 분명히 확인할 수 있다.

OECD와 2022 개정 교육과정의 역량 개념을 비교하면 〈표 3-1〉과 같다.

〈표 3-1〉 OECD와 2022 개정 교육과정의 역량 개념 비교

구분	OECD(Learning Compass 2030)	2022 개정 교육과정	공통점·차이점
정의	지식, 기술, 태도, 가치를 통합하여 실제 맥락에서 책임 있게 행동하고 미래를 형성하는 능력	학습자가 지식·기능·태도를 통합적으로 활용해 삶의 문제를 해결하고 새로운 가치를 창출하는 능력	모두 통합성·맥락성·실천성 강조

구분	OECD(Learning Compass 2030)	2022 개정 교육과정	공통점 · 차이점
핵심 역량 체계	변혁적 역량 ① 새로운 가치 창출 ② 긴장 · 딜레마 조정 ③ 책임지기	6대 핵심 역량 ① 자기관리 역량 ② 창의적 사고 역량 ③ 심미적 감성 역량 ④ 협력적 소통 역량 ⑤ 공동체 역량 ⑥ 지식정보처리 역량	OECD는 원리적 · 보편적 범주, 2022 개정 교육과정은 구체적 실행 지표 제시
강조 요소	• 학습자 주도성 • 웰빙 • 인지 · 사회정서 · 실천적 기술의 조화	• 학습자 주도성(자율적 학습 강조) • 핵심 소양(언어 · 수리 · 디지털) • 과정 중심 평가와 맞춤형 수업	학습자 주도성 공통 강조 / OECD는 웰빙 · 지속가능성 중점, 2022 개정 교육과정은 핵심 소양 · 평가 체제 구체화
교육적 시사점	미래 불확실성에 대응할 수 있는 전이 가능한 역량 함양	학습자의 성장 경로를 고려한 맞춤형 교육과정 운영	모두 지식 전달에서 역량 중심 전환 강조

위의 〈표 3-1〉에서 확인할 수 있듯이 OECD는 미래 교육을 위한 보편적 가치와 원리를 제시하는 데 중점을 두고 있으며 2022 개정 교육과정은 이를 한국적 교육 맥락에 맞추어 구체적인 역량 체계와 실행 전략으로 구체화 · 발전시킨 사례라 할 수 있다. 2022 개정 교육과정은 OECD가 제시한 보편적 가치와 원리를 한국 교육 현실에 맞추어 6대 핵심 역량과 실행 전략으로 구체화하였다. 이는 교육과정 설계가 문서적 체계 구성에서 학습자의 다양성과 실제 상황을 반영한 통합적 설계여야 함을 잘 보여준다. 다시 말해, OECD의 '변혁적 역량'이 교육과정 설계의 철학적 지향을 제시한다면 2022 개정 교육과정의 역량 체계는 이를 교실 수업에서 실현 가능한 구조적 모델로 구현화한 사례라 할 수 있다.

나. 통합적 구조의 구체화와 실천

역량 중심 교육과정의 통합적 구조는 추상적 선언에 머무르지 않고 구체적인 교수·학습 설계와 평가 방식 속에서 실현된다. 이는 교과 목표, 성취기준, 교수·학습, 평가, 그리고 교사와 학생의 역할이 상호 긴밀하게 연결되어 하나의 순환 체계를 이루는 것을 의미한다.

첫째, 교과 목표는 역량 지향적으로 재해석된다(11). 기존 목표가 지식 습득이나 기능 숙달에 한정되었다면, 역량 중심 교육과정은 이를 실제 삶의 맥락에서 발휘되는 총체적 능력으로 확장한다. 예컨대 국어과의 언어 사용 능력은 단순한 말하기·쓰기 기술을 넘어, 갈등 조정, 사회적 참여, 비판적 담론 형성과 같은 의사소통 역량으로 구체화된다.

둘째, 성취기준은 수행 중심으로 재구조화된다(12). 과거의 성취기준이 "~을 이해한다", "~을 설명한다"와 같이 결과적 지식 진술에 머물렀다면, 역량 중심 성취기준은 "문제를 탐구하여 새로운 해결책을 제시한다", "맥락과 연결해 의미를 재구성한다"와 같은 수행 중심 진술로 전환된다. 이는 학습자가 실제 상황에서 무엇을 할 수 있는가에 초점을 맞추며 학생의 경험과 삶을 성취기준 설계의 핵심 준거로 삼는다는 점에서 의의가 크다.

셋째, 과정 중심 학습 경험이 강조된다(13). 역량은 결과물에서만 확인되는 것이 아니라 문제 제기, 탐구, 협력, 성찰의 전 과정을 통해 드러난다. 따라서 수업은 문제 상황을 설정하고, 탐구와 적용 활동을 거쳐 성찰로 이어지는 순환 구조를 갖춘다. 이 과정에서 학습자는 시행착오와 실패마저 성장의 일부로 수용하며 역량을 심화한다.

넷째, 평가는 학습 과정과 통합적으로 설계된다(14). 초점은 정답 여부나 점수 산출이 아니라 학습자가 역량을 어떻게 발휘했는지, 과정 속에서 어떤 변화를 경험했는지에 맞추어진다. 수행평가, 포트폴리오, 루브릭 평가는 학습 성장을 촉진하는 장치로 기능하며, 교사는 이를 토대로 학습자의 강점과 약점을 진단하고 개별화된 피드백을 제공한다.

다섯째, 교사와 학생의 역할은 근본적으로 전환된다(15). 교사는 교육과정의 충실한 집행자가 아니라 학습자의 맥락과 필요에 따라 교육과정을 재구성하는 '교육과정 디자이너'이자 전문적 성찰자로 자리매김한다. 학생은 수동적 수용자가 아니라 문제를 발견하고 탐구하며 의미를 창출하는 능동적 실천자가 된다. 이로써 학교는 교사와 학생이 함께 성장하는 배움의 공동체로 변모한다.

이러한 통합적 구조의 구체화와 실천은 교육과정을 결과 중심에서 살아 있는 과정 중심으로 전환하는 데 핵심적 의미가 있다. 목표-성취기준-교수학습-평가-역할 전환이 하나의 유기적 생태계로 맞물릴 때, 역량 중심 교육과정은 제도적 선언을 넘어 교실 현장에서 구현 가능한 현실적 교육 패러다임으로 자리 잡는다.

3.2.2 맥락 기반의 교수 · 학습 운영: 삶과 연결되는 배움의 장

역량 중심 교육과정에서 교수 · 학습은 학습자가 살아가는 맥락 속에서 실제로 역량을 발휘하고 성찰할 수 있는 경험의 장으로 설계되어야 한다. 즉, 교육과정이 교실이라는 현실적 공간에서 학습자의 삶과 연결되는 배움의 과정으로 구현되어야 함을 뜻한다. 다시 말해, 역량 중심 교육과정은 '무엇을 가르칠 것인가'라는 차원에서 '어떻게 가르칠 것인가', '어떤 맥락에서 배움이 일어날 것인가'에 대한 맥락 기반의 교수 · 학습 설계를 요구한다.

가. 맥락 선정 기준

맥락 기반 교수 · 학습에서 '맥락화'는 성취기준을 실제적 과제로 전환하여 학습자의 삶과 긴밀히 연결하는 핵심적 과정이다. 이는 학습자가 지식을 삶 속에서 활용 가능한 의미 있는 경험으로 받아들이도록 돕는 교육적 장치이다. 따라서 맥락은 학습자의 발달 수준, 학교와 지역의 교육 환경, 나아가 사회적 요구까지 종합적으로 반영해야 한다. 다음과 같은 다섯 가지 기준이 맥락 선정의 핵심이 된다.

1) 학습자 적합성

무엇보다도 맥락은 학습자의 연령, 발달 수준, 경험, 흥미와 긴밀히 연결되어야 한다. 학습자는 자신과 동떨어진 상황에서는 몰입하기 어렵고, 지식을 삶과 연결하지 못한 채 표면적 이해에 그칠 수 있다. 반대로 학습자가 일상에서 마주하는 경험이나 관심사와 맥락이 맞닿을 때, 배움은 개인적 의미망 속에서 살아 있는 지식으로 자리 잡는다. 예를 들어, 중학교 국어 수업에서 '설명문 주제 파악'을 다룰 때, 단순히 교과서 지문을 읽고 요약하는 활동보다 "학교 공간 재배치 문제를 설명문으로 작성하기"와 같은 과제가 학생들의 실제 경험과 맞닿아 효과적이다. 학생들은 교실이나 복도의 혼잡, 도서관 자리 부족과 같은 현실을 떠올리며 학습을 더욱 주체적으로 경험하게 된다.

2) 현실성/접근성

맥락은 이론적으로 흥미로울 뿐 아니라 실제 수업 현장에서 활용 가능한 자료와 공간, 사람 등의 자원에 기반해야 한다. 교사와 학생이 접근할 수 없는 자료나 실행하기 어려운 환경을 전제로 한 맥락은 교육 효과가 제한될 수밖에 없다. 예컨대 수학 수업에서 '비율과 비례'를 학습할 때 교과서의 단순한 수치 문제 대신 학교 급식의 영양 균형을 분석하는 과제를 설계한다면 현실성과 접근성이 확보된다. 급식실 메뉴표, 영양 성분표와 같은 실제 자료는 학생들이 쉽게 얻을 수 있으며 학습은 추상적 계산을 넘어 실질적 문제 해결로 확장된다.

3) 사회적 의미

맥락은 개인적 관심사를 넘어 현재 지역사회나 사회적 쟁점과 관련될 때 교육적 가치가 한층 강화된다. 교과 학습은 개인적 성취에 머무르지 않고 사회 구성원으로서 책임과 역할을 자각하도록 돕는 과정이기 때문이다. 예를 들어 과학 수업에서 '에너지 전환 원리'를 배우는 것에 그치지 않고 기후 위기와 재생에너지 확대 문제를 다룬다면 학생은 지식 습득을 넘어 사회적 참여 역량을 기르게 된다. 국어 수업에서도 '토론 기술'을 학습하는 데 그치지 않고 "청소년의 디지털 미디어 사용 문제"와 같이 실제로 경험하는 사회적 갈등을 다룰 때 학습자는 사회적 의미를 깨닫고, 배움의 필요성을 더 깊이 체감할 수 있다.

4) 윤리성 · 안전성

맥락은 반드시 윤리적 고려와 안전성을 담보해야 한다. 교육 활동에서 학습자의 개인정보와 안전은 최우선으로 보장되어야 하며, 저작권이나 지적 재산권을 존중하는 태도 또한 함께 길러야 한다. 예컨대 국어과에서 인터뷰 기사를 작성하는 과제를 진행할 경우 학생들이 인터뷰 대상자의 동의를 명확히 얻도록 지도해야 한다. 또한 인터넷 자료를 활용하는 과정에서는 저작권을 침해하지 않도록 출처 표기 방식을 배우게 할 수 있다. 과학 실험에서는 화학약품이나 장비 사용 시 안전 지침을 반드시 준수하도록 안내해야 한다. 이러한 윤리성과 안전성은 단순히 학습 보호 차원이 아니라, 학생들이 책임 있는 학습자로 성장하도록 돕는 핵심 역량이 된다.

5) 전이 가능성

맥락은 특정 수업 상황에 국한되지 않고 다른 맥락으로 일반화 · 확장 가능해야 한다. 이는 배움의 결과가 지식 축적에 그치지 않고 새로운 상황에서 다시 활용될 수 있는 능력으로 자리 잡게 한다. 예컨대 학교 공간 재배치 문제를 설명문 형식으로 다룬 경험은 이후 지역 사회의 공원 배치, 도서관 좌석 운영, 도시 공간 활용 문제로 자연스럽게 확장될 수 있다. 학생은 특정한 맥락에서 얻은 사고방식을 다른 문제 해결에 적용하면서 전이 가능한 보편적 문제 해결 역량을 기르게 된다.

이 다섯 가지 기준은 맥락 선정의 기본 원리로서 교사가 성취기준을 수행 과제로 전환할 때 반드시 고려해야 할 지침이 된다. 이러한 기준에 따라 설정된 맥락은 지식을 추상적 개념으로 머물게 하지 않고 학습자의 삶 속에서 의미 있는 실천적 지식으로 전환시킨다. 나아가 학습자는 배움을 통해 자신의 삶을 해석하고, 공동체 속에서 책임 있게 참여하며 새로운 문제 상황에 대응할 수 있는 역량 있는 주체로 성장하게 된다.

나. 성취기준의 과제 변환

맥락 기반 교수·학습의 핵심은 추상적인 성취기준을 학습자가 직접 수행할 수 있는 구체적인 과제로 전환하는 데 있다. 성취기준은 교육과정의 언어로 제시되기 때문에 교사에게는 명확하게 보일 수 있지만 학생에게는 다소 추상적으로 느껴지고 실제 삶과 연결되기 어렵다. 따라서 교사는 성취기준을 학습자가 의미 있게 참여할 수 있는 '과제화'의 과정을 거쳐야 하며 이를 통해 학생은 교과 지식을 이해하는 수준을 넘어 삶 속에서 활용할 수 있는 역량을 기르게 된다.

예를 들어 국어과 성취기준 가운데 "설명문의 주제를 파악한다"는 항목을 살펴보면, 교과서에서는 대체로 글을 읽고 핵심 내용을 요약하거나 주제를 간단히 정리하는 활동으로 제시된다. 그러나 이러한 활동은 학생들의 실제 경험과는 다소 거리가 있어 몰입을 이끌어내기 어렵다. 이를 맥락화하여 변환하면, "학교 공간 재배치 문제를 설명문 형식으로 제안하기"라는 수행 과제로 재구성할 수 있다. 이 과제에서 학생은 주제를 찾는 데 그치지 않고 학교 공간의 문제를 직접 분석하고 이를 설명문 구조에 따라 제시하며 특정 청중을 설득하는 과정을 경험한다. 이렇게 되면 설명문 학습은 학생 삶과 밀착된 문제 해결 활동으로 확장된다.

이러한 과제 전환은 수행과 평가 중심의 교육과정(GRASPS) 모형을 적용할 때 더욱 구체화된다[(16)]. 학생은 '학교 공간 활용 문제를 합리적으로 설명하고 개선안을 제시한다'는 목표를 설정하고, '학교 공간 재배치 제안서 작성자'라는 역할을 맡는다. 청중은 학교 운영위원회나 교사 집단이 되며, 상황은 제한된 학교 공간 자원을 효율적으로 활용해야 하는 실제적 문제로 제시된다. 산출물은 설명문 형식의 제안서이고 평가 기준은 주제의 명확성, 논리적 타당성, 설명문의 구조적 완결성, 독자 설득력 등으로 설정된다. 이처럼 학습자는 문제를 분석하고 해결안을 제시하는 주체로서 학습 과정에 참여하게 된다.

성취기준의 과제화 과정을 거치면 학생은 교과 지식이 삶의 문제를 해결하는 도구로 기능할 수 있음을 체험한다[17]. 이는 학습자가 교과 학습의 필요성을 주체적으로 깨닫게 하고, 동시에 비판적 사고, 창의적 문제 해결, 의사소통과 같은 핵심 역량을 함께 발휘하도록 이끈다. 나아가 교사는 성취기준을 삶과 연결된 수행 과제로 전환함으로써 수업을 지식 전달 중심에서 역량 중심의 맥락적 학습으로 전환할 수 있다. 결국 성취기준을 실제적 과제로 구체화하는 과정은 맥락 기반 교수·학습의 출발점이자 학생을 삶 속에서 의미를 만들어가는 주체로 성장시키는 중요한 교육적 장치라 할 수 있다.

다. 맥락 기반의 교수·학습 운영 절차

맥락 기반 교수·학습은 즉흥적이거나 일회적인 수업 기법이 아니라 일정한 절차적 흐름을 통해 체계적으로 운영되어야 한다. 이는 교사가 성취기준을 학습자의 삶과 연결된 실제적 과제로 전환하고 이를 통해 학습자가 지식 습득 → 탐구 → 적용 → 성찰의 전 과정을 경험하도록 설계하는 교육적 장치라고 할 수 있다. 일반적으로 다음과 같은 다섯 단계가 핵심적인 운영 절차로 제시될 수 있다.

1) 목표 설정

첫 단계는 교육과정의 성취기준을 토대로 학습자가 해결해야 할 실제적 문제를 도출하는 것이다. 목표 설정은 '무엇을 알게 할 것인가'라는 차원을 넘어 '무엇을 할 수 있게 할 것인가'라는 실천적 지향을 포함해야 한다. 예를 들어, 국어과에서 "설명문의 주제를 파악한다"라는 성취기준은 "학교 공간 재배치 문제를 분석하고, 이를 설명문으로 작성하여 해결 방안을 제안한다"라는 목표로 변환될 수 있다. 이 과정에서 교사는 교과 지식이 학습자의 실제 문제 해결 능력과 어떻게 연결되는지를 명확히 제시해야 한다.

2) 맥락 설계

목표가 설정되면 학습자의 생활 경험과 사회적 현실을 고려한 구체적 상황을 마련해야 한다. 맥락 설계는 학습자가 실제로 공감할 수 있고 몰입할 수 있는 학습 배경을 구성하는 단계이다. 예컨대 수학 수업에서는 수치 계산 대신 "학교 급식의 영양 균형을 맞추기 위해 데이터 분석하기"라는 맥락을, 과학 수업에서는 "기후 위기 대응을 위한 재생에너지 활용 방안 모색하기"라는 맥락을 설정할 수 있다. 이러한 설계는 학생이 배움의 필요성을 스스로 인식하고 교과 학습이 삶과 연결된다는 사실을 실감하도록 돕는다.

3) 과제 변환

구체화된 맥락은 성취기준을 학습자가 직접 수행할 수 있는 과제로 전환하는 과정에서 힘을 갖는다. 이때 과제는 활동 지시문이 아니라 학습자의 역할, 청중, 산출물을 분명히 제시하는 수행 중심 과제여야 한다. 예를 들어 국어과에서 설명문 학습을 할 때 "학교 운영위원회를 대상으로 공간 재배치 제안서를 작성하기"라는 과제를 제시한다면 학생은 글쓰기를 실제적 소통의 행위로 경험하게 된다. 또한 과제 전환 단계에서 GRASPS 모형을 활용하면 목표, 역할, 상황, 평가 기준이 더욱 명료해져 학습자가 자기 주도적으로 과제를 수행할 수 있다.

4) 탐구 및 협력 활동 전개

과제가 설정되면 학습자는 이를 해결하기 위해 탐구와 협력 활동을 수행한다. 학생은 자료를 탐색하고 가설을 세우며 다양한 해석을 시도하는 과정을 거친다. 또한 소그룹 협력을 통해 서로의 생각을 공유하고 비판적 검토를 통해 해결안을 다듬는다. 국어 수업에서라면 학생들이 모둠별로 학교 공간 문제의 원인을 조사하고 해결 방안을 정리하여 초안을 작성하는 과정이 될 수 있다. 과학 수업에서는 학생들이 실험을 설계하고 변인을 조정하며 결과를 토의하는 과정이 이에 해당한다. 이 단계는 지식, 기능, 태도가 분리되지 않고 통합적으로 발현되는 순간이며 역량이 살아 움직이는 학습의 장이다.

5) 성과 공유 및 성찰

마지막 단계는 학습자가 자신의 성과를 발표하고 협력적 과정을 되돌아보며 배움이 어떻게 삶의 문제 해결과 연결되는지를 성찰하는 것이다. 학생은 자신의 산출물을 동료 앞에 제시하고 피드백을 받으며, 협력 과정에서의 역할과 책임을 되짚는다. 이를 통해 학습자는 배움이 공동체적·맥락 속에서 의미를 지니며 다른 상황에도 확장될 수 있음을 확인한다. 예를 들어, 국어 수업에서 완성된 설명문 제안서를 실제 학교 게시판에 공유하거나 교사에게 제출한다면, 학생은 글쓰기가 실질적인 사회적 행위임을 체험하게 된다.

이러한 다섯 단계는 학습자가 지식 습득에서 탐구와 적용을 거쳐 성찰에 이르는 학습의 완결적 흐름을 경험하도록 돕는 구조적 장치이다. 맥락 기반 교수·학습 운영 절차는 결국 교사가 교과 지식과 학습자의 삶을 매개하는 역할을 어떻게 설계하느냐에 달려 있으며, 이를 통해 학생은 교실 안팎에서 주체적으로 문제를 해결할 수 있는 역량 있는 학습자로 성장하게 된다.

라. 삶과 연계한 탐구와 협력의 장으로서의 교수학습

맥락 기반 교수·학습은 교과 지식을 효과적으로 전달하는 것을 넘어 학습자가 배움을 자신의 삶 속에서 경험하고 사회적 의미를 창출하도록 돕는 교육 과정을 지향한다. 즉, 지식을 '앎'에 머무르게 하지 않고 '삶의 문제 해결'과 긴밀하게 연결시켜 주는 배움의 장을 마련하는 것이다. 이러한 교육적 전환은 다음 세 가지 차원에서 구체화된다.

1) 실제적 맥락과의 긴밀한 접점

지식은 학습자의 생활 세계와 맞닿을 때 비로소 '살아 있는 배움'으로 기능한다. 추상적 개념으로만 제시된 지식은 학생에게 일시적 암기 대상일 뿐 지속적인 의미를 가지기 어렵다. 그러나 학습자가 실제로 경험하는 문제나 고민과 연결될 때, 지식은 곧바로 삶 속에서 쓰임새를 갖는다. 예컨대 국어과의 토론 수업을 '찬반 논거 정리'라는 기술 학습에 그치지 않고 청소년이 실제로 마주하는 디지털 미디어 사용 갈등이나 학교 공간 활용 문제를 주제로 삼는다면 상황은 달라진다. 학생들은 일상에서 겪는 문제를 교실 안으로 가져와 논의하며 배움이 교과 학습을 넘어 현실적 문제 해결로 이어진다는 사실을 체감한다. 이 과정에서 학생들은 의사소통 역량과 비판적 사고 역량을 자연스럽게 발휘하고 지식이 '삶 속 도구'로 기능할 수 있다는 확신을 얻게 된다.

2) 탐구와 참여의 과정

핵심 역량은 수동적 지식 습득만으로 길러지지 않는다. 역량은 학습자가 스스로 질문을 던지고, 자료를 탐색하며, 가설을 세우고 검증하는 탐구적 과정에서 비로소 발현된다. 따라서 수업은 교사가 제공하는 답을 확인하는 장이 아니라 학습자가 스스로 문제를 정의하고 해결 방안을 탐색하는 참여적 공간으로 전환되어야 한다.

국어과 문학 읽기를 예로 들어보면 다음과 같다. 교사가 미리 주제를 알려주고 감상문을 쓰게 하는 수업에서는 학습자의 탐구가 제한된다. 반면, 학생이 스스로 작품을 읽으며 "이 작품이 오늘의 사회에 던지는 질문은 무엇인가?"를 탐색하게 하면 문학은 단순한 텍스트가 아니라 현재적 의미를 지닌 사유의 장으로 변화한다. 과학 수업에서도 정해진 실험 절차를 그대로 따라 하는 것보다 학생이 실험 설계 단계에서 변인을 직접 선택하고 관찰 결과를 해석하며 새로운 질문을 생성하게 할 때 탐구적 배움이 가능하다. 이러한 참여적 과정 속에서 학습자는 지식·기능·태도를 분리하지 않고 통합적으로 적용하며, 역량은 '살아 있는 능력'으로 구체화된다.

3) 협력적 배움의 장

많은 핵심 역량, 특히 의사소통·협업·공동 문제 해결 역량은 개인의 성취만으로 드러나기 어렵다. 역량은 타인과의 상호작용 속에서 구체적으로 실현된다[18].

따라서 수업은 개별 학습을 넘어서 협력적 과제를 반드시 포함해야 한다. 예를 들어, 수학 수업에서 학생들이 지역 교통 데이터를 소그룹으로 분석하는 과제를 수행한다고 해보자. 각 학생은 자신이 발견한 수학적 패턴을 설명하고 다른 학생의 의견을 비판적으로 검토하며 논리를 조율해 집단의 결론을 만들어간다. 이 과정에서 학생은 수학적 모델링 능력뿐 아니라 비판적 대화와 협상 능력을 함께 기른다. 국어과의 협력적 글쓰기 수업 역시 마찬가지다. 한 주제에 대해 모둠별로 의견을 나누고 다양한 관점을 조율하여 하나의 글을 완성하는 과정은 학생들에게 협력, 타협, 책임감을 체험하게 한다. 과학 교과에서도 특정 사회적 쟁점(에너지 전환 문제)에 대한 집단 토의와 해결안 제시는 학생들에게 과학적 소양뿐 아니라 사회적 참여 역량을 기르게 한다.

이처럼 맥락 기반 교수·학습은 실제적 맥락과 연결되고 탐구와 참여의 과정을 강조하며 협력적 배움의 장을 마련함으로써 학습자가 삶과 사회 속에서 문제를 발견하고 해결할 수 있는 주체적 행위자로 성장하도록 돕는다. 교실은 지식 전달의 공간을 넘어 삶과 사회를 연결하는 작은 실험장이 되며 학생은 그 안에서 배움과 삶이 분리되지 않는 통합적 경험을 하게 된다.

탐구 질문

1. 하나의 성취기준을 실제 맥락의 GRASPS 수행과제로 전환하면 어떻게 달라지는가?
2. "목표-성취기준-교수 · 학습-평가"의 통합적 구조는 교사의 자율성을 확장하는가, 아니면 제약하는가?
3. 왜 배움은 교과서 속 지식이 아니라 '내가 살아가는 삶의 맥락' 속에서 이루어져야 할까?

3.3 교과별 역량 요소 적용 방식

3.3.1 교과 고유 목표에서 출발한 역량 요소의 도출

가. 교과 고유 목표와 역량 중심 교육의 전환

오늘날의 교육은 더 이상 지식의 전달만을 목표로 삼을 수 없다. 과거의 교과서 중심·암기 중심 교육은 일정한 지식을 학습자에게 효율적으로 주입하는 데 초점을 맞추었다. 이는 산업화 시대의 요구와 맞물려 일정한 성과를 거두었다. 그러나 인공지능, 빅데이터, 사물인터넷 등 첨단 기술이 일상과 직업 세계를 재편하는 21세기 사회에서는 그러한 방식이 더 이상 유효하지 않다. 학생들은 정해진 지식을 습득하는 것만으로는 미래를 대비할 수 없으며 복잡한 문제 상황을 이해하고 새로운 관점에서 해결할 수 있는 창의적 문제 해결 능력, 비판적 사고, 협업 역량이 필수적으로 요구된다(19). 이러한 변화는 교과 설계의 패러다임 전환을 불가피하게 만들었고 그 중심에는 역량 중심 교육과정이 자리 잡고 있다.

역량 중심 교육과정은 학습자가 특정 교과의 지식을 토대로 실제 삶에서 의미 있는 행동과 판단을 수행할 수 있도록 돕는 것을 목표로 한다. 예컨대 국어 교과는 문학적 지식을 암기하는 데 머무르지 않고 작품을 통해 타인의 감정을 이해하고 공감하며 자신의 생각을 설득력 있게 표현하고 소통하는 역량을 기르는 것을 중시한다. 수학 교과는 공식을 기계적으로 적용하는 수준에서 현실 문제를 수학적 모델로 변환하여 창의적으로 해결하는 능력을 강조한다. 즉, 교과는 지식의 저장소가 아니라 역량 발현의 장으로 새롭게 정의되어야 하며 이를 위해서는 기존 성취기준의 재해석이 선행되어야 한다.

과거 성취기준이 학습자가 습득한 지식의 양을 평가하는 데 초점을 맞추었다면 이제는 학습자가 수업을 통해 무엇을 수행할 수 있는가를 드러내는 출발점이 된다. 예컨대 고전 소설 단원에서 기존 성취기준이 "고전 소설의 특징을 설명할 수 있다" 였다면 역량 중심 성취기준은 "고전 소설을 읽고 그 안에서 발견되는 인간적 가치와 오늘날의 삶을 연결하여 새로운 문제 해결 방안을 제안할 수 있다"로 전환된다.

이는 특징 나열에서 학습자가 자신만의 시각으로 작품을 해석하고 현실 문제 해결로 확장하는 능력을 요구한다. 이러한 변화의 핵심은 각 교과가 지닌 고유 목표에서 출발하여 해당 교과만의 특성과 기능을 반영한 역량 요소를 도출하는 작업이다.

모든 교과가 동일한 역량을 지향하는 것이 아니라 각 교과가 인간의 전인적 성장을 위해 어떠한 기여를 할 수 있는지를 탐색하는 과정이다. 국어 교과의 경우 언어를 통해 사고를 조직하고 타인과 소통하며 문화적 정체성을 형성하는 특성을 지닌다. 따라서 국어에서 강조해야 할 역량 요소는 언어적 표현과 이해를 통한 자기 성찰, 공동체적 소통, 타자에 대한 공감, 문화 수용과 창조 능력이다. 이는 어휘력이나 문법 지식 축적을 넘어서 언어를 매개로 인간과 세계에 대한 이해를 확장하는 능력으로 발전되어야 한다. 수학 교과는 논리적 사고력, 수리적 문제 해결력, 패턴 인식 및 구조화 능력이 주요 역량 요소가 된다. 이는 수학이 인간의 사고를 추상화하고 구조화하는 학문이라는 본질과 직결된다. 과학 교과는 자연 현상을 탐구하고 이를 과학적 사고를 통해 설명·예측·통제하는 능력을 기른다. 따라서 과학의 고유 목표에서 출발한 역량은 탐구력, 비판적 사고, 실험 설계와 해석 능력, 과학적 윤리 인식 등으로 정리된다. 이처럼 각 교과는 고유한 학문적 언어로 역량을 설명하고 이를 통해 학생이 배워야 할 삶의 방식을 제시한다. 즉, 교과 지식의 양을 늘리는 것이 아니라 해당 교과를 통해 어떤 사고방식·태도·문제 해결 방식을 체득할 것인지가 핵심이다.

나. 교과별 고유 목표에서 도출된 핵심 역량 요소

역량 요소의 도출은 수업 설계·학습 활동·평가에까지 구체적으로 반영되어야 한다. 교사는 교과서를 반복적으로 전달하는 차원에서 교과 고유성을 심층 탐색하고 이를 학습자의 삶뿐만 아니라 사회적 맥락과 연결해야 한다[20]. 역량은 맥락 속에서 구성되고 실행되는 교육적 개념이기 때문이다. 따라서 교과 고유 목표에서 출발한 역량 도출은 교과에 대한 근본적인 성찰에서 비롯되며 교과를 인간의 삶과 사회적 맥락을 반영하는 살아 있는 교육적 실천으로 재정립한다. 결국 역량 중심 교과 설계는 학생이 교과를 통해 자기 삶의 문제를 탐구하고 해답을 찾아가는 힘을 기르도록 이끈다. 이는 교사의 전문적 설계 능력과도 직결된다. 교사는 학습자의 발달 단계, 흥미, 경험을 고려하여 교과 목표를 역량 중심으로 재구성하고 수행 중심의 학습 활동과 평가를 설계하는 역량을 갖추어야 한다.

미래 사회가 불확실성과 복잡성으로 가득한 만큼 교육은 스스로 질문하고 탐구하며 창조할 수 있는 힘을 길러주는 과정이 되어야 한다. 〈표 3-2〉에서 제시한 교과 고유 목표에서 출발한 역량 요소의 도출은 이러한 교육의 방향성을 실현하기 위한 핵심 전략이며 교과를 통해 학생이 자신만의 방식으로 세계를 이해하고 주체적으로 살아갈 수 있는 힘을 기르게 한다[21].

〈표 3-2〉 교과 고유 목표에서 도출된 역량 요소

교과(군)	고유 목표	도출된 핵심 역량 요소
국어	언어와 문학을 통해 사고하고 표현하며 타인과 소통하고 공동체 문화를 창조하는 능력을 기른다.	협력적 소통 역량, 비판적 사고력(창의적 사고역량), 자기관리역량, 공동체역량
수학	수학적 사고와 추론을 통해 문제를 탐구하고 수학적 모델링과 의사결정을 통해 합리적 사고력을 기른다.	창의적 사고역량, 지식정보처리역량, 문제해결력, 자기관리역량
과학	자연 현상을 탐구하고 과학적 사고를 바탕으로 문제를 해결하며 인류와 환경의 조화로운 공존을 추구한다.	지식정보처리역량, 창의적 사고역량, 문제해결력, 공동체역량
사회 (도덕 포함)	사회 현상과 가치 문제를 탐구하고 민주 시민으로서 합리적 판단과 실천을 통해 공동체 발전에 기여한다.	공동체역량, 비판적 사고력, 협력적 소통 역량, 자기관리역량
기술·가정	기술과 생활 문화를 이해하고 지속가능한 삶을 설계하며 실천적 문제 해결 능력을 기른다.	창의적 사고역량, 자기관리역량, 공동체역량, 지식정보처리역량
체육	신체활동을 통해 건강을 증진하고, 자아를 조절하며, 공동체적 협동심과 도덕성을 함양한다.	자기관리역량, 공동체역량, 심미적 감성역량
예술 (음악·미술)	예술적 감수성과 표현 능력을 바탕으로 창의적 사고와 문화적 소통 능력을 기	심미적 감성역량, 창의적 사고역량, 협력적 소통 역량, 공동체역량

교과(군)	고유 목표	도출된 핵심 역량 요소
	른다.	
영어(외국어)	다양한 문화권의 사람들과 소통하며 세계 시민으로서의 역량을 기르고 언어를 활용해 지식을 확장한다.	협력적 소통 역량, 공동체역량, 지식정보처리역량, 자기관리역량
한문	한자의 이해를 바탕으로 전통문화와 사상을 계승하고 도덕적 가치와 사고의 폭을 확장한다.	지식정보처리역량, 협력적 소통 역량, 심미적 감성역량, 공동체역량
통합사회/통합과학	사회·자연 현상의 융합적 이해를 통해 문제를 탐구하고 지속가능한 삶의 방향을 모색한다.	창의적 사고역량, 지식정보처리역량, 공동체역량, 자기관리역량
정보	디지털 기술을 이해하고 데이터 기반 문제 해결 및 윤리적 정보 활용 능력을 기른다.	지식정보처리역량, 창의적 사고역량, 자기관리역량
진로와 직업	자기 이해와 진로 탐색을 통해 자아실현과 사회적 기여를 추구하는 태도를 기른다.	자기관리역량, 공동체역량, 창의적 사고역량

3.3.2 성취기준과 교과 역량의 연결 사례

가. 역량 중심 교육과정의 지향과 철학

2022 개정 교육과정은 학습자가 실제 삶의 맥락 속에서 지식을 재구성하고 이를 활용하여 문제를 해결하며, 타인과 협력하여 의미 있는 사회적 실천을 수행할 수 있는 능력을 기르는 것을 핵심 목표로 삼고 있다. 이는 지식을 '배우는 것'에서 '삶을 살아가는 힘을 기르는 것'으로 교육의 초점을 전환하는 패러다임의 변화를 의미한다. 학습은 더 이상 교과서 속의 고정된 내용을 암기하거나 재생하는 활동이 아니라 학습자 스스로가 문제를 인식하고 이를 해결하는 과정 속에서 새로운 의미를 창출해 가는 역동적 경험으로 이해된다. 이러한 교육관은 학습자를 지식 전달의 수동적 수용자로 바라보던 전통적 교육관에서 벗어나, 삶을 주체적으로 구성하고

세상과 소통하며 변화를 이끌어가는 '적극적 행위자'로서의 학습자상을 전제한다. 다시 말해, 역량 중심 교육과정이 지향하는 바는 "배움을 통해 살아가는 힘을 기르는 교육"이며 이는 지식의 활용, 가치 판단, 실천적 행동으로 이어지는 전인적 배움의 과정을 강조한다. 즉, 역량 중심 교육과정은 학습자가 지식, 기능, 태도의 세 요소를 통합적으로 발휘하여 복잡하고 예측 불가능한 실제 삶의 문제를 창의적이고 협력적으로 해결할 수 있는 능력을 기르는 것을 목표로 한다. 이때 중요한 것은 학습이 실제적 맥락 속에서 이루어진다는 점이다. 학교는 더 이상 지식만을 가르치는 폐쇄된 공간이 아니라, 학생이 현실 세계의 문제와 맞닿은 경험을 통해 자신의 사고와 감정을 확장하고, 사회적 책임과 공동체적 가치를 체득하는 '삶의 배움터'로 전환된다.

이러한 철학적 전환 속에서 성취기준은 교육과정의 내용 목록이나 평가 항목이 아니라, 학생이 배움을 통해 발휘해야 할 '역량의 단위'로 이해되어야 한다. 성취기준은 학습자가 수업을 통해 무엇을 수행할 수 있는지를 구체적으로 드러내는 '역량 발현의 출발점'으로 재정의되어야 한다. 성취기준은 교과의 학습 목표와 핵심 역량을 잇는 매개로서 기능하며, 학습자의 사고와 행동을 구체화하는 실천적 단서가 된다. 과거의 성취기준이 주로 지식의 이해나 기술의 숙달을 목표로 했다면 역량 중심 교육과정에서의 성취기준은 '무엇을 알고 있는가'보다 '무엇을 할 수 있는가'에 초점을 둔다. 이는 교육의 초점이 결과 중심 평가에서 수행 중심 학습으로 이동했음을 의미한다. 학생이 배운 지식을 실제 상황에 적용하고 스스로 탐구하며 타인과 협력하는 과정을 통해 자신의 역량을 발휘할 수 있도록 돕는 것이 교사의 새로운 역할이다. 따라서 성취기준을 역량 중심으로 재구성한다는 것은 그것을 수행 중심 과제, 문제 해결형 활동, 창의적 산출물 생성으로 전환하여 학생이 실제적 맥락 속에서 자신의 역량을 발휘할 수 있도록 학습 경험을 설계하는 것을 뜻한다. 이러한 재구성은 곧 교육과정, 수업, 평가가 서로 유기적으로 연결되는 '교육과정-수업-평가 일체화'의 실천을 요구한다. 교사는 성취기준이 제시하는 학습 목표가 발현될 수 있는 수행의 장을 마련하고 학생이 배움의 주체로 참여할 수 있도록 교수·학습의 구조를 설계해야 한다.

또한 성취기준은 평가의 기준이자 학습의 방향을 제시하는 나침반으로 작동한다. 학습자가 성취기준을 통해 자신이 어떤 능력을 기르고 있는지 자각할 때 배움은 자기주도적 성장을 향한 과정으로 전환된다. 이는 학습자가 교사로부터 평가받는 존재가 아니라 스스로 자신의 배움의 주체이자 평가의 참여자가 되는 것을 의미한다. 결과적으로 성취기준은 학습자에게 '무엇을 아는가'에서 '무엇을 할 수 있는가'로의 교육적 전환을 촉진하며 이는 곧 역량 중심 교육과정의 핵심 철학을 구체적으로 실현하는 길이라 할 수 있다.

이처럼 역량 중심 교육과정은 지식의 축적이 아니라 지식이 작동하는 삶의 장을 확장시키는 교육을 지향한다. 학생은 배움을 통해 새로운 시각으로 세상을 바라보고, 타인과 협력하여 문제를 해결하며 자신과 공동체의 삶을 개선하는 주체로 성장한다. 이러한 관점에서 성취기준은 학습자가 세상과 관계 맺는 방식과 자신의 삶을 설계하는 힘을 길러주는 교육적 약속으로서 새롭게 자리매김해야 한다.

나. 교과별 성취기준의 역량 중심 재구성

역량 중심 교육과정의 실현은 교과의 특성과 학습자의 경험이 만나는 구체적 장면에서 비로소 의미를 가진다. 다시 말해, '역량 중심'이라는 교육적 이상은 각 교과의 성취기준이 어떻게 재해석되고 수업 현장에서 어떻게 구현되는가에 따라 그 진정한 힘을 발휘한다. 성취기준을 역량 중심으로 재구성한다는 것은 교과가 길러야 할 인간형을 다시 상상하는 일이며 학습자가 실제 삶에서 그 역량을 발휘할 수 있는 수행 경험을 새롭게 설계하는 일이다.

국어 교과에서 이러한 전환은 특히 두드러진다. 기존의 "문학 작품의 주제를 파악한다"는 성취기준은 지식 중심의 사고에 머무르기 쉬워 교사가 미리 정해둔 '정답'을 찾는 활동으로 오해되곤 했다. 그러나 역량 중심 접근에서는 이 기준을 비판적 해석과 소통의 과정으로 확장한다. 학생은 작품의 주제를 자신의 삶의 맥락에서 재구성하고, 이를 토대로 토론, 에세이, 영상 제작 등 다양한 표현 활동을 수행한다. 이 과정에서 학습자는 작품 속 세계를 타인의 관점으로 성찰하며, 그 속에서 자신의 경험과 감정을 대면한다. 그 결과, 학습자는 자기성찰 능력, 비판적 사고력, 창의적 표현 역량, 협력적 소통 역량을 종합적으로 발휘하게 된다. 문학은 더 이상 감상의 대상이 아니라, 세계를 인식하고 자신을 표현하며 타인과 대화하는 매개로 자리 잡는다.

수학 교과에서도 성취기준의 재구성은 단순한 기능 숙달을 넘어선다. "자료를 수집하고 그래프로 표현한다"는 성취기준은 전통적으로 그래프 작성의 기술적 능력에 초점을 맞추었으나 역량 중심 교육과정에서는 이를 데이터 기반의 문제 해결 활동으로 확장한다. 예를 들어 학생들은 학급 내 학습 환경이나 지역 사회의 생활 문제를 주제로 설문을 설계하고, 데이터를 수집·분석한 뒤, 그 결과를 시각화하여 구체적인 개선안을 제시한다. 이때 학생들은 그래프를 '그리는 법'을 배우는 것이 아니라, 데이터를 통해 세계를 해석하고 타인과 소통하는 법을 배운다. 이러한 과정에서 문제 해결력, 데이터 해석 능력, 논리적 사고력, 협업 능력, 의사결정 능력이 자연스럽게 통합적으로 발휘된다. 수학은 추상적 공식의 암기가 아니라, 실제 문제를 탐구하고 해결하는 '생활 속 수학'으로 재탄생한다.

과학 교과의 경우, "탐구 과정을 따라 실험을 수행한다"는 성취기준은 사회적 문제 해결형 탐구 프로젝트로 확장될 수 있다. 전통적으로 과학 실험은 정해진 절차에 따라 현상을 관찰하고 결론을 도출하는 과정에 초점을 두었으나 역량 중심 교육과정에서는 학생이 문제를 스스로 설정하고 탐구의 과정을 설계하는 주체로 등장한다. 예를 들어 미세먼지 저감, 해양 오염, 에너지 절약 등 환경과 관련된 주제를 중심으로 학생들이 가설을 세우고 실험을 수행하며, 결과를 분석하여 실생활 개선 방안을 제시하는 활동이 가능하다. 이 과정에서 과학적 탐구 능력, 자료 해석 능력, 윤리적 사고력, 협업 능력, 사회적 책임감이 함께 길러진다. 과학은 인간과 사회, 환경이 연결된 복합적 문제를 해결하는 실천적 학문으로 재해석된다.

사회 교과에서는 "역사적 사건의 원인과 결과를 이해한다"는 성취기준이 시민적 판단과 참여의 방향으로 전환된다. 학습자는 독립운동의 사례를 배우는 데 그치지 않고, 이를 오늘날의 인권 문제, 민주주의 가치, 자주권 논의와 연결한다. 예를 들어 학생들은 지역 사회의 역사적 인물과 장소를 탐구하여 '독립운동 정신을 잇는 시민 캠페인'을 기획할 수 있다. 이러한 수업은 과거의 의미를 현재에 적용하고 미래로 이어가는 시민적 실천의 장이 된다. 이때 학생들은 역사적 사고력, 비판적 판단력, 시민적 책임감, 협력적 소통 역량을 함양한다. 사회 교과는 학생이 '배운 것'을 사회 속에서 '행동으로 옮기는 힘'을 기르는 장이 된다.

예술 교과의 성취기준 "작품 감상 후 특징을 설명한다"는 미적 감상의 차원을 넘어, 창작과 문화 소통의 경험으로 확장된다. 학생들은 환경 보호를 주제로 한 포스터 제작, 사회적 메시지를 담은 노래 창작, 학교 축제의 공연 기획 등 예술적 실천을 통해 자신이 느낀 감정과 사회적 문제의식을 표현한다. 이러한 활동을 통해 학생은 창의적 표현력, 감수성, 문화 해석 능력, 사회적 공감 능력을 기른다. 예술은 더 이상 교과의 한 영역이 아니라, 모든 교과를 잇는 감성적 언어로서 학습자의 세계 인식을 확장시키는 통로가 된다.

기술·가정 교과의 경우, "가정생활과 자원 관리의 중요성을 이해한다"는 성취기준이 지속가능한 삶의 실천으로 재해석된다. 학생들은 자신의 소비 습관을 분석하고, 학교나 지역 사회에서 친환경 생활 캠페인을 기획·실행하며 업사이클링 제품을 제작해 발표할 수 있다. 이 과정에서 학생은 창의적 실천력, 문제 해결력, 시민성, 지속가능한 사고력을 기르게 된다. 기술·가정 교과는 미래 세대가 삶의 질을 유지하면서도 환경과 사회적 책임을 고려하는 '지속가능한 시민'으로 성장하도록 돕는 중요한 교과로 자리한다.

체육 교과의 성취기준 "운동 기능을 익히고 적용한다"는 자기조절과 공동체 역량의 함양으로 확장된다. 학생들은 경기 규칙을 조정하거나 응원 문화를 새롭게 기획하는 활동을 통해 협력과 존중의 가치를 배우며, 자신의 신체 리듬을 분석하고 생활 운동 계획을 세우는 활동을 통해 자기관리 능력과 책임감을 기른다. 체육은 자신과 타인을 이해하고 공동체 속에서 조화롭게 살아가는 방법을 배우는 교육의 장으로 확장된다.

이처럼 각 교과의 성취기준을 역량 중심으로 재구성하는 일은 단순한 문장 수정이나 수업 방식의 변화가 아니다. 그것은 교과의 본질을 새롭게 해석하고 지식의 교육을 삶의 교육으로 확장하는 근본적 전환이다. 학습자는 지식을 이해하는 것을 넘어, 그것을 자신과 타인의 삶 속에서 의미 있게 재구성하고 실천하는 경험을 통해 성장한다. 교사는 이러한 배움이 이루어질 수 있도록 맥락을 설계하고 수행의 기회를 제공하며, 학생이 스스로의 성장을 자각하도록 돕는 안내자의 역할을 수행해야 한다.

성취기준의 역량 중심 재구성은 지식의 학습에서 인간의 성장을 중심으로 한 학습으로의 전환을 의미한다. 각 교과의 성취기준이 학습자의 삶과 사회의 맥락 속에서 새롭게 해석될 때 역량 중심 교육과정이 지향하는 "삶과 연결된 의미 있는 학습"은 교실 속에서 비로소 완성된다.

다. 성취기준-역량-평가의 통합적 설계

역량 중심 교육과정의 실현은 성취기준, 수업, 평가가 서로 분리된 요소로 존재할 때 완성될 수 없다. 이 세 요소가 유기적으로 연결될 때, 학습은 단편적인 지식 전달의 과정에서 벗어나 '배움의 순환 구조'로 전환된다. 다시 말해, 교육과정에서 제시된 성취기준이 수업에서 구체적으로 구현되고, 그 성취 과정이 평가를 통해 되돌아보며 성장으로 이어질 때 비로소 역량 중심 교육의 실질적 의미가 살아난다.

2022 개정 교육과정은 이를 위해 '교육과정-수업-평가-기록의 일체화'를 핵심 실행 원리로 제시한다. 여기서 '일체화'란 단순한 병렬적 연계를 뜻하지 않는다. 그것은 학습의 전 과정이 하나의 목적, 즉 학습자의 성장과 역량 발현을 중심으로 설계되어야 함을 의미한다. 성취기준은 수업의 출발점이자 평가의 준거이며, 나아가 학생의 성장을 기록하고 지원하는 핵심 축으로 작동한다.

성취기준-수업-평가의 일체화는 교사가 성취기준을 중심으로 수업의 방향을 설정하고 그 기준에 따라 학생의 수행을 관찰하며, 피드백을 통해 학습의 성장을 지원하는 과정으로 구현된다. 교사는 먼저 성취기준을 통해 학생이 학습을 통해 발휘해야 할 역량의 본질을 파악해야 한다. 그리고 이를 실제 수업 상황에 맞게 수행 중심 과제나 문제 해결형 프로젝트로 구체화한다. 수업은 성취기준을 실현하는 장이 되며, 평가는 그 수행의 결과를 학습자의 사고, 태도, 협력, 창의적 산출물을 종합적으로 성찰하는 과정으로 전환된다. 이때 평가의 초점은 '결과'가 아니라 '과정'에 있다. 역량 중심 교육과정의 핵심은 학습자의 역량이 발현되는 과정을 면밀히 관찰하고 그 과정을 통해 학습자가 성장하도록 돕는 데 있다. 따라서 평가는 학습자가 수행을 통해 자신의 지식을 실제 문제 상황에 적용하고 스스로의 사고를 발전시켜 나가는 '과정 중심 평가'의 형태로 이루어져야 한다. 이는 단편적인 지식의 확인이 아니라 학습자의 수행 속에서 드러나는 사고의 깊이와 태도의 변화를 포착하려는 시도이다. 이러한 평가는 학생이 지식을 기억하는 존재에서 지식을 활용하는 존재로 성장하도록 이끈다. 교사는 학생이 무엇을 알고 있는가보다 그 지식을 어떻게 사용하고, 어떤 맥락에서 적용하며, 새로운 의미를 만들어내는가에 주목한다. 다시 말해, 평가는 학습자의 성취를 측정하는 도구가 아니라 학습의 과정을 이해하고 성장의 방향을 안내하는 '학습의 동반자'로 자리한다.

특히 2022 개정 교육과정은 평가가 학습의 종착점이 아니라 학습을 촉진하는 과정임을 명확히 한다. 교사는 학습자가 수업 중에 보이는 사고의 전환, 문제 해결의 시도, 협력의 과정, 창의적 아이디어 등을 평가의 중요한 지표로 삼아야 한다. 이를 위해 루브릭 기반의 수행평가, 자기평가 및 동료평가, 포트폴리오 평가 등 다양한 형식이 활용될 수 있다. 이러한 평가 방식은 학습자가 자신의 배움을 스스로 성찰하고 교사와의 피드백을 통해 다음 단계로 나아가도록 돕는다. 또한 성취기준-역량-평가의 통합적 설계는 교사의 평가 전문성과 교육과정 문해력을 요구한다. 교사는 성취기준을 '외워야 할 기준'으로 이해하는 것을 넘어 그 속에 내재된 교육적 의도와 역량 요소를 정밀하게 해석할 수 있어야 한다. 예를 들어, 국어과의 '비판적 사고력'이 논리적 오류를 지적하는 능력을 뜻하는 것이 아니라, 텍스트를 둘러싼 사회적 맥락을 탐구하고 자신의 관점을 조정하는 사고의 과정임을 이해해야 한다. 이처럼 교사의 성취기준 해석 능력은 곧 수업의 질적 수준을 결정짓는 핵심 요인이 된다.

평가의 설계 또한 교과 역량과 밀접하게 연계되어야 한다. 평가 문항이나 과제는 성취기준이 요구하는 사고의 수준, 수행의 형태, 학습의 맥락을 반영해야 하며, 단순한 암기식 문항으로는 역량 발현을 관찰할 수 없다. 예를 들어, '사회 문제를 탐구하고 합리적인 해결 방안을 제시한다'는 성취기준은 주어진 자료를 요약하는 능력만으로는 측정할 수 없으며 학생이 스스로 문제를 정의하고 다양한 관점을 고려하여 타당한 대안을 구성하는 수행 과제를 통해서만 평가될 수 있다.

이와 같은 수행 중심 평가를 활성화하기 위해서는 평가에 대한 인식의 변화와 더불어 제도적 지원이 병행되어야 한다. 교사의 평가 업무를 행정 절차로 보는 관점에서 평가를 학습의 핵심적 구성 요소로 인정하는 학교 문화가 필요하다. 또한 교사 간의 협업과 성찰을 통한 평가 기준의 공유, 피드백 시스템의 정착, AI 기반 학습 분석 도구의 활용 등이 새로운 평가 생태계의 기반이 될 수 있다.

최근 일부 학교에서는 인공지능 학습 관리 시스템을 도입하여 학생의 개별 성취 데이터를 분석하고 그 결과를 토대로 학습 피드백을 제공하는 시도를 하고 있다. 이러한 시도는 단순히 기술의 도입에서 평가를 학습 성장의 동력으로 전환하려는 새로운 시도로 평가된다. AI를 활용한 평가 분석은 교사의 업무 부담을 줄이는 동시에 학생의 성장 과정을 세밀하게 추적하고, 개별화된 학습 지원을 가능하게 한다는 점에서 중요한 가능성을 보여준다.

성취기준-역량-평가의 통합적 설계는 '가르침의 체계'가 아니라 '배움의 생태'를 구축하는 일이다. 교육과정은 수업을 이끌고, 수업은 평가로 이어지며, 평가는 다시 교육과정을 되돌아보게 하는 순환 구조를 이루어야 한다. 이 순환은 단방향적인 전달이 아니라, 교사와 학생이 함께 의미를 만들어가는 상호적 관계 속에서 작동한다. 이러한 구조가 학교 현장에 자리 잡을 때, 교육은 단순히 정답을 찾는 활동이 아니라, 질문을 던지고 탐구하며 의미를 창조하는 과정으로 바뀐다. 학생은 교사가 제시한 기준을 충족하는 존재에서 스스로의 배움을 설계하고 성찰하는 주체로 성장한다. 따라서 성취기준-역량-평가의 통합적 설계는 학습자의 삶을 변화시키는 교육의 실천적 철학이라 할 수 있다. 2022 개정 교육과정이 지향하는 역량 중심 수업은 '무엇을 배웠는가'보다 '배움을 통해 어떤 변화를 이루었는가'를 묻는다. 이 물음 속에서 성취기준은 교사에게는 수업의 설계 원리로, 학생에게는 성장의 이정표로 작용한다. 교육과정, 수업, 평가가 하나로 엮일 때 학교는 더 이상 성적을 산출하는 기관이 아니라 배움이 자라나는 생명력 있는 공간으로 거듭날 수 있다.

라. 학교 현장과 교사의 전문성 과제

역량 중심 교육과정이 학교 현장에서 실질적으로 구현되기 위해서는 교육과정 문서의 개정만으로는 충분하지 않다. 아무리 훌륭한 교육과정이 마련되었다 하더라도 그것이 교사의 실천으로 구체화되지 않는다면 교육의 변화는 머릿속의 이상에 그치고 만다. 교육과정이 살아 숨 쉬는 곳은 교실이며 그 중심에는 교사가 있다. 따라서 교사는 교육과정을 해석하고 재구성하며, 학생의 삶과 연결된 배움을 설계하는 '교육과정의 실행자이자 창조자'로 서야 한다.

이러한 맥락에서 2022 개정 교육과정이 성공적으로 정착하기 위해서는 교사의 '교육과정 문해력'이 무엇보다 중요하다. 교육과정 문해력이란 성취기준을 단순히 외우거나 문서적으로 해석하는 수준을 넘어 그 안에 내포된 교육적 의도와 역량 요소를 깊이 이해하고 이를 수업 상황에 맞게 창의적으로 전환하는 능력을 말한다. 교사는 성취기준이 지시하는 학습 목표를 학생의 삶과 세계 속에서 다시 읽고 그것을 수행 가능한 학습 경험으로 변환해야 한다. 이러한 해석적 능력은 교과 전문성뿐 아니라 학생 이해, 사회적 감수성, 교육적 상상력이 결합될 때 비로소 발현된다.

또한 교사는 학습자의 성장을 지원하는 과정 중심 평가 전문가로서의 역할을 수행해야 한다. 역량 중심 교육에서 평가는 학생의 사고와 학습의 과정을 이해하고, 그 발전을 돕는 피드백의 과정이다. 교사는 평가의 설계자이자 안내자로서 학습자가 자신의 성취를 인식하고 다음 단계의 성장을 스스로 설계할 수 있도록 도와야 한다. 이를 위해서는 루브릭 기반의 수행평가, 자기·동료 평가, 포트폴리오, 구술 발표, 프로젝트 산출물 등 다양한 평가 방식을 교육과정과 일관되게 통합해야 한다. 이러한 전문성은 단기간의 연수나 매뉴얼로 길러지지 않는다. 꾸준한 성찰과 협력, 사례 공유, 공동 설계의 경험이 축적될 때 비로소 교사의 평가 역량은 깊어진다.

이와 함께 학교 조직은 교사가 혼자 고립된 실천자로 남지 않도록 전문적 학습공동체(Professional Learning Community, PLC)를 활성화해야 한다. 교사는 더 이상 '개별 교실의 주인'이 아니라 '학교 전체의 학습 설계자'로서 동료들과 함께 교육의 방향을 만들어가야 한다. 교사들이 성취기준의 의미를 공동으로 분석하고 이를 수행 중심의 수업으로 전환한 사례를 공유하며 학생의 반응과 성장을 함께 검토하는 과정은 단순한 경험의 교환을 넘어 교육과정 해석 능력의 심화로 이어진다. 이러한 협력 문화는 교사의 개인적 전문성뿐 아니라 학교 차원의 수업 질을 높이는 핵심 동력으로 작용한다.

현장 교사들은 여전히 많은 제약 속에서 이러한 전환을 시도하고 있다. 연구에 따르면 교사들은 역량 기반 교육과정과 과정 중심 평가의 필요성에는 공감하지만 실제 현장에서는 과중한 업무, 평가 부담, 입시 중심 체제, 행정적 제약 등으로 인해 성취기준의 재구성과 수행 중심 수업이 충분히 정착되지 못하고 있다고 지적한다[22]. 평가가 여전히 결과 중심으로 운영되거나 형식적 수행평가로 한정되는 경우도 많다. 이와 같은 현실적 어려움은 교사의 역량이 부족해서가 아니라 교육을 지원하는 구조가 충분히 마련되어 있지 않기 때문이다. 따라서 학교는 교사의 전문성 신장을 지원하는 구조적 장치를 갖추어야 한다. 첫째, 교육과정 설계와 평가 전문성 향상을 위한 지속적인 연수 체제가 마련되어야 한다. 단발성 연수가 아니라 교사가 실제 수업을 설계하고 실행하며 피드백을 받는 순환적 연수가 필요하다. 둘째, 수업 연구와 공동 설계를 지원하는 제도적 시간과 공간이 보장되어야 한다. 교사 간 협력과 성찰의 시간이 부재한 역량 중심 수업은 결국 실질적 변화 없이 형식적 구호에 머무는 한계를 지닐 수밖에 없다. 셋째, 인공지능(AI)과 에듀테크 기반의 교수·학습 지원 시스템이 적극적으로 활용되어야 한다. AI는 학습자의 수행 데이터를 실시간으로 분석하고, 학습자 맞춤형 피드백을 제공하며, 교사의 평가 업무를 경감시킬 수 있는 중요한 도구가 된다. 실제로 일부 학교에서는 AI

기반 학습 성장 관리 시스템을 활용해 학생의 학습 이력과 성취 수준을 체계적으로 관리하는 시도를 하고 있다. 이러한 기술적 지원은 교사가 보다 깊이 있는 피드백과 수업 설계에 집중할 수 있도록 돕는다.

무엇보다도 교사의 전문성은 협력과 성찰 속에서 성장한다. 교사는 '가르치는 전문가'이기 이전에 '배우는 전문가'여야 하며 자신이 속한 학교와 지역 공동체 안에서 지속적으로 배우고 성장하는 실천적 연구자여야 한다. 수업은 완성된 결과물이 아니라 매번 새롭게 생성되는 실험의 장이다. 교사는 그 속에서 학생의 반응을 읽고, 자신의 가르침을 점검하며 다시 수업을 재구성하는 순환적 과정을 통해 전문성을 심화시킨다.

역량 중심 교육과정이 지향하는 학교는 '지식을 가르치는 곳'에서 '배움을 설계하고 삶을 함께 탐구하는 공동체'로 변화해야 한다. 학교는 교사와 학생이 함께 배우고 성장하는 공간이며 교사의 전문성은 학생의 배움의 질을 결정짓는 가장 중요한 요소이다. 성취기준을 삶과 연결하고 평가를 성장의 도구로 전환해 배움을 공동체적 탐구로 이끌어가는 교사의 실천 속에서 역량 중심 교육과정은 비로소 그 생명력을 얻는다. 이러한 변화를 위해 필요한 것은 거창한 혁신이 아니라 학교 현장의 작지만 지속적인 움직임이다. 교사가 한 시간의 수업을 성찰하고 동료와 함께 성취기준을 다시 해석하며 학생의 성장 과정을 진심으로 기록하는 일에서부터 변화는 시작된다. 그때 비로소 학교는 '가르침의 공간'에서 '성장과 의미가 살아 있는 배움의 장'으로 거듭날 수 있다.

다음은 교과별 역량 중심 수업을 어떻게 구현할 수 있는지에 대한 실제적인 설계 사례이다.

1) 초등학교 역량 중심 수업 사례

가) 국어 교과

초등학교 국어 교과는 학생들이 언어를 통해 생각을 형성하고 세상과 소통하는 힘을 기르는 교과이다. 2022 개정 교육과정에서는 국어과가 학생의 삶과 배움을 연결하는 중심 교과로서, 협력적 소통 역량, 창의적 사고 역량, 심미적 감성 역량, 공동체 역량 등을 종합적으로 기르도록 설계되어 있다.

읽기 · 쓰기 · 말하기 · 듣기를 통합한 수업을 통해 학생은 언어로 사고하고 표현하며 의미를 구성한다. 예를 들어 '우리 생활 속 환경 지키기' 주제에서 학생들은 다양한 자료를 읽고 비교하며 문제를 탐구하고, 느낀 점과 해결 방안을 글이나 발표로 표현한다. 이 과정에서 학생들은 정보를 해석하고 재구성하는 능력, 감정과 생각을 표현하며 타인과 공감하는 능력, 협력과 소통을 통한 문제 해결 능력을 기르게 된다.

교수-학습 과정안	
과목	국어
주제	우리 마을 환경 지키기: 관찰 · 질문 · 글쓰기 프로젝트
성취 기준	[4국03-03] 대상에 대한 자신의 의견과 그렇게 생각한 이유가 드러나게 글을 쓴다. [4국01-06] 주제에 적절한 의견과 이유를 제시하고 서로의 생각을 교환하며 토의한다.
대상	초4학년
수업 목표	1. 생활 속 환경 문제를 관찰하고 질문을 만든다. 2. 자료 탐색과 토의를 통해 문제 해결 방법을 모색한다. 3. 글쓰기와 발표를 통해 생각을 표현하고, 공동체적 책임 의식을 기른다.
차시	1-4차시
탐구 질문	1. 내가 사는 마을에는 어떤 환경 문제가 있을까? 2. 이 문제를 해결하기 위해 우리가 할 수 있는 일은 무엇일까? 3. 글쓰기와 발표를 통해 나의 생각을 어떻게 전할 수 있을까?
핵심 역량	자기관리 역량, 창의적 사고 역량, 협력적 소통 역량, 공동체 역량

학습 단계	교수 · 학습 활동	학습가이드 및 주의점
1차시	• 사진 자료 분석: 우리 마을 환경 사진 · 영상 보기 • 질문 만들기: 발견한 문제에 대해 '왜?', '어떻게?' 질문하기 • 공유 활동: 모둠별로 질문과 느낌 나누기	사진 · 영상 자료를 제시할 때, 학생들이 생활과 직접 연결할 수 있도록 구체적인 사례(학교 주변 쓰레기, 동네 하천 등)를 활용
2차시	• 신문 기사 분석: 마을 쓰레기 · 환경 관련 보도 읽기 • 동화 읽기: 환경 보호 주제를 담은 그림책 읽기 • 토의 활동: 자료 속 해결 아이디어 모아보기	신문 기사, 동화, 포스터 등 다양한 자료를 제시하여 '텍스트의 종류에 따른 관점 차이'를 비교할 수 있도록 안내
3차시	• 포스터 분석: 환경 캠페인 포스터나 광고문 살펴보기 • 산출물 제작: 글쓰기 · 그림일기 · 환경 보호 포스터 만들기 • 모둠 활동: 해결 방법 정리 후 작품 완성	모둠별로 정리한 아이디어를 글쓰기, 그림일기, 포스터 등 다양한 방식으로 표현하도록 유도
4차시	• 발표 활동: 모둠별 작품 발표 • 피드백 활동: 친구 작품에 의견 · 칭찬하기 • 작성 활동: "내가 실천할 약속" 글쓰기	모둠별 작품을 발표할 때, 학생들이 발표-질문-응답의 구조를 경험하도록 안내
평가 도구	1차시: 자기 평가, 관찰 평가 2차시: 수행 평가 3차시: 수행 평가, 자기 평가 4차시: 수행 평가, 동료 평가	

나) 과학 교과

초등학교 과학 교과는 학생들이 자연 현상을 탐구하고 과학적 사고로 문제를 해결하는 힘을 기르는 교과이다. 2022 개정 교육과정에서는 관찰, 실험, 자료 분석, 토론을 통합하여 학생이 과학적 개념을 실제 생활의 맥락 속에서 이해하고 적용하도록 한다. 예를 들어 '물과 환경 문제' 단원에서는 수질 오염 자료를 분석하고 정수 실험이나 빗물 모으기 실험을 통해 과학적 원리를 탐구한다. 이후 모둠별 토론을 통해 생활 속 실천 방안을 제안하고 포스터나 발표로 결과를 공유한다. 이 과정에서 학생들은 자료를 탐색하고 분석하는 지식정보처리 역량, 문제를 과학적으로 해결하는 창의적 사고 역량, 의견을 나누며 협력하는 공동체와 협력적 소통 역량, 탐구 과정을 스스로 계획하고 실천하는 자기관리 역량을 기르게 된다.

교수-학습 과정안	
과목	과학
주제	물과 환경 문제 - 수질 오염 탐구 및 생활 속 실천 방안 찾기
성취 기준	[과6114-1] 생태계 보전의 필요성과 생태계 보전을 위한 인간의 노력을 설명할 수 있다.
대상	초5학년
수업 목표	1. 수질 오염 관련 자료와 실험을 통해 물의 성질과 환경 문제의 원리를 탐구할 수 있다. 2. 모둠별 토론을 통해 생활 속 물 절약 및 환경 보호 실천 방안을 제안할 수 있다. 3. 포스터 제작이나 발표를 통해 탐구 결과와 해결책을 효과적으로 표현할 수 있다.
차시	1-4차시
탐구 질문	1. 물 오염은 왜 발생할까? 2. 깨끗한 물을 지키기 위해 우리는 어떤 노력을 할 수 있을까? 3. 실험을 통해 배운 내용을 생활 속 실천으로 어떻게 연결할 수 있을까?
핵심 역량	지식정보처리 역량, 창의적 사고 역량, 공동체 역량, 협력적 소통 역량, 자기관리 역량

학습 단계	교수 · 학습 활동	학습가이드 및 주의점
1차시	• 수질 오염 사진, 영상, 기사 자료 제시 • 학생들이 경험한 물 사용 불편 사례 공유 • 쟁점 찾기: "물 오염은 왜 발생할까?" • 모둠별로 문제 정의 정리	학생들이 경험한 사례를 자유롭게 말하도록 유도
2차시	• 정수 실험(모래, 자갈, 활성탄 활용) 수행 • 빗물 모으기 모형실험 진행 • 실험 결과 관찰 및 기록 • 결과 차이를 근거로 토의	안전한 실험 환경 조성, 실험 결과를 비교하며 차이를 토의
3차시	• 모둠별 토론: "생활 속에서 물 절약 · 환경 보호를 위해 할 수 있는 일은 무엇일까?" • 실험 결과 및 자료 근거로 실천 방안 도출 • 모둠별 포스터 제작(깨끗한 물 지키기 캠페인)	의견 충돌 시 조율 방법 안내, 창의적 아이디어를 격려
4차시	• 모둠별 포스터 발표 및 공유 • 친구들의 질문 · 피드백 나누기 • 학습 정리: "나는 물을 아끼기 위해 ( )을 실천하겠다" 다짐 쓰기	결과물보다 과정(탐구 · 토론 · 협력)을 강조하여 평가
평가 도구	1차시: 자기 평가, 관찰 평가 2차시: 수행 평가, 자기 평가 3차시: 수행 평가, 동료 평가 4차시: 수행 평가, 동료 평가	

2) 중학교 역량 중심 수업 사례

가) 사회 교과: 지역 교통 문제 해결 모의 토론회

중학교 사회 교과는 학생들이 사회 현상을 비판적으로 이해하고, 공동체의 문제를 합리적으로 해결하는 능력을 기르는 교과이다. 2022 개정 교육과정에서는 학생이 사회적 쟁점을 탐구하며 협력적 소통 역량, 창의적 사고 역량, 공동체 역량, 자기관리 역량을 종합적으로 발휘하도록 한다. '지역 교통 문제 해결을 위한 모의 토론회' 수업에서는 학생들이 지역의 교통 문제를 조사하고 쟁점을 도출하며 다양한 관점을 탐색한다. 이어 찬반 입장을 정리하고 입장문을 작성하면서 논리적 사고와 표현 능력을 기르고 토론을 통해 타인의 의견을 존중하며 협력적 해결 과정을 경험한다. 마지막으로 합의안을 작성하고 성찰 활동을 수행하면서 학생들은 시민으로서의 참여와 책임 의식을 자각하고 지식을 넘어 삶 속에서 사회 문제를 해결하는 주체적 시민 역량을 기르게 된다.

교수-학습 과정안	
과목	사회
주제	지역 교통 문제 해결을 위한 모의 토론회
성취 기준	[4사09-01] 생활 주변에서 찾을 수 있는 여러 가지 문제를 파악하고, 그 문제를 합리적으로 해결하는 능력을 기른다.
대상	중2학년
수업 목표	1. 지역사회의 실제 교통 문제를 조사하고 쟁점을 분석하여 비판적 사고력과 자료 활용 능력을 기른다. 2. 모의 토론회를 운영하며 협의와 타협을 경험하고 협력적 의사소통 능력과 갈등 조정 능력을 발휘한다. 3. 합의안 작성과 성찰 활동을 통해 지역사회 문제 해결자로서의 시민적 책임 의식을 강화한다.
차시	1-5차시
탐구 질문	1. 우리 지역의 교통 문제는 왜 생겼을까? 2. 시민의 입장에서 이 문제를 해결하려면 어떤 선택이 필요할까? 3. 토론을 통해 서로 다른 생각을 조정하고 합의할 수 있을까?
핵심 역량	창의적 사고 역량, 협력적 소통 역량, 공동체 역량, 자기관리 역량

학습 단계	교수 · 학습 활동	학습가이드 및 주의점
1차시	• 지역 교통 문제 사례(버스 노선 축소, 주차난 등) 제시 • 학생들이 겪은 교통 불편 사례 공유 • 쟁점 찾기: "이 문제의 원인은 무엇일까?" • 모둠별로 문제 정의 정리	학생들이 직접 경험한 교통 불편 사례를 자유롭게 공유하도록 유도
2차시	• 주민 인터뷰 · 설문 질문 만들기 • 신문 · 인터넷 자료 조사 • 찬반 입장별 근거 모으기 • 모둠별 자료 공유 및 분석	신문 기사, 인터넷 자료, 정책 자료 등 다양한 출처를 활용하도록 안내
3차시	• 모둠별 입장문 작성(찬성 · 반대 · 중재) • 토론 규칙 합의하기 • 역할 분담: 사회자 · 발표자 · 질의자 정하기 • 짧은 리허설 진행	입장문은 주장-근거-예상 반론의 구조로 작성하도록 지도
4차시	• 사회자 진행으로 토론 시작 • 찬반 입장 발표 및 반론 제시 • 자유 질의응답 및 의견 교환 • 토론 후 주요 쟁점 정리	발표와 반론, 자유 질의응답이 시간 안에 균형 있게 이루어지도록 지도
5차시	• 토론 결과 종합 및 합의안 작성 • 학급 전체 의견 공유하기 • 성찰 활동: "오늘 토론에서 무엇을 배웠는가?" • 시민적 책임과 참여의 의미 글쓰기	합의안은 찬반 의견을 모두 반영하여 실현 가능한 방안으로 정리하도록 안내
평가 도구	1차시: 관찰 평가, 자기 평가 2차시: 수행 평가, 자기 평가 3차시: 수행 평가, 동료 평가 4차시: 수행 평가, 동료 평가 5차시: 수행 평가, 자기 평가	

나) 기술 · 가정 교과: 실천적 문제 해결 역량을 기르는 '생활 디자인 수업'

중학교 기술 · 가정 교과는 학생들이 삶의 문제를 합리적으로 해결하고 지속가능한 생활을 실천하는 능력을 기르는 교과이다. 2022 개정 교육과정에서는 생활 속 경험을 바탕으로 한 문제 탐구와 실천 중심의 학습을 강조하며, 이를 통해 자기관리 역량, 창의적 사고 역량, 지식정보처리 역량, 공동체 역량을 종합적으로 기를 수 있도록 한다. 예를 들어 '제로웨이스트 생활을 위한 지속가능한 제품 설계' 프로젝트에서는 학생들이 일상에서 발생하는 불필요한 소비와 쓰레기 문제를 조사하고, 이를 줄이기 위한 친환경 제품(다회용 용기, 재활용 포장지 등)을 직접 기획 · 설계 · 제작한다. 이후 학교 전시나 캠페인을 통해 결과를 공유하며, 생활 속 실천으로 확장한다. 이러한 학습 과정을 통해 학생들은 지속가능한 생활을 위한 문제 해결력, 창의적 설계 역량, 생태적 감수성과 책임 의식, 협력적 소통 역량을 함양하게 된다.

교수-학습 과정안	
과목	기술 · 가정
주제	제로웨이스트 생활을 위한 지속가능한 제품 설계
대상	중1학년
성취 기준	[9기가02-01] 생활자원의 종류와 특성 및 순환과정을 이해하고 의식주 자원관리의 중요성을 인식한다.
수업 목표	1. 생활 속 과잉 소비 및 환경오염 문제를 조사하고, 이를 줄일 수 있는 친환경적 실천 방안을 탐색할 수 있다. 2. 지속가능한 제품을 창의적으로 설계하고 제작 과정을 통해 문제 해결 능력을 기를 수 있다. 3. 결과물을 공동체와 공유하며 생태적 책임감과 소비자 시민 의식을 함양할 수 있다.
차시	1-6차시
탐구 질문	1. 우리는 왜 불필요한 소비를 줄여야 할까? 2. 일상 속 쓰레기를 줄일 수 있는 창의적인 방법은 무엇일까? 3. 내가 만든 친환경 제품이 세상을 어떻게 바꿀 수 있을까?
핵심 역량	자기관리 역량, 창의적 사고 역량, 지식정보처리 역량, 공동체 역량

학습 단계	교수 · 학습 활동	학습가이드 및 주의점
1차시	• 일상 속 쓰레기 발생 사례 조사 • 불필요한 소비 항목 탐색 • 문제 상황 도출	• 학생들이 일상 속 낭비와 쓰레기 문제를 인식하고, 환경 문제와 연결해 생각해 보도록 유도한다.
2차시	• 친환경 제품 사례 조사(재사용 용기, 친환경 포장 등) • 필요성 분석 및 아이디어 스케치	• 다양한 친환경 제품 사례를 탐색하며 지속가능한 제품의 조건과 아이디어를 구체화하게 한다.
3차시	• 친환경 제품 설계도면 작성 • 재료 선택, 구조 설계, 사용 편의성 고려	• 제품이 실용성과 환경성을 동시에 고려하도록 설계 도면 작성 전 충분한 토의를 이끌어낸다.
4차시	• 소규모 친환경 제품 제작 (예: 다회용 케이스, 천연 탈취제 키트, 포장지 등) • 실습 과정 기록	• 학생들이 안전하고 효율적으로 제작 활동을 할 수 있도록 실습 절차와 도구 사용법을 명확히 안내한다.
5차시	• 결과물 발표 • 제작 과정 및 친환경 효과 설명 • 친구 피드백 수렴	• 제작한 제품의 의도와 효과를 설득력 있게 설명할 수 있도록 발표 구조와 표현 방법을 지도한다.
6차시	• 학교 또는 온라인 전시회 구성 • 환경 보호 실천 캠페인 기획 • 수업 성찰	• 전시나 캠페인이 단순 발표에 그치지 않도록, 실천과 참여로 이어지는 행동 제안을 유도한다.
평가 도구	1차시: 자기 평가, 관찰 평가 2차시: 수행 평가, 자기 평가 3차시: 수행 평가 4차시: 수행 평가, 자기 평가 5차시: 동료 평가 6차시: 수행 평가, 자기 평가	

다) 예술 교과: 정서 표현과 창의성 확장을 위한 '감성 기반 융합 수업'

음악·미술·체육 등의 예술 교과는 학생들이 감정을 표현하고 심미적 감수성과 창의성을 기르는 핵심 교과이다. 2022 개정 교육과정에서는 예술 활동을 통해 심미적 감성 역량, 창의적 사고 역량, 자기관리 역량, 협력적 소통 역량을 조화롭게 발휘하도록 한다. 예술은 학습자가 자신의 내면을 이해하고 타인과 공감하며, 삶의 의미를 재구성하는 매개가 된다. 예를 들어 '나를 표현하는 사운드트랙 만들기' 수업에서는 학생들이 자신의 감정을 글, 그림, 사진 등으로 시각화하고, 그에 어울리는 음악을 선택하거나 직접 작곡해 플레이리스트를 구성한다. 이후 친구들과 공유하며 서로의 감정을 이해하고 피드백을 주고받는다. 이러한 과정은 단순한 예술 활동을 넘어 정서 표현 능력과 공감적 소통, 창의적 융합 사고, 자기 성찰과 정서적 안정을 함께 길러 준다.

교수-학습 과정안	
과목	예술 교과
주제	나를 표현하는 사운드트랙 만들기 - 감정, 경험, 자아를 예술로 표현하고 음악으로 공유하는 프로젝트
대상	중1-2학년
성취기준	[9음03-01] 음악적 의도나 아이디어를 여러 매체나 방법에 적용하여 자기 주도적으로 창작한다.
수업목표	1. 나의 감정과 내면을 다양한 예술 표현(일기, 그림, 사진 등)으로 시각화할 수 있다. 2. 자신을 대표하는 음악을 선택하거나 작곡하여 개성 있는 사운드트랙을 구성할 수 있다. 3. 타인의 감정과 이야기에 공감하며, 표현과 소통을 통해 정서적 안정과 자아 이해를 증진할 수 있다.
차시	1-6차시
탐구질문	1. 나는 어떤 감정과 생각을 음악으로 표현하고 싶은가? 2. 음악은 어떻게 사람의 마음을 움직이게 할까? 3. 나와 친구의 사운드트랙을 비교하며 우리는 서로를 이해할 수 있을까?
핵심역량	심미적 감성 역량, 창의적 사고 역량, 협력적 소통 역량, 자기관리 역량

학습 단계	교수·학습 활동	학습가이드 및 주의점
1차시	• 나만의 감정 기록법(감정 일기, 키워드 쓰기) • 기억에 남는 순간들 떠올리기 • 시각적 표현 준비(그림, 콜라주, 사진 등)	• 감정에 집중할 수 있도록 질문과 글쓰기를 활용해 자신의 내면을 들여다보게 한다.
2차시	• 감정과 관련된 색·형태로 그림 또는 시각물 제작 • 감정에 어울리는 장면·풍경·기호 등을 시각화	• 감정을 색, 형태, 이미지로 자유롭게 표현할 수 있도록 다양한 표현 방식 예시를 제공한다.
3차시	• 시각 자료에 어울리는 음악 감상 및 분석 • 음악의 분위기, 가사, 리듬을 감정과 연결 • 기존 곡 중 사운드트랙 후보 선정	• 음악과 감정의 연결을 이해할 수 있도록 음악 감상 후 느낌을 말과 글로 표현하게 한다.
4차시	• 플레이리스트 또는 믹스테이프 구성(3~5곡) • 곡별 선정 이유 설명 글 작성 • 직접 작곡(선택 시 디지털 도구 활용)	• 곡 선정 이유에 개인적 의미가 드러나도록 유도하며, 창작 활동(작곡 등)을 선택적으로 허용한다.
5차시	• 발표: 시각 표현물과 함께 사운드트랙 소개 • 친구들의 이야기 감상 및 감정 공유 • 감정 카드 또는 공감 피드백 쓰기	• 발표는 평가보다 감정 교류에 초점을 맞추고, 친구의 표현에 공감하는 분위기를 만든다.
6차시	• 활동 전체 회고: 내가 표현한 나, 타인이 본 나 • 자기 성찰 글쓰기: "내 감정과 음악이 닮은 순간" • 서로의 플레이리스트로 '나만의 힐링 곡' 정하기	• 자신과 타인의 감정을 돌아보며, 표현과 수용의 경험이 '나를 이해하는 시간'으로 이어지도록 한다.
평가 도구	1차시: 자기 평가, 관찰 평가 2차시: 수행 평가 3차시: 수행 평가, 자기 평가 4차시: 수행 평가, 관찰 평가 5차시: 동료 평가, 수행 평가 6차시: 자기 평가	

3) 고등학교 역량 중심 수업 사례

가) 수학 교과: 실생활과 연결된 '문제 해결 역량' 중심 프로젝트

수학 교과는 학생들이 논리적 사고와 문제 해결을 통해 세상을 이해하고 합리적으로 판단하는 능력을 기르는 교과이다. 2022 개정 교육과정에서는 계산 중심의 학습을 넘어, 실생활의 문제를 수학적으로 탐구하고 표현하는 역량 중심 수업을 강조한다. 학생은 수학을 통해 지식정보처리 역량, 창의적 사고 역량, 협력적 소통 역량, 공동체 역량을 통합적으로 발휘하게 된다. 예를 들어 '학교 매점 가격 정책 제안 프로젝트'에서는 학생들이 매점 물품의 가격과 수요를 조사하고 이를 바탕으로 비례식 · 방정식 · 그래프 · 평균과 분산 등을 적용하여 합리적인 가격 조정안을 수립한다. 이후 보고서를 작성하고 모의 학생자치회의에서 발표하며 피드백을 주고받는다. 이 과정에서 학생들은 자료를 분석하고 추론하는 수학적 사고력, 근거를 제시하며 설득하는 협력적 소통 역량, 협업과 책임감을 기르는 공동체 역량, 현실 문제를 수학적으로 해결하는 창의적 문제 해결력을 기르게 된다.

교수-학습 과정안	
과목	수학
주제	학교 매점 가격 정책 제안 프로젝트 • 실생활 수요 데이터를 바탕으로 합리적인 가격 정책을 수립하고 수학적으로 설명하는 프로젝트
대상	고1-2학년
성취 기준	[12직수02-04] 증가와 감소, 주기적 변화 등의 관계를 나타내는 그래프를 설명할 수 있다. [12직수02-05] 일차방정식 또는 일차부등식을 활용하여 직무 상황의 문제를 해결할 수 있다.
수업 목표	1. 실생활 문제를 수학적으로 분석하고 모델링하는 과정을 통해 수학의 유용성을 인식할 수 있다. 2. 비례식, 방정식, 그래프, 평균과 분산 등 다양한 수학 개념을 실제 문제에 적용할 수 있다. 3. 자료 해석, 수학적 의사결정, 협업, 발표 등의 과정을 통해 수학적 사고력과 의사소통 능력을 신장할 수 있다.
차시	1-6차시

<table>
<tr><td>탐구 질문</td><td colspan="2">1. 가격과 수요는 어떤 관계를 가질까?
2. 수학은 실제 사회의 문제를 어떻게 해결하는 데 도움이 될까?
3. 합리적인 가격 정책을 세우려면 어떤 근거가 필요할까?</td></tr>
<tr><td>핵심 역량</td><td colspan="2">지식정보처리 역량, 창의적 사고 역량, 협력적 소통 역량, 공동체 역량</td></tr>
<tr><td>학습 단계</td><td>교수 · 학습 활동</td><td>학습가이드 및 주의점</td></tr>
<tr><td>1차시</td><td>• 매점 가격 정책 관련 문제 제기
• 수요와 가격 관계에 대한 가설 세우기
• 조별 조사 설계(물품, 수요, 가격 만족도 등)</td><td>• 학생들이 실생활 문제로서 매점 가격 정책을 인식할 수 있도록 충분한 사례와 질문을 활용한다.</td></tr>
<tr><td>2차시</td><td>• 학생 대상 가격 만족도 및 수요 설문 실시
• 결과를 빈도표, 그래프 등으로 정리</td><td>• 실질적이고 다양한 데이터를 수집할 수 있도록 구체적 설문 항목 구성 방법을 안내한다.</td></tr>
<tr><td>3차시</td><td>• 수요 예측을 위한 방정식/비례식 설정
• 판매량과 가격 간의 관계식 도출
• 적절한 가격 조정 시뮬레이션</td><td>• 비례식과 방정식이 현실 문제에 어떻게 적용되는지를 실제 사례와 함께 제시한다.</td></tr>
<tr><td>4차시</td><td>• 그래프를 이용한 변화 추이 분석
• 평균 및 분산을 통해 가격 만족도 비교
• 이상값 또는 극단값 논의</td><td>• 그래프와 통곗값(평균, 분산)을 통해 데이터의 경향을 설명할 수 있도록 시각적 도구를 활용한다.</td></tr>
<tr><td>5차시</td><td>• 분석 결과를 바탕으로 가격 정책 수립
• 수학적 근거를 포함한 보고서 작성
• 역할 분담 및 발표 준비</td><td>• 정책 제안서에는 수학적 근거가 명확히 드러나도록 구조화된 양식을 제공한다.</td></tr>
<tr><td>6차시</td><td>• 보고서 발표 및 질의응답
• 반응 분석 및 자기 평가
• 수업 성찰: 수학으로 사회 문제 해결하기</td><td>• 발표와 피드백 시간은 실제 의사결정 회의처럼 운영하여 몰입감을 높인다.</td></tr>
<tr><td>평가 도구</td><td colspan="2">1차시: 관찰 평가, 자기 평가
2차시: 수행 평가, 동료 평가
3차시: 수행 평가, 자기 평가
4차시: 수행 평가
5차시: 수행 평가, 동료 평가
6차시: 자기 평가, 동료 평가</td></tr>
</table>

나) 과학 교과: 탐구 기반 '시민 참여형 과학 프로젝트'

과학 교과는 학생들이 자연 현상을 탐구하고 과학적 사고를 바탕으로 문제를 해결하는 능력을 기르는 교과이다. 2022 개정 교육과정에서는 관찰 · 실험 · 자료 분석 · 토의 등 수행 중심의 학습을 통해 과학 개념을 실제 사회적 맥락과 연결하고 지식정보처리 역량, 창의적 사고 역량, 협력적 소통 역량, 공동체 역량, 자기관리 역량을 종합적으로 발휘하도록 한다. 예를 들어 '기후위기 대응을 위한 지역 에너지 정책 제안 프로젝트'에서는 학생들이 지역의 전력 소비 현황과 탄소 배출량을 조사하고 재생에너지 전환 비율 계산이나 태양광 설치 시뮬레이션을 수행한다. 이후 실험과 자료 분석을 통해 과학적 근거를 마련하고 이를 바탕으로 지역사회에 제안할 수 있는 정책을 구성한다. 이러한 수업은 과학 지식을 단순히 이해하는 수준을 넘어 탐구적 문제 해결력, 비판적 판단, 윤리적 사고, 실천적 시민성을 함께 기를 수 있도록 돕는다.

교수-학습 과정안	
과목	과학
주제	기후위기 대응을 위한 지역 에너지 정책 제안 프로젝트
대상	고1-2학년
성취기준	[10통과2-02-06] 에너지 효율의 의미와 중요성을 이해하고, 지속가능한 발전과 지구 환경 문제 해결에 신재생 에너지 기술을 활용하는 방안을 탐색할 수 있다.
수업목표	1. 지역 사회의 전력 소비 및 탄소 배출 현황을 분석하여 과학적으로 이해할 수 있다. 2. 재생에너지 전환 가능성을 탐색하고, 과학적 근거에 기반한 정책을 설계할 수 있다. 3. 실험, 시뮬레이션, 자료 분석, 토의, 발표를 통해 과학 지식을 현실 문제 해결에 적용하는 실천 역량을 기를 수 있다.
차시	1-7차시
탐구질문	1. 우리 지역의 에너지 소비는 기후위기와 어떤 관련이 있을까? 2. 재생에너지를 늘리기 위한 과학적 방법은 무엇일까? 3. 청소년으로서 에너지 절약을 위해 내가 실천할 수 있는 일은 무엇일까?
핵심역량	지식정보처리 역량, 창의적 사고 역량, 공동체 역량, 협력적 소통 역량, 자기관리 역량

학습 단계	교수 · 학습 활동	학습가이드 및 주의점
1차시	• 기후위기 현상 개념 및 원인 탐색 • 전 세계 · 지역 탄소 배출 자료 분석 • 지역 에너지 사용 문제 도출	• 기후위기 문제를 지역과 연결해 실감나게 소개한다.
2차시	• 우리 지역 전력 사용 현황 조사 • 탄소 배출량 추정 • 에너지 소비 패턴 시각화(도표, 그래프)	• 데이터를 통해 지역의 에너지 소비 현황을 분석하게 한다.
3차시	• 태양광, 풍력, 지열 등 재생에너지의 원리 탐구 • 재생에너지 전환 시나리오 구상	• 다양한 재생에너지의 원리와 장단점을 탐색하게 한다.
4차시	• 태양광 설치 가능 지역 선정(위치, 효율 등 고려) • 모형 제작 또는 시뮬레이션(광전 효과, 발전량 등) • 실험 보고서 작성	• 간단한 실험 또는 시뮬레이션을 통해 직접 탐구하게 한다.
5차시	• 팀별 지역 맞춤 에너지 정책 설계 • 과학적 근거와 윤리적 고려를 반영한 방안 수립 • 정책 제안서 초안 작성	• 팀별로 과학적 근거가 담긴 정책을 구체화하도록 돕는다.
6차시	• 제안서 수정 및 시각자료 제작 • 발표 연습 • 청중 고려 발표 전략 구성	• 발표 내용을 시각적으로 정리하며 발표 전략을 세우게 한다.
7차시	• 지역 기관 역할 놀이 또는 실제 기관 초청 • 발표 및 질의응답, 피드백 • 학습 성찰 및 실천 의지 표현	• 실제 청중 앞에서 정책을 설득력 있게 발표하게 한다.
평가 도구	1차시: 자기 평가, 관찰 평가 2차시: 수행 평가, 동료 평가 3차시: 수행 평가 4차시: 수행 평가, 자기 평가 5차시: 수행 평가, 동료 평가 6차시: 자기 평가, 동료 평가 7차시: 동료 평가, 자기 평가	

다) 진로 · 자율 활동: 삶과 연계된 '진로탐색 프로젝트'

진로 활동은 학생들이 자신의 삶과 미래를 주체적으로 설계하며 성장하는 힘을 기르는 교육 영역이다. 2022 개정 교육과정에서는 진로 활동을 통해 자기관리 역량, 창의적 사고 역량, 지식정보처리 역량, 협력적 소통 역량, 공동체 역량을 통합적으로 발휘하도록 한다. 예를 들어 '나의 가치관을 바탕으로 미래 직업 설계하기' 활동에서는 학생들이 자신의 흥미, 성격, 강점 등을 탐색하고, 다양한 직업 세계를 조사하여 사회적 기여와 개인의 성취를 조화롭게 실현할 수 있는 직업을 모색한다. 이후 모의 채용 면접, 자기소개 영상 제작 등 실습 중심 활동을 통해 자기 표현력, 사회적 상호작용 능력, 진로 의사결정 역량을 함께 기른다. 이러한 과정은 학생이 진로를 단순한 직업 선택이 아닌 삶의 방향과 가치 탐색의 과정으로 인식하도록 돕는다.

<table>
<tr><th colspan="3">교수-학습 과정안</th></tr>
<tr><td>과목</td><td colspan="2">진로</td></tr>
<tr><td>주제</td><td colspan="2">나의 가치관을 바탕으로 미래 직업 설계하기</td></tr>
<tr><td>대상</td><td colspan="2">고1-3학년</td></tr>
<tr><td>성취
기준</td><td colspan="2">[12진로 01-01] 관심 분야 직업인의 삶과 진로 특성을 탐구함으로써 관심 직업 및 전공 분야에서 요구되는 진로 특성을 이해한다.</td></tr>
<tr><td>수업
목표</td><td colspan="2">1. 자신의 성격, 강점, 가치관을 탐색하고 이를 기반으로 직업 선택의 기준을 세울 수 있다.
2. 직업 세계를 폭넓게 탐색하고, 개인의 성향과 사회적 가치를 고려한 미래 직업을 설계할 수 있다.
3. 진로 포트폴리오를 바탕으로 자기표현, 모의 면접, 진로 의사결정 활동을 수행하며 실천 역량을 기를 수 있다.</td></tr>
<tr><td>차시</td><td colspan="2">1-7차시</td></tr>
<tr><td>탐구
질문</td><td colspan="2">1. 나는 어떤 가치관을 가장 중요하게 생각할까?
2. 나의 강점과 흥미는 어떤 직업과 연결될 수 있을까?
3. 나다운 삶을 위해 어떤 진로 계획을 세워야 할까?</td></tr>
<tr><td>핵심
역량</td><td colspan="2">자기관리 역량, 창의적 사고 역량, 협력적 소통 역량, 공동체 역량</td></tr>
<tr><td>학습
단계</td><td>교수 · 학습 활동</td><td>학습가이드
및 주의점</td></tr>
<tr><td>1차시</td><td>• 성격 유형 검사(MBTI, Holland 등)
• 나의 가치관 카드 만들기</td><td>• 다양한 성격 유형 검사와 활동 경험 회고를 통해 학생들이 자신</td></tr>
</table>

	• 흥미/강점/보람 느낀 경험 나누기	의 흥미, 강점, 가치관을 스스로 인식하도록 유도한다.
2차시	• 다양한 직업군 탐색 • 직업 가치관(안정, 수입, 창의성, 기여 등) 분석 • 내가 추구하는 일의 조건 정리	• 다양한 직업군과 직업 가치관을 탐색하게 하여 학생들이 일과 삶에 대한 생각을 확장하고 직업 선택의 기준을 세우도록 돕는다.
3차시	• 관심 직업 선정 • 직업정보 조사(하는 일, 필요 역량, 전망 등) • 나와의 적합도 분석	• 관심 있는 직업을 구체적으로 조사하고, 자신과의 적합성을 분석하여 직업 선택에 대한 주도적 사고를 기르게 한다.
4차시	• 진로 목표 설정 • 활동 이력, 학습 계획, 강점 정리 • 직업에 맞춘 성장 로드맵 그리기	• 직업 목표에 맞는 자기 강점, 학습 계획, 활동 이력을 정리하고, 중장기적 진로 설계 로드맵을 시각적으로 구성하게 한다.
5차시	• 자기 PR 기획서 작성 • 말하기 연습, 스크립트 작성 • 진로 동기와 직업 관련 역량 강조	• 자신을 효과적으로 소개하는 내용과 형식을 고민하게 하고, 진로와 연결된 자기 강점을 설득력 있게 표현할 수 있도록 지도한다.
6차시	• 모의 면접 실습 • 면접관 · 지원자 역할 교대 활동 • 피드백 및 개선점 정리	• 면접 상황을 실습하며 자기소개, 질문 응답, 태도 등을 실전처럼 경험하게 하고, 상호 피드백을 통해 표현력과 사회성을 키우게 한다.
7차시	• 나의 진로 포트폴리오 발표 • 자기 성장 스토리 공유 • 진로 성찰 글쓰기: "나는 어떤 삶을 살고 싶은가?"	• 나의 진로 포트폴리오를 바탕으로 삶과 직업에 대한 성찰을 공유하며, 진로 설계 과정에서 느낀 변화와 성장의 의미를 되돌아보게 한다.
평가 도구	1차시: 자기 평가, 관찰 평가 2차시: 수행 평가 3차시: 수행 평가 4차시: 수행 평가, 자기 평가 5차시: 관찰 평가, 수행 평가 6차시: 수행 평가, 동료 평가 7차시: 자기 평가, 수행 평가	

탐구 질문

1. 교과의 고유한 목표에서 출발한 역량 요소는 어떻게 하면 다른 교과와 차별성을 유지하면서도 학생의 전인적 성장을 함께 도울 수 있을까?

2. 각 교과의 성취기준은 학습자의 '삶의 맥락'과 어떻게 연결되어야 하는가?

3. 성취기준-역량-평가의 통합적 설계를 위해 교사는 어떤 전문성과 실천 구조를 구축해야 하는가?

참고문헌

(1) OECD. (2024). *Learning Compass 2030: Transformative competencies for 21st century learners*. Paris: OECD Publishing.

(2) 교육부. (2022). 2022 개정 교육과정 총론 해설. 세종: 교육부.

(3) McTighe, J., & Wiggins, G. (2005). *Understanding by design*. Alexandria: ASCD.

(4) Tyler, R. W. (1949). *Basic principles of curriculum and instruction*. Chicago: University of Chicago Press.

(5) Bloom, B. S. (1956). *Taxonomy of educational objectives: Cognitive domain*. New York: Longman.

(6) 강현석, 유제순, 온정덕, 이지은 (편). (2015). 백워드 단원 설계와 개발: 기본 모듈(Ⅰ·Ⅱ). 경기: 교육과학사.

(7) Bruner, J. S. (1960). *The process of education*. Cambridge: Harvard University Press.

(8) 강지연. (2024). 역량기반 교육과정 설계를 위한 교수학습 지원체계. 핵심역량교육연구, 9(2), 27-52.

(9) 허지원. (2021). '역량기반 교육' 개념체제의 이해와 조건 탐색을 통한 과제 제시. 핵심역량교육연구, 6(1), 1-22.

(10) OECD. (2021). *Future of education and skills 2030, Chapter 2* (Key competencies) (pp. 15-22).

(11) 교육부. (2022). 2022 개정 교육과정 총론 해설. 세종: 교육부.

(12) Rychen, D. S., & Salganik, L. H. (2021). *Key competencies for a successful life and well-functioning society*. Göttingen: Hogrefe & Huber.

(13) OECD. (2021a). *Future of education and skills 2030: Key competencies*. Paris: OECD Publishing.

(14) UNESCO. (2020). *Embracing a culture of lifelong learning*. Hamburg: UNESCO Institute for Lifelong Learning.

(15) OECD. (2021b). *Future of education and skills 2030: Learning cycle*. Paris: OECD Publishing.

(16) Wiggins, G., & McTighe, J. (1998). *Understanding by design*. Alexandria, VA: Association for Supervision and Curriculum Development (ASCD).

(17) Perkins, D. N., & Salomon, G. (1992). Transfer of learning. In *International encyclopedia of education* (2nd ed.). Pergamon Press.

(18) Johnson, D. W., & Johnson, R. T. (2009). An educational psychology success story: Social interdependence theory and cooperative learning. *Educational Researcher,*

38(5), 365-379.

(19) Trilling, B., & Fadel, C. (2009). *21st century skills: Learning for life in our times*. San Francisco: Jossey-Bass.

(20) 이강주, 배현주, 서예원, 진미석. (2025). AI 시대 교사의 역할과 핵심역량 재설정을 위한 탐색적 연구. 핵심역량교육연구, 10(1), 1-22.

(21) 교육부. (2022). 2022 개정 교육과정 총론 해설. 세종: 교육부.

(22) 배현주, 진미석. (2024). 역량기반 교육과정 및 과정 중심 평가 운영과 함의. 핵심역량교육연구, 9(2), 1-25.

제 4 장 학생 맞춤형 수업 설계와 실행 전략

4.1 수업 구조의 전환

4.1.1 수업 재구성의 필요성과 탐구 중심 수업

가. 맞춤형 교육과정 체제와 수업 재구성의 필요성

오늘날 학교가 직면한 가장 중요한 질문은 "현재의 수업 방식이 미래를 살아갈 학생들을 충분히 준비시키고 있는가?"라는 점이다. 전통적인 수업 구조는 오랫동안 교육 현장에서 지배적인 방식으로 작동해 왔다. 교사가 지식을 일방적으로 전달하고 학생이 이를 받아 적고 암기하는 수업은 일정한 효과를 가져왔으나 이러한 방식은 주입식이라는 한계와 함께 급변하는 현대 사회의 요구를 충족시키기에는 부족하다(1). 2022 개정 교육과정의 주요 배경 가운데 하나는 '맞춤형 교육에 대한 요구의 증대'이다. 교육의 공공성이 강조됨에 따라 학교는 '모두를 위한 교육'을 실현하기 위해 학생 개개인의 특성과 진로에 적합한 학습을 지원해야 한다(2).

이에 2022 개정 교육과정은 교육과정의 구성 단계에서 학교, 교사, 학부모, 시·도교육청, 교육부 등 다양한 교육 주체 간 협력 체제를 마련하였다. 이를 통해 학습자의 특성과 학교 여건에 맞는 학습이 이루어질 수 있는 기반을 조성하고, 모든 학생이 학습의 기초가 되는 언어·수리·디지털 소양을 갖추도록 하였다. 나아가 학생들이 자신의 진로와 학습을 주도적으로 설계하며, 적절한 시기에 학습할 수 있도록 지원하는 '학습자 맞춤형 교육과정 체제'를 구축하고자 한 것이다(3). 학생 맞춤형 수업의 철학은 '모든 학습자가 자신에게 맞는 방식으로 성장할 수 있도록 돕는 것'에 있다. 이를 위해 교사는 학생의 차이를 결핍이 아닌 다양성으로 바라보며 각자의 속도와 경험을 존중하는 배움의 구조를 설계해야 한다. 이러한 철학은 교육과정 전반을 학습자의 관점에서 다시 구성하는 패러다임의 전환을 요구한다. 이러한 관점에서 2022 개정 교육과정 총론이 제시한 교육의 비전과 교수·학습의 원리는 학생 맞춤형 수업이 지향해야 할 근본적 방향을 제시한다.

2022 개정 교육과정의 학생 맞춤형 수업은 일반 교육과정이 지향하는 공통 목표와 개별 학습자의 진로를 고려한 개별 목표를 동시에 추구함으로써, 모든 학생의 성공적인 학습을 실현하고자 한다는 점을 보여준다. 나아가 2022 개정 교육과정에서 학생 맞춤형 수업의 주체는 '학생과 교사'이며, 그 대상은 '모든 학생'이다. 본 교육과정은 학생 주도성을 중시하며 이전 교육과정과 달리 탐구와 문제 해결의 과정을 통해 학생들이 학습의 주체로서 능동적으로 참여하고 학습의 즐거움을 경험할 수 있도록 한다. 이를 위해 교사와 학생이 함께 교수·학습을 설계하고 운영할 것을 강조하고 있다[4].

2022 개정 교육과정은 디지털 대전환 시대에 대응하기 위해 인공지능과 소프트웨어 교육을 비롯한 디지털 매체 교육의 중요성을 강조한다. 이에 기초 소양의 하나로 언어·수리 역량과 함께 디지털 소양을 중점적으로 다루며, 초등 단계에서도 정보 교과의 수업 시수를 확대하였다. 나아가 다양한 기술·정보 매체를 활용한 개인 맞춤형 학습을 활성화하고 수업과 진단평가, 과정 중심 평가를 연계함으로써 학생 개개인의 성장 경로에 최적화된 개인화 학습을 실현하고자 한다. 특히 이번 교육과정은 '디지털 전환과 인간 중심 교육의 조화'를 핵심 기조로 삼고 있다. 기술을 활용하는 수준에서 학습자가 기술을 통해 스스로 사고하고 표현하며 공동체 속에서 책임 있게 기술을 사용할 수 있는 AI 윤리 역량의 함양을 강조한다. 즉, 인공지능은 학습의 도구이자 파트너이며 그 활용은 교사의 교육적 판단과 학생의 자율적 선택을 기반으로 이루어져야 한다. 이러한 관점에서 교사는 데이터를 분석하고 피드백을 제공하는 'AI 활용 전문가'일 뿐 아니라 기술의 목적과 가치를 성찰하며 학습자의 인격적 성장을 이끄는 '윤리적 안내자'로서의 역할을 수행해야 한다.

〈표 4-1〉에서 볼 수 있듯이, 2022 개정 교육과정은 학생 맞춤형 수업을 '구성

방향', '교수·학습', '평가'의 전 영역에서 구체적으로 강조하고 있다. '구성 방향'에서는 학습자의 다양성을 존중하며 포용적 환경 속에서 자율적 성장을 지원하도록 제시하였고 '교수·학습'에서는 학습자 주도성, 협력적 탐구, 디지털 매체의 교육적 활용을 핵심으로 삼았다. 또한 '평가'에서는 결과 중심의 서열화를 지양하고 과정 중심의 성장 피드백을 강화함으로써 학생의 변화를 추적하고 학습을 지원하는 평가로 전환하고 있다. 결국 2022 개정 교육과정이 추구하는 맞춤형 수업의 본질은 기술과 인간이 공존하는 학습 생태계 속에서 학생의 자율성과 교사의 전문성이 조화를 이루는 데 있다.

〈표 4-1〉 학생 맞춤형 수업_2022 개정 교육과정 총론

영역		주요 내용
Ⅰ. 교육과정 구성의 방향	1. 교육과정 구성의 중점	▪주요 배경 학생 개개인의 특성과 진로에 맞는 학습을 지원해 주는 맞춤형 교육에 대한 요구가 증가하고 있다. ▪교육과정 구성의 중점 이 교육과정은 우리나라 교육과정이 추구해 온 교육 이념과 인간상을 바탕으로, 미래 사회가 요구하는 핵심역량을 함양하여 포용성과 창의성을 갖춘 주도적인 사람으로 성장하게 하는 데 중점을 둔다. 학생들이 자신의 진로와 학습을 주도적으로 설계하고, 적절한 시기에 학습할 수 있도록 학습자 맞춤형 교육과정 체제를 구축한다.
Ⅱ. 학교 교육과정 설계와 운영	2. 교수·학습	다. 교과의 특성과 학생의 능력, 적성, 진로를 고려하여 학습 활동과 방법을 다양화하고, 학교의 여건과 학생의 특성에 따라 다양한 학습 집단을 구성하여 학생 맞춤형 수업을 활성화한다. 1) 학생의 선행 경험, 선행 지식, 오개념 등 학습의 출발점을 파악하고 학생의 특성을 고려하여 학습 소재, 자료, 활동을 다양화한다. 2) 정보통신기술 매체를 활용하여 교수·학습 방법을 다양화하고, 학생 맞춤형 학습을 위해 지능정보 기술을 활용할 수 있다. 3) 다문화 가정 배경, 가족 구성, 장애 유무 등 학습자의 개인적·사회 문화적 배경의 다양성을 이해하고 존중하며, 이를

영역		주요 내용
		수업에 반영할 때 편견과 고정 관념, 차별을 야기하지 않도록 유의한다. 4) 학교는 학생 개개인의 학습 상황을 확인하여 학생의 학습 결손을 예방하도록 노력하며, 학습 결손이 발생한 경우 보충학습의 기회를 제공한다.
	3. 평가	다. 학교는 교과목의 성격과 학습자 특성을 고려하여 적합한 평가 방법을 활용한다. 1) 학교의 여건과 교육 활동의 특성을 고려하여 다양한 지능정보 기술을 활용함으로써 학생 맞춤형 평가를 활성화한다. 2) 개별 학생의 발달 수준 및 특성을 고려하여 평가 계획을 조정할 수 있으며, 특수학습 및 일반 학습에 재학하고 있는 특수교육 대상 학생을 위해 필요한 경우 평가 방법을 조정할 수 있다.

2022 개정 교육과정의 학생 맞춤형 수업은 교수·학습 방법의 다양화에 머무는 것이 아니라 교육의 구조와 운영 전반을 학습자의 주도성과 개별 특성에 맞게 재구성하려는 패러다임 전환을 의미한다. 이는 모든 학생에게 보편적 학습 기회를 보장하는 동시에 개별 학습자의 수준과 진로에 적합한 교육 경험을 제공함으로써 '형평성과 다양성의 조화'를 실현하려는 데 의의가 있다. 특히, 인공지능과 디지털 기술을 활용한 교수·학습 및 평가의 고도화는 학습 결손을 예방하고 맞춤형 피드백을 제공하며 학습 과정의 질적 향상을 촉진할 것으로 기대된다.

나. 탐구 중심 수업의 이론적 기반과 실천 방향

2022 개정 교육과정의 학생 맞춤형 수업은 미래 사회가 요구하는 핵심 역량을 함양하고 학습자가 주체적이며 지속적으로 성장할 수 있는 교육 생태계를 구축하기 위한 핵심 전략으로 이해될 수 있다. 이러한 맥락에서 교육과정 재구성의 필요성은 더욱 분명해진다. 기존의 주입식 수업으로는 빠르게 변화하는 사회와 학습자의 다양한 요구를 충족시키기 어렵기 때문이다. 학생 맞춤형 수업은 학습자의 경험, 흥미, 수준을 고려하여 학습 내용을 재구성하고 이를 바탕으로 학습자가 스스

로 의미를 탐색할 수 있는 기회를 제공한다. 이러한 접근은 지식 전달을 넘어 사고력과 문제 해결력을 기르는 데 목적이 있으며 나아가 학습자가 배움의 주체로 성장할 수 있도록 돕는다.

특히, 탐구 중심 수업은 학생들이 질문을 던지고 문제를 정의하며 다양한 자원과 자료를 활용해 해결 방안을 모색하는 과정을 핵심으로 한다. 이는 학습자가 수동적으로 지식을 수용하는 위치에서 벗어나 능동적이고 창의적인 학습자로 성장할 수 있는 기반을 마련한다. 교사는 이 과정에서 안내자이자 협력자로서 학생들과 함께 학습의 과정을 설계하고 탐구가 지속적으로 이루어질 수 있는 환경을 조성한다.

수업 재구성과 개념기반 탐구 중심 수업은 2022 개정 교육과정이 지향하는 학생 맞춤형 교육의 핵심 전략이자 미래 교육의 지속가능한 발전을 위한 중요한 실천 과제라 할 수 있다.

산업화 시대에는 표준화된 교육이 필요했다. 동일한 지식과 기술을 대량으로 전달해 인력을 양성해야 했기 때문이다. 그러나 21세기를 살아가는 학생들에게 요구되는 것은 지식 습득이 아니라 문제를 발견하고 분석하며 새로운 해결책을 창출하는 능력 그리고 타인과 협력해 공동의 목표를 달성할 수 있는 역량이다. 이는 강의식 수업만으로는 길러질 수 없는 능력이다. 학생들이 수업에서 교사의 설명을 수동적으로 받아들이는 데 익숙해질 경우 비판적 사고나 자기 성찰, 창의적 표현 기회를 충분히 누리지 못하고 배움의 맥락적 의미와 즐거움도 경험하기 어렵다. 결과적으로 학습은 삶과 동떨어진 형식적 과정으로 전락하며 학생 개별성 역시 고려되지 못한다. 동일한 수업이 어떤 학생에게는 지나치게 쉬워 동기를 떨어뜨리고 또 다른 학생에게는 지나치게 어려워 좌절감을 안길 수 있는 것이다. 이러한 상황은 학습 격차와 학습 동기의 약화를 초래한다. 더불어 4차 산업혁명이라는 변화의 흐름 속에서 AI, 빅데이터, 사물인터넷 등 첨단 기술이 직업 세계를 재편하는 현실은 교육이 더 이상 하나의 정답을 찾는 훈련에 머물 수 없음을 시사한다.

교육은 실생활과 연결된 복잡한 문제 상황에서 학생이 비판적으로 사고하고 협력적으로 해답을 모색할 수 있도록 하는 데 초점을 맞춰야 한다. 따라서 전통적인 지식 전달 중심 패러다임에서 벗어나 탐구 중심과 협력 중심 수업으로의 전환을 요구한다. 이 두 접근법은 학습자를 지식 수용자가 아닌 학습 과정의 주체로 세우며 학생이 스스로 질문을 던지고 탐색하며 동료와의 상호작용 속에서 지식을 구성하도록 한다. 이러한 경험은 학생이 배운 지식을 새로운 맥락에 적용할 수 있게 하고 미래 사회가 요구하는 비판적 사고력·창의적 문제해결력·협력적 소통 능력을 자연스럽게 함양하도록 돕는다. 나아가 미래교육은 기술 활용 능력뿐만 아니라 인간성, 지속가능성, 글로벌 시민성을 포함하는 전인적 성장을 지향한다. 즉, 학생들은 디지털 도구를 활용하는 역량을 넘어서 기술의 사회적·윤리적 의미를 성찰하고 다양한 문화와 가치를 존중하며 디지털 시민성·데이터 소양·AI 리터러시를 함께 기를 수 있어야 한다. 결국 교육과정 재구성은 선택이 아니라 필수적 과제이며 교사는 지식 전달자에서 학습 촉진자, 동반자로 역할을 전환해야 한다.

탐구 중심 수업은 이러한 전환의 핵심적 대안이다. 이 수업은 학습자가 교사의 지시를 수동적으로 따르는 존재가 아니라 학습 과정의 주체로서 스스로 질문을 만들고 문제를 인식하며 해결해 가는 과정 속에서 지식을 구성하도록 한다. 탐구 중심 수업은 학습자의 호기심을 자극하고 비판적 사고·창의적 문제 해결·협력적 소통 역량을 통합적으로 신장시키는 접근법으로 21세기 핵심 역량을 함양하는 데 적합하다. 이러한 교육 방식은 듀이(John Dewey)의 경험 중심 교육 사상[5]과 피아제(Jean Piaget)[6], 비고츠키(Lev Vygotsky)의 구성주의 학습 이론에 뿌리를 두고 있다. 듀이는 교육을 '삶을 위한 준비'가 아닌 '삶 그 자체'로 보았고 학습자가 경험을 통해 능동적으로 지식을 구성한다고 주장했다[7]. 따라서 탐구 중심 수업은 학습자의 경험과 삶의 맥락 속에서 출발하여 스스로 문제를 인식하고 해결 방안을 탐색하는 과정을 중시한다. 이는 단일 정답이 존재하는 폐쇄적 문제보다 다양한 해석과 해결이 가능한 개방형 문제를 다루며 학생들에게 복합적 사고 경험을 제공한다.

탐구 중심 수업의 가장 큰 특징은 질문 기반 학습이다. 교사가 정답을 설명하는 것이 아니라 학생이 질문을 던지고 그 답을 탐색하는 과정 속에서 학습이 전개된다. 이 질문은 사실 확인을 넘어 원인·결과, 관계·패턴, 가정·예측에 대한 깊은 사고를 유도한다. 교사는 학습자의 질문을 탐구 지향적으로 확장시키고 탐색 자원과 자료 해석 방법을 제공하며 의미 있는 결론 도출을 촉진하는 촉진자로서 기능한다. 또한 탐구 중심 수업은 학습자의 협력적 문제 해결과 사회적 상호작용을 중시한다. 학생들은 다양한 시각을 공유하고 상호 피드백을 주고받으며 지식을 공동으로 구성한다. 이를 통해 의사소통 능력, 공감 능력, 집단적 책임감 등 사회·정서적 역량을 함께 기를 수 있다. 탐구 중심 수업은 또한 과정 중심 평가를 강조한다. 기존의 평가는 정답 여부에 치중하여 학생의 사고 과정이나 학습 경험의 깊이를 충분히 반영하지 못했다. 반면 탐구 중심 수업에서의 평가는 학습자의 사고와 탐구의 전 과정을 중시한다. 학생이 어떤 질문을 형성했는지, 자료를 어떻게 수집·분석했는지, 동료와의 상호작용을 통해 어떤 통찰을 얻었는지, 자신의 생각을 어떻게 조직하고 표현했는지 등을 세밀하게 살핀다. 이를 위해 자기 평가, 동료 평가, 포트폴리오, 관찰 기록과 같은 다양한 질적 평가 도구가 활용되며 이러한 방식은 학습자의 탐구 과정을 면밀히 파악하고 적절한 피드백을 제공할 수 있는 근거가 된다. 평가가 결과를 판별하는 절차가 아니라 학습을 성장시키는 과정으로 기능하는 것이다. 이처럼 탐구 중심 수업은 수업의 구조, 학습자의 역할, 교사의 기능, 평가의 관점에서 전통적 수업과 뚜렷한 차이를 보인다. 이를 전통적 수업과 탐구 중심 수업의 비교로 정리하면 〈표 4-2〉와 같다.

탐구 중심 수업은 교육의 본질이 지식 전달에서 자기주도적 학습 역량 함양으로 전환되고 있음을 보여준다. 교사는 더 이상 유일한 지식 전달자가 아니라 학생의 질문을 이끌어내고 사고를 확장시키는 동반자로서 역할을 수행해야 한다. 탐구 중심 수업이 학교 현장에 정착될 때 학생은 교실을 넘어 삶의 문제를 능동적으로 해결하는 주체적 시민이자 미래를 함께 설계하는 창조적 인재로 성장할 수 있을 것이다.

〈표 4-2〉 전통적 수업과 탐구 중심 수업의 비교

구분	전통적 수업	탐구 중심 수업	2022 개정 교육과정에 따른 기대되는 핵심역량
수업 구조	교사 중심 지식 전달, 강의식	학생 중심 질문·탐구 기반, 상호작용 중심	자기관리 역량
학습자의 역할	수동적 수용자, 정답 암기	능동적 탐구자, 문제 해결자	창의적 사고 역량
교사의 역할	지식 전달자, 설명자	촉진자, 안내자, 동반자	협력적 소통 역량과 공동체 역량
학습 활동	교재·지식 반복, 정형화된 문제 풀이	개방형 문제 탐구, 프로젝트·토론·협력 활동	지식정보처리 역량
평가 방식	정답 여부 중심의 지필 평가	과정 중심 평가(자기 평가, 동료 평가, 포트폴리오 등)	심미적 감성 역량
교육 목표	지식의 축적과 전달	지식의 활용과 새로운 의미 구성	자기관리·창의적 사고·지식정보처리·협력적 소통·공동체·심미적 감성 역량의 통합적 함양

4.1.2 협력 중심 수업과 구조 전환의 실현 방안

탐구 중심 수업이 학습자의 사고력과 문제 해결 능력을 확장시키는 데 초점을 둔다면, 협력 중심 수업은 학습자가 타인과의 상호작용 속에서 의미를 공동으로 구성하고 사회적 성장을 이루는 데 초점을 둔다. 2022 개정 교육과정은 개인의 학습 능력뿐만 아니라, 타인과 함께 배우고 문제를 해결하는 협력적 역량을 핵심 가치로 제시한다. 이는 협동 학습의 차원을 넘어 '함께 탐구하고 함께 성장하는 배움의 공동체'를 구현하기 위한 교육적 패러다임의 전환이다.

가. 협력 중심 수업의 개념과 교육적 의의

오늘날 교육은 지식의 습득을 최종 목표로 하지 않는다. 급격한 사회 변화, 기술 융합, 복잡한 문제 상황의 일상화는 기존의 교사 중심·정답 중심 교육이 지닌 한계를 여실히 드러냈다. 이제 교실은 학습자의 사고력, 협업 능력, 공동체적 감수성을 기르는 배움의 장으로 전환되고 있으며 그 중심에 협력 중심 수업이 놓여 있다. 협력 중심 수업은 집단 활동이 아니라 학생들이 공동의 목표를 향해 함께 배우고 성장하는 과정 속에서 지식뿐만 아니라 의사소통·문제해결·사회적 상호작용 능력을 통합적으로 기르는 교수·학습 전략이다(8).

학습자들은 서로의 의견을 존중하고 대화하며 의미를 공동으로 구성해 나가는 과정에서 자신의 생각을 명확히 전달하고 다양한 관점을 조율하는 능력을 자연스럽게 습득한다. 이러한 교육적 실천은 구성주의 교육철학, 특히 비고츠키의 사회적 구성주의에 뿌리를 두고 있다(9). 비고츠키는 인간의 인지 발달이 사회적 상호작용을 통해 이루어진다고 보았으며 학습자가 혼자 도달할 수 없는 수준에 협력을 통해 도달할 수 있음을 강조하였다. 즉, 학습은 '나의 경험'으로 한정되지 않고, '우리의 대화' 속에서 확장된다. 이러한 맥락에서 협력 중심 수업은 학생들이 서로의 생각을 통해 배우고, 차이를 인식하며 공동의 의미를 구성하는 '사회적 학습의 장'이라 할 수 있다.

존슨과 존슨(Johnson & Johnson, 2007)은 협력적 학습이 효과적으로 작동하기 위해 반드시 갖추어야 할 다섯 가지 핵심 요소를 제시하였다(10).

첫째, 긍정적 상호의존성(Positive Interdependence)으로 협력 학습의 출발점이자 핵심 동력이다. 학생들은 개인의 성공이 곧 집단의 성공과 직결된다는 사실을 인식해야 하며, 이를 통해 '함께해야만 목표를 달성할 수 있다'는 공동의 책임 의식을 내면화한다. 이는 과제를 분담하는 차원을 넘어, 학습자 간의 신뢰와 유대감, 상호 격려의 분위기를 조성하는 기반이 된다. 이러한 상호의존의 구조는 2022 개정 교육과정이 강조하는 공동체 역량의 토대가 되며, 학생들로 하여금 타인과의 협력을 통해 더 큰 성장을 경험하게 한다.

둘째, 개별적 책임감(Individual Accountability)으로 협력 학습의 질을 결정짓는 내적 기준이다. 협력은 '함께 한다'는 명분만으로 성립하지 않는다. 각자가 맡은 역할에 대한 책임과 주체성을 발휘할 때 협력은 비로소 의미 있는 배움으로 전환된다. 학생은 공동의 목표 아래 자신이 기여해야 할 부분을 명확히 이해하고 이를 성실히 수행함으로써 집단의 성과에 기여한다. 이는 2022 개정 교육과정이 강조하는 자기관리 역량과 맞닿아 있으며, 학습자가 주체적으로 자신의 학습을 계획·점검·조절하는 습관을 기르도록 돕는다.

셋째, 대면적 상호작용(Promotive Interaction)은 협력 학습의 실제적 장면에서 이루어지는 의사소통의 질을 의미한다. 학생들은 서로의 생각을 교환하고 피드백을 주고받으며 사고의 폭을 확장한다. 교사는 이러한 상호작용이 단순한 의견 교환에 머물지 않도록 질문을 통해 사고를 자극하고 학생들 간의 대화가 학습의 본질적 주제와 연결되도록 안내한다. 이 과정은 학습자가 타인의 관점을 이해하고 수용하며 자신의 생각을 명확히 표현하는 의사소통 역량을 길러주는 실제적 훈련의 장이 된다.

넷째, 사회적 기술(Interpersonal Skills)은 협력적 학습공동체가 원활히 작동하기 위한 관계적 역량이다. 협력은 갈등을 피하는 것이 아니라, 갈등을 조정하고 새로운 합의를 창출하는 과정이며 그 속에서 진정한 배움이 이루어진다. 학생들은 서로의 의견 차이를 존중하며, 타인의 입장을 이해하고 공동의 결정을 내리는 과정을 통해 공감 능력, 리더십, 조정 능력을 기른다. 이러한 사회적 기술은 미래 사회가 요구하는 협업 능력의 핵심이며, 공동체 역량과 시민성 교육의 실제적 토대가 된다.

다섯째, 집단 성찰(Group Processing)은 협력 학습의 완결점이자 성숙한 학습공동체로 나아가기 위한 필수 단계이다. 학생들은 활동이 끝난 후 자신과 팀의 협력 과정을 돌아보며, 무엇이 잘 되었고 어떤 점을 개선할 수 있는지를 함께 논의한다. 이러한 반성적 대화는 협력의 경험을 일회적 사건이 아니라 지속가능한 학습 문화로 전환시킨다. 또한 교사는 집단 성찰의 과정을 통해 학생들이 서로의 성장에 기여했다는 긍정적 피드백을 제공하며, 학습의 의미를 확장시킨다.

이처럼 협력 중심 수업은 '함께 하는 학습'이 아니라, 공동의 목표를 향한 상호의존적 구조 속에서 개인과 집단이 함께 성장하는 학습 생태계라 할 수 있다. 긍정적 상호의존성과 개별적 책임감은 자기관리 역량을 강화하고 대면적 상호작용과 사회적 기술은 협력적 소통 및 공동체 역량을 함양하며 집단 성찰은 이를 통합적으로 되돌아보는 비판적 사고의 장을 마련한다. 결국 협력 중심 수업은 2022 개정 교육과정이 지향하는 '함께 성장하는 학습자상'을 구현하는 구체적 실천 방식으로 학생이 타인과의 관계 속에서 배움을 재구성하고 스스로의 성장을 자각하도록 돕는 교육적 장이라 할 수 있다.

나. 협력 중심 수업의 설계원리

협력 중심 수업이 학교 현장에서 실질적으로 작동하기 위해서는 몇 가지 핵심적인 설계 원리를 고려해야 한다. 이는 협동 활동을 계획하는 수준에서 '학습공동체로서의 수업 구조'를 재구성하는 일과 맞닿아 있다. 즉, 학습자가 함께 생각하고 의미를 구성하며 성장할 수 있는 구조적 장치를 마련하는 것이 협력 중심 수업의 출발점이다.

첫째, 공동 목표의 명료화이다. 모든 협력 학습의 출발점은 '함께 달성해야 할 의미 있는 목표'이다. 교사는 학생들이 그 목표를 명확히 이해하고 각자의 학습 동기와 연결시킬 수 있도록 설계해야 한다. 이는 학습자들이 스스로 참여의 이유와 학습의 가치를 발견하도록 돕는 과정이다. 공동의 목표가 명확할 때 협력은 형식적인 협조에서 관계적 배움과 집단적 성장을 가능하게 한다. 존슨과 존슨(Johnson & Johnson, 2007)은 이러한 공동 목표의 명료화를 협동학습의 핵심 요인으로 보았다. 학습자는 서로의 목표가 자신의 목표와 연결되어 있음을 깨달을 때 긍정적 상호의존성을 경험하게 되며 이는 협력의 본질적 동력으로 작용한다.

둘째, 역할 분담과 상호의존성의 구조화이다. 협력은 무질서한 자유 속에서 이루어지지 않는다. 구조화된 상호의존성 속에서만 진정한 협력이 빛을 발한다. 학생들은 자신이 맡은 역할을 명확히 인식하고 그 역할이 전체의 성취와 긴밀히 연결되어 있음을 경험해야 한다. 예를 들어 프로젝트형 학습에서는 자료 탐색, 분석, 정리, 발표, 피드백 등 구체적인 역할을 명확히 나누되, 각각의 활동이 서로의 성취를 전제로 완성되는 구조를 갖추어야 한다. 이러한 역할 분담은 학습자들에게 '함께 배우는 책임감'을 내면화하게 하며 동시에 개인의 자기관리 역량을 강화한다. 또한 개별적 기여가 전체의 결과로 확장될 때 학생은 자신이 집단의 일원으로서 의미 있는 존재임을 자각하게 된다.

셋째, 의사소통과 피드백의 활성화이다. 학습은 대화를 통해 확장되며 사고는 피드백 속에서 성장한다. 교사는 질문 중심의 토의나 상호 피드백 활동을 통해 학생들이 서로의 관점을 탐색하고 사고의 깊이를 확장할 수 있도록 지원해야 한다. 특히 협력적 대화는 단순한 의견 교환이 아니라 새로운 의미를 공동으로 구성하는 과정이다. 이를 위해 교사는 비판적 사고를 촉진하는 질문을 제시하고, 학생들 간의 발언이 수평적으로 오갈 수 있는 심리적 안전망을 조성해야 한다. 또한 디지털 기반 협력 환경을 적극적으로 활용하면 시·공간의 제약을 넘어 지속적이고 확장된 협력 학습 생태를 구축할 수 있다. 이러한 온라인 협력 구조는 학습자의 주도성과 상호작용을 동시에 강화하며 미래형 협력 학습의 기반을 마련하였다[11].

넷째, 과정 중심 평가의 통합이다. 협력 중심 수업의 평가는 결과가 아니라 과정의 질을 드러내야 한다. 학생이 협력 과정에서 얼마나 주도적으로 참여했는지, 동료와의 피드백이 얼마나 생산적이었는지, 집단의 목표 달성에 어떻게 기여했는지를 면밀히 살펴야 한다. 이를 위해 교사는 개별 기여도와 집단 성과를 함께 고려하는 평가 루브릭을 구성해야 한다. 자기 평가, 동료 평가, 포트폴리오, 관찰 기록 등 다양한 질적 평가 도구를 병행하여 학생의 협력 과정을 다각도로 진단하고 구체적인 피드백을 제공해야 한다. 이러한 접근은 평가를 결과의 측정이 아닌 성장과 성찰의 과정으로 전환시킨다. 존슨과 존슨은 협동학습의 마지막 단계로 집단 성찰을 제시하며 학습자들이 협력의 경험을 되돌아보고 개선 방향을 함께 모색하는 과정을 강조하였다. 이는 곧 협력 중심 수업이 지향하는 '성찰적 공동체 학습 문화'의 핵심이다.

협력 중심 수업의 설계 원리는 공동의 목표를 공유하고 역할을 구조화하며 대화와 피드백을 촉진하고 과정 중심의 평가를 통합하는 순환적 구조 속에서 완성된다. 이러한 구조가 정착될 때, 교실은 함께 성장하고 변화하는 협력적 배움의 공동체로 거듭나게 된다.

다. 협력 중심 수업과 구조 전환의 실현 방안

협력 중심 수업이 학교 현장에서 안정적으로 정착하기 위해서는 수업 기법의 도입에 교육과정-수업-평가의 통합적 재구조화가 필수적이다. 협력은 개별 수업 속 활동의 한 요소가 아니라 교육과정 전반의 설계 원리이자 학교 문화를 바꾸는 거대한 방향성이기 때문이다. 이를 위해 다음 세 가지 실천 방안을 제시할 수 있다.

첫째, 교사의 역할이 '학습 촉진자'에서 '협력 설계자'로 확장되어야 한다. 미래교육에서 교사의 역할은 지식을 전달하거나 학습을 촉진하는 수준에서 '협력의 장을 설계하는 전문가'로 확장되어야 한다. 교사는 학습자 개개인의 참여 양상과 집단 내 상호작용의 질을 세밀하게 관찰하고, 협력의 과정이 의미 있는 학습으로 이어질 수 있도록 설계해야 한다. 예를 들어, 교사는 학습 전 단계에서 집단 구성의 다양성(성향, 능력, 흥미, 역할 선호도 등)을 고려해 협력 집단을 조직하고 학습 중에는 학생 간 상호 피드백이 원활히 이루어질 수 있도록 대화 규범과 상호 존중의 규칙을 함께 세운다. 학습이 진행되는 동안 교사는 '관찰자이자 조정자'로서 학생 간 상호작용을 분석하고 적절한 피드백을 제공함으로써 협력의 질을 심화시킨다. 이러한 교사의 역할 전환은 학생의 자율성과 교사의 전문성이 균형을 이루는 수업 문화를 만든다. 교사는 협력의 설계자이자 학생의 탐구와 성장을 이어주는 '학습 안내자'로서 새로운 교육적 정체성을 확립해야 한다(12).

둘째, 전문적 학습공동체(PLC) 운영 강화이다. 학생의 협력적 배움은 교사의 협력적 문화 속에서 자라난다. 학교 내 전문적 학습공동체(PLC)는 교사들이 공동의 목표를 중심으로 모여 수업을 설계하고, 실행하며, 성찰하는 전문적 협력의 장이다.

전문적 학습공동체(PLC)는 학교 교육의 방향성을 함께 결정하고 실천하는 '교사 학습의 플랫폼'이다. 교사들은 정기적인 수업 나눔과 동료 피드백을 통해 수업 개선의 아이디어를 공유하고, 학생 참여와 성취를 분석하며 교육과정의 실질적 개선 방향을 탐색한다. 이러한 과정은 교사 개인의 역량을 학교 전체의 집단지성으로 확장시키며 학습자 중심 수업 문화를 지속가능하게 만든다[13].

특히 2022 개정 교육과정에서 강조하는 학교 자율과 교사 전문성의 결합은 PLC를 통해 구체적으로 실현된다. 협력적 수업 설계, 공동 평가 기준 마련, 피드백 공유 문화의 정착은 함께 성장하는 교직 문화로 나아가는 전환점을 제공한다.

셋째, 디지털 협력 기반 구축이다. 디지털 전환 시대의 협력은 더 이상 물리적 교실 안에 머물지 않는다. AI, 빅데이터, 메타버스와 같은 디지털 기술은 '공간을 확장한 협력 학습'을 가능하게 한다. 교사는 이러한 기술을 활용해 시간과 장소의 제약을 넘어서는 협력적 학습 환경을 설계할 수 있다. 예를 들어, 학생들은 온라인 협업 툴(Google Workspace, Padlet, Notion 등)을 통해 실시간으로 아이디어를 공유하고 AI 기반 피드백 시스템을 활용해 집단 토의 내용을 분석하거나 의사소통 패턴을 점검받을 수 있다. 또한 메타버스 수업 공간에서는 아바타를 통해 가상 협력 프로젝트를 수행하며 다양한 시뮬레이션을 통한 문제 해결을 경험한다. 이와 같은 디지털 협력 생태계는 협력의 과정과 결과를 데이터로 시각화하여 교사와 학생 모두가 학습의 진행 상황을 명확히 인식하도록 돕는다. 교사는 이 데이터를 바탕으로 협력 과정의 불균형을 조정하고, 학습자별 맞춤형 피드백을 실시간으로 제공할 수 있다[14].

협력 중심 수업은 함께 배우는 활동이 아니라 '함께 성장하는 배움의 구조'를 구축하는 교육적 실천이다. 이 수업을 통해 학생들은 지식 이해를 넘어 공감, 소통, 연대, 책임의 역량을 기르게 된다. 동료와의 관계 속에서 자신을 성찰하고, 공동의 문제 해결 과정에서 타인의 관점을 존중하며 사회적 책임감과 공동체 의식을 함양한다[15]. 교사에게 협력 중심 수업은 교육과정의 철학을 수업 속에서 구체화하는 기회를 제공한다. 협력 설계자로서 교사는 자신의 전문성을 실천적 맥락 속에서 검증하며 동료 교사와의 공동 성찰을 통해 교육의 질을 지속적으로 개선할 수 있다. 학교 차원에서 협력 중심 수업은 배움 중심의 조직 문화를 확립한다. 교사 간의 상호 신뢰와 협력, 학생 간의 상호 학습이 맞물리며 학교는 더 이상 지식 전달의 공간이 아니라 삶을 배우는 공동체로 거듭난다.

협력 중심 수업과 구조 전환은 교육이 지향해야 할 철학과 가치의 재구성이다. 학생은 지식의 수동적 수용자가 아니라 삶과 사회 속 문제를 협력적으로 해결하는 주체적 시민으로 성장해야 한다. 교사는 지식 전달자에서 학습 설계자·조력자·동반자로 전환되어야 하며 교실은 질문하고 탐색하며 실패와 도전을 공유하는 배움의 공동체로 변화해야 한다[16]. 이러한 수업 구조의 전환은 미래 사회가 요구하는 핵심 역량을 기르는 동시에 교육의 본질을 회복하는 길이 될 것이다.

탐구 질문

1. 왜 전통적인 주입식·일방향적 수업 구조만으로는 미래 사회가 요구하는 역량(비판적 사고, 창의적 문제 해결, 협업 역량 등)을 충분히 기를 수 없을까?

2. 탐구 중심 수업에서 '질문하기'는 어떤 의미를 가지며, 그것이 학습자의 자기주도성과 문제 해결 능력에 어떻게 기여할까?

3. 협력 중심 수업은 어떻게 학습자 개인의 책임성과 집단의 성장을 동시에 실현할 수 있을까?

4.2 학습자의 다양성과 선택권 고려

4.2.1 학습자 다양성 이해와 수준별 수업 전략

가. 학습자 다양성의 이해

미래 교육은 더 이상 '평균적인 학생'을 상정한 획일적 수업으로는 지속가능하지 않다. 인공지능 기술의 비약적 발전과 사회의 복잡·다변화는 교육 패러다임의 근본적 전환을 요구한다. 이제 교육은 학습자의 삶을 중심에 두고 개별적 맞춤 학습을 통해 창의적 문제 해결력과 자율성 그리고 공동체적 역량을 함께 함양하는 방향으로 나아가야 한다(17). 이러한 변화의 핵심에는 바로 학습자의 다양성 존중이 있다. 학습자는 모두 다르게 배운다. 사고력, 문제 해결 방식, 추론 능력과 같은 인지적 차이뿐 아니라 동기·자존감·스트레스 반응 등 정서적 요인에서도 다양성이 존재한다. 또한 디지털 네이티브 세대라 하더라도 디지털 정보 해석력, 데이터 활용 능력, AI 상호작용 방식은 개인차가 크다. 나아가 사회문화적 배경 역시 학습자의 이해와 태도, 가치관 형성에 중요한 변인으로 작용한다.

따라서 교육은 더 이상 학습자를 단일한 기준으로 바라보아서는 안 되며 개별 학습자의 특성과 맥락을 고려한 맞춤형 수업 설계가 필수적이다(18). 이러한 학습자 다양성을 반영하기 위해 교사의 역할 또한 변해야 한다. 교사는 학습 설계자·조력자·디지털 큐레이터로서 학습 경로를 기획하고, 학생의 개별 특성과 수준을 진단하며 이를 기반으로 최적화된 학습 경험을 제공해야 한다(19). 이를 위해 다양한 도구와 데이터를 활용한 사전 진단이 필요하다. 예컨대 AI 기반 진단 도구는 학습자의 강점과 약점을 분석하여 수업 구성에 반영할 수 있으며 이러한 과정은 학생의 자기주도성과 학습 선택권을 확대하는 기반이 된다. 즉, 학생이 스스로 학습 목표를 설정하고 실패를 통해서도 성장을 이어갈 수 있도록 하는 것이다.

학습자의 다양성을 이해하고 이를 존중하는 것은 개인차를 고려하는 수준에서 미래 사회가 요구하는 역량 중심 교육을 실현하는 핵심 전략이다. 이와 같은 철학을 수업 현장에서 구현하는 대표적 방법이 바로 수준별 수업이다. 수준별 수업은 모든 학생이 동일한 학습 목표를 향해 나아가되 학습 과정과 접근 방식, 산출물의 수준은 학습자의 수준에 따라 달라질 수 있다는 관점을 바탕으로 한다. 이를 통해 학생들은 각자의 적정 수준에서 도전과 성취를 경험하며 학습 동기·자기효능감·몰입도를 높일 수 있다.

나. 수준별 수업 전략

수준별 수업은 학습자의 능력, 흥미, 배경지식, 학습 속도 등의 개인차를 고려하여 모든 학생이 자신의 수준에서 최적의 성장을 이룰 수 있도록 설계된 수업이다. 이는 모든 학생이 공통의 교육 목표에 도달할 수 있도록 학습 경험을 다양화하고 지원을 차별화하는 교수·학습 접근을 의미한다. 이러한 접근은 학습자의 다양성을 인정하고, '다르게 배워도 함께 성장할 수 있다'는 포용적 교육의 철학에 기초한다. 특히 2022 개정 교육과정이 강조하는 '모든 학생의 배움 보장'의 원리를 실현하는 핵심 전략으로 수준별 수업은 학습 격차를 완화하고 자기주도적 학습 능력을 향상시키는 데 중요한 역할을 한다.

수준별 수업은 크게 네 가지 요소를 중심으로 구체화된다.

첫째, 내용의 차별화이다. 학습자의 이해 수준에 따라 핵심 개념 위주의 자료를 제공하거나 심화된 탐구 과제를 제시할 수 있다.

둘째, 과정의 차별화이다. 토의·탐구·프로젝트 등 다양한 학습 방법을 적용하여 학습자가 자신에게 적합한 방식으로 의미를 구성할 수 있도록 한다.

셋째, 산출물의 다양화이다. 발표, 포스터, 에세이, 영상 등 다양한 결과물을 허용해 학생 개별의 강점과 개성을 드러낼 수 있게 한다.

넷째, 학습 환경의 조절이다. 개별 학습 공간을 선호하는 학생과 협력적 활동을 선호하는 학생이 각자의 방식으로 몰입할 수 있도록 환경을 구성한다. 실행 단계에서 교사는 학습자의 수준을 사전에 진단하고 이를 토대로 유연한 집단을 구성해야 한다. 집단은 고정되지 않고 과제와 주제에 따라 탄력적으로 재편성되며 때로는 동질 집단, 때로는 이질 집단이 병행 운영된다. 또한 블룸(Bloom)의 인지적 수준에 기초하여 기억-이해-적용-분석-평가-창조에 이르는 다양한 사고 수준의 과제를 제시함으로써 학생이 자신의 수준에 맞는 학습을 선택할 수 있도록 한다(20). 이 과정에서 학생에게 학습 방식과 결과물 형태, 자료 활용 방식에 대한 선택권을 부여하는 것은 자기주도적 참여를 촉진하는 중요한 전략이다.

더 나아가 수준별 수업은 개별 학습과 협력 학습의 균형을 지향해야 한다. 개인 맞춤형 학습은 학생의 자기 성장에 기여하지만 동시에 협력과 상호작용을 통해 사회적 학습의 기회를 제공해야 한다. 이를 위해 교사는 지식 전달자가 아닌 설계자·조율자·피드백 제공자로서 학습을 지원한다. 최근에는 디지털 학습 도구와 AI 기반 학습 분석 시스템이 학습자의 진도와 성취를 실시간으로 추적하고 그에 따른 맞춤형 피드백을 제공하는 도구로 활용되고 있다. 이는 수준별 수업의 정교성과 효율성을 높여주는 효과적인 방법이다. 결국 수준별 수업은 학생의 학습 참여도, 만족도, 학업 성취도를 높이는 데 기여할 뿐 아니라 자기효능감이 낮은 학생에게는 성공 경험을 제공하고 상위 수준의 학생에게는 도전적 과제를 통해 사고의 확장을 이끌어낼 수 있다. 나아가 자율성, 주도성, 협업 능력 등 미래 사회가 요구하는 핵심 역량을 함께 길러줄 수 있다. 다만 수준별 수업이 학생을 고정적으로 분류하거나 차별화된 기대를 강화하는 방식으로 오용된다면 학습 격차를 심화시킬 위험이 있다.

따라서 교사는 수준 구분을 유동적 발달 단계로 이해하고 지속적인 점검과 지원을 통해 모든 학생이 성장의 흐름 속에서 배움을 이어갈 수 있도록 해야 한다. 궁극적으로 학습자의 다양성을 이해하고 이를 반영한 수준별 수업은 공정한 교육과 의미 있는 배움을 실현하는 핵심 전략이며 모든 학생이 각자의 출발점에서 성장을 경험할 수 있도록 돕는 교육혁신의 중요한 축이다.

4.2.2 개별화 학습과 교사의 설계 역할

가. 개별화 학습의 전략

지속적으로 변화하는 미래 사회는 학생 개개인의 고유한 역량과 특성을 기반으로 한 맞춤형 교육을 강력히 요구한다. 정형화된 지식 전달 중심의 수업 구조로는 학생들이 자신의 잠재력을 충분히 발휘하기 어렵다. 이에 따라 학습자가 자신의 속도와 방식에 맞추어 학습할 수 있도록 지원하는 개별화 학습과 학습자가 학습 주체로서 능동적으로 목표와 방법을 선택·조절할 수 있도록 하는 선택권 부여가 미래형 수업의 핵심으로 부상하고 있다.

개별화 학습은 학습자의 능력, 학습 양식, 학습 의욕, 학습 속도 등 개인차를 고려하여 이루어지는 적응적 학습을 의미한다[21]. 여기서 적응적 학습이란 학습자가 지닌 개인차를 교육과 관련된 환경 조건에 최적화하여 제공하는 학습을 뜻한다[22]. 개별화 학습은 적응적 학습과 밀접한 관련을 가지지만, 교사가 모든 학습자의 요구를 반영하여 전략적으로 학습 과정을 설계하고 운영한다는 점에서 보다 세부적이고 구체적인 개념으로 이해된다[23]. 즉, 학습자에게는 다양한 변인이 존재하기 때문에 교사는 학습자의 다양성을 예측하고 이를 고려하여 학습을 조직할 필요가 있다[24].

2022 개정 교육과정은 이러한 개별화 학습의 필요성을 제도적으로 강조하고 있다. 학생 개개인의 특성과 진로를 존중하면서도 모든 학생이 기본적 소양을 갖출 수 있도록 학습자의 수준과 속도에 맞춘 맞춤형 지원 체제를 마련한 것이다. 이는 교육의 형평성과 다양성을 동시에 추구하며 학생이 스스로 학습의 주체가 되어 자신의 학습 경로를 설계하고 조정할 수 있도록 돕는다. 특히, 디지털 기반 학습 환경의 확대는 개별화 학습을 보다 효과적으로 구현할 수 있는 토대를 제공하며 인공지능(AI)과 학습분석(Learning Analytics)을 활용한 맞춤형 피드백은 학습자의 자기주도성을 강화하는 중요한 수단으로 기능한다.

개별화 학습은 모든 학생에게 동일한 시간·내용·방식을 강요하는 획일적 수업에서 학생 한 명 한 명의 배움의 경로와 수준, 그리고 학습 양식을 고려하여 맞춤형 수업을 설계하는 접근이다. 이는 능력별 학습 자료를 제공하는 차원에서 학습자의 인지적 특성, 흥미, 동기, 학습 이력, 학습 스타일을 종합적으로 반영하는 방식이다. 어떤 학습자는 시각 자료를 통해 내용을 효과적으로 이해하는 반면, 또 다른 학습자는 청각적 설명이나 체험 활동에서 깊은 몰입을 경험한다. 개별화 학습은 이러한 다양성을 존중하고 학습자가 각자의 전략을 최적화할 수 있도록 돕는다. 이를 위해서는 학습 전 진단평가, 자기 성찰, 교사의 관찰 기록, 포트폴리오 분석 등 다각적인 진단과 피드백이 필수적이다. 최근에는 AI 기반 학습 분석 도구가 실시간 데이터 제공과 피드백 기능을 강화함으로써 개별화 학습을 더욱 정교하게 구현하고 있다.

개별화 학습에서 중요한 또 하나의 요소는 학습자의 선택권이다. 학생은 제시된 내용을 따라가는 수동적 존재가 아니라 학습 목표・활동・자료・산출물의 형태 등을 스스로 선택할 수 있어야 한다. 이는 자기결정권을 보장하고 학습의 방향을 스스로 조율하게 하는 과정으로 학습자의 내재적 동기를 강화하고 자기주도적 학습 역량을 함양한다. 예를 들어 동일한 주제를 두고도 학생이 발표・글쓰기・창작물 제작・디지털 콘텐츠 제작 등 다양한 표현 방식을 선택하도록 하면 학습자는 자신의 강점과 흥미에 맞춰 학습에 몰입하게 된다. 이 과정에서 학습자는 학습의 주체임을 자각하며 이는 곧 자기효능감의 증진으로 이어진다. 다만 선택권은 무제한적 자유를 의미하지 않는다. 교육적 목표와 연계된 의미 있는 선택이 될 수 있도록 교사의 치밀한 설계와 안내가 뒷받침되어야 한다. 교사는 학생이 선택의 이유와 과정을 성찰하도록 이끌고 선택의 결과에 대한 책임을 강조하며 지속적인 피드백을 제공하여 학습자가 자신의 전략을 재구성할 수 있도록 지원해야 한다. 이러한 선택권 부여는 교실 문화를 민주적으로 전환하는 효과도 지닌다. 교사가 모든 기준을 독점하는 것이 아니라 학생의 의견・흥미・삶의 맥락이 존중받는 수업은 교사와 학습자 사이에 수평적 관계를 형성한다. 이는 학생들이 책임 있는 선택을 연습하고 공동체 안에서 다양성을 존중하며 민주시민으로 성장할 수 있도록 돕는다. 따라서 개별화 학습과 선택권 부여는 미래 교육이 지향하는 학습자 중심 전환의 핵심적 가치라고 할 수 있다.

개별화 학습을 실현하기 위한 핵심 전략은 학습자를 고유한 배움의 주체로 재정의하는 교육적 전환을 요구한다. 첫째, 진단 기반 맞춤 설계는 사전 성취도 · 오개념 · 정서 상태 등을 다면적으로 분석해 학습자 프로파일을 구성하고, 이를 바탕으로 개별 목표와 난이도를 조정하는 출발점이다. 둘째, 개별 학습 계획(ILP)은 단기 · 중기 · 장기 목표를 명료히 하고, 학생의 학습 성향에 적합한 방법을 선택하도록 함으로써 자기결정성을 강화한다. 셋째, 학습 자료의 다층화는 기본 · 보정 · 심화 자료를 구분하고 텍스트, 영상, 그래프, 시뮬레이션 등 다중 표현 방식을 활용해 학습 접근성을 높인다. 넷째, 교수 · 학습 방법의 다양화는 플립러닝, 러닝스테이션, 또래 코칭, PBL, AI 튜터링 등 선택 가능한 학습 경로를 제공하여 배움의 자율성을 확장한다. 다섯째, 정서 기반 개별화는 감정 체크인, 성취 경험 설계 등을 통해 학습 지속성을 확보한다. 여섯째, 학습자 주도성 강화는 선택권, 자기평가, 포트폴리오, 성과 공유를 통해 학생을 학습 설계자로 이행시키는 전략이다. 이러한 구조적 접근은 개별화 학습을 교실 문화를 변화시키는 심층적 혁신으로 자리매김하게 한다.

나. 설계자 · 조율자로서의 교사 역할

교사는 더 이상 지식 전달자가 아니라 배움의 설계자로서 기능해야 한다. 설계자로서 교사는 학습자의 출발점을 진단하고 수준에 맞는 학습 목표를 설정하며 학습 경로와 평가 방식을 체계적으로 설계해야 한다. 수업 설계자는 활동을 나열하거나 시간표를 짜는 사람이 아니라 학습이 실제로 일어날 수 있는 구조를 세밀하게 조직하는 전문가다.

이를 위해 교사는 교육과정의 성취기준을 정밀하게 분석하고 학습자의 눈높이에서 이를 재구성하며 교육 내용 · 방법 · 평가를 유기적으로 연결해야 한다. 하나의 성취기준을 다양한 수준의 학생이 달성할 수 있도록 여러 갈래의 학습 경로를 제시하는 것은 이러한 설계의 핵심이다. 더불어 학습자의 선택과 자기주도성이 발휘될 수 있도록 적절한 안내와 구조를 제공해야 한다. 또한 수업 설계자는 고정된 계획에 얽매이지 않고 학습자의 반응에 따라 수업을 조정할 수 있는 유연성을 지녀야 한다. 학생의 이해 정도에 따라 활동 난이도를 조절하거나 예상치 못한 흥미 주제를 심화하는 것이 가능해야 하며 디지털 학습 환경에서는 학습자의 데이터를 실시간으로 분석하여 적절한 피드백과 지원을 제공해야 한다. 나아가 교사는 학습자가 탐구·협력·성찰을 경험할 수 있는 안전하고 개방적인 학습 환경을 조성해야 한다. 이는 교사가 지식 전달자에서 배움의 촉진자로 작동함을 의미하며 학생의 정서적 안정감·자율성·소속감을 세심하게 고려해야 한다.

평가 역시 수업 설계의 일부로 통합되어야 한다. 개별화·수준별 수업에서는 평가가 학습자의 성장을 점검하고 이후 학습 경로를 조정하는 순환적 구조로 기능해야 한다. 형성평가, 자기평가, 동료평가, 포트폴리오 등 다양한 방법을 활용해 학생의 학습 과정을 모니터링하고 그 결과를 토대로 수업을 재설계해야 한다. 이는 학습자에게 메타인지적 성찰을 제공하고 자기조절 능력을 강화하는 효과가 있다. 디지털 기술과 AI는 교사의 설계 역할을 한층 확장시키고 있다. 교사는 학습 플랫폼을 통해 학생의 학습 이력을 누적·분석하고 AI 도구를 활용해 개별 맞춤형 콘텐츠와 자동화된 피드백을 제공할 수 있다. 그러나 기술이 중심이 되어서는 안 된다. 핵심은 여전히 교사의 교육적 철학과 전문적 판단이다. AI는 학습을 효율화할 수 있지만 학생의 정서적 맥락과 잠재적 가능성을 발견하고 이를 교육적으로 해석하는 것은 교사의 고유한 역할이다.

따라서 교사는 끊임없는 성찰과 전문성 개발을 통해 기술을 도구로 활용하되 교육의 본질을 놓치지 않는 설계자이자 동반자로서의 정체성을 확립해야 한다. 결국 개별화 학습과 교사의 설계 역할은 학생 모두가 자신만의 속도와 방식으로 성장할 수 있는 교육 환경을 마련하는 핵심적 과제이다. 이는 교수·학습 방법론이 아니라 교육이 학습자 중심으로 전환되는 본질적 흐름을 반영하는 교육적 가치이다. 교사는 이제 지식을 전달하는 존재가 아니라 학생의 삶과 연결된 배움의 여정을 함께 설계하고 동행하는 교육적 동반자로 자리매김해야 한다.

탐구 질문

1. 학습자의 다양성을 존중하는 수준별 수업은 어떻게 모든 학생에게 공정한 배움의 기회를 보장하면서도 차별로 오인되지 않을 수 있을까?

2. 개별화 학습에서 학습자의 선택권은 어떤 방식으로 학습 동기와 자기주도성을 강화할 수 있을까?

3. 교사가 '지식 전달자'가 아니라 '배움의 설계자'로 전환될 때, 수업의 본질과 교실 문화는 어떻게 달라질까?

4.3 수업 설계 역량 강화를 위한 체계

4.3.1 미래교육을 위한 교사 설계 역량과 협력 문화

가. 미래교육을 위한 교사 설계 역량

미래 교육의 교실은 더 이상 정답을 일방적으로 전달하고 학생이 이를 수동적으로 받아 적는 공간이 아니다. 예측 불가능한 사회 변화, 급속히 진화하는 기술 환경, 그리고 학습자의 삶의 개별성과 다양성은 교사가 지식 전달자가 아닌 수업 설계자로 자리매김할 것을 요구한다(25). 수업 설계는 '계획표 작성'이나 '형식적 문서화'가 아니라 학습자의 삶과 배움을 연결하고 목표·내용·방법·평가를 유기적으로 결합하는 종합적 교육 기획의 과정이다.

교사의 설계 역량은 다섯 가지 핵심 요소로 구체화된다.

첫째, 교육과정 해석 능력이다. 성취기준은 학습 내용을 나열하는 것이 아니라 사회가 교육을 통해 길러내고자 하는 인재상과 학습자의 삶의 방향성을 내포하고 있다. 교사는 이를 기계적으로 나열하는 데 그치지 않고 그 안에 담긴 철학과 의미를 해석하여 수업에 반영해야 한다.

둘째, 학습자 진단 능력이다. 학습자의 배경지식, 흥미, 학습 속도, 정서 상태 등을 면밀히 파악하고 이에 따라 내용·난이도·활동 방식을 조정할 수 있어야 한다. 이는 수업을 획일화된 구조에서 벗어나 유연화하는 과정이다.

셋째, 수업 구조 설계 능력이다. 미래 수업은 '교사 설명-학생 정리-정답 확인'의 일방적 구조에서 학생이 질문하고 선택하며 협력할 수 있는 구조를 필요로 한다. 문제 기반 학습, 프로젝트 학습, 탐구 기반 수업, 협력 학습 등 다양한 모형을 창의적으로 조합하여 학습자 주도 활동 중심의 수업을 설계하는 것이 교사의 전문성이다.

넷째, 평가 통합 능력이다. 평가는 수업 이후의 결과 측정이 아니라 학습 과정 전반에 내재되어야 한다. 형성평가, 자기평가, 동료평가, 수행평가 등을 설계에 통합하여 학습자의 성장 과정을 정밀하게 추적하고, 그 결과를 다시 수업 설계에 반영하는 순환 구조를 만들어야 한다.

다섯째, 디지털·AI 활용 능력이다. 교사는 온라인 협업 플랫폼, AI 학습 분석 도구 등을 활용하여 수업을 설계하고 운영할 수 있어야 하며 중요한 것은 기술 자체가 아니라 교육적 목표와 흐름 속에서 이를 의미 있게 활용하는 판단력이다. 그러나 이러한 설계 역량은 하루아침에 길러지지 않는다. 수업 설계는 실제 수업을 실행하고 동료 교사와 공유하며 실패와 재구성을 반복하는 실천적 과정 속에서 체득된다.

나. 협력 문화의 구축과 전문적 학습공동체(PLC)

오늘날 교사에게는 '개인 설계자'로서의 역량뿐 아니라 공동체 기반의 수업 설계 문화에 참여하는 것이 필수적이다. 과거 교사가 교실 문을 닫고 홀로 수업을 준비하던 문화는 빠르게 변화하는 교육 환경 속에서 한계를 드러내고 있다. 이에 비해 전문적 학습공동체(PLC)와 같은 협력적 구조는 교사들이 수업의 문제를 공동으로 인식하고 기획·실행·성찰하는 과정을 통해 수업을 집단적 지혜의 산물로 재구성하게 한다[26]. 협력 기반 설계 문화는 수업 공유에서 교사의 성찰과 성장을 촉진하는 촉매제가 된다. 동료 교사의 수업을 관찰하거나 공동 연구 수업을 운영하는 과정에서 교사는 자기 성찰을 경험하고 기존 수업 관행을 혁신적으로 전환할 수 있다. 또한 수업 전후의 협의는 학습자의 반응을 분석하고 개선 방향을 논의하는 집단적 판단의 장으로 기능하며 이를 통해 수업의 완성도가 높아진다. 이처럼 수업 설계를 함께하는 문화는 교사의 전문성을 개인의 역량에 머물게 하지 않고 공동의 자산으로 확장시킨다[27].

무엇보다 협력적 설계는 교사의 부담을 분담하고 교육의 방향성을 공유하는 과정이기도 하다. 여러 시선이 모일수록 수업의 완성도는 높아지고 학생들에게 제공되는 배움의 기회는 더욱 풍성해진다. 이는 교사 개인의 성장을 넘어 학교 조직 전체의 수업 역량을 심화시키는 효과를 낳는다.

좋은 수업은 동료와 함께 만들어 가는 집단적 실천의 결과이다. 교실의 문을 열고 수업을 공유하며 함께 설계하는 협력적 문화 속에서 교사는 더 깊은 성찰과 전문성을 획득하고 학생들은 보다 의미 있고 다채로운 학습 경험을 누릴 수 있다. 따라서 미래교육을 위한 교사 설계 역량은 선택이 아닌 필수이며 협력 기반 설계 문화는 이를 실현하는 가장 현실적이고 효과적인 방법이다.

미래교육에서 교사의 핵심 역량은 실천적 역할 전환을 전제로 한다. 예컨대 '학습 촉진자'로서의 교사는 수업 설계, 정서적 상호작용, 통찰력을 바탕으로 학생의 자기주도적 학습을 조력한다. '데이터 분석가'로서의 교사는 AI 기반 진단 정보를 해석하고 수업에 반영하는 전문성을 발휘하며 '윤리적 안내자'는 기술의 작동을 교육 목적에 맞게 조정하고 정책과 기술 사이의 균형을 중재한다. 또한 '협력적 파트너'로서의 교사는 지역사회와 학부모와의 관계를 기반으로 공동체 학습 문화를 조성하고 협력적 실천을 통해 교육혁신을 주도한다. 즉, 교사는 교육과정을 해석하고 학습자를 진단하며 수업 구조와 평가를 통합적으로 설계하는 역량을 갖추어야 하며 동시에 동료 교사와의 협력적 문화 속에서 전문적 성장을 지속해야 한다. 이러한 관점에서 미래교육을 위한 교사의 설계 역량과 협력 문화의 구성 요소는 〈표 4-3〉과 같다.

〈표 4-3〉 미래교육을 위한 교사 설계 역량과 협력 문화

구분	주요 내용	기대 효과
교사 설계 역량 5요소	① 교육과정 해석 능력: 성취기준의 의미와 철학을 파악해 수업에 반영 ② 학습자 진단 능력: 배경지식·흥미·수준을 분석해 맞춤형 수업 설계 ③ 수업 구조 설계 능력: 프로젝트·탐구·협력 등 학습자 주도 구조 설계 ④ 평가 통합 능력: 형성·자기·동료·수행평가를 설계에 통합 ⑤ 디지털·AI 활용 능력: 데이터 분석, 학습 플랫폼, AI 피드백 도구 활용	• 수업의 질적 향상 • 학습자 맞춤형 배움 제공 • 과정 중심의 성장 지원 • 디지털 기반 전문성 강화
협력 설계 문화의 특징	• 동료 교사 간 공동 기획·실행·성찰 • 수업 공유 및 상호 피드백 • 전문적 학습공동체(PLC) 운영 • 교사 개인 역량을 집단 지혜로 확장	• 교사의 성찰 및 성장 촉진 • 수업 혁신 문화 정착 • 교사 부담 분담 및 협력 강화
변화의 방향	• 교사: 전문성 심화, 성찰적 실천가로 성장 • 학생: 더 풍부하고 의미 있는 학습 경험 • 학교: 공동체적 수업 역량 강화, 지속가능한 교육혁신 실현	• 배움 중심 교실 정착 • 학생 역량 함양 극대화 • 학교 교육력 제고

〈표 4-3〉은 미래교육에서 교사의 전문성을 '설계 역량'과 '협력 문화'라는 두 축으로 통합적으로 바라본 것이다. 교사의 설계 역량이 수업의 질을 결정짓는 내적 힘이라면, 협력 문화는 그 힘이 학교 전체로 확산되도록 하는 외적 동력이라 할 수 있다. 이 두 요소가 조화를 이룰 때 교실은 배움의 중심이 되고 학교는 지속가능한 혁신을 이루는 살아 있는 공동체로 거듭난다.

4.3.2 성찰과 재구성을 통한 교과별 수업 설계 사례

가. 성찰을 통한 수업의 재구성 과정

좋은 수업은 한 번의 설계로 완성되지 않는다. 교사가 마련한 수업안은 실제

교실이라는 살아 있는 공간 속에서 다양한 변수와 마주하며 끊임없이 조정되고 재구성된다. 따라서 수업은 '완성된 것'이 아니라 '완성되어 가는 것'이며 교사의 설계는 성찰을 바탕으로 한 순환적 실천 과정이어야 한다.

교사는 수업을 실행한 뒤 반드시 돌아보고 다시 설계하는 과정을 통해 자신과 학생의 성장을 동시에 도모한다. 학생들의 표정, 반응, 참여 정도, 산출물 속에는 수업의 효과와 한계가 고스란히 드러난다. 그러나 이를 직관이나 느낌으로만 해석해서는 안 된다. 수업 후 교사는 자신이 설계한 흐름과 학생 반응을 객관적으로 분석하여 무엇이 효과적이었으며 무엇이 학생의 배움을 제약했는지를 구체적으로 파악해야 한다. 이때 동료 교사와의 협의, 수업 영상 분석, 학생 피드백은 성찰의 깊이를 더하고 수업을 정제된 형태로 발전시키는 중요한 도구가 된다.

최근에는 디지털 기술과 인공지능(AI)이 이러한 성찰과 재구성 과정을 정교하게 지원하는 도구로 주목받고 있다. 학습관리시스템(LMS)을 통해 학생들의 참여도, 과제 제출 현황, 퀴즈 결과 등의 데이터를 체계적으로 수집·분석하면 학습자의 개별 학습 양상을 명확히 파악할 수 있다. 또한 AI 기반 에세이 피드백, 발음 분석, 토론 요약 도구 등은 교사의 피드백 업무를 분담하며 학생의 학습 과정을 실증적으로 검토할 수 있는 자료를 제공한다. 그러나 이러한 기술은 어디까지나 도구일 뿐 수업 재구성의 중심에는 여전히 교사의 교육 철학과 전문적 판단이 놓여야 한다. 데이터와 분석 결과는 학생의 삶과 학습을 연결하는 교사의 해석을 통해 비로소 교육적 의미를 획득한다.

따라서 수업 재구성은 교사의 전문성과 기술의 융합을 통해 교육적 의미를 새롭게 빚어내는 창조적 작업이어야 한다. 수업 재구성의 핵심은 학생의 배움을 중심에 두고 수업 전체를 다시 조직하는 데 있다. 이는 수업의 흐름을 조정하거나 활동의 순서를 바꾸고 평가 방식을 수정하는 등 다양한 방식으로 실현될 수 있다. 예컨대 특정 활동에서 학생의 흥미가 저조했다면 해당 활동을 제거하는 것이 아니라 흥미 요소를 강화하거나 표현 방식을 변형하여 참여를 높이는 방식으로 재설계할 수 있다. 중요한 것은 수업 목표를 유지하되 더 나은 학습 경험을 위해 유연하게 접근하는 태도이다.

나. 교과별 수업 설계의 실제

수업의 설계-실행-성찰-재구성은 끊임없이 이어지는 순환적 과정이다. 교사는 이 과정을 반복적으로 거치면서 스스로의 수업을 끊임없이 새롭게 디자인하고 발전시키는 '교육 설계자'로 성장하게 된다. 이는 수업을 고정된 결과물이 아니라 학생과 교사가 함께 만들어 가는 과정 중심의 배움으로 전환하게 하며 배움의 현장을 끊임없이 살아 있는 공간으로 유지하는 힘이 된다. 수업이란 한 번의 준비와 실행으로 완성되는 것이 아니다. 학생들의 반응, 수업 속에서 드러나는 질문과 오해, 학습의 성취와 좌절은 모두 다음 수업의 재구성을 요청한다. 따라서 수업은 끊임없이 다시 설계되어야 하며 그 출발점은 언제나 교사의 성찰이다.

교사의 성찰은 수업의 맥락과 학생들의 학습 경험을 면밀히 분석하고 자신의 교수 전략과 태도를 되돌아보며 더 나은 대안을 모색하는 창조적 사유의 과정이다. 이 재구성 과정은 기술적 보완과 함께 이루어진다. 예컨대 학생 참여가 미흡했다면 교수-학습 방법의 변화를 학습 격차가 두드러졌다면 개별화 전략의 강화를 사고 확장의 한계가 확인되었다면 탐구적 질문 설계의 재조정을 필요로 한다. 이처럼 수업 재구성은 기술적 개선을 통해 수업의 구조를 더욱 정교하게 다듬어 가는 과정이며 결국 학생의 배움을 중심에 두고 창조적으로 확장되는 길이다.

교사가 수업을 다시 설계한다는 것은 수업안을 수정하거나 학습지를 새롭게 작성하는 수준을 의미하지 않는다. 그것은 곧 학생을 새롭게 바라보고 교실을 다시 성찰하며 학습이 이루어지는 과정을 전면적으로 재구상하는 일이다. 즉, 교사의 재구성은 수업이라는 '형식'을 고치는 것이 아니라 배움이라는 '본질'을 새롭게 조명하고, 더 나은 배움을 향해 교사 자신을 재정립하는 과정이다.

이러한 순환적 실천을 통해 교사는 점차 실행자에서 창조적 설계자로 전달자에서 학습 촉진자로, 그리고 지식 제공자에서 학생과 함께 성장하는 공동 탐구자로 자리매김하게 된다. 성찰하는 교사만이 수업을 새롭게 창조할 수 있으며 재구성에 나서는 교사만이 학생에게 진정으로 의미 있는 배움을 제공할 수 있다. 따라서 수업은 완결된 결과물이 아니라 늘 다시 쓰이고 다시 짜이는 '열린 텍스트'로 이해되어야 한다.

수업의 재구성은 결국 교사의 존재론적 전환을 의미한다. 이는 교사가 배움의 본질을 다시 사유하고 교육의 목적을 재정립하는 철학적 실천 과정이다. 수업을 다시 설계한다는 것은 교사의 관점, 가치, 신념이 새롭게 재구조화된다는 뜻이며 그 속에서 교사는 자신이 수행하는 교육 행위의 의미를 다시 묻는다. 따라서 수업의 재구성은 교사의 내적 성찰과 외적 실천이 순환적으로 맞물리는 변증법적 과정이다.

교사는 학생의 학습 경험을 분석하고, 자신이 구성한 교육적 맥락을 비판적으로 성찰하며 그 결과를 토대로 다시 수업을 조직하는 실천적 지성으로 성장한다. 이 과정에서 교사는 '수업 운영자'의 위치에서 교육의 의미를 재구성하는 창조적 설계자이자 해석적 실천가로 자리매김한다. 이러한 관점에서 수업은 완결된 결과물이 아니라 항상 열려 있는 텍스트로 이해되어야 한다. 이와 같은 순환적이고 확장적인 실천 속에서 교사는 스스로 배우는 존재로 남으며 그의 수업은 시대의 변화를 비추는 하나의 교육적 담론으로 살아남는다.

다음은 교과별 학생 맞춤형 수업을 어떻게 구현할 수 있는지에 대한 실제적인 설계 사례이다.

1) 초등학교 학생 맞춤형 수업 사례

가) 국어: 동시 읽기와 창작 활동

▶ **수업 주제:** 동시 감상과 나만의 동시 쓰기

▶ **맞춤형 수업 관점:** 학습자의 정서적 표현력과 수준 차이를 고려한 맞춤형 활동 중심의 수업 운영

- 사전 진단으로 학생의 독서 수준과 감정 표현 능력을 파악
- 난이도별 시 텍스트를 제공하여 개별 수준에 맞게 감상
- 창작 과제 또한 선택형(시 쓰기 · 그림 · 낭송)으로 제시해 표현 방식의 다양성을 존중

→ '개별 감수성과 창의성'을 중심으로 한 수준별 · 표현 중심 맞춤형 문학 수업

▶ **기대 효과:** 감수성 향상, 다양한 표현 방식 존중, 자기주도적 창작 역량 강화

교수 · 학습 과정안		
과목	국어	
주제	동시 감상과 나만의 동시 쓰기	
대상	초등학교 3-4학년	
성취 기준	[4국05-04] 감각적 표현에 유의하여 작품을 감상하고, 감각적 표현을 활용하여 자신의 생각이나 감정을 표현한다.	
수업 목표	1. 다양한 동시를 감상하며 시 속 감정을 이해한다. 2. 자신의 경험이나 생각을 짧은 동시로 표현한다. 3. 친구의 작품을 존중하며 감상하고 피드백을 나눈다.	
차시	1-7차시	
탐구 질문	1. 시인은 왜 일상의 순간을 시로 표현했을까? 2. 내 마음을 '시의 언어'로 표현한다면 어떤 단어와 이미지가 떠오를까? 3. 감정은 어떻게 시 속에서 다른 사람에게 전해질까?	
핵심 역량	자기관리 역량, 창의적 사고 역량, 심미적 감성 역량, 협력적 소통 역량	
학습 단계	교수 · 학습 활동	학습가이드 및 주의점
1차시	• 다양한 동시 감상(수준별 제공) • 내가 좋아하는 시 속 단어/이미지 공유	• 동시의 길이와 난이도를 고려하여 수준별 텍스트를

	• 시의 감정 톤 분류 활동	제공하고, 학생들이 자유롭게 느낀 점을 표현할 수 있도록 격려
2차시	• 마음에 드는 동시 한 편 선택 • 시 감정선 그래프 그리기 • 선택 이유 발표 및 나눔	• 감정선을 단순히 기쁨·슬픔으로만 구분하지 말고, 다양하게 표현(색깔, 그림, 기호 등)할 수 있도록 지도
3차시	• 시인의 의도, 표현 방법 탐색 • 모둠별 시 해석 의견 나누기 • 나만의 감상문 작성	• 학생들이 시인의 생각을 '정답 찾기'로 오해하지 않도록 하며, 다양한 해석을 존중하는 분위기를 조성
4차시	• 감정 단어 모으기 활동 • 감정 키워드로 시상 떠올리기 • 나만의 동시 첫 문장 쓰기	• 감정 단어 예시를 충분히 제시하고, 문장 시작 틀을 제공해 글쓰기에 어려움을 겪는 학생을 지원
5차시	• 창작 과제 선택(① 동시 쓰기, ② 동시+그림, ③ 동시 낭송 영상) • 개인별 창작 구상 및 초안 작성	• 학생 스스로 표현 방식을 선택하도록 하여 자기주도성을 살리되, 시간 관리가 잘 되도록 단계별 점검
6차시	• 창작 활동 완성 • 짝 피드백 및 작품 보완 • 나만의 시집 표지 만들기	• 피드백 활동은 긍정적 언어를 중심으로 진행하도록 지도하고, 작품 보완 과정에서 자기 성찰
7차시	• 작품 발표회 진행 • '가장 공감된 작품' 투표 • 나의 창작 경험 성찰하기	• 발표 불안이 있는 학생에게는 소규모 발표 기회를 제공하며, 발표 후에는 반드시 성찰문 작성으로 학습을 마무리
평가 도구	1차시: 자기 평가, 관찰 평가 2차시: 자기 평가, 동료 평가 3차시: 수행 평가, 관찰 평가 4차시: 자기 평가, 수행 평가 5차시: 수행 평가, 관찰 평가 6차시: 동료 평가, 수행 평가 7차시: 자기 평가, 동료 평가, 수행 평가	

나) 수학: 생활 속 규칙 찾기

▶ **수업 주제:** 생활 속 규칙성 발견과 수학적 표현

▶ **맞춤형 수업 관점:** 학생의 탐구력과 사고 수준을 고려한 단계별 수학 맞춤형 수업 구성

- 학습자의 이해 수준에 따라 단계적 활동(간단 수열 → 도형 패턴 → 문제 만들기)을 제공
- 실생활 사례(타일 무늬, 운동장 줄무늬 등)를 통해 학생 개개인의 경험과 수학 개념을 연결
- 모둠별 규칙 만들기, 문제 교환 등 협력 활동을 통해 협동적 맞춤형 학습이 가능하게 설계

→ 학습자의 인지 수준과 실제 맥락을 반영한 탐구·협력 중심 맞춤형 수업

▶ **기대 효과:** 규칙성 발견 능력 강화, 수학적 사고력 향상, 협력적 문제 해결 태도 기르기

교수·학습 과정안		
과목	수학	
주제	생활 속 규칙성 발견과 수학적 표현	
대상	초등학교 4학년	
성취 기준	[4수02-02] 계산식의 배열에서 규칙을 찾고, 계산 결과를 추측할 수 있다.	
수업 목표	1. 생활 속에서 규칙성을 발견할 수 있다. 2. 규칙을 수나 그림으로 나타낼 수 있다. 3. 규칙을 활용해 문제를 만들고 해결할 수 있다.	
차시	1~6차시	
탐구 질문	1. 우리가 살아가는 세상에는 어떤 규칙들이 숨어 있을까? 2. 규칙을 알면 세상을 더 잘 이해할 수 있을까? 3. 내가 발견한 규칙은 다른 사람에게 어떻게 설명할 수 있을까?	
핵심 역량	지식정보처리 역량, 창의적 사고 역량, 협력적 소통 역량, 공동체 역량	
학습 단계	교수·학습 활동	학습가이드 및 주의점
1차시	• 교실과 학교 사진 자료 관찰(창문 배열, 타일 무늬, 운동장 줄무늬 등) • 규칙성이 보이는 사례 찾아 발표하기	• 실물·사진 자료를 다양하게 활용해 흥미 유발. 학생의 다양한 관점을 존중

	• '규칙성 찾기 카드'에 내가 발견한 규칙 기록하기	
2차시	• 간단한 수열 제시(2, 4, 6, … / 1, 3, 5, …) • 규칙을 말로 설명하고, 다음 수 맞히기 게임 • 나만의 수열 만들고 친구와 교환	• 쉬운 수열부터 단계적으로 제시. 설명할 때 "+2씩 증가한다"와 같이 구체적 언어 사용을 지도
3차시	• 삼각형 → 사각형 → 오각형 도형 이어가기 • 색종이 접기 · 블록 놀이로 패턴 만들기 • 패턴 규칙을 그림 · 말로 표현하기	• 교구(블록, 색종이)를 활용해 시각적 · 체험적 학습 제공. 틀린 답도 탐구 기회로 수용
4차시	• 모둠별 규칙 만들기 활동(예: 도형 색깔 순서, 숫자 배열, 손뼉 치기 패턴) • 다른 모둠에게 문제 제시하고 풀이하기	• 모둠 내 역할 분담(기록, 제시, 정리)을 명확히. 놀이적 요소를 활용해 협력 유도
5차시	• 내가 만든 규칙으로 문제 만들기(예: "10번째 숫자는?") • 다른 모둠과 문제 교환 후 풀어보기 • 풀이 과정을 발표하며 비교하기	• 문제 난이도를 조절할 수 있도록 안내. 풀이 과정 공유 시 다양한 접근 방식을 존중
6차시	• 모둠별 규칙 문제 발표 • 수업 전체 돌아보기: "오늘 내가 찾은 생활 속 규칙은?" • 규칙성이 수학과 생활에 어떤 도움을 주는지 성찰하기	• 발표 불안 학생은 짝 발표 · 모둠 발표로 대체 가능. 마지막 성찰을 통해 학습 의미를 확장
평가 도구	1차시: 관찰 평가, 자기 평가 2차시: 수행 평가, 자기 평가 3차시: 수행 평가, 관찰 평가 4차시: 자기 평가, 동료 평가, 수행 평가 5차시: 수행 평가, 동료 평가 6차시: 수행 평가, 자기 평가	

2) 중학교 학생 맞춤형 수업 사례

가) 국어: 자기주도적 읽기와 창의적 표현을 위한 학생 맞춤형 수업

▶ **수업 주제**: 현대시 읽기를 통한 감정 표현과 창작

▶ **맞춤형 수업 관점**: 학습자의 독서 수준, 감상 능력, 흥미를 반영한 개별화 수업 구성

- 진단평가를 통해 학습자 수준을 파악하고, 수준별 텍스트를 제공
- 창작 과제는 선택형(시 쓰기, 에세이, 영상 제작 등)으로 제시하여 자기표현의 자율성 부여
- 감정선 그래프, 감성어 탐색 등 정서 중심의 학습 활동을 통해 자기이해와 감수성을 확장

→ 학습자의 정서·창의성을 존중하는 자기주도적 표현 중심 맞춤형 수업

▶ **기대 효과**: 다양한 표현 방식 존중, 감수성 향상, 자기주도적 창작 역량 강화

교수·학습 과정안	
과목	현대시 읽기를 통한 감정 표현과 창작
주제	국어
대상	중1-3학년
성취 기준	[9국05-01] 운율, 비유, 상징의 특성과 효과에 유의하며 작품을 감상하고 창작한다.
수업 목표	1. 다양한 현대시를 감상하며 시에 담긴 감정을 이해하고, 자신의 감정을 언어로 섬세하게 표현할 수 있다. 2. 자신의 독서 수준과 흥미에 맞는 시를 선택하여 감상하고, 시의 주제와 표현 기법을 분석하여 비판적으로 감상할 수 있다. 3. 감정 노트 작성, 시 쓰기, 감성 에세이, 영상 제작 등 다양한 방식의 창작 활동을 수행하며 자기주도적 학습과 창의적 표현 능력을 기를 수 있다.
차시	1-7차시
탐구 질문	1. 시를 읽는다는 것은 '타인의 마음'을 만나는 일일까? 2. 나의 감정은 어떤 시적 언어로 표현할 수 있을까? 3. 한 편의 시가 내 생각이나 삶의 태도를 바꿀 수도 있을까?
핵심 역량	자기관리 역량, 창의적 사고 역량, 심미적 감성 역량, 협력적 소통 역량

학습 단계	교수 · 학습 활동	학습가이드 및 주의점
1차시	• 다양한 현대시 감상(수준별 제공) • 내가 좋아하는 시 속 단어/이미지 공유 • 시의 감정 톤 분류 활동	• 시를 읽으며 느껴지는 감정을 자유롭게 표현한다.
2차시	• 각자 시 한 편 선택 • 시 감정선 그래프 그리기 • 왜 이 시를 골랐는지 나눔	• 마음에 드는 시를 골라 감정 흐름을 그래프로 나타낸다.
3차시	• 시인의 의도, 상징, 어조 탐색 • 시 해석에 대한 모둠별 의견 나누기 • 자신만의 감상문 작성	• 시인의 생각과 표현을 스스로 해석하고 정리한다.
4차시	• 감정 단어 분류 활동 • 감정 키워드로 시상 떠올리기 • 시의 첫 문장 쓰기 연습	• 자신의 감정을 단어로 정리하고, 시로 표현해 본다.
5차시	• 창작 과제 선택(① 시 쓰기, ② 시+에세이, ③ 시 활용 영상 제작) • 개인별 창작 구상 및 초안 작성	• 시 쓰기, 에세이, 영상 제작 중 하나를 선택하여 창작한다.
6차시	• 창작 활동 완성 • 결과물 피드백 & 수정 보완 • 짝 피드백 활동	• 창작물을 완성하고 친구의 작품에 따뜻한 피드백을 한다.
7차시	• 작품 발표회 • '가장 공감된 작품' 투표 • 나의 창작 경험 성찰 에세이 작성	• 작품을 발표하고, 자신의 창작 과정을 성찰한다.
평가 도구	1차시: 자기 평가, 관찰 평가 2차시: 수행 평가, 자기 평가 3차시: 수행 평가 4차시: 수행 평가, 자기 평가 5차시: 관찰 평가, 수행 평가 6차시: 수행 평가, 동료 평가 7차시: 자기 평가, 동료 평가	

나) 수학: 문제 해결 중심의 학생 맞춤형 함수 수업

▶ **수업 주제**: 일차함수의 그래프와 실생활 적용

▶ **맞춤형 수업 관점**: 학생의 개념 이해 수준에 따른 수준별·프로젝트형 맞춤형 수업 구성

- 사전 진단을 통해 학생을 A/B/C 그룹으로 나눔
  A: 기초 중심 반복 학습
  B: 실생활 문제 해결
  C: 창업 프로젝트 수행으로 구성
- 수준별 맞춤 과제를 통해 각 그룹의 학습 목표를 달성
- 실생활 사례(요금제, 거리-시간 등)를 활용해 수학 개념의 실제 적용력을 강화

→ 학습자의 수준·관심·활용 맥락을 통합한 수준별 실생활 맞춤형 수업

▶ **기대 효과**: 수준별 이해도 향상, 실생활 맥락 적용력 강화, 수학에 대한 흥미 증대

교수·학습 과정안	
과목	수학
주제	일차함수의 그래프와 실생활 적용
대상	중1-3학년
성취 기준	[9수02-15] 일차함수의 개념을 이해하고, 그 그래프를 그릴 수 있다.
수업 목표	1. 일차함수의 개념과 그래프의 의미를 이해하고, 그래프를 해석하거나 표현할 수 있다. 2. 실생활 속 문제 상황을 일차함수로 모델링하고, 함수식을 이용하여 수요나 수익을 계산할 수 있다. 3. 수준에 맞는 창의적 문제 해결이나 프로젝트 활동을 통해 수학적 사고력과 표현력을 기를 수 있다.
차시	1-6차시
탐구 질문	1. 일차함수는 우리의 일상에서 어떤 관계를 설명할 수 있을까? 2. 그래프는 숫자보다 더 많은 이야기를 들려줄 수 있을까? 3. 함수로 세상의 문제를 표현한다면 어떤 현상을 분석할 수 있을까?
핵심 역량	지식정보처리 역량, 창의적 사고 역량, 협력적 소통 역량, 공동체 역량

학습 단계	교수 · 학습 활동	학습가이드 및 주의점
1차시	• 일차함수 개념(함수, 기울기, y절편) 간단 복습 • 실생활 사례(택시 요금표, 데이터 요금제 등)를 통해 함수 개념 연결	• 학생들이 일차함수의 기본 개념을 정확히 이해할 수 있도록 개념을 시각자료와 함께 설명한다.
2차시	• x, y값을 대입해 좌표 생성 → 그래프 작성 • 기울기와 절편의 의미 이해 및 변화 관찰 • 그래프를 통해 현실 상황(예: 시간-거리 변화 등) 해석하기	• 그래프를 직접 그리며 기울기와 절편이 어떻게 시각화되는지 체험하게 한다.
3차시	• 실생활 사례 속에서 일차함수 문제 상황 찾기 • 문제 상황을 수학적으로 표현하기(함수식 구성)	• 실생활 속 다양한 일차함수 사례를 탐색하고, 문제 상황을 수학적으로 표현하도록 유도한다.
4차시	• 실생활 문제 또는 창업 프로젝트 상황을 함수식으로 모델링 • 함수식 → 그래프 작성 → 상황 해석(의미 있는 해석 강조)	• 함수식과 그래프를 연결하여 현실 문제를 모델링하는 활동을 중심으로 수업을 구성한다.
5차시	• 발표자료 제작: 슬라이드/포스터/보고서 구성 • 수학적 근거, 그래프 자료, 선택 이유 등을 정리	• 학생 스스로 문제 상황을 분석하고 발표 자료를 제작하면서 수학적 사고를 정리할 수 있도록 돕는다.
6차시	• 조별 또는 개인별 발표(포스터 / 슬라이드 활용) • 질의응답 및 피드백 공유 • 수업 전체 성찰: 함수의 실생활 적용에 대한 느낀 점 공유	• 다양한 형태의 발표를 존중하며 수학적 소통과 협력을 중심으로 수업을 마무리한다.
평가 도구	1차시: 진단 평가, 관찰 평가 2차시: 수행 평가, 관찰 평가 3차시: 수행 평가, 동료 평가 4차시: 관찰 평가, 수행 평가 5차시: 수행 평가, 자기 평가 6차시: 자기 평가, 동료 평가	

다) 과학: 실험 중심의 탐구 활동 학생 맞춤형 수업

▶ **수업 주제**: 물질의 상태 변화와 에너지 전이
▶ **맞춤형 수업 관점**: 탐구 성향과 협업 능력을 고려한 선택형 과학 맞춤형 수업 구성
- 관찰·실험 선호도 및 협업 성향을 반영해 모둠을 구성
- 선택형 실험 설계안(기초-심화)을 제시하여 학생이 스스로 주제를 선택·탐구
- 결과 발표 또한 포스터·영상·시뮬레이션 등 다양한 방식으로 진행하도록 하여 표현의 다양성을 보장

→ 학생의 탐구 흥미와 능력에 맞춘 선택형·자율 탐구 중심 맞춤형 과학 수업

▶ **기대 효과**: 과학적 탐구 능력, 협업 역량, 발표력 등 다양한 역량 향상

교수·학습 과정안		
과목	과학	
주제	물질의 상태 변화와 에너지 전이	
대상	중1-2학년	
성취 기준	[9과11-02] 원소를 구성하는 입자인 원자는 양성자, 중성자, 전자로 구성되며, 양성자의 수에 따라 원소의 종류가 달라짐을 입자 모형을 활용하여 설명할 수 있다.	
수업 목표	1. 물질의 상태 변화와 그 과정에서 일어나는 에너지 전이 원리를 이해한다. 2. 실험을 통해 상태 변화 과정에서의 조건과 결과를 분석하고 설명할 수 있다. 3. 실험 결과를 다양한 방식으로 표현하고 타인과 소통하며 협업하는 능력을 기른다.	
차시	1-7차시	
탐구 질문	1. 물질이 상태를 바꾸는 이유는 무엇일까? 2. 에너지는 눈에 보이지 않지만, 어떻게 그 존재를 확인할 수 있을까? 3. 상태 변화의 원리를 알면 우리 생활에 어떤 도움이 될까?	
핵심 역량	지식정보처리 역량, 창의적 사고 역량, 공동체 역량, 협력적 소통 역량	
학습 단계	교수·학습 활동	학습가이드 및 주의점
1차시	• 고체, 액체, 기체의 특징 정리 • 융해, 기화, 응고, 승화 등 상태 변화 개념 정리 • 다양한 상태 변화 영상 시청 및 실생활 사례	• 상태 변화의 개념과 실생활 사례를 시각 자료와 함께 설명하고, 흥미를 유도하며

	토의 • 실험 주제 소개 및 모둠 구성	수업의 전반적 흐름을 안내한다.
2차시	• 상태 변화 관련 실험 주제 제시(예: 얼음의 융해 속도, 증발 열, 물의 끓는점 변화 등) • 모둠별 관심 주제 선택 • 실험 계획서 작성: 가설, 변수, 절차 등	• 실험 주제를 정하고 계획을 세우게 한다.
3차시	• 실험 도구 준비 • 안전 수칙 교육 • 실험 수행(1차 측정 및 관찰) • 과정 촬영 및 관찰 기록	• 실험 기구 사용법과 실험 절차를 숙지하도록 충분한 설명과 시범을 제공하고, 모둠별로 역할을 분담한다.
4차시	• 실험 반복 수행으로 신뢰도 확보 • 측정값 정리 • 변화 과정 관찰 및 그래프화	• 실험 결과의 정확성을 높이기 위해 반복 측정을 권장하고, 관찰 기록을 구조화된 양식으로 정리하도록 지도한다.
5차시	• 실험 결과 비교 분석 • 상태 변화와 에너지 전이의 관계 정리 • 오류 요인 토의 • 발표 자료 구성 시작	• 데이터 해석은 그래프나 표 등 시각자료로 정리하게 하고, 결과 분석과 발표 기획을 연계하도록 유도한다.
6차시	• 포스터 제작, 영상 편집, 시뮬레이션 제작 중 선택 • 결과 요약 및 핵심 메시지 정리 • 리허설 및 피드백 활동	• 발표 형식(포스터, 영상, 시뮬레이션 등)을 학생이 선택하되, 메시지의 과학적 타당성과 명확한 전달을 강조한다.
7차시	• 각 모둠 발표 • 질의응답 및 상호 피드백 • 전체 수업 성찰 및 탐구일지 작성	• 발표와 피드백은 상호 존중의 태도로 진행되도록 하고, 발표 후 자기 성찰지를 통해 배움을 정리하게 한다.
평가 도구	1차시: 진단 평가 2차시: 수행 평가 3차시: 관찰 평가 4차시: 수행 평가 5차시: 관찰 평가, 자기 평가 6차시: 수행 평가, 동료 평가 7차시: 자기 평가, 동료 평가	

3) 고등학교 학생 맞춤형 수업 사례

가) 사회: 지역 이슈 기반 프로젝트형 학생 맞춤형 수업

▶ 수업 주제: 지속가능한 지역 발전 방안 모색
▶ 맞춤형 수업 관점: 지역 사회의 현안·이슈를 기반으로 한 프로젝트형 수업 구성
- 학생의 관심도 조사 결과에 따라 주제를 선택
- 개인·모둠 프로젝트 선택을 허용
- 결과물도 토론, 포스터, 정책 제안서 등 다양한 형식으로 발표할 수 있게 설계

→ 학습자의 사회적 관심과 진로 방향성을 반영한 참여·탐구 중심 맞춤형 프로젝트 수업

▶ 기대 효과: 사회 참여 의식, 문제 해결력, 비판적 사고력 함양

<table>
<tr><th colspan="3">교수·학습 과정안</th></tr>
<tr><td>과목</td><td colspan="2">사회</td></tr>
<tr><td>주제</td><td colspan="2">지속가능한 지역 발전 방안 모색</td></tr>
<tr><td>대상</td><td colspan="2">고1-2학년</td></tr>
<tr><td>성취 기준</td><td colspan="2">[사회1256] 자연환경의 변화에 따른 문제의 원인과 실태를 제시하고, 자료를 활용하여 자연환경 및 기후 변화가 인간 생활에 미치는 영향을 설명할 수 있다.</td></tr>
<tr><td>수업 목표</td><td colspan="2">1. 지속가능한 지역 발전 문제를 인식하고 자료를 조사할 수 있다.
2. 문제를 분석하고 해결 방안을 논리적으로 제시할 수 있다.
3. 사회적 책임감을 바탕으로 표현·소통하는 시민 역량을 기를 수 있다.</td></tr>
<tr><td>차시</td><td colspan="2">1-7차시</td></tr>
<tr><td>탐구 질문</td><td colspan="2">1. 우리 지역의 가장 시급한 문제는 무엇이며, 왜 해결이 어려울까?
2. ‘지속가능한 발전’은 개인의 삶과 어떤 관련이 있을까?
3. 지역 문제 해결을 위해 우리가 실천할 수 있는 일은 무엇일까?</td></tr>
<tr><td>핵심 역량</td><td colspan="2">창의적 사고 역량, 공동체 역량, 협력적 소통 역량, 자기관리 역량</td></tr>
<tr><td>학습 단계</td><td>교수·학습 활동</td><td>학습가이드 및 주의점</td></tr>
<tr><td>1차시</td><td>• ‘지속가능성’ 개념 이해
• 우리 지역의 문제(환경, 교통, 안전, 복지 등) 떠올리기</td><td>• 지속가능성과 지역 문제의 개념을 쉽게 설명하고 관심을 이끌어낸다.</td></tr>
</table>

	• 관심도 조사 및 주제 후보 정리	
2차시	• 관심 주제에 따라 모둠 또는 개인 프로젝트 구성 • 조사 범위, 방법(인터뷰, 설문, 통계자료 등) 정하기 • 조사 계획서 작성	• 조사 주제를 스스로 정하고 조사 계획을 구체적으로 수립하게 한다.
3차시	• 실제 현장 조사 및 자료 수집(신문, 지역신문, 공공기관 통계 등) • 문제의 원인과 영향 분석하기 • 문제 해결의 필요성 명확화	• 실제 자료를 수집하며 비판적으로 문제를 분석하게 유도한다.
4차시	• 국내외 사례 조사 • 다양한 해결 아이디어 브레인스토밍 • 실행 가능성과 실현 조건 검토 • '나의 최선의 방안' 구성	• 다양한 해결 방안을 탐색하고 실현 가능성을 검토하게 한다.
5차시	• 구체적 실천방안 구성: 캠페인, 정책 제안, 시민 홍보 활동 등 • 표현 방식 선택: 포스터, UCC, 제안서 등 • 결과물 설계 초안 만들기	• 실행 계획을 구성하고 명확한 메시지를 담도록 안내한다.
6차시	• 발표자료 · 포스터 · 영상 등 결과물 제작 • 역할 분담 및 발표 리허설 • 청중 대상 고려한 메시지 구성	• 역할을 나누고 결과물 완성도를 높일 수 있도록 피드백을 준다.
7차시	• 모둠별 결과 발표(토론회, 전시회, 공청회 형식 가능) • 동료 피드백 및 자기 성찰 활동 • 학습과정 되돌아보기(진로 연결 포함)	• 발표 후 자기 성찰과 동료 피드백을 통해 학습을 마무리하게 한다.
평가 도구	1차시: 자기 평가, 관찰 평가 2차시: 자기 평가, 관찰 평가 3차시: 과정 평가, 관찰 평가 4차시: 동료 평가, 관찰 평가 5차시: 관찰 평가, 수행 평가 6차시: 수행 평가, 동료 평가 7차시: 자기 평가, 수행 평가	

나) 영어: 학습자 수준과 진로 관심에 기반한 영어 수행과제 수업

▶ **수업 주제**: 나의 꿈과 진로를 영어로 소개하기(My Dream Career Presentation)

▶ **맞춤형 수업 관점**: 영어 수준과 진로 관심을 결합한 개별화 수업 구성

- 말하기 · 쓰기 능력에 따라 Scaffold(문장 틀, 예시 표현)를 제공
- 진로 탐색 활동을 통해 학생이 자신의 목표에 맞는 주제를 선택
- 발표 형식도 슬라이드, 인터뷰, 영상, 포스터 등으로 다양화하여 학습자의 표현 방식을 존중

→ 학생의 언어 수준 · 진로 흥미 · 표현 선호도를 반영한 개별화 · 자기표현 중심 맞춤형 영어 수업

▶ **기대 효과**: 영어 의사소통 능력 향상, 자기표현력 강화, 진로 탐색과 학습의 실제적 연계

교수 · 학습 과정안		
과목	영어	
주제	나의 꿈과 진로를 영어로 소개하기	
대상	고1-2학년	
성취 기준	[10공영1-02-04] 자신의 생각이나 의견, 감정, 감상 등을 표현한다.	
수업 목표	1. 자신의 관심 있는 진로를 영어로 소개할 수 있다. 2. 발표를 준비하며 영어 어휘 · 문장을 활용할 수 있다. 3. 발표와 피드백을 통해 영어 의사소통 능력을 기른다.	
차시	1-6차시	
탐구 질문	1. 내가 꿈꾸는 직업은 어떤 가치를 세상에 전할 수 있을까? 2. 영어로 나의 이야기를 표현하는 것은 왜 중요할까? 3. 나의 미래를 말로 표현하는 것이 나의 성장을 어떻게 도와줄까?	
핵심 역량	협력적 소통 역량, 자기관리 역량, 창의적 사고 역량, 공동체 역량	
학습 단계	교수 · 학습 활동	학습가이드 및 주의점
1차시	• 영어로 '나를 표현하는 세 가지 키워드' 작성 (예: diligent, creative, optimistic) • 짝 인터뷰 활동: "Tell me about yourself."	• 너무 어려운 어휘보다 친숙한 표현 사용을 유도하고, 말하기 불안을 줄이기

	• 학급 공유: 키워드와 짧은 자기소개 발표	위해 짝 활동부터 시작
2차시	• 다양한 직업 어휘 배우기(의사 · 과학자 · 유튜버 · 변호사 등) • 직업군 분류 활동(사람을 돕는 직업, 창의적인 직업 등) • 나의 꿈 직업 설문지 작성 → 영어로 직업 + 간단한 이유 표현하기(예: I want to be a teacher because I like helping others.) • 짧은 직업 소개 영상 시청 후 감상문 3문장 쓰기	• 직업 어휘를 시각자료(그림 · 영상)와 함께 제공한다. 학생이 관심 있는 직업을 스스로 선택하도록 유도
3차시	• 선택한 직업에 대해 조사하기(하는 일, 필요한 자질, 미래 전망) • 인터넷 · 도서관 자료 · 진로 안내서 활용 • 발표 형식 선택: 슬라이드, 인터뷰 대본, 포스터, 브이로그 영상 중 선택 • 모둠 내에서 발표 아이디어 브레인스토밍(Who am I? / What's my dream job? / Why do I want this job?)	• 조사 과정에서 영어 자료를 일부 활용하도록 권장한다. 발표 형식은 다양성을 인정
4차시	• 유용한 문장 틀 학습(I want to be ~ because …, In the future, I hope to …, My role model is ~) • 발표 스크립트 1차 작성 • 교사 피드백 제공 후 수정 • Self-recording 활동: 자신의 발표를 녹음 후 듣고 발음 · 억양 점검	• 학습 수준에 맞게 Scaffold 제공, 자기 점검 활동(Self-recording)을 통해 학습자가 스스로 수정할 기회 제공
5차시	• 발표 자료 제작(슬라이드 · 포스터 · 영상 편집 등) • 짝 발표 리허설 → 동료 피드백 양식 활용 ("Strong points / Points to improve") • 피드백 반영하여 자료 수정	• 동료 피드백은 반드시 긍정적 언어와 근거 제시를 포함하도록 지도
6차시	• 전체 발표회 진행(발표 or 영상 상영) • 교사 평가 + 친구들의 칭찬 카드 작성 • 자기 성찰 일지 작성("What I did well / What I need to improve / How I felt")	• 발표 불안을 줄이기 위해 모둠 발표 · 영상 발표도 허용한다. 성찰 활동을 반드시 포함해 학습을 마무리
평가 도구	1차시: 관찰 평가, 자기 평가 2차시: 수행 평가, 자기 평가 3차시: 수행 평가, 관찰 평가 4차시: 수행 평가, 자기 평가 5차시: 동료 평가, 수행 평가 6차시: 수행 평가, 자기 평가, 동료 평가	

다) 예술(음악/미술): 표현 중심의 선택형 학생 맞춤형 수업

▶ **수업 주제:** 나를 표현하는 음악/미술 작품 만들기

▶ **맞춤형 수업 관점:** 예술적 선호도와 표현 양식을 기반으로 한 선택형 맞춤형 수업 구성

- 음악과 미술 중 선택하고 그 안에서도 세부 활동(자작곡 · 드로잉 · 입체작품 등)을 자율 선택
- 발표 역시 공연 · 전시 · 온라인 갤러리 등 다양한 형태로 진행
- 학생이 자신의 감정 · 가치관을 예술적으로 표현하며 자기이해와 정서 표현 역량을 기를 수 있도록 설계

→ 예술적 감수성과 자기표현 중심의 선택형 맞춤형 예술 수업

▶ **기대 효과:** 예술적 감수성과 창의성 발현, 자기효능감 증대

교수 · 학습 과정안	
과목	예술
주제	나를 표현하는 음악/미술 작품 만들기
대상	고1-2학년
성취 기준	음악: [12음03-01] 다양한 맥락과 연계되는 음악적 의도나 아이디어를 여러 매체나 방법에 적용하여 창작하고 성찰한다. 미술: [12미02-03] 표현 과정을 성찰하고 새로운 표현 효과를 탐색하여 다음 작품에 반영할 수 있다.
수업 목표	1. 자신의 감정, 경험, 가치관을 예술적 매체를 통해 창의적으로 표현할 수 있다. 2. 예술 작품 제작 과정을 계획하고 스스로 실행하며 완성도 높은 결과물을 제작할 수 있다. 3. 자신과 타인의 작품을 감상하고 존중하며, 예술을 통한 소통의 의미를 이해할 수 있다.
차시	1-6차시
탐구 질문	1. 나는 예술로 어떤 '나'를 표현하고 싶은가? 2. 감정과 생각은 어떻게 예술 작품이 될 수 있을까? 3. 예술은 사람들 사이의 마음을 잇는 다리가 될 수 있을까?
핵심 역량	심미적 감성 역량, 창의적 사고 역량, 자기관리 역량, 협력적 소통 역량

학습 단계	교수 · 학습 활동	학습가이드 및 주의점
1차시	• '나를 표현하는 한 단어' 활동 • 예술 감상 활동: 대표 작품(음악/미술) 감상 및 느낌 공유 • 선호도 조사: 음악 vs 미술 중 선택 및 활동 유형 결정	• 작품 제작의 전체 흐름을 안내하고, 학생의 예술적 선호를 존중해 선택권을 부여한다.
2차시	• 음악: 나의 감정이나 기억과 연결된 음악 만들기 아이디어 구상 • 미술: 나의 가치관, 성격 등을 표현할 주제/재료 구상 • 표현 매체, 스타일, 도구 조사	• 자신을 표현할 수 있는 주제를 찾도록 질문과 사례를 통해 도와준다.
3차시	• 작품 콘셉트 기획서 작성 • 필요한 도구/소재 준비 • 음악: 멜로디, 리듬 구성 연습 • 미술: 재료 조합 및 디자인 설계	• 구체적인 작품 계획(콘셉트, 재료, 기법 등)을 세우고 발표 준비까지 고려하도록 한다.
4차시	• 개별 또는 모둠별 제작 활동 • 교사의 피드백 반영하며 수정 및 보완 • 작업 중 나의 감정/생각 메모	• 표현 방식에 따라 제작 활동을 자유롭게 진행하되, 교사가 중간 점검하며 피드백을 준다.
5차시	• 완성도 점검 및 디테일 보완 • 발표 자료 준비(작품 소개글, 영상 등) • 전시/공연 준비(온라인 갤러리 등록, 순서 구성 등)	• 작품을 마무리하고 발표/전시 계획을 구체화할 수 있도록 조력한다.
6차시	• 전시회 또는 공연, 갤러리 감상 • 작가 발표 및 인터뷰 • 감상 나눔 + 자기평가 및 동료 피드백	• 발표, 감상, 피드백 활동을 통해 서로의 표현을 존중하고 공감하는 분위기를 조성한다.
평가 도구	1차시: 자기 평가 2차시: 관찰 평가 3차시: 수행 평가 4차시: 수행 평가, 동료 평가 5차시: 자기 평가, 수행 평가 6차시: 수행 평가, 동료 평가	

탐구 질문

1. 교사가 '지식 전달자'에서 '수업 설계자'로 전환될 때, 수업의 본질과 교실 문화는 어떻게 변화할 수 있을까?

2. 수업 성찰과 재구성 과정에서 '동료 교사와의 협력'은 교사의 개인적 성찰과 어떤 차별적 효과를 만들어내는가?

3. 수업을 '완결된 결과물'이 아니라 '열린 텍스트'로 이해할 때, 교사와 학생의 역할은 어떻게 새롭게 정의될 수 있을까?

참고문헌

(1) Johnson, D. W., Johnson, R. T., & Holubec, E. J. (2007). *Cooperation in the classroom* (8th ed.). Edina, MN: Interaction Book Company.

(2) 이원님, 김현욱. (2025). '학생 맞춤형 수업'의 의미 탐색: 2015 · 2022 개정 교육과정을 중심으로. 학습자중심교과교육학회, 25, 999-1018.

(3) 교육부. (2022). 2022 개정 교육과정 총론 해설. 세종: 교육부.

(4) 교육부. (2022). 2022 개정 교육과정 총론 해설. 세종: 교육부.

(5) Dewey, J. (1938). *Experience and education*. New York: Macmillan.

(6) Piaget, J. (1972). *The psychology of the child*. New York: Basic Books.

(7) Dewey, J., Piaget, J., & Vygotsky, L. S. (1978). *Mind in society: The development of higher psychological processes*. Cambridge, MA: Harvard University Press.

(8) 사토 마나부. (2014). 수업이 바뀌면 학교가 바뀐다. 서울: 에듀니티.

(9) Vygotsky, L. S. (1978). *Mind in society*. Cambridge, MA: Harvard University Press.

(10) Johnson, D. W., Johnson, R. T., & Holubec, E. J. (2007). *Cooperation in the classroom* (8th ed.). Edina, MN: Interaction Book Company.

(11) 교육부. (2022). 2022 개정 교육과정 총론 해설. 세종: 교육부.

(12) Johnson, D. W., Johnson, R. T., & Holubec, E. J. (2007). *Cooperation in the classroom* (8th ed.). Edina, MN: Interaction Book Company.

(13) Vescio, V., Ross, D., & Adams, A. (2008). A review of research on the impact of professional learning communities on teaching practice and student learning. *Teaching and Teacher Education, 24*(1), 80-91.

(14) 교육부. (2022). 2022 개정 교육과정 총론 해설. 세종: 교육부.

(15) Vygotsky, L. S. (1978). *Mind in society: The development of higher psychological processes*. Cambridge, MA: Harvard University Press.

(16) 이창수. (2020). 교사 행위주체성 성취를 위한 교사 학습공동체의 대안적 접근. 한국교원교육연구, 37(3), 1-26.

(17) 교육부. (2022). 2022 개정 교육과정 총론 해설. 세종: 교육부.

(18) 이은상. (2022). 학생 중심 수업을 위한 협력적 수업 설계 가이드. 서울: 푸른칠판.

(19) 이원님, 김현욱. (2025). '학생 맞춤형 수업'의 의미 탐색: 2015 · 2022 개정 교육과정을 중심으로. 학습자중심교과교육학회, 25, 999-1018.

(20) Anderson, L. W., & Krathwohl, D. R. (Eds.). (2001). *A taxonomy for learning, teaching, and assessing: A revision of Bloom's taxonomy of educational objectives*. New York: Longman.

(21) Gregory, G. H., & Chapman, C. (2005). 수준별·개별화 교수-학습전략 (조영남, 나종식, 김광수 공역). 서울: 학지사.

(22) Corno, L., & Snow, R. E. (1986). Adapting teaching to individual differences among learners. In M. C. Wittrock (Ed.), *Handbook of research on teaching* (pp. 605-629). New York: Macmillan.

(23) Smit, R., & Humpert, W. (2012). Differentiated instruction in small schools. *Teaching and Teacher Education, 28*(8), 1152-1162.

(24) Tomlinson, C. A. (2001). *How to differentiate instruction in mixed-ability classrooms*. Alexandria, VA: Association for Supervision and Curriculum Development.

(25) Darling-Hammond, L., & Oakes, J. (2021). *Preparing teachers for deeper learning*. Cambridge, MA: Harvard Education Press.

(26) 이창수. (2020). 교사 행위주체성(Teacher Agency) 성취를 위한 교사 학습공동체의 대안적 접근. 한국교원교육연구, 37(3), 1-26.

(27) 이상은, 소경희. (2019). 미래지향적 교육과정 설계를 위한 OECD 역량 교육의 틀 변화 동향 분석: 'Education 2030'을 중심으로. 교육과정연구, 37(1), 139-164.

제 5 장 역량 중심 평가의 전환과 적용 방안

5.1 평가 철학과 전환의 필요성

5.1.1 기존 평가의 한계와 과정 중심 평가

가. 결과 중심 평가의 한계

우리나라 학교 교육의 평가는 오랫동안 지필시험 중심의 결과 평가에 의존해 왔다. 이러한 평가는 학습자의 지식 습득 정도를 일정 시점에서 변별하는 데에는 효과적이었지만, 학습 과정에서의 시도와 오류, 개선의 흔적을 담아내지 못하는 구조적 한계를 지녔다. 학생들의 배움은 점수로 환원되었고, 교육 현장은 시험 대비 위주의 수업으로 축소되었다. 경쟁과 서열화는 일상이 되었으며, 학습 부진 학생은 성적에 따른 낙인을 경험하기도 하였다. 학습은 창의적 사고와 협력적 문제 해결 역량을 충분히 길러내지 못하는 활동으로 축소되었다. 이는 교육부가 총론에서 제시한 '포용성과 창의성을 갖춘 주도적인 사람'이라는 인간상과 대비되는 현장의 문제의식을 보여준다[1].

이러한 결과 중심 평가는 수업과 평가가 분리되어 운영되면서 더욱 두드러졌다. 수업은 지식을 전달하는 활동으로, 평가는 점수를 산출하는 절차로 단절되면서 교사는 평가를 수업의 일부로 활용하기 어려웠다. 단일 시험 점수에 과도하게 의존하는 상황에서 학생 개개인의 배경과 속도, 학습 방식은 충분히 반영되지 못했고, 평가 결과가 학교생활기록부에 기록될 때에도 학생의 성장 과정이 드러나지 않았다. 그 결과 학교생활기록부 기록은 행정적 절차로 축소되어 교육적 의미를 충분히 반영하지 못한다는 문제가 존재했다.

나. 과정 중심 평가의 개념과 철학적 전환

'과정 중심 평가'란 성취기준에 근거하여 수업 과정에서 학생의 변화와 성장을 지속적으로 관찰·기록하고, 그 근거로 즉시 피드백과 보정 학습을 제공하여 학습을 개선하는 평가다. 점수 산출을 넘어 평가-수업-기록이 순환하도록 설계되어 성취수준 도달을 지원하고, 학습자의 주도성과 평가의 공정·포용성을 강화한다. 2015 개정 교육과정에서도 이 방향은 제시되었으나, 실제 학교 현장에서는 지필 중심 관행을 대체하기에 미흡했다. 특히 이를 실행으로 옮길 수 있는 구체적 제도 장치와 지원 체계가 부족하여, 과정 중심 평가는 선언적 구호에 그치기 쉬웠다.

2022 개정 교육과정은 이러한 한계를 인식하고 과정 중심 평가를 핵심 철학으로 재정립하였다. 총론은 성취기준-평가기준-성취수준을 연계하고, 최소 성취수준 보장지도를 통해 이수기준 미도달이 우려되는 학생에게 예방 지도를 실시하고 미도달 학생에게 보충 및 추수지도를 실시함으로써 평가 결과가 수업에 환류되도록 하는 설계 원리를 제시하였다(2). 또한 학교 평가 운영 기준에서는 정규수업 중 수행평가 원칙과 과제형 평가 금지를 명시하고, 확정된 평가계획의 공개와 변경 시 재공지를 규정하여 평가가 수업과 분리되지 않도록 하였다(3). 나아가 과정 중심 평가는 점수 위주의 결과 통보의 수준을 벗어나 서술형 피드백과 정성적 진술을 강화함으로써 학생이 자신의 학습 과정을 성찰하고 다음 단계를 계획하도록 돕는다.

과정 중심 평가의 철학은 국내외 문헌에서 공통적으로 강조되어 온 내용으로, 크게 세 가지 축으로 요약된다. 첫째, 학습은 정답 중심 산출물로만 평가될 수 없으며 시도-피드백-재도전-전이의 전 과정에서 드러나는 성장 과정을 중시한다. 둘째, 학습자가 목표 설정, 자기평가, 성찰에 참여하게 함으로써 학습의 주도성을 중심에 둔다. 셋째, 단일 시험이 아닌 수행 과제·포트폴리오·서술형 문항 등 다양한 평가 방식을 통해 학생 개인의 특성과 강점을 발견하고, 이를 토대로 포용성과 공정성을 확보한다. 이 철학은 2022 개정이 제시한 역량 중심 교육과정의 구조와 정합적으로 연결된다.

2022 개정 교육과정에서의 과정 중심 평가는 단순한 기법의 추가가 아니라 교육 패러다임의 전환을 뜻한다. 기존의 평가가 점수와 서열 산출에 머물렀다면, 이제 평가는 학습자의 성장을 촉진하는 교육적 실천으로 자리 잡아야 한다. 수업-평가-기록이 하나의 순환 구조 안에서 긴밀히 연결될 때 학생의 배움이 총체적으로 이루어진다. 2022 개정 교육과정이 강조하는 '포용성과 창의성을 갖춘 주도적인 사람'이라는 인간상은 이러한 평가 철학 속에서 구체화된다. 과정 중심 평가는 학생의 학습 과정을 존중하고 다음 학습을 설계하게 하는 미래 사회가 요구하는 역량을 길러내는 핵심 토대라 할 수 있다.

5.1.2 과정 중심 평가의 교육적 가치와 국내외 정책 흐름

가. 국제적 확산과 교육적 가치

과정 중심 평가는 특정 국가만의 과제가 아니라 국제적으로 확산되고 있는 교육적 흐름이다. OECD는 미래 사회가 요구하는 핵심 역량과 학습자의 주도성을 강조하며, 단순한 지식 전달식 교육에서 벗어나 학습의 과정과 성찰을 중시하는 평가 방식을 제시해 왔다. 이러한 평가 방식을 통해 "무엇을 아는가"보다 "무엇을 할 수 있는가"를 중시하며, 평가는 결과가 아니라 역량 발현의 과정에 주목해야 함을 분명히 하였다[4].

이러한 관점은 여러 나라의 교육과정이나 국제 바칼로레아(IB)와 같은 프로그램 속에서 구체적으로 드러난다. 예를 들어 IB 디플로마 프로그램의 과학 과목은 교실 속 작은 탐구 활동부터 학생이 직접 주제를 정하고 실행하는 개인 탐구까지 모두 평가에 포함한다. 이때 학생의 보고서는 개인적 참여, 탐구, 분석, 평가, 의사소통의 다섯 가지 기준에 따라 루브릭으로 평가된다. 또한 평가의 신뢰도를 확보하기 위하여, 교사가 먼저 내부평가를 진행한 후 무작위로 일부 보고서를 추출해 외부 조정관이 다시 검토한다. 만약 교사의 채점이 기준에서 벗어난 경우에는 점수가 조정되어, 학교나 국가가 달라도 평가의 공정성과 일관성이 보장되도록 하였다[5].

OECD는 한 걸음 더 나아가, 학생이 학교 안팎에서 경험한 학습 과정을 돌아보고 그것을 기록하며, 심지어 졸업 이후의 학습 여정까지 연결해 문서화하는 것이 효과적이라고 강조한다(6). 성취 여부만을 따지는 것이 아니라, 학생이 어떤 길을 걸어왔는지를 사회가 제도적으로 인정하는 절차가 필요하다는 이야기다. IB의 평가 시스템과 OECD의 정책적 권고는 결국 같은 지점을 향한다. 과정 중심 평가는 지식의 양이 아니라, 배움의 흔적과 성찰의 기록을 남기는 데 가치를 두어야 한다.

나. 국내 정책과 제도적 전환

국내에서도 이러한 흐름은 확인된다. 한 실행연구에서는 수업을 핵심 아이디어와 질문을 중심으로 다시 짜고, 수행평가를 진단-형성-총괄의 흐름 속에서 운영했다. 평가 과정에서는 교사가 피드백을 주고 학생이 다시 도전할 수 있는 기회를 주었는데, 그 결과 학생들의 산출물의 질이 향상되었고 수업 참여 태도에도 긍정적인 변화가 나타났다(7). 이는 과정과 성찰을 기록하고 이를 다시 학습으로 환원하는 구조가 학생의 성장을 이끈다는 사실을 보여준다.

IB가 내부·외부 평가를 통해 과정 중심 평가의 공정성을 확보하듯, 한국교육과정평가원도 표본 가채점 비교와 공동 채점 과정을 제시해 채점 기준이 일관되게 적용되도록 안내한다. 교사들은 같은 과제를 함께 채점하거나 서로 교차 검토하며, 필요할 경우 협의를 거쳐 기준을 조정함으로써 평가의 신뢰성을 높이고 있다(8). 교육부 또한 교실 속 탐구와 성찰이 평가 결과와 함께 누적 기록되어 세부능력특기사항에 반영되도록 규정함으로써, 우리나라의 교육 정책 또한 OECD가 말한 과정과 성찰의 기록을 강조한다(9).

특히 2022 개정 교육과정은 이러한 국제적 동향을 반영하여 평가 체제의 전환을 본격화하였다. 교육부는 성취기준-평가기준-성취수준을 연계하고, 보충·추수지도를 포함한 후속 지원을 통해 결과가 다시 수업으로 환류되도록 하는 구조를 제시함으로써 성취평가제 기반의 과정 중심 평가를 제도적으로 뒷받침한다(10). 이에 따라 평가의 초점은 단순한 점수 산출이 아니라 학습자가 성취수준에 이르는 과정을 드러내는 데 맞추어졌다. 예컨대, 수업 중 관찰된 학습 활동, 수행 과정에서의 문제 해결 시도, 동료와의 협력 경험이 평가의 중요한 자료가 되며, 교사는 이를 토대로 학생에게 강점과 보완점을 알려주고 학습의 다음 단계를 안내한다. 나아가 2022 개정 교육과정은 수업-평가-기록의 순환 구조를 구체화하고, 개념기반학습을 강조하여 단편 지식의 암기를 넘어 학생이 개념 간 관계를 이해하고 새로운 맥락에 적용할 수 있는 힘을 기르는 평가 방향을 제시하였다[11]. 이처럼 과정 중심 평가는 학습의 끝이 아니라 새로운 배움으로 이어지는 출발점이 되도록 설계되어 있다.

또한 2028학년도부터 적용되는 대입제도 개편은 과정 중심 평가 강화의 제도적 배경이 된다. 교육부는 선택 과목을 폐지하고 통합형 수능을 실시하며, 내신 성적은 9등급제에서 5등급제로 단순화하겠다고 발표했다[12]. 이는 미세한 점수 변별을 줄이고, 일정 수준 이상의 성취 여부와 학습의 과정에 더욱 중점을 두려는 취지를 반영한다. 따라서 교실 수업에서 이루어지는 과정 중심 평가는 학교 차원의 기록을 넘어 상위 제도와 맞물리며 그 정당성을 얻게 된다.

과정 중심 평가는 국제적 흐름과 국내 정책이 함께 지향하는 방향이다. 과정 중심 평가는 학생을 배움의 주체로 세우고, 교육을 결과가 아닌 하나의 여정으로 바라보게 하는 가치 있는 전환이다.

탐구 질문

1. 결과 중심 평가에서 과정 중심 평가로 전환할 때, 실제 교육 현장에서 저항 요인은 무엇이며 이를 어떻게 극복할 수 있는가?

2. 과정 중심 평가는 학습자의 주도성과 평가의 포용성을 강화하는 반면, 학생 간 격차를 심화시킬 가능성이 존재하는가?

3. 한국의 평가 제도와 교육 현실을 고려할 때, 과정 중심 평가를 어떻게 설계하고 정착시켜야 하는가?

5.2 수행평가와 피드백을 중심으로 한 평가 운영

5.2.1 수행평가의 취지와 루브릭 원리 및 적용 사례

가. 수행평가의 취지와 교육적 의미

수행평가는 학생이 실제 맥락 속에서 지식·기능·태도를 종합적으로 발휘하는지를 평가하는 방식이다. 2022 개정 교육과정은 수행평가를 성취기준에 기반하여 수업시간 중 실시하도록 하여, 결과보다 역량 발현의 과정을 중시하는 방향을 분명히 한다[(13)]. 수행평가는 무엇을 아는가보다 무엇을 할 수 있는가를 평가하는 데 초점을 맞춘 것이며, 한 번에 점수를 매기는 절차가 아니라, 수업 중 학습 과정에서 드러난 시도나 협력 등 학생의 다양한 면을 체계적으로 수집하고 평가하는 교육적 활동이다.

수행평가는 교과 지식을 교과서 속에만 머무르게 하지 않고 실제 맥락과 연결해 준다. 학생은 지식이 문제 해결에 어떻게 쓰이는지를 몸소 경험하면서, 배움이 단순한 암기가 아니라 삶과 이어진다는 사실을 깨닫는다. 수행평가는 핵심 개념을 중심으로 학습을 엮어 가는 개념기반학습의 도구로 기능한다. 핵심 개념은 단편적인 지식 조각이 아니라 여러 사실과 원리를 아우르며 다른 맥락에도 적용될 수 있는 사고의 틀이다. 이를 통해 학생은 지식을 아는 데 그치지 않고, 개념을 중심으로 학습을 구조화하여 새로운 맥락이나 문제 상황에 배운 것을 전이할 수 있게 된다.

또한 수행평가는 학습자의 주도성을 길러 준다. 과제를 수행하는 전 과정에서 목표를 이해하고, 계획을 세우고, 실행하고, 결과를 성찰하는 경험을 통해 학생은 자기조절 능력과 성찰의 힘을 키운다. 단순히 지시를 따르는 수동적인 학습자가 아니라, 스스로 학습 경로를 설계하고 조정하는 능동적 학습자로 성장하게 되는 것이다.

나아가 수행평가는 사고력, 창의성, 의사소통, 협업과 같은 핵심 역량을 드러내는 장(場)이 된다. 교사는 학생이 정답을 맞혔는지보다 문제를 해결하는 과정에서 어떤 탐구가 이루어졌고, 친구들과 어떤 방식으로 협력하고 소통했는지를 포착할 수 있다. 평가는 점수를 매기는 행위가 아니라, 배움 속에서 역량이 발현되는 과정을 읽어내는 일이 되는 것이다.

배움의 과정을 면밀히 살피는 수행평가는 자연스럽게 학생 개개인의 다양성을 존중하는 방향으로 나아간다. 같은 목표를 향하더라도 학생마다 접근하는 방식과 산출물의 형태는 다를 수 있다. 이러한 차이를 있는 그대로 인정하고 각자의 강점과 특성을 교육적 언어로 기록하는 것이 수행평가의 중요한 의미이다. 결국 수행평가는 2022 개정 교육과정이 지향하는 '성장 서사 중심 평가'를 교실 현장에서 살아 움직이게 하는 도구가 된다.

이러한 수행평가는 학생·교사·학부모 모두에게 의미 있는 효과를 가져온다. 학생에게는 탐구와 협력, 표현을 통해 배움을 드러낼 기회를 제공하며, 과정에 대한 서술형 피드백을 통해 학습자가 잘한 점과 보완해야 할 점을 제공한다. 교사에게는 보고서, 토론 참여, 협력 과정 등 다양한 평가 증거를 통해 학생의 강점과 보완점을 진단하고 다음 차시의 수업 전략을 조정할 수도 있다. 교사의 서술형 소견은 자녀의 변화와 노력, 협력 경험을 구체적으로 보여주어, 학부모가 가정에서도 학습 지원의 방향을 잡을 수 있도록 돕는다.

2015 개정 교육과정에서도 과정 중심 평가는 중요한 가치로 언급되었지만, 실제로 교실에서 뿌리내리기에는 장치가 부족했다. 그러나 2022 개정 교육과정에서는 성취기준과 평가기준, 성취수준을 긴밀히 연결해 평가의 방향을 분명히 하고, 성취에 이르지 못한 학생에게는 보충지도와 재도전의 기회를 반드시 제공하도록 했다. 즉, 실패로 끝나지 않고 다시 배움으로 이어질 수 있도록 제도를 마련한 것이다. 또한 수행평가에서 드러난 탐구와 성찰의 흔적은 학교생활기록부에 서사의 형태로 기록되며, 배움의 과정이 학생의 공식적인 학습 이력으로 남게 된다.

나. 루브릭의 원리

루브릭은 과제 수행을 평가할 때 필요한 준거와 성취 수준을 체계적으로 정리하고, 각 수준에서 기대되는 수행의 특징을 구체적으로 서술한 평가 준거표이다. 이는 수행평가의 신뢰성과 타당성을 높이는 핵심적인 장치로, 단순히 채점의 편의를 위한 표에 그치지 않는다. 루브릭은 학습 목표, 평가 준거, 성취 수준이 서로 긴밀하게 연결되도록 하여 수업과 평가, 기록이 하나의 흐름으로 이어지게 한다. 수업에서 세운 목표가 평가 준거로 옮겨지고, 그 달성 정도가 성취 수준의 언어로 드러날 때, 학생에게는 학습 방향을 알려주는 안내서가 되고 교사에게는 공정하고 일관된 평가 도구가 된다. 이러한 루브릭의 교육적 기능은 몇 가지 원리들을 통해 구체화된다.

루브릭은 평가의 방향을 구체화하여 학생에게 명확한 목표를 제시한다. 추상적인 목표 대신 '주장의 일관성', '근거의 타당성', '표현의 적절성'과 같은 구체적 준거를 제시함으로써 학습자는 무엇을 준비하고 보완해야 하는지를 분명히 알 수 있다. 이러한 구체화는 학생에게 실질적인 학습 지침이 되고, 교사에게는 평가의 일관성을 보장하는 기준이 된다.

각 성취 수준의 특징을 점수나 등급이 아닌 질적 서술로 표현하는 것도 중요하다. 각 단계의 수행 특성을 언어로 구체화하면, 학생은 자신의 현재 위치를 진단하고 상위 단계로 향하기 위한 행동 방향을 스스로 계획할 수 있다. 예를 들어, '우수'는 "주장이 일관되고 근거가 풍부하다", '보통'은 "근거가 부족하다", '기초'는 "주장이 불분명하다"와 같이 기술할 수 있다. 이처럼 질적 서술은 학습자에게 실질적인 피드백을 제공한다.

또한 루브릭은 결과뿐 아니라 과정 전체를 포착한다. 학습자의 계획, 수행, 산출 전 과정을 살피며 사고의 흐름과 전략적 선택을 함께 평가함으로써 교사는 학습자의 사고 과정을 구체적으로 이해할 수 있다. 학생 역시 결과 중심의 평가를 넘어 자기 성찰과 보정 학습으로 이어지는 과정 중심의 평가 경험을 하게 된다.

성취기준-평가기준-성취수준 간의 정합성을 확보하는 것도 루브릭의 핵심이다. 평가의 모든 요소는 성취기준에서 직접 도출되어야 하며, 과제의 구성과 성취 수준의 서술에 일관되게 반영되어야 한다. 이렇게 정합성을 갖춘 루브릭은 학생의 학습 과정에서 강점과 보완점을 구체적으로 드러내어, 교사가 이를 근거로 보충 학습이나 재도전의 기회를 설계할 수 있게 한다.

루브릭의 효과는 학생의 주도적 참여와 공정성 확보를 전제로 할 때 더욱 강화된다. 자기평가와 동료평가를 포함하면 학생은 피드백-보정-재도전의 순환 과정을 직접 경험하며 자기조절 학습 능력을 기를 수 있다. 동시에 교사들은 공동 채점과 기준 합의를 통해 평가 해석의 차이를 줄여 평가의 공정성과 신뢰도를 높일 수 있다.

마지막으로, 루브릭은 학생 친화적이고 실질적으로 활용 가능한 형태로 제시되어야 한다. 전문 용어나 추상적 표현보다는 학생이 쉽게 이해하고 행동으로 옮길 수 있는 언어로 제시되어야 하며, 각 성취 수준을 대표하는 앵커 예시(Anchor Example, 각 수준의 특징을 보여주는 실제 학생의 산출물)를 함께 제공하면 학습자는 추상적 문장만으로 파악하기 어려운 차이를 직관적으로 이해할 수 있다. 또한 루브릭을 과제 시작 전에 공유하고 디지털 포트폴리오와 연계하면, 초안-수정-최종본의 전 과정이 투명하게 기록되고 교사는 이를 바탕으로 개별 맞춤형 피드백을 제공할 수 있다.

이와 같은 원리에 따라 루브릭은 수행평가의 신뢰성과 교육적 의미를 보장하며, 학생 성장 중심·과정 중심 평가의 핵심 도구로 자리한다. 루브릭은 학생과 교사 모두에게 앞으로의 학습과 수업을 이끌어 줄 실질적인 길잡이가 된다.

다. 루브릭 교과별 적용 사례

루브릭은 교과의 특성과 학습 목표에 맞추어 다양하게 설계될 수 있으며, 기본적으로는 평가 요소와 성취 수준별 서술로 구성된다. 교과별 루브릭은 성취기준-평가 요소-성취 수준을 정합적으로 연결하여, 학생이 학습 과정 속에서 자신의 강점과 보완점을 스스로 진단하도록 돕는다. 다음의 1)-4)는 교과별 루브릭 적용 사례를 제시한 것이다[14]. 사례에 포함된 '수행 과제', '성취 기준', '핵심 아이디어', '평가 방법'은 루브릭 항목 그 자체는 아니지만, 실제 수행평가 계획 안에서 루브릭이 다른 요소들과 어떻게 유기적으로 연결되는지를 보여주기 위해 함께 제시하였다.

표에서 루브릭에 해당하는 부분은 두 가지로 구분되는데, 총괄형 평가기준(평가기준 A, B, C, D, E)과 분석형 평가기준(채점 요소, 채점 기준, 배점)이 그에 해당한다. 1)과 2)의 사례는 루브릭 구조와 해석 방식을 충분히 제시하기 위해 상세 해설을 제공하고, 3)과 4)의 사례는 반복을 줄이기 위해 요약형 해설로 구성하였다.

1) 통합사회1 루브릭 사례

<table>
<tr><th>수업 주제</th><td colspan="3">사회 현상, 사회 문제 탐구 카드뉴스 제작</td></tr>
<tr><th>수행 과제</th><td colspan="3">통합적 관점으로 사회 현상 및 사회 문제를 분석하고 해결 방안을 카드 뉴스로 제작한다.</td></tr>
<tr><th>성취 기준</th><td colspan="3">[10통사1-01-02] 인간, 사회, 환경의 탐구에 통합적 관점이 강조되는 이유를 도출하고 이를 탐구에 적용한다.</td></tr>
<tr><th>핵심 아이디어</th><td colspan="3">시간적, 공간적, 사회적, 윤리적 측면을 함께 고려하는 통합적 관점의 적용을 통해 인간, 사회, 환경의 특성 및 관련 문제를 잘 파악할 수 있다.</td></tr>
<tr><th rowspan="5">평가 기준</th><td>A</td><td colspan="2">인간, 사회, 환경의 탐구에서 통합적 관점이 필요한 이유를 심층적으로 탐구하여 이해하고, 통합적 관점을 탐구 사례에 적용하고 깊은 관심을 가진다.</td></tr>
<tr><td>B</td><td colspan="2">인간, 사회, 환경의 탐구에서 통합적 관점이 필요한 이유를 탐구하여 이해하고, 통합적 관점을 탐구 사례에 적용하고 관심을 가진다.</td></tr>
<tr><td>C</td><td colspan="2">인간, 사회, 환경의 탐구에서 통합적 관점이 필요한 이유를 이해하고, 통합적 관점을 탐구 사례에 부분적으로 적용하고 관심을 가진다.</td></tr>
<tr><td>D</td><td colspan="2">인간, 사회, 환경의 탐구에서 통합적 관점이 있음을 알고, 통합적 관점과 탐구 사례에 관심을 가진다.</td></tr>
<tr><td>E</td><td colspan="2">인간, 사회, 환경의 탐구에서 여러 관점을 고려해야 함을 알고 관심을 가진다.</td></tr>
<tr><th rowspan="2">평가 방법</th><td colspan="3">서·논술형, 프로젝트</td></tr>
<tr><td colspan="3">교사 관찰 및 기록</td></tr>
<tr><th>채점 요소</th><th colspan="2">채점 기준</th><th>배점</th></tr>
<tr><th rowspan="2">통합적 관점 분석하기</th><td colspan="2">시간적, 공간적, 사회적, 윤리적 관점을 모두 정확하게 이해하고 탐구 사례에 적절하게 적용하여 카드 뉴스를 제작함.</td><td>10</td></tr>
<tr><td colspan="2">시간적, 공간적, 사회적, 윤리적 관점의 일부를 정확하게 이해하고 탐구 사례에 적용하여 카드 뉴스를 제작함.</td><td>8</td></tr>
</table>

	시간적, 공간적, 사회적, 윤리적 관점의 일부를 이해하고 탐구 사례에 적용하여 카드 뉴스를 제작함.	6
	시간적, 공간적, 사회적, 윤리적 관점의 일부를 탐구 사례에 적용하여 카드 뉴스를 제작하였으나 부적절한 분석이 발견됨.	4
	시간적, 공간적, 사회적, 윤리적 관점의 일부를 탐구 사례에 적용하여 카드 뉴스 제작에 참여하였으나 부적절한 분석이 발견되고 완성하지 못함.	2
탐구 문제 해결하기	탐구 문제 해결 방안이 실제로 실현 가능성이 있고, 논리성과 구체성이 우수함.	5
	탐구 문제 해결 방안이 대체로 실현 가능하며, 논리성과 구체성이 대체로 양호함.	3
	탐구 문제 해결 방안의 실현 가능성, 논리성, 구체성이 부족함.	1
공감하기	다른 모둠의 발표에 집중하며 경청한 후, 탐구 문제에 대해 공감하는 발언이나 통합적 관점에서의 새로운 해결 방안을 제시함.	5
	다른 모둠의 발표에 대체로 집중하여 듣고, 탐구 문제에 대해 공감하는 발언을 함.	3
	다른 모둠의 발표를 듣고, 탐구 문제를 이해함.	1

통합사회1 사례에서 루브릭은 총괄형과 분석형, 두 층으로 설계되어 있다.

먼저 '평가 기준(A~E)'은 카드 뉴스 과제에서 시간·공간·사회·윤리 등 통합적 관점을 얼마나 정확히 적용하고 관점 간 관계를 일관되게 연결했는지를 수준별로 서술한 총괄형 루브릭이다. 이를 통해 탐구 과정 전반에서 통합적 관점이 어떻게 반영되었는지를 한눈에 파악할 수 있다.

'채점 요소-채점 기준-배점' 표는 분석형 루브릭으로, 사회과에서 중시하는 통합적 사고, 문제 해결, 시민적 소통 능력을 단계적으로 점검하도록 구성된다.

① 통합적 관점 분석하기: 시간성·공간성·사회성·윤리성을 이해하고, 이를 적절하게 적용하여 결과물을 제작하였는지를 본다. 이 항목에 최대 배점(10점)을 부여해 그 중요성을 드러낸다.

② 탐구 문제 해결하기: 제시한 대안이 실현 가능하고 논리적으로 전개되었는지, 구체적으로 제시되었는지를 평가한다. 추상적인 주장이나 해결책이 아니라

실제 적용 가능한 방안을 요구한다는 점에서, 이는 삶과 연결되는 교육과 평가를 강조하는 2022 개정 교육과정의 취지에 부합한다.

③ 공감하기: 다른 모둠의 발표에 대한 경청, 쟁점의 재구성, 공감과 의사소통을 평가함으로써 학생의 시민적 역량을 살펴볼 수 있다. 이는 정의적 능력 평가에 해당한다. 지식, 기능, 학업 성취와 같은 인지적 역량의 평가뿐만 아니라 수업 참여와 주도성, 태도, 가치, 학생 간 존중과 협업과 같은 정의적 측면 등의 역량을 포괄하는 평가가 균형 있게 이루어져야 한다. 성취기준에서 가치・태도 범주의 요소가 명시적으로 드러나지 않더라도, 교육과정의 취지를 살려 영역 내 성취기준들에서 가치・태도 범주를 반영할 필요가 있으므로 교과의 특성에 맞는 정의적 능력 평가 방안을 평가계획서에 포함하는 것이 권장된다[15].

과제 시작 전에 이러한 루브릭과 수준별 앵커를 학생들에게 공유하고, 교사 간 합의된 루브릭으로 공동 채점을 실시하면 평가의 신뢰성을 높일 수 있다. 결국 이러한 루브릭은 통합사회가 요구하는 복합 관점의 연결, 실행 가능한 대안, 시민적 공감과 의사소통 능력을 공정하고 일관되게 평가할 수 있는 틀을 제공한다.

2) 공통수학1 루브릭 사례

수업 주제	보드게임 제작	
수행 과제	인수분해 단원의 내용을 바탕으로 하여 다양한 문제를 활용한 보드게임을 제작한다.	
성취 기준	[10공수1-01-03] 다항식의 인수분해를 하고 이를 활용해 실생활 문제를 해결할 수 있다.	
핵심 아이디어	식에 대한 사칙연산과 인수분해는 수학 학습의 기본이 되며 복잡한 다항식으로 확장되고 적용되어 다양한 문제를 해결하는 데 유용하게 활용된다.	
평가 기준	A	다항식의 인수분해의 학습내용을 명확하게 이해하고 그 개념을 활용하여 보드게임의 주제를 창의적으로 선정하고 제작할 수 있으며, 수학 용어를 유창하게 사용하여 그 과정을 논리적으로 설명할 수 있다.
	B	다항식의 인수분해의 학습내용을 명확하게 이해하고 그 개념을 활용하여 보드게임의 주제를 선정하고 제작할 수 있으며, 수학 용어를 사용하여 그 과정을 설명할 수 있다.

	C	다항식의 인수분해의 학습내용을 이해하고 그 개념을 활용하여 보드게임의 주제를 선정하고 제작할 수 있다.	
	D	다항식의 인수분해의 학습내용을 대략적으로 이해하고 그 개념을 활용하여 간단한 보드게임을 제작할 수 있다.	
	E	간단한 다항식의 인수분해의 학습내용을 이해하고 간단한 보드게임에서의 인수분해 문제를 해결할 수 있다.	
평가 방법	프로젝트		
	교사 관찰 및 기록		
채점 요소	**채점 기준**		**배점**
인수분해를 활용해 보드게임 제작하기	보드게임을 만드는 과정에서 보드게임의 규칙과 인수분해의 원리를 정확하게 이해하고 새롭고 다양한 방법으로 게임 제작을 완성하였으며 이를 소개하는 게임설명서를 작성함.		10
	보드게임을 만드는 과정에서 보드게임의 규칙과 인수분해의 원리를 정확하게 이해하고 게임 제작을 완성하였으며 이를 소개하는 게임 설명서를 작성함.		8
	보드게임을 만드는 과정에서 보드게임의 규칙과 인수분해의 원리를 알고 게임 제작을 완성하였으며 이를 소개하는 게임설명서를 작성하였으나 수학적인 오류가 일부 발견됨.		6
	보드게임을 만드는 과정에서 보드게임의 규칙과 인수분해의 원리를 알고 게임 제작을 완성하였으나 수학적인 오류가 일부 발견됨.		4
	보드게임의 규칙과 인수분해의 원리를 적용하여 보드게임을 제작하는 과정에 참여함.		2
보드게임 속 인수분해 설명하기	다항식의 인수분해 과정을 정확하게 표현하여 자신의 보드게임을 소개하였으며 수학 용어 사용과 식 표현이 명확함.		5
	다항식의 인수분해 과정을 표현하여 자신의 보드게임을 소개하였으나 인수분해 과정 설명 중 수학 용어 사용이나 식 표현에서 일부 오류가 있음.		3
	수학 용어를 사용하여 자신의 보드게임 속 다항식의 인수분해 과정을 표현하는 데 어려움이 있음.		1
보드게임 속 인수분해 문제 해결하기	다른 인수분해 보드게임에 대해 정확한 해결 방법을 찾아 유창하게 설명함.		5
	다른 인수분해 보드게임에 대한 해결 방법을 부분적으로 찾음.		3
	다른 인수분해 보드게임의 규칙을 찾는 데 관심을 보임.		1

공통수학1 사례 역시 루브릭은 총괄형과 분석형, 두 층으로 설계되어 있다.

먼저 '평가 기준(A~E)'은 다항식의 인수분해 개념을 얼마나 정확히 이해했는지, 그리고 그 개념을 게임 주제와 규칙 설계에 적용하여 보드게임을 제작하고 설명할 수 있는지를 수준별로 요약한 총괄형 루브릭이다. 상위 수준으로 갈수록 개념 이해는 물론, 주제 선정과 제작의 창의성·타당성, 수학적 설명의 유창성과 논리성이 함께 요구된다. 이는 다항식의 인수분해를 하고 이를 활용해 실생활 문제를 해결한다는 성취 기준을 충실히 반영한 것이다.

'채점 요소-채점 기준-배점'은 분석형 루브릭으로, 세부 요소를 통해 수학의 핵심 역량을 단계적으로 평가한다.

① 인수분해를 활용해 보드게임 제작하기: 인수분해 원리 이해, 규칙의 정합성, 게임 완성도, 창의적 방법 적용, 설명서 작성 능력을 본다. 하위 수준일수록 제작 과정에서 수학적 오류가 나타난다.

② 보드게임 속 인수분해 설명하기: 자신의 게임 규칙이 왜 인수분해 원리에 타당한지를 수학 용어와 식으로 정확히 표현했는지를 본다. 설명의 오류가 많을수록 낮은 수준에 해당한다.

③ 보드게임 속 인수분해 문제 해결하기: 다른 보드게임의 문제를 풀고 풀이 과정을 얼마나 정확하고 유창하게 설명하는지를 평가한다. 부분적 해결이나 단순한 관심 표시에 그칠수록 하위 수준으로 평가된다.

이러한 루브릭을 활용하여 2022 개정 교육과정이 강조하는 문제 해결, 창의적 사고, 수학적 의사소통 능력을 실생활 맥락에서 공정하고 일관되게 평가할 수 있다.

3) 공통국어1 루브릭 사례

수업 주제	희곡 창작하기
수행 과제	문학의 갈래별 형상화 방법에 대한 이해를 바탕으로 시를 희곡으로 창작한다.
성취 기준	[10공국1-05-02][10공국1-05-03] 갈래에 따른 형상화 방법 및 작품의 구성 요소의 유기적 관계와 맥락을 고려하여 작품을 수용하고 생산한다.

<table>
<tr><td>핵심 아이디어</td><td colspan="3">갈래에 따라 나타나는 문학의 다양한 형상화 방법에 대한 이해는 작품의 수용과 생산을 풍부하게 한다.</td></tr>
<tr><td rowspan="5">평가 기준</td><td>A</td><td colspan="2">작품의 구성 요소의 유기적 관계와 맥락에 대한 이해를 바탕으로 시를 깊이 있게 수용하고, 갈래에 맞는 형상화 방법을 적절히 활용하여 시를 완성도 높은 희곡으로 창작할 수 있다.</td></tr>
<tr><td>B</td><td colspan="2">작품의 구성 요소의 유기적 관계와 맥락에 대한 이해를 바탕으로 시를 깊이 있게 수용하고, 갈래에 맞는 형상화 방법을 적절히 활용하여 시를 희곡으로 창작할 수 있다.</td></tr>
<tr><td>C</td><td colspan="2">작품의 구성 요소의 유기적 관계와 맥락에 대한 이해를 바탕으로 시를 수용하고, 갈래에 맞는 형상화 방법을 활용하여 시를 희곡으로 창작할 수 있다.</td></tr>
<tr><td>D</td><td colspan="2">작품의 구성 요소의 관계나 맥락에 대한 이해를 바탕으로 시를 수용하고, 시를 희곡으로 창작할 수 있다.</td></tr>
<tr><td>E</td><td colspan="2">시의 맥락을 이해할 수 있으며, 시를 짧은 희곡으로 창작할 수 있다.</td></tr>
<tr><td rowspan="2">평가 방법</td><td colspan="3">서술 및 논술, 프로젝트</td></tr>
<tr><td colspan="3">교사 관찰 및 기록</td></tr>
<tr><td>채점 요소</td><td colspan="2">채점 기준</td><td>배점</td></tr>
<tr><td rowspan="3">작품 분석의 적절성</td><td colspan="2">선정한 시의 구성 요소를 적절히 분석해 구성 요소 간 유기적 관계에 대한 깊은 이해를 보이며 시를 둘러싼 맥락을 파악하여 시에 대한 통찰력 있는 분석을 제시함.</td><td>5</td></tr>
<tr><td colspan="2">선정한 시의 구성 요소를 분석해 구성 요소 간 관계에 대한 이해를 보이며, 시를 둘러싼 맥락을 파악하여 시에 대한 적절한 분석을 제시함.</td><td>3</td></tr>
<tr><td colspan="2">선정한 시의 구성 요소를 파악할 수 있고, 시를 둘러싼 맥락 중 일부를 파악하여 시에 대해 분석하고자 노력함.</td><td>1</td></tr>
<tr><td rowspan="4">희곡 창작의 적절성</td><td colspan="2">시와 희곡의 형상화 방법을 비교하여 깊이 있게 이해하고, 시를 희곡의 형상화 방법으로 효과적으로 변용하여 시의 주제의식을 창의적으로 표현한 희곡을 창작함.</td><td>10</td></tr>
<tr><td colspan="2">시와 희곡의 형상화 방법을 비교하여 이해하고, 시를 희곡의 형상화 방법으로 적절하게 변용하여 시의 주제의식을 잘 표현한 희곡을 창작함.</td><td>8</td></tr>
<tr><td colspan="2">시와 희곡의 형상화 방법의 차이점을 알고, 시를 희곡의 형상화 방법으로 변용하여 시의 주제 의식을 표현한 희곡을 창작함.</td><td>6</td></tr>
<tr><td colspan="2">시나 희곡의 형상화 방법을 알고, 시의 주제의식을 표현한 짧은 희</td><td>4</td></tr>
</table>

	곡을 창작함.	
	희곡의 형상화 방법을 알고, 시를 희곡의 일부 대사 또는 지문으로 창작함.	2
희곡 창작의 완성도	희곡의 이야기 구성이 논리적이며 일관적으로 전개되며, 대사와 지시문, 해설이 희곡의 주제의식을 잘 드러내도록 구체적으로 제시함.	5
	희곡의 이야기 구성이 일관적으로 전개되며, 대사와 지시문, 해설을 구체적으로 제시함.	3
	희곡의 이야기 구성에 일관성을 갖추려고 노력하며, 대사와 지시문, 해설 중 일부를 구체적으로 제시함.	1

공통국어1의 루브릭은 문학의 수용과 생산을 통합적으로 평가하도록 설계되어 있다.

총괄형 루브릭은 시의 맥락과 갈래별 형상화 방법에 대한 이해도를 수준별로 제시하며, 분석형 루브릭은 작품 분석의 적절성, 희곡 창작의 적절성, 완성도를 구체적으로 구분하여 문학적 사고력과 창작 능력을 단계적으로 평가한다. 이를 통해 학습자는 갈래별 형상화 방법을 깊이 이해하고 시를 희곡으로 변용하는 창의적 표현력을 기를 수 있으며, 교사는 문학 수용과 생산 역량을 균형 있게 관찰하고 피드백할 수 있다.

4) 통합과학1 루브릭 사례

수행 과제	효소 작용 실험 설계 및 탐구 수행하기	
성취 기준	[10통과1-03-05] 생명 시스템을 유지하기 위해서 다양한 화학 반응과 물질 출입이 필요함을 이해하고, 일상생활에서 활용되는 화학 반응 사례를 조사하여 발표할 수 있다.	
핵심 아이디어	생명체는 생명 시스템의 기본 단위인 세포로 구성되어 있으며, 세포에서 일어나는 다양한 반응을 통해 생명현상이 유지된다.	
평가 기준	A	생명 시스템을 유지하기 위해 세포에서 효소가 관여하는 다양한 화학 반응과 세포막을 통한 선택적 물질 출입이 일어남을 설명하고, 일상생활에서 활용되는 화학 반응 사례를 조사하여 발표할 수 있다.
	B	생명 시스템을 유지하기 위해 세포에서 일어나는 다양한 화학 반응과

		물질 출입을 설명하고, 화학 반응이 일상생활에서도 활용될 수 있음을 설명할 수 있다.	
	C	생명 시스템의 기본 단위인 세포에서 일어나는 화학 반응과 물질 출입이 생명 시스템을 유지하기 위해 필요함을 설명할 수 있다.	
	D	세포가 화학 반응과 물질 출입이 일어나는 생명 시스템의 기본 단위임을 이해한다.	
	E	생명체에서 화학 반응과 물질 출입이 일어남을 인식한다.	
평가 방법	서술·논술, 실험·실습		
	교사 관찰 및 기록		
채점 요소	**채점 기준**		**배점**
탐구 설계 및 계획서 작성	효소의 작용을 확인할 수 있도록 변인, 준비물, 실험 과정을 모두 포함한 실험을 설계하였고, 예상되는 결과를 기록함.		4
	효소의 작용을 확인할 수 있도록 변인, 준비물, 실험 과정을 모두 포함한 실험을 설계하였고, 예상되는 결과를 기록하였으나, 일부 내용이 미흡함.		3
	효소의 작용을 확인할 수 있는 실험 설계와 그에 대한 예상 결과 기록 과정에서 일부 내용이 누락되거나 미흡함.		2
	효소의 작용을 확인할 수 있는 실험 설계와 그에 대한 예상 결과 기록의 상당 부분이 누락되거나 미흡함.		1
탐구 수행	실험 계획에 맞는 실험 도구를 활용하여 실험을 수행하고, 변인 통제와 조작 변인의 적용을 모두 적절히 함.		3
	실험 계획에 맞는 실험 도구 활용, 변인 통제, 조작 변인의 적용이 부분적으로 적절함.		2
	실험 계획에 맞는 실험 도구 활용, 변인 통제, 조작 변인의 적용이 전반적으로 미흡함.		1
탐구 보고서 작성	보고서가 체계적으로 작성되어 있으며, 결과 데이터 처리, 결과 분석이 논리적이고 과학적 오류가 없음.		3
	보고서가 대체로 잘 작성되었으나, 결과 데이터 처리, 결과 분석 중 일부에 논리성이 부족하거나 과학적 오류가 있음.		2
	보고서의 체계성이 부족하고, 결과 데이터 처리, 결과 분석이 전반적으로 논리성이 부족하고 과학적 오류가 다수 있음.		1

통합과학1의 루브릭은 과학적 탐구 설계와 수행, 보고서 작성의 전 과정을 균형 있게 평가하도록 구성되어 있다. 총괄형 루브릭은 효소 작용과 물질 출입에 대한 이해 수준을 단계적으로 구분하며, 분석형 루브릭은 탐구 설계, 수행, 보고서 작성의 논리성과 과학적 정확성을 세분화한다. 이를 통해 학생은 과학 탐구 과정 전반에서 자신의 실험 설계 능력과 자료 해석 능력을 자가 진단할 수 있고, 교사는 탐구 과정 중심 평가를 공정하고 일관되게 수행할 수 있다.

5.2.2 정성적 피드백과 디지털 도구를 활용한 평가 질 관리

가. 정성적 피드백의 실천과 의미

정성적 피드백은 학습자가 어떤 과정을 거쳤는지, 무엇을 잘했고 무엇을 보완해야 하는지를 구체적인 언어로 설명해 주는 평가 방식이다. 이는 2022 개정 교육과정이 지향하는 과정 중심 평가의 핵심 요소로, 학생이 자신의 학습 여정을 성찰하고 향후 개선 방향을 찾도록 돕는다. 교사는 점수 대신 언어적 서술을 통해 학생의 강점과 개선점을 명확히 제시함으로써 학습자의 성장을 지원할 수 있다. 특히 정성적 피드백은 시의적절하게 제공될 때 효과가 극대화된다.

피드백은 즉시 제공하는 것이 효과적이다. 고등학교 수학 수업을 대상으로 한 실험 연구에서는 즉시 피드백을 받은 학생들이 오류를 빠르게 수정하고 과제에 지속적으로 몰입할 수 있었으며, 특히 사전 지식이 부족한 학생들에게서 더욱 큰 학습 효과가 나타난 것으로 보고되었다[16]. 이는 즉각적인 피드백이 학습 성취도를 향상시킬 뿐 아니라 학습 격차 완화에도 기여할 수 있음을 보여준다. 그러나 학생이 상당한 시간과 노력을 투자한 과제이거나, 피드백을 수용할 준비가 되지 않은 상황에서는 일정 시간차를 두고 제공하는 것이 더 효과적일 수도 있다. 실제로 한 연구에서는 학습자들이 즉각적인 피드백을 선호했음에도 불구하고, 지연된 피드백을 받은 집단이 새로운 맥락에서 지식을 전이하는 데 더 높은 성과를 보인 것으로 나타났다[17]. 이는 즉시 피드백이 오류 수정에 효과적이지만, 지연 피드백은 학습 내용을 더 깊이 처리하고 장기 기억 및 전이에 긍정적인 영향을 줄 수 있음을 시사한다.

이러한 연구 결과는 피드백의 효과가 단순히 시점의 문제가 아니라 학습 맥락과 목표, 학습자의 준비 상태, 그리고 교사의 역량에 따라 달라질 수 있음을 보여준다. 따라서 교사는 즉시 피드백의 장점과 지연 피드백의 가능성을 균형 있게 고려하여, 학습 상황에 가장 적절한 시점과 방식으로 피드백을 제공하는 전문적 판단을 발휘해야 한다. 적시에 제공되는 언어적 피드백은 학생이 현재 자신의 위치를 파악하고 수행에 몰입할 수 있도록 돕는다. 더 나아가 피드백의 교육적 가치는 시점의 문제를 넘어 그 질과 내용에도 달려 있으며, 이러한 맥락에서 정성적 피드백이 지니는 교육적 의미를 살펴볼 필요가 있다. 정성적 피드백의 교육적 의미는 다음과 같다.

먼저 정성적 피드백은 학습 동기를 촉진한다. 서술형 피드백은 학생이 올바른 방향으로 학습하고 있는지 확인할 수 있게 하며, 작은 성취를 인정받는 경험을 통해 몰입을 높인다. 또한 보완할 점에 대한 피드백은 '무엇을 보완하면 더 나아질 수 있는지'에 대한 분명한 개선 방향을 제시한다. 예컨대 "논리 전개가 명확하여 설득력이 높음"이라는 피드백은 학생의 강점을 인정해 줌으로써, "자료 활용은 적절하나 근거 제시에 보완이 필요함"이라는 피드백은 개선 및 발전 방향을 제시함으로써 학생의 학습 의지를 강화한다.

또한 정성적 피드백은 과정 중심 학습을 지원한다. 단순한 결과 지적이 아니라 어떤 시도를 했는지, 그 과정에서 무엇이 유효했고 무엇이 부족했는지를 구체적으로 짚어주는 언어적 피드백은 학생이 다음 단계 학습을 준비하는 데 실질적 단서가 된다. 예컨대 글쓰기 수행평가에서 교사가 "논지를 전개하기 위해 다양한 근거를 탐색하려는 시도가 돋보였으나, 제시한 근거가 글 전체의 주제와 긴밀하게 연결되지 않아 설득력이 약화됨. 다음 글쓰기 과제에서는 근거를 선정하는 단계에서 주제와의 관련성을 먼저 점검해 볼 것"이라고 피드백할 경우, 학생은 글쓰기의 '자료 선택과 활용' 단계에서 강점과 한계를 구체적으로 이해하게 된다. 이러한 피드백은 단순히 글의 결과물을 평가하는 데 그치지 않고, 학생이 사고 전개 과정 전체를 돌아보도록 돕는다.

정성적 피드백은 학습의 과정을 중시하며, 그 과정 속에서 자연스럽게 학습자가 학습에 대한 주도성을 발휘하도록 유도한다. 학생은 교사의 피드백을 토대로 자기 성찰을 하고, 스스로 다음 학습 전략을 구상할 수 있다. 예컨대 교사가 "그래프 해석을 통해 접근하려는 시도는 적절하나, 축의 범위를 설정하지 않아 해석이 모호해짐. 추후 그래프를 그릴 때 범위를 먼저 정하고, 그에 맞춰 계산을 점검해 볼 것"이라고 피드백할 경우, 학생은 스스로 문제 해결 과정을 조율하고 개선하는 방법을 배우게 된다. 이러한 경험은 교사의 지시에 수동적으로 따르는 것이 아니라, 학습 전략을 직접 선택하고 실행하는 주도적인 태도로 이어진다.

정성적 피드백은 자기주도성뿐 아니라 타인과의 상호작용과 협력을 촉진하기도 한다. 과학과 실험 보고서 평가에서 "실험 설계 과정에서 변인 통제의 필요성을 잘 인식하였음. 다만 협업 과정에서 다른 학생의 의견을 충분히 반영하지 못했음"이라는 피드백을 통해, 학생은 자신의 과학적 탐구 역량뿐 아니라 협력과 의사소통 역량까지 성찰하고 개선할 수 있도록 한다.

정성적 피드백은 디지털 도구와 결합될 때 효과가 확장된다. 예를 들어 구글 클래스룸이나 학습관리시스템의 코멘트 기능을 활용하면 교사가 개별 피드백을 신속히 제공할 수 있고, 학생은 시간과 장소에 구애받지 않고 피드백을 확인하며 수정 과정을 기록할 수 있다. 최근에는 인공지능 기반 피드백 도구가 문법·구조적 오류를 즉각 분석해 주거나, 동료 평가 활동을 온라인 협업 공간에서 지원하는 사례도 나타나고 있다. 디지털 플랫폼의 장점은 기록의 누적성과 즉시성이 동시에 보장된다는 점으로, 이는 정성적 피드백을 일회성 발언이 아닌 지속적 학습 자료로 전환시킨다.

〈표 5-1〉은 교과별 정성적 피드백의 사례를 제시한 것이다. 표의 사례에서 볼 수 있듯, 정성적 피드백은 단순한 학업 성취 결과를 넘어 교과별 특성과 맞닿은 다양한 역량 발달로 이어진다. 이러한 피드백은 결과 지적에 머무르지 않고 학습자의 시도·과정·성장을 총체적으로 지원한다.

〈표 5-1〉 교과별 정성적 피드백 사례

교과	상황	교사 피드백	교육적 효과
국어	시 감상문 작성 후 작품의 주제는 이해했으나 자신의 생각을 깊이 있게 연결하지 못함	"작품 해석은 충실하나, 개인적 경험과의 연결이 부족해 글의 개성이 약화됨. 자신의 경험을 덧붙이면 글이 더 풍부해질 것임."	글쓰기를 단순 분석이 아닌 자기 성찰과 연결된 표현 활동으로 확장
영어	영어 발표에서 내용은 충실했으나 청중을 고려한 전달력이 부족함	"내용 준비는 철저했지만, 시선 처리와 억양이 단조로워 청중의 집중을 끌지 못했음. 핵심 부분에서는 억양을 조절하고 제스처를 활용한다면 전달력이 향상될 것임."	실제적 의사소통 능력과 발표 전략 강화
수학	함수 단원에서 풀이 과정은 정확했으나 그래프 해석을 생략함	"계산은 올바르지만, 그래프와 연결하지 않아 풀이의 타당성이 약화됨. 그래프를 활용하면 풀이의 타당성을 시각적으로 보강할 수 있음."	수학적 개념과 시각적 표현의 통합적 활용 역량 신장
과학	실험 후 결괏값을 수치로 기록했으나 오차 분석을 생략함	"실험 결과 기록은 정확했으나, 예상과 다른 값이 나온 원인에 대한 분석이 부족했음. 실험 과정에서 통제 변인을 다시 점검하거나 협력 과정에서 의견을 나누면 더 타당한 결론에 이를 수 있음."	단순 수행을 넘어 탐구 결과 해석과 비판적 분석 능력 향상
사회	지역사회 조사 보고서에서 통계 자료는 잘 활용했으나 정책 제안이 추상적임	"자료 분석은 적절했으나, 대안 제시가 추상적임. 실제 적용 가능한 정책이나 실행 방안을 구체적으로 제시해 볼 것."	현실 적용 능력과 문제 해결 지향적 사고 강화
음악	합창 평가에서 음정은 정확했으나 곡의 분위기에 맞는 표현 부족	"음정은 안정적이지만, 곡의 감정을 담아내는 표현이 아쉬움. 가사의 의미를 살려 감정을 얹어 부르면 곡의 완성도가 높아질 것임."	기술적 역량과 정서적 표현력의 균형적 성취
미술	작품 구상은 창의적이었으나 표현 과정에서 감정 전달과 자기 성찰이 부족함	"아이디어는 독창적이나 작품에 자신의 감정과 생각이 충분히 드러나지 않았음. 작업 일지를 작성하며 느낀 점을 반영하면 작품이 더 깊이 있는 표현으로 발전할 것임."	창의성과 표현력을 넘어 자기 성찰과 감수성을 함양하여 전인적 성장으로 연결

〈표 5-1〉이 교과의 특성과 연계된 정성적 피드백의 방향을 보여주었다면, 〈표 5-2〉와 〈표 5-3〉은 학습자의 수준과 수행 과제의 성격에 따라 피드백의 내용과 전략이 어떻게 차별화될 수 있는지를 더욱 구체적으로 제시한 사례이다(18). 이를 통해 피드백이 교과 단위를 넘어 세밀한 학습자 맞춤형 평가의 핵심으로 작동함을 확인할 수 있다.

〈표 5-2〉 '건강한 가정생활을 위한 방안'을 주제로 한 중학교 도덕 수업에서의 주요 피드백 내용

수행 과제	도달한 학습자	성장을 위해 노력하는 학습자	동기유발이 필요한 학습자
가족 간의 대화 성찰하기	• 학생과 흥미로운 생각을 나눌 수 있는 대화를 함. "가족 간의 대화와 가족 관계의 관련성을 예를 들어 구체적으로 잘 적어주었네요. 부모님의 말씀 중 부모님을 가깝게 느끼게 해 주는 말은 무엇일까요?"	• 가족 간 대화가 가족관계에 미치는 영향을 질문을 통해 스스로 성찰하도록 안내함. "가족 간의 대화가 서로에게 어떤 생각과 감정을 일으키는지 추측해 보고, 그런 상황이 지속되었을 때 가족관계에 어떤 영향을 미칠지 생각해 보세요.	• 가족 간의 대화를 상기할 수 있도록 가족의 일상적인 생활 모습을 예시로 제시함. "부모님과 식사할 때나 학교생활에 대해서 대화할 때 주로 어떤 말을 하는지 생각해 볼래요?"
가족 간의 갈등 사례 및 해결 방안 대본 작성하기	• 가족 갈등의 해결 방안에 대해 더 심화된 생각을 떠올릴 수 있도록 유도함. "가족 간 갈등을 해결할 수 있는 타당성 있는 방안을 제시했네요. 여러 가지 해결 방안 중 이 방법을 선택한 이유는 무엇일까요?	• 가족 갈등의 해결 방안이 갖추어야 할 조건을 생각해 보도록 조언함. "해결 방안으로 제시된 방법이 가족 구성원 모두가 수용할 수 있는 방법인지 검토해 볼까요?"	• 학생이 성취한 것을 찾아 피드백함. "가족 간의 갈등 사례를 찾았네요. 그 상황에서 가족 구성원이 어떤 말을 했는지 대본 형식으로 구체적으로 적어 볼까요?"
가족 간의 갈등 사례 역할극 발표	• 역할극에 대해 학생이 자기의 언어로 설명하게 함. "역할극에서 가장 중요하게 표현하려는 것을 이유와 함께 설명해 줄래요?"	• 수행 과제 완수에 필요한 요소와 관련된 정보를 요구함. "발표 모둠원 중에서 역할극을 통해 전하고 싶었던 메시지를 말해	• 잘한 부분을 찾아 격려하고 개선할 부분은 학급 친구들과 함께 제안함. "○○이가 끝까지 자기 역할을 해 주었네요. ○ 모둠에서 말하고 싶은

수행 과제	도달한 학습자	성장을 위해 노력하는 학습자	동기유발이 필요한 학습자
하기		볼까요?"	메시지는 무엇이었을까요?"
가족 간의 올바른 의사 소통 하기	• 개선이나 사고의 확장을 위한 피드백을 제공함. "갈등을 유발하는 대화를 공감의 대화로 잘 수정했네요. 추가적으로 어떤 비언어적 의사소통 방법을 활용하면 공감적 대화의 효과를 높일 수 있을까요?"	• 다양한 공감의 대화 방법을 상기하고 활용하도록 조언함. "갈등을 유발하는 대화를 나-전달법을 사용하여 사실이나 느낌 또는 부탁의 표현으로 바꾸는 방법도 고려해 보세요."	• 피드백을 잘 이해하고 있는지 확인함. "갈등을 유발하는 대화는 어떻게 찾을 것인지 얘기해 줄래요?"

〈표 5-3〉 '우리 주변의 산과 염기'를 주제로 한 고등학교 통합과학2 수업에서의 주요 피드백 내용

수행 과제	도달한 학습자	성장을 위해 노력하는 학습자	동기유발이 필요한 학습자
주요 피드백 전략	• 복잡성 높이기 • 이해 심화시키기 • 자기의 언어로 설명하기 • 학생의 사고를 자극하는 대화 • 학습목표에 대해 성취한 것을 찾아 피드백 • 개선이나 사고의 확장을 위한 조언적 피드백	• 연결하기 • 되돌리기 • 예시 들어주기 • 학습자가 힘들어하는 부분 찾기 • 문제의 의도를 같이 생각해 보기 • 자기 점검하기 • 문제 해결 과정을 세분화하기 • 질문을 통해 스스로 탐구할 수 있도록 안내하기	• 선택권 주기 • 예시 들어주기 • 복잡성 줄이기 • 개념 학습 도와주기 • 지난 시간에 학습한 내용 다시 살펴보기 • 학습자가 힘들어하는 부분 찾기 • 알고 있거나 할 수 있는 것 찾아보기 • 학습 목표로 가는 단계적 학습 활동 제시 • 학생의 피드백 이해도 확인 • 학생이 성취한 것을 찾아 피드백
탐구 설계 하기	• 탐구 주제에 맞는 설계를 확인하고 사고를 자극함. "산과 염기의 성질을 확	• 탐구 주제에 맞는 설계로 변인 설정 시 어려워하는 부분을 상기시킴. "산과 염기의 성질을 확	• 탐구 주제를 상기시킴. "가설을 세울 때 실험의 주제가 명확해야 하는데, 이번 실험의 주제는

수행 과제	도달한 학습자	성장을 위해 노력하는 학습자	동기유발이 필요한 학습자
	인하기 위한 실험 설계에서 조작 변인과 통제 변인 설정이 적절하네요. 그래도 실험에 영향을 줄 수 있는 변인이 더 있을지 생각해 볼까요?"	인하기 위한 가설 설정은 잘 되었네요. 그런데 이 실험에서 결과에 영향을 줄 수 있는 요인을 통제해야 하는데, 이와 같은 요인을 뭐라고 할까요? 그렇죠, 통제 변인. 그럼 통제 변인에는 어떤 것들이 있을까요?"	무엇일까요?" • 탐구과정의 절차대로 한 단계씩 자세하게 안내함. "이번 실험에서 해야 할 과정은 모두 몇 가지인가요?"
탐구 수행 하기	• 탐구 수행 과정을 칭찬하고 자기의 언어로 설명할 수 있도록 격려함. "탐구 절차대로 잘 진행하고 있네요. 이렇게 같은 실험 과정이라도 용액에 따라 결과가 다르게 나타나는 이유는 무엇일까요?"	• 단계마다 따라 할 수 있도록 안내하고 수행 과정을 세분화할 수 있도록 도와줌. "마그네슘 리본을 넣어 봤으면, 다음은 무엇을 할까요? 탄산염인 달걀 껍데기는 어떻게 사용해야 반응이 잘 일어날까요?"	• 실험 기구 사용법을 자세히 안내함. "전기 전도계는 먼저 전원을 켜고 용액에 전극 부분을 담그면 됩니다. 이때 불이 들어오거나 소리가 난다는 것은 무엇을 의미할까요?"
탐구 결과 해석 하기	• 탐구 결과를 스스로 해석하도록 격려함. "탐구 결과 용액을 두 그룹으로 분류할 수 있는데, 그렇다면 분류 기준은 무엇일까요?"	• 탐구 결과를 해석할 때 산과 염기의 성질과 어떻게 연결해야 하는지에 대해 도움을 줌. "관찰 결과가 같은 용액끼리 묶으면 두 그룹으로 분류할 수 있는데, 이 그룹을 각각 어떻게 부를까요?"	• 관찰한 내용이 무엇을 의미하는지 한 가지씩 확인함. "미지 용액에 BTB 지시약을 떨어뜨려 변화된 결과를 말해 볼까요?" "페놀프탈레인 용액을 떨어뜨렸을 때의 변화는 어떻게 관찰되었나요?"
	• 학습자가 성취한 것을 탐구한 내용을 근거로 결론을 도출하도록 유도함. "미지 용액의 액성을 잘 예상했네요. 그렇다면 탐구 결과를 근거로 미지	• 문제 해결 과정을 조금 더 고민하도록 유도함. "미지 용액의 실험 결과가 산과 같게 나왔다면, 산과 공통점을 갖는 이유는 무엇일까요?"	• 산과 염기를 분류할 수 있도록 질문함. "실험 결과를 통해 전체 용액을 몇 개의 그룹으로 분류할 수 있을까요?" • 탐구 결과를 해석할 수 있도록 도와줌.

수행 과제	도달한 학습자	성장을 위해 노력하는 학습자	동기유발이 필요한 학습자
	용액의 액성을 설명해 볼까요?"		"미지 용액의 관찰 결과가 어떤 그룹의 결과와 같은가요?"
결론 도출 하기	• 탐구 내용을 일반화하고 심화시키도록 제안함. "용액이 산과 염기로 나누어진다면 각각의 공통적인 성질이 나타나는 까닭은 무엇일까요?", "공통 이온을 찾아 이온식으로 써 볼까요?"	• 학습자가 힘들어하는 내용의 예시를 들어 줌. "염산, 질산, 황산에 공통으로 들어 있는 이온은 무엇일까요?"	• 모르는 내용을 안심하고 물을 수 있도록 하여 수업에 흥미를 갖도록 유도함. "용액이 두 그룹으로 분류된 것을 확인할 수 있죠? 혹시 이유가 궁금하지 않나요?"

나. 정성적 피드백과 학습의 연결성 강화

정성적 피드백이 학습자의 실제 성장을 촉진하기 위해서는 평가의 말미에 단순한 '마무리 언급'으로 소비되는 데 그치지 않고, 학습의 새로운 출발점으로 연결되어야 한다. 피드백은 학습자가 자신의 수행을 돌아보고 수정・보완 과정을 거치는 학습의 연장선에서 이루어질 때 비로소 의미를 가진다. 이를 위해 교사는 학생이 피드백 내용을 실제 행동으로 전환할 수 있도록 구체적인 지원 장치를 마련해야 한다. 단순한 코멘트 제공만으로는 심화 학습이 이루어지기 어렵고, 학습자가 그 내용을 과제 개선이나 자기 성찰로 연결할 때 비로소 성장의 발판이 마련된다. 이러한 맥락은 2022 개정 교육과정이 강조하는 과정 중심 평가의 본질과도 맞닿아 있으며, 정성적 피드백과 학습의 연결성을 강화하는 전략은 다음과 같다.

먼저, 피드백을 받은 이후 학생이 수정・보완할 기회를 갖는 것이 중요하다. 교사가 피드백을 제공한 뒤 학생이 피드백을 반영하여 결과물을 보완하고 2차 산출물을 제출하도록 하는 방식은 학습의 질과 완성도를 높인다. 예를 들어, 글쓰기 평가에서 "주제는 분명하나 근거가 부족하니 통계 자료를 보완해 보라"는 피드백을 받은 학생은 근거를 보강할 통계 자료를 추가하여 글의 설득력을 높일 수 있다.

이는 평가를 단발적 절차가 아닌 '학습-수정-재도전'의 순환 구조로 전환한다.

피드백은 자기 성찰 일지의 활용 단계로 이어질 수 있다. 자기 성찰은 학습과 성장에 필수적인 행위이며, 이는 메타 인지나 자기 학습 관리 능력과도 긴밀하게 연관되어 있다. 자기 성찰 일지는 학생이 피드백을 받은 뒤 단순히 수정에 그치는 것이 아니라, 수행 과정에서 잘한 점과 아쉬웠던 점을 기록하며 자신의 강점과 한계를 점검할 수 있도록 돕는다. 이를테면, "주장 전개는 좋았지만 근거 제시가 부족했다. 다음에는 다양한 출처를 활용해야겠다"와 같은 자기 성찰을 통해 학습자는 자기조절 능력을 기를 수 있다. 더 나아가 교사나 친구에게서 받은 피드백 중 인상 깊었던 부분과 그 이유를 돌아보고, 이를 바탕으로 개선한 점이나 새롭게 알게 된 점을 정리하면서 추후 과제에 대한 계획까지 구체화할 수 있다.

개별 학습 계획을 세우는 것은 피드백을 단순히 수용하는 데 그치지 않고, 학습자가 스스로 다음 학습을 설계하도록 돕는다. 학생은 피드백 내용을 간단히 요약한 뒤 보완이 필요한 요소를 점검하고, 구체적인 개선 목표와 실천 전략을 세울 수 있다. 예컨대 "의사소통 전략을 보완해야 한다"는 피드백을 받은 학생이 다음 발표에서 "시선 처리와 제스처를 추가로 연습한다"는 계획을 세울 때, 피드백은 학습 계획의 방향과 우선순위를 잡아 주는 역할을 한다. 더 나아가 목표 달성 여부를 점검할 방법을 설정하고, 다음 과제에서 자신의 성장을 어떻게 점검할 것인지 계획함으로써 학생은 자기주도적 학습을 이어갈 수 있다.

피드백에 대한 마지막 단계로, 교사의 확인을 통한 추후 지도가 필요하다. 학생이 피드백을 어떻게 해석했는지, 실제 수정과 학습 계획으로 연결했는지를 교사가 점검하는 과정을 통해 피드백의 실효성을 높일 수 있다. 이를 통해 피드백이 왜곡되거나 형식적으로 소비되는 것을 방지하고, 학생이 올바른 학습 방향으로 나아가도록 지속적으로 안내하며 학습 과정을 관리할 수 있다.

다. 평가 질 관리와 디지털 도구의 활용

평가 질 관리란 평가가 학생의 성장 과정을 공정하고 일관되게 지원하도록 평가 전 과정을 체계적으로 설계·운영하는 과정을 의미한다. 이는 단순히 채점의 정확도와 신뢰성을 확보하는 차원을 넘어, 수업 목표와 성취기준이 평가 과제와 자연스럽게 연결되도록 하고, 학생이 그 과정에서 받은 경험이 학습의 다음 단계로 이어지도록 돕는 것을 포함한다. 더 나아가 학교 차원에서는 교사들이 함께 평가 기준을 논의하고 합의하는 과정을 통해 평가의 일관성을 높이며, 학업성적관리 규정이나 협의 구조는 이러한 노력이 학교 전체에 정착되도록 뒷받침한다. 결국 평가 질 관리는 제도적 장치와 교사의 전문적 판단이 함께 작동하여, 수업-평가-기록이 유기적으로 연계되도록 만드는 기반이라 할 수 있다.

평가 질 관리가 필요한 이유는 먼저 학생 성장 과정을 왜곡 없이 기록하기 위함이다. 동일한 수행에 대해 교사마다 다른 기준으로 해석한다면 학생의 학습 경험은 일관되게 반영되지 못한다. 따라서 성취기준에 기반한 명확한 루브릭과 준거 설정을 통해 평가의 타당성과 신뢰성을 확보하는 것이 질 관리의 출발점이다.

나아가 평가의 공정성과 신뢰성을 담보하기 위해서는 개별 교사의 판단에만 의존하지 않고, 표본 가채점, 공동 채점, 채점 기준 협의, 교과협의회 정례 운영과 같은 협력적 절차가 필수적이다. 이러한 체계적인 평가 질 관리를 통해, 평가의 공정성과 객관성을 확보하고 평가 과정과 결과에 대한 학생과 학부모의 신뢰도를 향상시킬 수 있다.

또한 평가 질 관리는 학생의 학습 개선을 직접적으로 뒷받침한다. 질 관리 체계는 성취기준에 근거해 평가 준거를 명확히 설정하고, 이를 토대로 학생 수행을 체계적으로 분석·진단하게 한다. 이러한 과정이 있어야만 학습자의 강점과 약점이 구체적으로 드러난다. 반대로 동일한 답안을 두고 교사마다 다른 기준을 적용한다면, 학생은 상반된 평가를 받아 무엇을 보완해야 할지 혼란스러워진다. 그러나 명확한 루브릭과 공동 채점 과정을 통해 교사가 준거를 공유한다면, 학생은 일관된 진단을 받을 수 있고 이를 학습 개선의 구체적 방향으로 삼을 수 있다.

과정 중심 평가가 안정적으로 정착하기 위해서도 평가의 질 관리가 필요하다. 과정 중심 평가는 교사의 재량과 해석이 크게 작용하기 때문에, 루브릭 개발, 공동 채점, 교과협의회 운영과 같은 질 관리 체계가 뒷받침되지 않으면 공정성과 신뢰성을 담보하기 어렵다. 이러한 평가 질 관리 체계는 디지털 기술의 발전과 결합될 때 더욱 정교하게 운영될 수 있다. 최근 교육의 디지털 전환은 평가의 일관성과 효율성을 높이는 동시에, 교사의 피드백과 학생의 학습 기록을 체계적으로 관리할 수 있는 새로운 가능성을 열고 있다. 디지털 전환은 교육의 여러 영역에서 가시적 변화를 이끌어내고 있으며, 평가는 그 중심에 있다. 특히 2022 개정 교육과정이 강조하는 과정 중심 평가와 성장 서사 기록은 디지털 도구와 결합될 때 더욱 효과적으로 실현될 수 있다. 디지털 기반 평가는 단순한 편의성을 넘어, 학습자의 성장 과정을 시각화하고 피드백을 체계화하며 학교-가정-지역사회의 소통을 확장하는 매개체로 기능한다.

무엇보다 루브릭 자동화 및 디지털 기록 도구의 활용은 평가의 일관성과 투명성을 높이고 교사의 행정 부담을 경감한다. 예컨대 구글 클래스룸은 과제별 루브릭 항목 설정, 점수 자동 합산, 항목별 코멘트 입력 및 기록 누적 기능을 제공한다. 이를 통해 학생은 자신이 어떤 기준에서 어느 수준에 도달했는지 명확히 인식할 수 있고, 교사는 평가와 기록 관리의 효율성을 높일 수 있다. 또한 EBS AI 학습진단 서비스는 학습자의 성취도와 난이도별 정답률을 분석하고 취약 영역을 자동 진단하여 맞춤형 학습 개선 방향을 제안하는 기능을 확대하고 있다. 이러한 시스템은 학습 상태를 한눈에 파악하고 즉각적인 피드백을 가능하게 함으로써 루브릭 기반 수행평가와 평가 과정의 기록을 디지털화할 수 있는 실질적 가능성을 보여준다.

인공지능은 개별 학생에게 맞춤형 피드백을 제공함으로써 교사의 역할을 보완한다. 영어 쓰기에서는 캠브리지의 'Write & Improve', 말하기에서는 'ELSA Speak'와 'Speechling'이 대표적이다. 이러한 도구는 문법·표현·발음을 자동 분석해 세부 피드백을 제시한다. 수학에서는 지오지브라(GeoGebra), 데즈모스(Desmos)가 학생의 그래프 풀이 과정을 실시간 분석하고 오류를 시각화하며, 과학에서는 랩스터(Labster)가 가상 실험에서 오개념을 자동 진단해 교사의 피드백을 보완할 수 있다. 이러한 AI 기반 도구들은 학습자의 성취 데이터를 분석해 맞춤형 학습을 가능하게 하고, 대규모 학급에서도 피드백의 질과 효율성을 높이는 대안이 될 수 있다.

또한 디지털 포트폴리오와 학습 이력 관리 도구는 학습자의 성장을 장기적으로 조망하게 한다. 포트폴리오는 단순히 결과물을 모아두는 저장소를 넘어, 학습 과정 전체를 기록・성찰・공유할 수 있는 장치로 기능한다. 패들릿(Padlet)은 주제별 온라인 보드에 과제를 게시하고 교사가 댓글로 피드백을 제공할 수 있으며, 시소(Seesaw)는 멀티미디어 과제를 학부모와 실시간 공유할 수 있다. 구글 사이트(Google Sites)는 고등학생이 개별 학습 이력 포트폴리오를 구축하도록 하여 평가-기록-성찰의 통합 구조를 지원한다. 이처럼 디지털 포트폴리오는 학습자의 성장 과정을 체계적으로 관리하며, 정성적 피드백이 언어적 코멘트에 머무르지 않고 실제 학습 기록과 연결되도록 돕는다.

이러한 흐름은 협력 기반 피드백 구조의 확장으로 이어진다. 디지털 도구는 교사-학생 간 일방향 피드백을 넘어 학습공동체 속 상호 피드백을 촉진한다. 구글 문서(Google Docs), 구글 설문지(Forms), 패들릿 등의 협업 기능을 활용하면 학생 상호 간 피드백이 활성화된다. 예를 들어 학생 발표 영상을 패들릿에 업로드하고, 동료 학생이 구글 폼으로 루브릭 기반 평가와 코멘트를 작성하면, 교사는 이를 실시간 분석해 학급 전체의 강점과 보완점을 안내할 수 있다. 이 과정은 평가를 '교사의 판정'에서 '학습공동체의 성찰 과정'으로 전환하며, 과정 중심 평가의 본질과도 부합한다.

마지막으로, 디지털 기록과 AI 분석은 교사의 반복적 채점 업무를 줄이는 동시에 평가 준거의 일관성과 신뢰성을 확보한다. 교사는 확보된 시간과 에너지를 수업 설계와 맞춤형 피드백에 재투자할 수 있으며, 학생은 데이터 기반 보고서를 통해 자신의 성장 궤적을 명확히 확인할 수 있다.

OECD는 디지털 기술 활용의 기회와 위험을 균형 있게 다루는 것이 정부의 주요 과제임을 강조하며[19], 이는 기술이 교사의 역할을 대체하기보다 교육과 평가의 품질을 높이는 방향으로 설계되어야 함을 시사한다. 또한 유네스코는 AI가 모든 학습자에게 양질의 교육 기회를 보장해야 하며, 디지털 격차를 심화시켜서는 안 된다고 강조한다[20]. 기술 도입에 대한 적극성과 개방성은 시대의 흐름에 부합하지만, 기술 도입 자체가 목적이 되거나 만능 해결책으로 여겨져서는 안 된다.

OECD는 "기술은 교육을 위한 만능 해결책이 아니다. 그 잠재력은 어떻게 설계되고 실행되는지에 달려 있다. 디지털 도구는 인간 중심적으로 설계되고 교사 역량 강화가 수반될 때 교육적 효과가 극대화된다"라고 강조한다[21]. 따라서 학교는 교사의 전문성과 디지털 역량을 강화하는 연수, 교과별 피드백 언어 템플릿 구축, 학습 이력 기반 포트폴리오 시스템 마련 등을 통해 실행력을 강화해야 한다. 기술이 교사의 교육 철학과 전문성과 결합할 때, 디지털 도구는 과정 중심 평가 혁신의 실질적 동력이 될 수 있다.

탐구 질문

1. 자기평가와 동료평가 같은 학생 참여형 평가의 교육적 효과를 극대화할 수 있는 방안은 무엇인가?

2. 즉각적인 피드백과 시간차를 두고 제공하는 피드백의 효과는 상황에 따라 달라질 수 있다. 그렇다면 어떤 상황에서 즉각적 피드백이 효과적이고, 어떤 상황에서는 지연적 피드백이 더 바람직할까?

3. 기술이 교사의 업무 효율화 도구를 넘어 교육의 본질을 강화하는 수단으로 작동하기 위해서는 어떤 환경과 체계가 필요할까?

5.3 평가-수업-기록 일관성 강화 전략

5.3.1 교사 협력 문화와 제도적 지원

가. 교사 협력 문화의 필요성

교사 협력 체계는 과정 중심 평가의 신뢰성과 질을 보장하는 핵심 기반이다. 단순히 평가 자료를 공유하는 차원을 넘어, 교사들이 공동 설계-실행-성찰-재실행의 순환 구조 속에서 평가를 함께 만들어가는 구조가 필요하다. 이러한 협력은 공식 기구 혹은 공식적 절차로 제도화될 때 지속가능성이 높아진다. 나아가 교사 협력 체계는 개별 교사의 편차를 줄이고 평가 결과의 일관성을 확보함으로써 학생과 학부모의 신뢰를 높이며, 동시에 교사의 전문성을 향상하는 기반이 된다. 결국, 효과적인 교사 협력 체계는 학교 내부의 제도와 현장 기반의 실천이 맞물릴 때 실현될 수 있다.

나. 교과별 협력 실행 방안

평가에 대한 교사 협력은 모든 교과에서 공통적으로 요구되지만, 실제 적용 방식은 교과의 성격과 평가 과제의 특성에 따라 달라질 수 있다. 따라서 각 교과는 고유한 평가 요소를 반영하면서도, 협력적 채점과 피드백 공유를 통해 평가의 신뢰성과 일관성을 높이는 전략을 마련할 필요가 있다. 이를 위해 교사들은 평가 기준을 함께 만들고, 채점 결과를 비교·조정하며, 피드백 방법을 공유하는 방식으로 협력할 수 있다. 〈표 5-4〉는 주요 교과별로 이러한 협력이 어떻게 이루어질 수 있는지를 보여주는 사례이다.

〈표 5-4〉 교과별 교사 협력 실행 방안

교과	협력 방안	설명
국어	루브릭 공동 설계 및 피드백 문구 표준화	국어 교사들이 논술 평가 루브릭을 공동으로 설계하고, 학생별 피드백 문구를 합의 및 공유하여 학교생활기록부 기록의 일관성을 확보. 추가로 학생 글쓰기 포트폴리오를 수합해 우수·개선 사례를 분류, 교사 간 데이터베이스를 구축.
영어	발표 영상 자료 기반 공동 채점 및 지도안 개선	영어 발표 평가 시, 학생 발표 영상을 구글 드라이브에 공유하고 복수의 교사가 합의한 루브릭을 활용하여 공동 채점을 실시. 채점 결과에 대한 협의를 실시하고, 협의한 사항들을 다음 학기의 지도안에 반영하여 교수-평가의 일체화를 실현.
수학	풀이 전략과 검증 항목의 공동 준거	난이도 높은 서술형 문제를 교사들이 분담 채점 후 교차 검토. 풀이 과정에서 창의적 전략 사용 여부와

교과	협력 방안	설명
	설정	답 검증 과정을 공통 기준으로 삼아 채점하고, 결과를 비교·조정하여 공정성과 신뢰성을 확보.
과학	체크리스트 공동 개발 및 상호 검토	실험 보고서 평가에서 '자료 해석·오차 분석·결론 도출'을 포함한 체크리스트를 공동 개발. 교사 간 상호 검토 후 학생에게 피드백 제공. 실험 과정을 영상으로 기록하여 공유하고 상호 피드백 실시. 평가 결과는 다음 수업 개선에 반영.
사회	탐구 보고서에서 대안 제시의 타당성 협의	사회 탐구 프로젝트에서 '대안 제시의 현실성'을 합의 기준으로 설정. 공동 채점 후 학생 보고서에 구체적 피드백 제공. 교사들이 지역 정책 아이디어의 실행 가능성을 함께 논의하여 학생에게 피드백을 제공함으로써 학생의 사회적 문제 해결 역량을 심화.
예술 (음악 · 미술)	기술·표현·협업을 반영한 종합 루브릭 합의	음악·미술 교사들이 루브릭에 기술적 완성도, 감정 표현, 협업 태도를 반영하여 공동 채점. 합창·합주, 공동 전시회·공연 후 합동 평가회를 열어 피드백을 수집하고 학생 성취를 다각도로 함께 평가함.

다. 협력의 확장과 제도적 지원

교사 협력은 교과별 공동 채점과 설계에 머무르지 않고, 학교 차원의 전문성을 확장하는 방향으로 발전할 수 있다. 이를 위해 학교는 평가의 지속가능성과 전문성 축적을 위한 체계를 구축할 필요가 있다.

먼저, 평가 사례를 체계적으로 관리하는 아카이브를 구축할 수 있다. 학생 산출물, 루브릭 개선안, 피드백 사례 등을 누적·공유하여 데이터베이스로 관리하면, 후속 학기에도 활용할 수 있어 평가 운영의 지속성과 누적적 발전이 가능해진다. 이러한 축적은 개별 교사의 경험을 학교 차원의 집단적 전문성으로 확장하는 기반이 된다.

피드백 언어를 표준화하는 노력 또한 중요하다. 자주 사용되는 피드백 문구를 정리하고 성취기준과 연결되는 표현을 합의하여 템플릿을 구축하면, 교사마다 다른 언어로 기술되는 문제를 줄이고 피드백의 명료성과 신뢰성을 높일 수 있다.

이는 학교생활기록부 기록에서도 용어 사용의 일관성을 보장하며, 평가의 공정성과 신뢰도를 함께 강화한다.

더불어, 교사 간 공동 루브릭 개발은 교과의 경계를 넘어 협력적 평가 문화를 확산시키는 핵심 전략이다. 과정 중심 평가의 취지를 살려 교과별 또는 모든 교과에 공통적으로 적용 가능한 루브릭을 함께 개발함으로써, 학교 전체의 평가 철학을 공유할 수 있다. 실제로 A중학교 평가 혁신 전담팀은 기존 루브릭의 한계를 극복하기 위해 전체 교사들의 논의를 거쳐 계획-수행-산출물 단계를 모두 포함하고, 피드백과 재도전 기회를 보장하는 새로운 평가 루브릭을 개발하였다(22). 그 결과 학생들은 학습 단계마다 무엇을 해야 하는지 명확히 이해하고, 결과뿐 아니라 과정도 평가받을 수 있으며 재도전이 가능하다는 점을 인식하게 되었다. 교사들 또한 수행평가에서 학생의 학습 과정과 성장을 세밀히 관찰하고 피드백을 제공하는 것이 더 효과적이라는 인식을 공유하게 되었다. 따라서 교과 간 공동 루브릭은 프로젝트나 교과 융합형 과제에서 평가의 일관성과 공정성을 높이는 동시에, 학생의 성장과 교사의 평가 전문성을 함께 강화하는 역할을 할 수 있다.

교과 간 협력을 통해 쌓인 경험과 전문성이 일시적 성과에 머물지 않으려면, 이를 세대 간으로 잇는 멘토-멘티 체계가 함께 구축되어야 한다. 경력 교사는 신임 교사의 평가 활동을 코칭하며, 루브릭 설계·채점 사례·피드백 작성 과정을 함께 검토한다. 신임 교사는 현장 적용 역량을 빠르게 습득하고, 경력 교사는 자신의 전문성을 재성찰하는 기회를 얻는다. 이러한 상호 성장의 구조는 학교 전체가 평가 문화를 공유하고 지속적으로 발전시키는 토대가 된다.

학교 내 교사 협력 활동은 전통적인 교사 연수보다 교사의 전문성 향상에 더 큰 효과를 보였고, 교사들은 전문성 개발 활동이 자신의 전문성에 상당한 긍정적 효과가 있었다고 인식했다(23). 또한, 교사 학습공동체 참여는 교사의 직업적 소명의식 및 심리적 만족감에도 중요한 영향을 미치며, 이러한 교사 간 협력은 교사의 전문성 신장에 기여한다(24).

교사 협력 체계가 뿌리내리기 위해서는 무엇보다 학교와 교육 당국 차원의 제도적 뒷받침이 필요하다. 교사의 자율적 노력만으로는 협력 체계가 불규칙해지거나 행정 업무에 밀려 지속성을 담보하기 어렵기 때문이다. 만약 정기적인 협력 시간이 제도적으로 혹은 공식적으로 보장된다면, 교사들은 좀 더 적극적으로 수업과 평가를 함께 설계하고 서로의 고민을 나눌 수 있을 것이다.

또한 협력 활동이 단순한 업무 추가로만 여겨지지 않도록, 교원의 연수 체제와 긴밀히 연결될 필요가 있다. 협력의 경험이 곧 전문성 향상으로 이어지고, 나아가 교사 경력의 한 부분으로 인정된다면, 그 자체가 강력한 동기가 될 수 있을 것이다. 일부 시·도 교육청은 교원학습공동체 활동을 직무연수로 인정할 수 있게 하여 교사의 참여 동기를 강화하고 있다.

예산과 자료의 안정적 지원 역시 협력 체제를 지속시키는 조건이다. 이러한 지원으로 협력 활동이 교사들의 자발성에만 의존하지 않도록 하는 것이 중요하다. 협력의 장을 마련하고, 외부 전문가와의 만남이나 공동 연구를 이어가기 위해서는 최소한의 재정적 지원이 필수적이다. 또한 교사들이 자유롭게 자료를 공유할 수 있는 클라우드 기반 플랫폼이 구축된다면, 교사들은 루브릭, 평가 문항, 수업 자료 등 다양한 교육 활동 자료를 손쉽게 공유할 수 있다. 이러한 지원은 협력의 접근성과 지속성을 향상시키고 결국 교사의 전문성 강화로 이어진다.

행정적 지원을 통해 교사에게 협력을 위한 시간과 여유를 보장하는 것도 중요하다. 불필요한 행정 업무 및 공문을 줄이고, 교사들이 협력과 교육의 본질에 집중할 수 있도록 일상의 부담을 덜어주는 것, 그것이야말로 가장 현실적인 지원책이다. 협력이 단발성 행사로 그치지 않고 학교 문화로 자리 잡으려면, 행정의 흐름 또한 함께 변해야 한다.

제도적 지원은 교사의 자율성을 제한하는 것이 아니라, 오히려 교사의 자율성을 지켜주는 울타리의 역할을 해야 한다. 협력을 존중하는 제도가 있을 때, 교사들은 더욱 주도적으로 수업과 평가를 혁신할 수 있으며, 그 결과는 궁극적으로 학생들의 성장과 교육의 질 향상으로 이어질 것이다.

5.3.2 수업-평가-기록 연계와 사례

가. 2022 개정 교육과정에서 평가와 일관성의 의미

2022 개정 교육과정에서 평가는 결과 확인을 넘어 학생의 성장을 지원하는 교육적 활동이다[25]. 이 절에서는 이러한 평가관을 수업-평가-기록의 일관성으로 구현하는 방식을 다룬다. 즉, 성취기준을 바탕으로 목표를 설정하고(목표 설정), 이를 중심으로 학습 활동을 설계·실행하며(학습 활동), 수행평가와 피드백을 실시하고(평가·피드백), 그 결과를 학교생활기록부에 반영하는 것(기록)이 하나의 순환 체계로 작동해야 한다. 이러한 구조 속에서 평가는 수업 후의 절차가 아니라 학습 과정 속에 내재된 활동으로 기능한다.

교사와 학교는 성취기준을 기반으로 평가 활동을 설계하고, 학생이 학습 과정에서 발휘한 역량을 구체적으로 반영해야 한다. 평가의 기준은 단순한 정답 판별이 아니라, 학생의 사고 과정·문제 해결력·학습 태도 등 인지적·정의적 영역을 통합적으로 살펴보는 과정 중심 평가로 전환되어야 한다. 특히 학생 스스로 자신의 수행을 점검하고 개선하는 자기평가 기회를 갖는 것은 평가의 본래 목적을 실현하는 핵심 요소다. 또한 학생에게 배울 기회를 제공하지 않은 내용은 평가하지 않는다는 원칙을 유지해야 한다.

2022 개정 교육과정은 학생 맞춤형 평가의 실현을 중시한다. 이는 교과의 특성과 학생의 발달 수준, 흥미, 진로 등을 고려하여 다양한 평가 방법을 설계하고 학습자의 실제 맥락과 연결하는 것을 의미한다. 예컨대 수학 교과에서는 문제 해결 과정과 사고의 논리성, 프로젝트 수업에서는 학습자의 흥미나 진로와 연계된 주제 선택과 수행 과정을 평가 항목에 포함할 수 있다. 특수교육 대상 학생에게는 개별화된 평가 방법을 제시해야 하며, 모든 학생이 자신의 학습 결과를 스스로 점검하고 성찰할 수 있도록 참여 기회를 보장해야 한다. 교사는 피드백을 통해 학생이 학습 전략을 조정하고 학습의 질을 개선하도록 지원함으로써, 평가를 성장의 촉매로 전환할 수 있다.

이러한 평가 철학은 수업-평가-기록의 일관성 속에서 구체화된다. 즉, '목표 설정-학습 활동-수행평가-피드백-기록'의 전 과정이 유기적으로 연결될 때, 평가는 학습과 성장이 순환하는 체계로 작동한다. 교사는 이 일관적 구조를 통해 학생의 사고 과정, 태도, 문제 해결 전략 등 질적 변화를 면밀히 포착하고, 이를 근거 기반의 정성적 기록으로 남길 수 있다. 이러한 기록은 학생의 성장 가능성을 구체적 증거로 제시하며, 결과 중심 평가를 넘어 과정 중심·성장 중심 평가의 실질적 토대를 마련한다.

결국 수업-평가-기록의 일관성은 역량 중심 교육을 실현하는 핵심 메커니즘이다. 이를 통해 학생의 주도성과 개별 학습 맥락을 반영하는 맞춤형 교육이 가능해지고, 평가가 학습과 성장의 순환 구조 안에서 통합적으로 기능할 수 있다. 교사는 이러한 일관성을 토대로 학생의 발달 과정을 체계적으로 추적하고, 이를 학교생활기록부에 충실히 반영함으로써 학생의 전인적 성장을 지원하는 평가 시스템을 완성할 수 있다.

나. 일관성 실현을 위한 조건과 과정 중심 평가

수업과 평가, 그리고 기록이 유기적으로 연결되기 위해서는 다음과 같은 조건들이 필요하다.

먼저, 수업과 평가가 동시에 설계되고 실행되어야 한다. 평가는 수업 종료 후에 뒤따르는 별개의 절차가 아니라, 학습 활동 자체 속에 평가가 자연스럽게 통합되는 구조를 의미한다. 이를 위해서는 성취기준 분석을 바탕으로 수업 목표와 평가 요소를 함께 설계하고, 평가 장면이 수업 안에서 실현되도록 구성해야 한다.

다음으로, 루브릭 중심의 명확한 평가 기준을 수업-평가-기록 전 과정에 일관되게 적용한다. 일관된 루브릭 기준을 수업 전에 공유하고, 평가 및 피드백 과정에서 반복적으로 활용할 때, 학습자는 자신의 수행이 어떤 기준에 의해 평가되는지를 이해하고, 이를 바탕으로 자기 주도 학습을 실천할 수 있다. 수업과 평가에 사용한 루브릭을 학생부 등의 기록 작성 단계에서도 그대로 활용하면, 학습 목표, 평가 기준, 기록 내용 사이에 사용하는 표현과 구조가 일치하게 되어 일관성 있는 흐름을 유지할 수 있다.

수업 중에는 정성적 기록을 뒷받침할 수 있는 충분한 관찰과 근거 수집 체계가 필요하다. 수업 중 교사는 학생의 수행을 면밀히 관찰하고, 루브릭 항목에 따른 주요 발언, 활동 방식, 산출물 특징 등을 구체적으로 기록해야 한다. 이를 통해 기록은 '인상기록'이 아닌 '근거기반 피드백'으로 기능할 수 있다.

또한, 교사는 학생의 자기 성찰 활동을 평가-기록 과정에 유의미하게 연결할 수 있다. 학생이 단순히 피드백을 수용하는 데 그치지 않고, 학습 여정을 인식하며 성장 방향을 설정할 수 있도록 자기 성찰 일지 작성, 목표 재설정, 다음 과제 계획 수립 등의 활동을 과제 후반부에 포함시키고 이를 기록 체계와 연계하는 것이다. 이렇게 하면 학생의 성찰 경험이 단순한 활동에 머무르지 않고, 교사의 관찰 및 기록과 결합하여 학생부에 의미 있게 반영될 수 있다.

이러한 조건들이 갖추어질 때, 수업-평가-기록은 하나의 유기적 체계로 작동하게 된다. 특히, 2022 개정 교육과정에서 강조하는 역량 중심 평가는 단순한 지식 재생을 넘어, 학생의 사고 과정과 수행 전략을 드러내는 평가 방식을 요구한다. 이에 따라 과정 중심 평가는 학생이 발휘한 역량을 언어적으로 구체화하고 학습의 과정을 기록할 수 있는 교육적 장치로서 그 중요성이 커지고 있다.

과정 중심 평가는 학생의 인지적 능력뿐만 아니라, 정의적 측면도 함께 평가할 수 있는 기회를 제공한다. 과정 중심 평가를 통해 학생이 문제를 어떻게 해결하는지, 그 과정에서 어떤 전략을 사용했는지, 어떤 태도를 보였는지, 협업 및 의사소통 능력을 충분히 발휘했는지를 살펴볼 수 있다. 예를 들어, 사회과에서는 특정 사회 문제를 제시한 뒤 해결 방안을 논리적으로 제안하도록 하는 문항을 통해 비판적 사고와 협업 및 의사소통 태도를 함께 확인할 수 있고, 수학에서는 풀이 과정과 풀이 전략을 서술하게 하여 단순 정답 여부를 넘어 합리적 사고와 문제해결 태도 및 적극성을 평가할 수 있다. 또한 국어와 영어에서는 글쓰기 과제 속에서 자기 성찰, 동료 피드백, 협업 경험을 기술하도록 하여 자기표현 능력과 의사소통 역량을 드러낼 수 있다. 이는 단순한 지식 습득을 넘어서 미래 사회에서 요구되는 다양한 자질들을 평가하는 방식이기도 하다. 2022 개정 교육과정은 우리 사회의 불확실성, 복잡성, 다양성이 확대됨에 따라 학생에게 요구되는 다양한 역량들(주도성, 공동체 역량, 협력적 소통 역량, 비판적 사고력, 창의성 등)을 교육과정에 포함시킬 것을 강조하는데, 이는 곧 다양한 역량들을 평가하는 데 과정 중심 평가가 중심에 있음을 의미한다[26]. 따라서 과정 중심 평가는 학생의 전인적 성장을 지원하며, 미래 사회에서 요구되는 핵심 역량을 효과적으로 평가하는 중요한 도구로 자리 잡고 있다.

다. 과정 중심 평가 사례와 기록 연계

학교생활기록부 작성 시 서술형 문장 작성 원칙은 다음과 같다.

첫째, 문장은 지식의 유무보다는 '역량의 발현'을 중심으로 구성되어야 한다. 단순한 암기나 수행 결과보다, 학생이 문제를 어떻게 분석하고 해결해 나갔는지를 구체적으로 서술하는 언어가 필요하다. (예: "수업에서 제시된 사회 문제에 대해 다양한 관점을 조사하고, 자신의 관점을 논리적으로 정리하여 보고서에 담는 문제 해결 역량을 보임.")

둘째, 결과보다 과정과 성장을 강조해야 한다. 짧은 시간 내 성취보다는 지속적인 노력, 전략의 변화, 피드백 수용 태도 등이 평가에 반영될 수 있어야 한다. (예: "실험 과정에서 반복되는 오류를 분석하고, 동료와의 협의를 통해 실험 절차를 개선해 가는 과정에서 자기주도적 학습 태도를 보임.")

셋째, 학습 상황의 맥락을 구체화하는 것이 중요하다. 활동 유형(실험, 토론, 보고서 등)과 과제 주제, 문제 해결 방식 등이 드러나도록 문장을 구성함으로써, 학교생활기록부에 학습의 과정이 기록될 수 있도록 해야 한다. (예: "토론 수업에서 미디어의 영향이라는 주제를 중심으로 근거 자료를 바탕으로 의견을 제시하고, 타인의 주장에 반론을 제기하는 비판적 사고력을 발휘함.")

넷째, 긍정적 언어를 사용하여 학생의 강점을 중심으로 미래 지향적 성장을 유도해야 한다. 약점 지적 위주의 서술보다는 개선 노력, 협업 과정, 자기 주도성 등의 발현을 중심으로 진술하는 것이 바람직하다. 학생 간 비교, 가치 판단적 형용사

남용(성실함, 모범적 등)은 지양한다(예: "발표 준비 과정에서 자료의 신뢰도를 고려해 출처를 명확히 제시하려는 태도가 돋보였으며, 시간이 부족했음에도 불구하고 팀원들과 협력하여 발표를 완성해 내는 책임감을 보여줌.").

〈표 5-5〉는 교육부에서 제시한 교과 세부능력 및 특기사항 작성 가이드라인이다[27].

〈표 5-5〉 교과 세부능력 및 특기사항 작성 가이드라인

내용 구분	상세 진술 내용
학생의 성취수준	해당 성취기준에 대해 학생이 결과적으로 도달한 성취수준에 대한 특성(구체적인 평가를 통해 관찰한 내용은 '성취기준 단위 평가기준'을 참고하여 포괄적으로 진술)
평가 과제를 통해 관찰된 학생의 수행 과정 및 결과	구체적인 평가 문항이나 평가 과제를 통해 관찰한 학생의 수행 과정 및 수행 결과 특성 ※ 성취수준에 대한 판단을 내리게 된 근거나 상세 내용에 해당
교과역량 또는 핵심역량	평가나 수업을 통해 관찰된 역량에 대한 특성
학생에 대한 교사 총평	특정 성취기준에 국한되지 않은, 교과 학습 평가 및 수업 과정에서 수시・상시로 교사가 기록한 내용 중심의 학생 특성

이어지는 사례들은 초등학교, 중학교, 고등학교에서 과정 중심 평가와 학교생활기록부 과목 세부능력 및 특기사항의 기록이 어떻게 연계되는지 보여주는 사례이며, 위에서 언급된 네 가지 원칙과 가이드라인이 실제 기록에 적용되는 방식을 확인할 수 있다[28, 29].

1) 평가와 연계한 과목별 세부능력 및 특기사항 기재 예시(초등학교)

항목	내용
학교급	초등학교
과목	실과
관련 역량	관계형성능력

<table>
<tr><td>평가
과제</td><td colspan="3">1. 자신이 먹은 식사가 균형 잡힌 식사였는지 모둠원과 함께 이야기를 나누고 올바른 식습관을 실천하기 위한 방법에 대해 모둠별로 토의하고 결과 발표하기
2. 인터넷으로 달걀에 포함된 영양소를 찾아보는 활동을 개별적으로 수행한 후, 달걀을 반숙과 완숙으로 삶아 식사 예절을 지켜 친구들과 나누어 먹기</td></tr>
<tr><th colspan="2">교육과정 성취기준</th><th colspan="2">평가기준</th></tr>
<tr><td colspan="2" rowspan="3">[6실02-01]
건강을 위한 균형 잡힌 식사의 중요성과 조건을 알고 자신의 식사를 평가한다.</td><td>상</td><td>균형 잡힌 식사 조건을 바탕으로 식사를 평가하고 올바른 식생활 조건을 제안할 수 있다.</td></tr>
<tr><td>중</td><td>건강을 위한 균형 잡힌 식사의 중요성과 조건을 알고 자신의 식사를 평가할 수 있다.</td></tr>
<tr><td>하</td><td>균형 잡힌 식사가 건강을 위해 중요함을 설명할 수 있다.</td></tr>
<tr><td colspan="2" rowspan="3">[6실02-02]
성장기에 필요한 간식의 중요성을 이해하고 간식을 선택하거나 만들어 먹을 수 있으며 이때 식생활 예절을 적용한다.</td><td>상</td><td>성장과 간식의 관계를 이해하여 자신에게 필요한 간식을 선택하고 마련할 수 있으며 식사 예절을 잘 알아 자신의 식사 문제를 능동적으로 해결하려는 태도를 갖고 있다.</td></tr>
<tr><td>중</td><td>성장기에 필요한 간식의 중요성을 바탕으로 간식을 선택하거나 만들어 먹을 수 있으며, 식생활 예절을 설명할 수 있다.</td></tr>
<tr><td>하</td><td>성장기에 필요한 간식의 중요성을 알고, 간식의 종류를 말할 수 있다.</td></tr>
<tr><td>기재
예시</td><td colspan="3">(A): 학생의 성취수준
(B): 평가 과제를 통해 관찰된 학생의 수행 과정 및 결과
(C): 교과역량 또는 핵심역량
(D): 학생에 대한 교사 총평
균형 잡힌 식사의 조건을 친구들에게 효과적으로 제안하는 모습이 인상적임(A). 급식에서 나온 산채비빔밥이 영양을 고려한 균형 잡힌 식사였음을 친구들과 함께 이야기하며 편식하지 않기, 단 음료 대신 물을 충분히 마시기 등의 올바른 식습관 실천을 위한 약속을 다짐함(B). 인터넷을 활용하여 달걀에는 영양소가 골고루 들어 있음을 알게 됨(B). 건강한 간식 만들기 활동에서 달걀을 삶는 활동을 반숙과 완숙으로 계획하여 모둠원과 함께 실행하고 식사 예절을 지켜 맛있게 먹음(A). 소리 내어 먹지 않기, 먹으면서 대화하지 않기 등 타인을 배려하고 존중하는 모습을 보이며 자신의 식습관을 개선함(C). 안전한 조리를 위해 재료와 조리 기구 사용에 주의를 기울이고 타인의 안전도 배려하며 실습에 참여하는 태도가 우수함(D).</td></tr>
</table>

앞의 사례는 초등학교 실과 교과의 성취기준 2개와 평가 과제 1개를 토대로, 학생의 학습 과정이 기록으로 연결되는 방식을 보여준다. 균형 잡힌 식사 평가, 달걀 영양소 탐색, 반숙·완숙 조리 및 식사 예절 실천 등 구체적 활동 맥락을 제시하여, 지식보다 문제 인식-계획-실행 과정에서 나타난 관계형성능력과 자기주도성 등 역량 발현이 명확히 드러난다. 또한 친구와의 협의, 조리 계획 실행, 식습관 개선 노력 등 학생의 과정과 성장이 포착되며, 긍정적이고 미래지향적인 언어로 학생의 강점을 표현한다. 성취수준(A)-수행 과정·결과(B)-역량(C)-총평(D)이 〈표 5-5〉의 구조에 맞추어 자연스럽게 통합된 기록이다.

<table>
<tr><th>항목</th><th colspan="3">내용</th></tr>
<tr><td>학교급</td><td colspan="3">초등학교</td></tr>
<tr><td>과목</td><td colspan="3">과학</td></tr>
<tr><td>관련 역량</td><td colspan="3">과학적 탐구 능력, 과학적 참여와 평생 학습 능력</td></tr>
<tr><td>평가 과제</td><td colspan="3">1. 배추흰나비의 한살이 관찰 계획을 세우고 관찰한 내용을 그림 관찰일기로 작성하기
2. 여러 가지 동물의 한살이 과정을 조사하여 발표하기</td></tr>
<tr><th colspan="2">교육과정 성취기준</th><th colspan="2">평가기준</th></tr>
<tr><td colspan="2" rowspan="3">[4과10-02]
동물의 한살이 관찰 계획을 세우고, 동물을 기르면서 한살이를 관찰하며, 관찰한 내용을 글과 그림으로 표현할 수 있다.</td><td>상</td><td>동물의 한살이 관찰 계획을 세우고, 동물을 기르면서 한살이 과정을 관찰하여 그 특징을 시기별로 기록하는 관찰 보고서를 쓸 수 있다.</td></tr>
<tr><td>중</td><td>동물을 기르면서 관찰한 동물의 한살이 과정을 글과 그림 등으로 표현할 수 있다.</td></tr>
<tr><td>하</td><td>주어진 관찰계획에 따라 동물을 기르며 관찰할 수 있다.</td></tr>
<tr><td colspan="2" rowspan="3">[4과10-03]
여러 가지 동물의 한살이 과정을 조사하여 동물에 따라 한살이의 유형이 다양함을 설명할 수 있다.</td><td>상</td><td>여러 가지 동물의 한살이 과정을 조사·비교하여 동물에 따라 한살이의 유형이 다양함을 설명할 수 있다.</td></tr>
<tr><td>중</td><td>여러 가지 동물의 한살이 과정을 조사하여 비교할 수 있다.</td></tr>
<tr><td>하</td><td>여러 가지 동물의 한살이 과정을 조사할 수 있다.</td></tr>
</table>

기재 예시	(A): 학생의 성취수준 (B): 평가 과제를 통해 관찰된 학생의 수행 과정 및 결과 (C): 교과역량 또는 핵심역량 (D): 학생에 대한 교사 총평 자연 현상에 대한 호기심이 많고 현상을 설명할 때 과학 원리와 연관 지어 설명하려는 모습을 보임(D). 배추흰나비를 기르기 위해 동물의 한살이 관찰 계획을 직접 세우고 알에서부터 애벌레, 번데기, 배추흰나비가 되기까지의 한살이 과정을 관찰함(B). 이러한 동물의 한살이 내용을 각 과정별로 그림 관찰일기로 잘 나타내었고(A) 동물을 보호하고 보살펴야 한다는 태도가 관찰됨(C). 완전 탈바꿈과 불완전 탈바꿈을 하는 곤충의 한살이를 비교하고 알을 낳는 동물의 한살이와 새끼를 낳는 동물의 한살이 과정을 조사하여(B) 동물에 따라 한살이의 유형이 다양함을 설명하는 등(A) 과학 관련 문제를 조사하고 탐구하는 능력이 우수함(C).

위의 사례는 초등학교 과학 교과의 성취기준 2개와 평가 과제 2개를 바탕으로, 학생의 탐구 과정이 기록으로 어떻게 반영되는지를 보여준다. 배추흰나비의 한살이 관찰 계획 수립, 시기별 관찰과 기록, 여러 동물의 한살이 조사 및 비교 발표 등 구체적 탐구 활동 맥락을 제시하여, 관찰 계획 수립-실제 기르기-특징 기록-자료 비교와 설명에 이르는 과정에서 드러난 과학적 탐구 능력과 과학적 참여·학습 태도가 명확히 나타난다. 또한 동물을 보호하며 기르는 태도, 시기별 특징을 그림 관찰일기로 정리하는 실행 과정, 다양한 동물의 한살이를 비교·설명하며 이해를 확장하는 모습 등 학생의 탐구 과정과 성장이 구체적으로 포착되며, 긍정적이고 미래지향적인 언어로 강점 중심의 기록이 이루어져 있다.

2) 평가와 연계한 과목별 세부능력 및 특기사항 기재 예시(중학교)

항목	내용
학교급	중학교
과목	정보
관련 역량	의사소통 역량, 지식정보처리 역량, 정보문화소양
평가 과제	자신이 사용하는 물건 중 하나를 선택한 후 다양한 데이터를 수집·분석하여 '빅데이터 기반 사업 계획서' 작성하기

<table>
<tr><th>교육과정 성취기준</th><th colspan="2">평가기준</th></tr>
<tr><td rowspan="3">[9정02-02]
인터넷, 응용 소프트웨어 등을 활용하여 문제 해결을 위한 자료를 수집하고 관리한다.</td><td>상</td><td>인터넷을 활용하여 문제 해결을 위한 자료를 수집하고, 수집한 자료를 응용 소프트웨어를 활용하여 체계적으로 분류하고 관리하며 공유할 수 있다.</td></tr>
<tr><td>중</td><td>인터넷을 활용하여 문제 해결에 필요한 자료를 수집하고, 수집한 자료를 응용 소프트웨어를 활용하여 관리할 수 있다.</td></tr>
<tr><td>하</td><td>인터넷을 활용하여 자료를 수집하고, 수집한 자료를 컴퓨터에 저장할 수 있다.</td></tr>
<tr><td>기재 예시</td><td colspan="2">(A): 학생의 성취수준
(B): 평가 과제를 통해 관찰된 학생의 수행 과정 및 결과
(C): 교과역량 또는 핵심역량
(D): 학생에 대한 교사 총평
문제 해결 수업에서 독창적인 아이디어를 제시하며, 데이터를 수집하고 분석하는 능력이 탁월함(D). 인터넷 설문 조사 도구와 데이터 포털을 활용하여 문제 해결을 위한 데이터를 효과적으로 수집, 관리하고 공유함(A). ‘빅데이터를 활용한 사업 계획서 작성’ 활동에서 ‘텀블러’와 관련된 검색량 추이, 성별 및 연령별 조회 결과 등의 데이터를 분석하고 시각화함(B). 데이터 분석 결과를 바탕으로 목표 고객을 설정하고 온라인 설문 조사를 통해 고객의 요구를 반영한 사업 계획서를 체계적으로 작성함(B). 사업 구상 1분 발표 활동에서 논리적이고 설득력 있는 주장으로 다른 학생들에게 우수한 평가를 받음(B). 이를 통해 다양한 자료를 수집하고 분석하며, 적절한 매체를 활용하여 자료를 효과적으로 처리하는 데이터 분석 능력을 발휘하였음(C).</td></tr>
</table>

위의 사례는 중학교 정보 교과의 성취기준 1개와 평가 과제 1개를 중심으로, 학생의 데이터 활용 과정이 기록으로 어떻게 반영되는지를 보여준다. 텀블러 관련 데이터를 설문 도구와 데이터 포털에서 수집 · 정리하고, 성별 · 연령별 검색량 추이 분석, 그래프 시각화, 고객 요구 조사 등을 수행하는 구체적 활동 맥락을 제시하여, 자료 수집-분류 · 관리-분석-해석-활용에 이르는 과정에서 드러난 지식정보처리 역량과 의사소통 역량이 명확히 나타난다. 또한 수집한 데이터를 근거로 목표 고객을 설정하고 이를 반영한 사업 계획서를 작성하며, 발표를 통해 자신의 분석 결과를 논리적으로 전달하는 과정 등 학생의 탐구와 성장의 흐름이 구체적으로

포착된다. 나아가 다양한 매체를 적절히 활용하여 데이터를 처리하고 결과를 공유하는 긍정적·미래지향적 태도가 드러나, 강점 중심의 기록이 이루어졌다.

<table>
<tr><th>항목</th><th colspan="2">내용</th></tr>
<tr><td>학교급</td><td colspan="2">중학교</td></tr>
<tr><td>과목</td><td colspan="2">국어</td></tr>
<tr><td>관련 역량</td><td colspan="2">비판적·창의적 사고 역량</td></tr>
<tr><td>평가 과제</td><td colspan="2">사회적 이슈와 연관된 토론의 논제를 선정하여 토론 개요서를 작성한 후 주장과 근거의 타당성을 평가하며 모둠 토론하기</td></tr>
<tr><th>교육과정 성취기준</th><th colspan="2">평가기준</th></tr>
<tr><td rowspan="3">[9국01-05]
토론에서 타당한 근거를 들어 논박한다.</td><td>상</td><td>토론에서 상대가 내세운 주장과 근거의 타당성, 신뢰성, 공정성을 비판적으로 분석하고 논리적 허점이나 오류에 대해 근거를 들어 논리적이며 설득력 있게 말할 수 있다.</td></tr>
<tr><td>중</td><td>토론에서 상대의 주장과 근거를 분석하여 논리적 허점이나 오류에 대해 근거를 들어 말할 수 있다.</td></tr>
<tr><td>하</td><td>토론에서 상대의 주장과 근거가 갖는 논리적 결함을 지적할 수 있다.</td></tr>
<tr><td rowspan="3">[9국01-10]
내용의 타당성을 판단하며 듣는다.</td><td>상</td><td>설득하거나 주장하는 말을 들을 때 주장과 근거의 관계를 파악하고 주장과 근거의 타당성을 다양한 관점에서 평가할 수 있다.</td></tr>
<tr><td>중</td><td>설득하거나 주장하는 말을 들을 때 주장과 근거를 구분하고 주장과 근거의 타당성을 평가할 수 있다.</td></tr>
<tr><td>하</td><td>설득하거나 주장하는 말을 들을 때 주장이나 근거에 대해 부분적으로 평가할 수 있다.</td></tr>
<tr><td>기재 예시</td><td colspan="2">(A): 학생의 성취수준
(B): 평가 과제를 통해 관찰된 학생의 수행 과정 및 결과
(C): 교과역량 또는 핵심역량
(D): 학생에 대한 교사 총평
토론 활동에서 상대의 주장과 근거의 타당성을 판단하며 듣고 논박하며 토론하는 능력이 뛰어남(A). 모둠별 토론 활동에서 '백신 거부는 정당한 권리인가'라는 토론 논제를 주도적으로 제안하고, 해외 사례와 관련 통계 자료를 활용하여 토론 자료를 지속적으로 보완하는 열정적인 태도를 보임(B). 자료를 바탕으로</td></tr>
</table>

	상대의 입론에 대한 반대 근거를 정확하게 제시하였으며, 팀 전체의 논리적 사고를 이끎(B). 근거를 마련하는 과정에서 같은 자료를 관점에 따라 다르게 해석하고 평가하여 활용하는 능력을 발휘함(C). 타인의 의견을 주의 깊게 듣고 이해하는 능력이 우수함(D).

위의 사례는 중학교 국어 교과의 성취기준 2개와 평가 과제 1개를 중심으로, 학생의 토론 과정이 기록으로 어떻게 반영되는지를 보여준다. 사회적 이슈를 기반으로 한 논제 선정, 토론 개요서 작성, 해외 사례 · 통계 자료 탐색, 상대 주장 분석 및 논박 등 구체적 토론 활동 맥락을 제시하여, 주장-근거 관계 파악-자료 해석-논리적 반박에 이르는 과정에서 드러난 비판적 · 창의적 사고 역량이 명확히 나타난다. 또한 논제를 주도적으로 제안하고, 자료를 보완하며, 상대 입론의 논리적 허점을 근거로 반박하는 과정에서 학생의 사고 확장과 성장 흐름이 구체적으로 나타나며, 타인의 의견을 주의 깊게 듣고 팀의 사고를 이끄는 긍정적 · 미래지향적 태도가 드러난다.

3) 평가와 연계한 과목별 세부능력 및 특기사항 기재 예시(고등학교)

항목	내용	
학교급	고등학교	
과목	영어	
관련 역량	지식정보처리 역량, 공동체 역량	
평가 과제	다양한 주제에 관한 글을 읽고 필자의 의도나 글의 목적을 파악한 후, 해당 글에 대한 자신의 의견을 작성하기	
교육과정 성취기준	평가기준	
[12영독03-04] 비교적 다양한 주제에 관한 글을 읽고 필자의 의도나 글의 목적을 파악할 수 있다.	상	비교적 다양한 주제에 관한 길고 복잡한 글을 읽고 필자의 의도나 글의 목적을 정확하게 파악할 수 있다.
	중	비교적 다양한 주제에 관한 글을 읽고 필자의 의도나 글의 목적을 대체로 파악할 수 있다.
	하	비교적 다양한 주제에 관한 짧고 단순한 글을 읽고 필

		자의 의도나 글의 목적을 부분적으로 파악할 수 있다.
[12영독04-03] 일반적 주제에 관해 자신의 의견이나 감정을 쓸 수 있다.	상	일반적 주제에 관해 자신의 의견이나 감정을 다양하고 적절한 어휘와 언어 형식으로 활용하여 정확하게 쓸 수 있다.
	중	일반적 주제에 관해 자신의 의견이나 감정을 적절한 어휘와 언어 형식으로 활용하여 대략적으로 쓸 수 있다.
	하	일반적 주제에 관해 자신의 의견이나 감정을 주어진 어휘와 예시문을 활용하여 부분적으로 쓸 수 있다.
기재 예시	(A): 학생의 성취수준 (B): 평가 과제를 통해 관찰된 학생의 수행 과정 및 결과 (C): 교과역량 또는 핵심역량 (D): 학생에 대한 교사 총평 전반적인 영어 의사소통 능력이 탁월하며 자신의 학습 전략을 잘 활용함(D). 길고 복잡한 글을 읽고 사실 정보와 맥락 정보를 활용, 필자의 의도, 목적을 정확하게 파악함(A). 채식주의자들 입장에서, 동물을 죽이는 것은 폭력이라는 주장과 인간의 생존을 위해서는 육식이 필요하다는 주장의 갈등 상황에 대해 이해하고 필자의 의도를 정확하게 파악함(B). 자신의 감정과 의견을 표현하기 위한 적절한 어휘를 구사함(A). 육식이 필요하다는 필자의 의견에 대해서 줄기세포 배양육 활용이라는 대안을 제시하고 유전자 조작에서 비롯되는 잠재적 위험에 대한 검증시스템이 필요함을 적절한 어휘 및 언어 형식으로 정확하게 작성함(B). 공동체가 당면한 문제에 공감하고, 다양한 정보와 자료를 활용하여 문제 해결을 위해 고민하는 역량을 보여줌(C).	

위의 사례는 고등학교 영어 교과의 성취기준 2개와 평가 과제 1개를 중심으로, 학생의 읽기 · 쓰기 과정이 기록으로 어떻게 반영되는지를 보여준다. 긴 글의 사실 · 맥락 정보를 활용하여 필자의 의도와 목적을 정확히 파악하고, 채식주의와 육식의 갈등이라는 사회적 주제를 분석하며 이해를 확장해 가는 등 구체적 읽기 활동 맥락을 제시하여, 정보 해석-의도 파악-주장 분석에 이르는 과정에서 나타난 지식정보처리 역량이 분명하게 드러난다. 또한 줄기세포 배양육이라는 대안을 제시하고, 잠재적 위험에 대한 검증 시스템 필요성을 논리적 언어 형식으로 정교하게 표현하는 과정에서 학생의 의견 형성 · 표현 능력이 구체적으로 나타나며, 공동체가 직면한 문제를 자신만의 시각으로 이해하고 해결 방안을 모색하는 태도가 드러난다.

<table>
<tr><th>항목</th><th colspan="2">내용</th></tr>
<tr><td>학교급</td><td colspan="2">고등학교</td></tr>
<tr><td>과목</td><td colspan="2">확률과 통계</td></tr>
<tr><td>관련 역량</td><td colspan="2">정보 처리역량</td></tr>
<tr><td>평가 과제</td><td colspan="2">1. 모집단과 표본의 뜻을 이해하고, 그 뜻과 표본추출의 원리를 기반으로 간단한 상황에서 표본추출의 과정 발표하기
2. 설문결과를 바탕으로 구한 표본평균을 이용하여 모평균을 추정하고, 문제 해결을 위한 방안 제시하기</td></tr>
<tr><th>교육과정 성취기준</th><th colspan="2">평가기준</th></tr>
<tr><td rowspan="3">[12확통03-05]
모집단과 표본의 뜻을 알고 표본 추출의 원리를 이해한다.</td><td>상</td><td>표본 추출 방법과 원리를 이해하고, 실생활 상황에서 표본 추출의 원리를 설명할 수 있다.</td></tr>
<tr><td>중</td><td>모집단과 표본의 뜻을 알고, 간단한 상황에서 표본추출의 원리를 설명할 수 있다.</td></tr>
<tr><td>하</td><td>모집단과 표본, 표본의 크기의 뜻을 말할 수 있다.</td></tr>
<tr><td rowspan="3">[12확통03-07]
모평균을 추정하고, 그 결과를 해석할 수 있다.</td><td>상</td><td>표본평균을 이용하여 모평균을 추정하는 과정을 설명하고, 모평균 추정의 결과를 해석할 수 있다.</td></tr>
<tr><td>중</td><td>표본평균을 이용하여 모평균을 추정할 수 있다.</td></tr>
<tr><td>하</td><td>신뢰도, 신뢰구간의 뜻을 말할 수 있다.</td></tr>
<tr><td>기재 예시</td><td colspan="2">(A): 학생의 성취수준
(B): 평가 과제를 통해 관찰된 학생의 수행 과정 및 결과
(C): 교과역량 또는 핵심역량
(D): 학생에 대한 교사 총평
평소 타인의 의견을 경청하여 개선점 및 추가점에 대한 아이디어를 구체화하고, 생각을 명료화하는 데 도움을 주는 등 친구들과 활발히 소통함(D). 실생활 상황에서 표본 추출의 원리를 설명하고, 모평균을 추정하여 정확하게 해석함(A). ‘생활 속의 통계적 추정’이라는 주제로 일일 스마트폰 사용 시간에 대한 온라인 설문지를 제작하고, 수집된 설문 결과를 통계 처리하고 실태를 파악하여 발표하는 데 주도적인 역할을 담당함(B). 모집단과 표본 개념에 대한 이해도가 높아서 설문 결과를 통계 프로그램으로 처리하여 자료를 그래프로 표현하고, 자료를 통해 얻은 표본평균을 활용하여 모평균을 정확하게 추정함(B). 그래프 분석 결과로 문제점 해결을 위한 대안을 모색하는 등 정보 처리역량이 성장하였음을 확인함(C).</td></tr>
</table>

위의 사례는 고등학교 확률과 통계 교과의 성취기준 2개와 평가 과제 2개를 중심으로, 학생의 통계적 추론 과정이 기록으로 어떻게 반영되는지를 보여준다. 온라인 설문 제작, 표본 추출 원리 설명, 수집된 자료의 통계 처리, 표본평균을 활용한 모평균 추정, 그래프 해석 및 대안 제시 등 구체적 수행 맥락을 제시하여, 모집단·표본 개념 이해-자료 수집·정리-추정-해석으로 이어지는 과정에서 드러난 정보처리역량이 기록에 잘 드러나 있다. 또한 설문 결과를 직접 분석하고 그래프로 시각화하며 문제 해결 방안을 모색하는 과정에서 학생의 탐구 태도와 성장 흐름이 구체적으로 드러났고, 타인의 의견을 경청하며 생각을 명료화하는 긍정적·미래지향적 태도를 기록에 반영하였다.

탐구 질문

1. 루브릭과 성취기준의 일관된 활용은 평가-수업-기록 연계성을 높이기도 하지만 창의성과 학습 맥락을 제한할 수 있다는 우려도 있다. 표준화와 유연성 사이의 균형을 어떻게 확보할 수 있을까?

2. 한국의 대학 입시가 여전히 줄 세우기 경쟁의 구조를 갖고 있으며, 학교생활기록부의 기록이 대입의 수단으로 인식되는 상황에서, 과정 중심 평가는 어떻게 교육적 정당성을 확보할 수 있는가?

참고문헌

(1) 교육부. (2020). 초 · 중등학교 교육과정 총론. 세종: 교육부.

(2) 교육부. (2020). 초 · 중등학교 교육과정 총론. 세종: 교육부.

(3) 교육부. (2024). 학교생활기록 작성 및 관리지침(교육부 훈령 제504호). 세종: 교육부.

(4) OECD. (2018). *The future of education and skills 2030: OECD learning framework 2030*. OECD Publishing.

(5) 권문호. (2024). IB DP 물리학의 탐구 활동 운영 및 평가 분석을 통한 과학 탐구 활동의 개선 방안 제언. *New Physics: Sae Mulli, 74*(4), 379-393.

(6) OECD. (2023). *Assessing, documenting and recognising social and emotional skills in upper secondary education*. Paris: OECD Publishing.

(7) 이형빈. (2025). 성장중심평가의 취지에 따른 중등학교 평가혁신 실행연구. 교육과정평가연구, 28(2), 161-188.

(8) 한국교육과정평가원. (2024). 고등학교 학생평가 톺아보기. 진천: 한국교육과정평가원.

(9) 교육부. (2024). 학교생활기록부 작성 및 관리지침(교육부 훈령 제504호). 세종: 교육부.

(10) 교육부. (2020). 초 · 중등학교 교육과정 총론. 세종: 교육부.

(11) 교육부. (2020). 초 · 중등학교 교육과정 총론. 세종: 교육부.

(12) 교육부. (2023). 미래사회를 대비하는 2028 대학입시제도 개편 확정안(별첨). 세종: 교육부.

(13) 교육부. (2020). 초 · 중등학교 교육과정 총론. 세종: 교육부.

(14) 인천광역시교육청. (2025). 2025학년도 교수학습 및 평가 운영 계획: 양식 및 예시 자료집. 인천: 인천광역시교육청.

(15) 경기도교육청. (2025). 중등학생평가 및 학업성적관리 이해하기. 수원: 경기도교육청.

(16) Razzaq, R., Ostrow, K. S., & Heffernan, N. T. (2020). Effect of immediate feedback on math achievement at the high school level. In I. I. Bittencourt, M. Cukurova, K. Muldner, R. Luckin, & E. Millán (Eds.), *Artificial intelligence in education*. AIED 2020. Lecture Notes in Computer Science (Vol. 12164, pp. 263-267). Springer.

(17) Mullet, H. G., Butler, A. C., Verdin, B., von Borries, R., & Marsh, E. J. (2014). Delaying feedback promotes transfer of knowledge despite student preferences to receive feedback immediately. *Journal of Applied Research in Memory and Cognition, 3*(3), 222-229.

(18) 경기도교육청. (2025). 중등학생평가 및 학업성적관리 이해하기. 수원: 경기도교육청.

(19) OECD. (2024). *OECD Digital Education Outlook 2023: An overview*. OECD Publishing.

(20) UNESCO. (2021). *AI and education: Guidance for policy-makers*. UNESCO.

(21) OECD. (2024). *OECD Digital Education Outlook 2023: An overview*. OECD Publishing.

(22) 이형빈. (2023). 성장중심평가의 취지에 따른 평가 루브릭 개발 가능성 탐구. 교육과정평가연구, 26(2), 259-278.

(23) 박주호, 송인발. (2015). 교사의 전문성 개발 활동이 교과 및 교수 전문성 향상에 미친 효과. 아시아교육연구, 16(1), 63-83.

(24) 박영옥, 이재덕. (2022). 교사학습공동체의 확산 속성에 대한 질적 메타분석. *Global Creative Leader: Education & Learning, 12*(3), 51-78.

(25) 교육부. (2020). 초 · 중등학교 교육과정 총론. 세종: 교육부.

(26) 교육부. (2020). 초 · 중등학교 교육과정 총론. 세종: 교육부.

(27) 교육부. (2022). 교과세특 기재 역량 강화 연수를 위한 교과세특 기재 예시 도움 자료. 세종: 교육부.

(28) 경기도교육청. (2023). 2023 질의 · 회신 사례로 알아보는 학교생활기록부 기재 및 관리 이해하기. 수원: 경기도교육청.

(29) 교육부. (2022). 교과세특 기재 역량 강화 연수를 위한 교과세특 기재 예시 도움 자료. 세종: 교육부.

제 6 장

미래형 교육과정 운영을 위한 정책과 제언

6.1 학교 자율성과 정책 지원 구조

6.1.1 교육과정 자율화의 흐름과 한계

가. 교육과정 자율화 정책의 변화

예측 불가능한 미래 사회를 대비하기 위해서는 개인의 다양성과 역동성, 지역적 특성을 반영한 맞춤형 교육과정이 필요하다. 국가 교육과정은 학교에서 가르쳐야 할 교육의 기준과 내용을 국가 수준에서 규정한 기본 지침이다. 이러한 지침이 상세할수록 학교와 교사들의 교육활동에 대한 자율성은 제한될 수 있다. 이 때문에 지속가능한 미래 사회를 준비하는 교육은 중앙 중심의 교육 설계와 운영 방식이 아니라, 다양성과 특수성을 기반으로 한 자율적 교육과정으로 나아가야 한다.

학교・지역사회 등의 주체적 참여를 강조하는 교육과정 자율화는 국제적 흐름 속에서도 찾아볼 수 있다. 유네스코 국제미래교육위원회(UNESCO Futures of Education)는 교육은 국가가 독점적으로 설계・통제하는 영역이 아니라, 학교・교사・지역사회가 주체적으로 참여하는 공동의 계약임을 강조하며, 학습자와 지역의 특수성을 반영한 맥락 맞춤형 교육과정(Curriculum Contextualisation) 운영을 강조하였다(1). OECD 역시 국가는 교육과정에 대한 방향 제시자이며, 학생들의 다양성과 지역적 필요를 반영한 맞춤형 학습 경험을 지원하기 위해 교육과정 설계자로서 교사가 다양한 교육과정을 자율적으로 설계할 수 있어야 함을 강조하였다(2). 우리나라에서도 〈표 6-1〉에서 살펴볼 수 있듯이 국제적 흐름에 따라 국가 중심의 교육과정 설계에서 분권적・참여적 거버넌스(Governance)를 바탕으로 학생 맞춤형 교육을 다양하게 지원할 수 있도록 교육과정 자율성을 확대하는 방향으로 전환하고 있다.

〈표 6-1〉 교육과정 개정에 따른 우리나라 교육과정 자율화 정책의 변화

시기	주요 자율화 정책	특징과 의의
6차 교육과정 (1992)	• 일부 권한을 시·도 교육청 및 학교에 위임 • 수업시수를 연간 시수로 제시 • 학교 재량 시간, 선택 교과제 도입 및 강화	• 교육과정 결정의 분권화 • 교육과정 구조 다양화
7차 교육과정 (1997)	• 국민 공통 기본 교육과정(1~10학년)과 학생 선택 중심 교육과정(고2·3)으로 제시 • 수업시수를 최소 기준으로 제시 • 재량 활동 신설·확대	• 학교 자체 교육과정 편성·운영을 위한 지원 강화 • 학생 선택권 강화
2007 개정 교육과정	• 주5일제 수업에 따른 시수 감축 자율 운영 • 고교 일반선택·심화선택을 선택과목으로 일원화 • 교과 집중 이수제 도입 • 시·도 교육감 승인 통한 과목 신설·개설 허용	• 학교 자율권 실질적 확대 • 고교 교육과정의 탄력적 운영 강화
2009 개정 교육과정	• 학년군·교과군 단위 편성 도입 • 교과 집중 이수 및 학기당 이수 교과목 축소 • 교과(군)별 시수 ± 20% 조정 권한 부여 • 고교 3년 모두 선택형 교육과정으로 전환 • 창의적 체험활동 신설	• 자율화 대폭 확대 • 획기적 제도 변화
2015 개정 교육과정	• 창의적 체험활동 지침 개선 • 교육과정 3수준(국가·지역·학교) 명확화 • 학교 교육과정 위원회 운영 강조	• 학교 수준 교육과정 자율 운영 제도화 • 다층적 구조 확립
2022 개정 교육과정	• 학생 맞춤형 교육 실현에 초점 • 학교 교육과정에 '설계' 개념 도입 　-교사: 실행자 → 설계자 전환 • 초·중학교에 '학교자율시간' 신설	• 학생 맞춤형 교육 강화 • 학교와 교사 자율성 위한 제도적 기반 강화

우리나라에서 교육과정 자율화는 6차 교육과정부터 시작되었다. 6차 교육과정은 일방적인 중앙집권적 교육과정에서 결정 권한의 일부를 시·도 교육청과 학교에 위임하는 분권화 방식으로 자율화 정책이 이루어졌다. 이를 바탕으로 초등학교

는 학교 재량 시간 신설, 중학교는 선택 교과제 도입, 고등학교는 선택과목 및 전문 교과를 확대하고 학교에서 학생의 필요와 요구에 적합하게 다양한 교육과정 운영을 허용하는 교육과정 자율화 정책을 제시하였다(3).

학생 중심 교육과정을 표방한 7차 교육과정은 학교가 자체적으로 교육과정을 편성・운영할 수 있도록 자율화 정책을 추진하였다. 이를 위해 총 수업시수를 '최소 기준 시수'로 제시하고, 1~10학년은 국민 공통 기본 교육과정으로, 고 2, 3학년은 학생의 진로와 적성에 따라 과목을 선택하는 학생 선택 중심 교육과정으로 이원화하였다. 또한 지역적 특성과 학생 실태를 고려하여 학교 교육과정을 재구성할 수 있도록 재량 활동을 신설・확대하였다(4).

2007 개정 교육과정은 수시 개정 체제의 취지에 따라 7차 교육과정의 방향을 유지하면서도 학교의 자율권을 실질적으로 확대하였다. 당시 주5일제 수업이 월 2회 도입되자, 수업 시수 감축에 대응해 학교가 자율적으로 수업 시수를 운영할 수 있도록 하였다. 또한 고등학교의 일반 선택과 심화 선택을 선택과목으로 일원화해 교육과정 운영의 탄력성을 높였으며, 교과 집중 이수제를 도입하고 시・도 교육감 승인을 통한 선택과목 신설・개설 권한을 부여하는 등 학교 자율성을 한층 강화하였다(5).

2009 개정 교육과정은 교육과정 자율화를 확대할 수 있는 다양한 정책을 제시하였다. 처음으로 모든 학교급에 '학년군', '교과군' 단위 편성을 도입하여 시수를 자율적으로 조정하고 학년・교과 간 연계를 유연하게 운영할 수 있는 기반을 마련하였다. 또한 특정 교과를 학년이나 학기에 집중 이수할 수 있도록 하여 학기당 이수 교과목 수를 줄일 수 있도록 하였고, 교과(군)별 시수를 20% 범위 내에서 증감하여 운영할 수 있는 권한을 부여하였다. 고등학교는 3년 모두 선택형 교육과정으로 전환하고, 전 교과에 걸쳐 새로운 선택과목 개설도 가능해졌다. 또한 재량 활동과 특별활동을 통합하여 '창의적 체험활동'을 신설함으로써 학생 활동의 자율성과 다양성을 넓혔다. 이처럼 2009 개정 교육과정에서는 자율화의 폭을 획기적으로 확대한 전환점이 되었다(6).

2015 개정 교육과정은 창의적 체험활동 지침을 개선해 학교 특색에 맞는 자율적

교육과정 운영을 가능하게 하였다. 또한 교육부, 교육청, 학교라는 세 수준으로 교육과정 역할을 구분하여 학교의 교육과정 자율성을 더욱 강조했다. 구체적으로 국가 수준에서는 공통된 기준과 내용을 제시하고, 지역 수준에서는 지역 실정에 맞는 기준을 마련하며, 학교 수준에서는 교육과정 위원회를 구성하여 국가 및 지역 수준 교육과정을 반영한 교육과정을 자율적으로 운영할 수 있도록 하였다(7).

2022 개정 교육과정은 학생의 삶과 성장을 지원할 수 있는 '학생 맞춤형 교육' 실현에 초점을 두고 교육과정 자율화를 확대하였다. 이를 위해 학교 교육과정에 '설계'라는 개념을 도입해, 단순히 교과목을 편성・운영하는 수준을 넘어 학생에게 적합한 학습 경험을 계획하고 실천하는 주체가 학교임을 강조했다. 이를 통해 교사는 교육과정의 단순한 실행자가 아니라 '설계자'로 전환할 수 있는 정책적 기반을 마련하게 되었다. 또한 초・중학교에 '학교자율시간'을 신설해, 학교가 학생・지역・학교 특성에 맞는 교육과정을 자율적으로 설계・운영할 수 있는 제도적 기반을 마련했다(8).

나. 교육과정 자율화 정책의 한계

학습자에게 적합한 맞춤형 수업과 역량 중심 교육과정을 실천하기 위해, 학교는 학생의 다양한 요구와 지역적 특성 등을 반영하여 자율적으로 교육과정을 운영할 수 있어야 한다. 그동안 국가 수준에서 교육과정 개정을 통해 다양한 자율화 정책을 위한 제도적 기반을 지속적으로 확대해 왔지만, 학교 현장은 여전히 자율적 교육과정 운영에 어려움을 겪고 있다. 이러한 정책들을 학교가 필요로 하는 방향으로 개선하기 위해서는 지금까지 정책들이 학교에 안착되는 데 어려움을 갖게 된 원인이 무엇인지 살펴볼 필요가 있다.

첫째, 정책 주체와 권한의 불일치이다. 김선영 외(2014)는 교육과정 자율성을 발휘하는 주체는 교사이지만, 그 권한을 부여하는 주체는 국가라는 점에서 정책을 실현하는 주체와 권한을 부여하는 주체가 일치하지 않는다는 점을 중요한 원인으로 제시하였다(9). 이로 인해 학교 현장의 자율성은 본질적으로 '국가가 허용한 범위 내 자율성'에 머물며, '강요된 자율'의 성격을 띠게 된다.

둘째, 주어진 교육과정 자율 권한과 현장 요구의 불일치이다. 임재일 외(2021)는 국가가 제시한 자율권의 내용과 방식이 실제 학교와 교사가 필요로 하는 자율권과 일치하지 않는다는 점을 지적하였다[10]. 이러한 불일치는 국가가 자율적 교육과정에 대한 학교의 의사결정 권한을 확대하고 있지만, 부여된 자율권의 내용이 학교 현장의 요구와 일치하지 않는다는 점에서 무관심과 외면으로 이어지는 주요 원인이 되고 있다.

셋째, 자율권 운영의 강제성과 경직성이다. 이윤미 외(2021)는 국가가 제시하는 자율권이 실제로는 다양한 규제, 지침, 행정 기록, 증빙 요구와 결합해 학교와 교사에게 부담으로 작용한다고 분석하였다[11]. 그 결과 학교는 창의적 실천의 자율성보다 지침 이행에 따른 행정적 압박을 더 크게 느끼는 경우가 많다.

그동안 이루어졌던 국가 수준의 자율화 정책이 학교의 자율적 교육과정 확대라는 실질적 성과로 이어지기 위해서는 자율권을 부여하는 과정에서 교육과정 운영 주체인 학교와 교사들의 의견 수렴 절차가 반드시 동반되어야 한다. 또한, 정책을 일방적으로 전달하는 방식에서 벗어나 현장의 피드백을 반영하여 개선해 나갈 수 있는 유연한 실행 방안을 마련해야 한다. 이러한 절차들이 실질적으로 이루어질 때 교육과정 자율화는 학교 현장에 안정적으로 뿌리내릴 수 있다.

6.1.2 학교 자율성을 강화하는 교육과정 지원 구조와 역할

교육과정 의사결정 구조는 중앙집권적 성격과 분권적 성격의 비중에 따라 학교 자율성의 범위와 성격을 크게 좌우한다. 우리나라의 경우 5차 교육과정까지는 교육부가 전면적으로 주도하는 중앙집권적 결정 방식을 채택하여, 학교는 국가가 정한 지침을 단순히 집행하는 역할에 머물렀다. 그러나 6차 교육과정부터는 분권화와 자율화의 기조가 점차 강화되었으며, 이후 시·도 교육청과 학교의 의사결정 권한을 확대하려는 노력을 지속하였다.

그럼에도 교육과정의 기준과 내용에 관한 최종 결정 권한은 여전히 교육부에 집중되어 있었고, 정권 교체 때마다 정책 방향이 급격히 변화하는 문제가 반복되었다. 이러한 불안정성은 교육 정책의 일관성과 지속성을 저해하는 주요 요인으로 작용하였다. 이에 따라 정치적 변화와 무관하게 장기적 비전을 유지하고, 교육과정 운영의 안정성을 보장할 수 있는 독립적 상설기구의 필요성이 꾸준히 제기되었다.

이러한 문제의식은 2022 개정 교육과정의 개발 과정에서 구체적으로 반영되었다. 이번 교육과정 개정은 '국민과 함께하는 교육과정'을 표방하며, 기존의 전문가 중심 개발 방식에서 탈피하여 다양한 교육 주체 참여 확대를 시도하였다. 또한 국가교육회의, 전국시도교육감협의회 등 관련 기관 간 협력적 거버넌스를 도입함으로써 교육과정 개발 과정의 개방성과 민주성을 높이고자 하였다. 특히 법률에 근거해 국가교육위원회를 설치・운영하도록 한 점은 주목할 만하다. 그 결과, 국가수준 교육과정의 기준과 내용은 국가교육위원회가 심의・의결하고, 교육부는 후속 지원과 안정적 시행을 담당하는 구조로 권한이 재조정되었다.

나아가 2021년 개정된 「초・중등교육법」 제23조는 국가교육위원회뿐 아니라 교육부, 시・도 교육청, 학교를 교육과정 거버넌스의 주체로 명확히 규정하였다. 이는 교육 정책의 안정성과 적응성, 그리고 참여성을 확보하기 위해 단일 기관의 권한 집중을 지양하고, 다층적 주체 간 협력 구조를 제도적으로 마련한 것이다. 이러한 변화가 학교의 자율적인 교육과정 권한 확대로 이어지기 위해서는 국가교육위원회・교육부・교육청・학교 각각의 역할과 지원 구조를 자세히 분석할 필요가 있다.

가. 국가교육위원회의 역할

OECD(2016)는 복잡한 교육환경에서 정치권과 일정 거리를 둔 독립적 또는 준독립적 기구를 별도로 설치하여 운영할 때 교육에 대한 장기적 비전과 정책의 일관성 확보가 가능함을 강조하였다. 또한 급변하는 사회・경제・문화 환경에서 교육 정책이 실효성 있게 작동하기 위해서는 국가・지역・학교 간 다층적 거버넌스를 구축하고, 각 주체의 역할을 명확히 하며 상호 신뢰에 기반한 참여와 협력 구조를 마련해야 한다고 강조하였다. 아울러 미래 교육을 위한 정책 설계와 개정은 장기적 데이터와 연구 결과에 근거해야 하며, 교육 현장의 의견이 체계적으로 환류될 수 있는 구조를 갖추어야 함을 강조하였다[12].

핀란드의 경우 1991년 중앙집권적 교육행정에서 지방・학교 중심의 자율체계로 전환하는 교육개혁을 추진하면서 교육부와 학교 사이의 중간 지원 기구를 설치하였다. 이후 2017년에는 이를 국가교육위원회(Finnish National Agency for Education, EDUFI)로 확대・개편하여 국가 핵심 교육과정을 개발하되, 구체적인 내용과 교수・학습 방법, 평가 방식은 지방자치단체와 학교에 위임함으로써 교육과정 자율성을 제도적으로 보장하였다. 이때 국가교육위원회는 방향・핵심목표・평가 원칙 등 큰 틀을 제시하고, 지방자치단체는 이를 토대로 지역 교육과정을 수립하며, 학교와 교사는 학교 교육과정과 수업・평가를 자율적으로 설계하도록 역할을 명확히 하였다. 이러한 다층적 거버넌스 구조를 통한 자율성 강화는 국제학업성취도평가(Programme for International Student Assessment, PISA)에 대한 높은 학업 성취와 학습 만족도로 이어졌고, 동시에 지역・학교별 다양성을 보장하는 미래형 교육체제를 가능하게 하였다[13].

우리나라에서는 2021년에 비로소 「국가교육위원회 설치 및 운영에 관한 법률」 제정을 통해 국가교육위원회를 설치함으로써, 장기적 비전과 전략에 기반하여 일관된 교육 정책을 운영하기 위한 제도적 장치를 마련하였다. 이에 따라 국가교육위원회는 장기적 교육 비전과 기본계획을 수립하고, 교육부 및 시・도 교육청과의 조정・협력을 통해 교육 정책의 안정성을 확보하는 역할을 부여받았다[14]. 2022 개정 교육과정은 '국민 참여 확대'와 '사회적 합의'를 표방하며 과거 전문가 중심 개발 방식에서 탈피하여 다층적 거버넌스를 통해 국가 교육과정을 함께 수립하였다. 이 과정에서 만들어진 국가교육위원회는 법적 권한은 확보했으나 아직 초기 단계라는 점에서 역할 수행에 많은 한계를 보였다. 예를 들어, 국가교육위원회 운영을 위한 인프라와 전문 인력 부족, 다층적 거버넌스와 의견 수렴 체계의 계승・발전 방향에 대한 불명확성, 교육과정 실행・점검・개정의 순환 구조의 불안전성으로 인한 상시적 환류 관리 체계 미비 등은 앞으로 해결해야 할 문제로 지적되었다[15]. 이러한 점에서 국가교육위원회가 앞으로 학교와 지역의 교육과정 자율성을 실질적으로 지원하는 방향으로 나아가기 위해서는 다음과 같은 역할을 수행해야 한다.

1) 국가 · 지역 · 학교 간 역할 재조정

초·중등교육법 제23조는 국가교육위원회가 학교 교육과정의 기준과 내용을 정하는 주체임을 규정하고 있다. 이에 따라 국가교육위원회는 큰 틀에서 국가 수준 교육과정의 방향과 핵심 목표를 중심으로 최소한의 필수 기준을 제시하는 역할을 담당하고, 지역·학생의 특성에 맞는 교육과정은 시·도 교육청과 학교에서 자율적으로 설계할 수 있도록 제도적으로 실질적인 권한을 부여해야 한다. 이러한 분권화와 역할 조정을 통해 학교 교육과정의 다양성과 창의성을 보장할 수 있다.

2) 장기적이고 일관된 교육 비전 제시

교육은 단기간의 정책 효과나 정권 변화에 따라 흔들려서는 안 되며, 최소 10년 이상을 내다보는 장기적 관점과 일관된 비전 속에서 이루어져야 한다. 특히 국가 교육과정은 미래 사회의 불확실성에 대응할 수 있도록 국가적 교육 비전으로서 기능할 수 있어야 하며, 정책의 지속성과 일관성을 보장할 수 있는 중·장기 로드맵과 함께 제시되어야 한다. 이를 위해 OECD나 유네스코 등 국제기구의 미래 교육 방향과 연계한 전략적 목표를 설정하고, 이를 토대로 미래 역량 중심 교육과정, 학생 맞춤형 학습, 지속가능발전교육 등 핵심 교육 가치가 학교 현장에 안정적으로 정착될 수 있도록 로드맵을 구체화해야 한다.

3) 상향식 거버넌스와 이해관계자 참여 제도화

국가 수준의 교육과정을 마련하기 위해서는 일부 전문가 집단 중심의 하향식 결정 구조를 넘어, 교원·학생·학부모·지역사회 등 다양한 교육 구성원의 의견을 지속적·체계적으로 반영할 수 있는 상향식 거버넌스 체계를 마련해야 한다.

이러한 거버넌스 구조는 정책의 기획-설계-실행-평가 전 과정에 걸쳐 제도화될 필요가 있다. 특히 정책 수립 초기 단계부터 학교 현장의 실천 경험을 가진 교원, 학생, 지역 교육 전문가 등이 참여하도록 하여 실행 가능성과 현장 적합성을 함께 검토해야 한다. 또한 의견 수렴 과정의 결과와 반영 경로를 공개하는 온라인 플랫폼을 구축하여, 국민이 정책 형성 과정을 투명하게 알 수 있도록 해야 한다. 이러한 참여 보장과 절차적 투명성은 교육 정책의 정당성을 높이고, 학교 현장의 자율성과 책임성을 동시에 강화할 수 있는 기반이 될 수 있다.

4) 정치적 중립성과 투명성 확보

국가교육위원회는 장기적 교육 비전과 정책의 일관성을 유지하기 위한 독립적 기구로서 정치적 중립성과 투명성이 무엇보다 중요하다[16]. 이를 위해 운영 과정에서 위원회의 구성, 회의 절차, 의사결정 과정 등 전반을 투명하게 공개해야 한다. 또한 주요 쟁점 사안은 사전 단계에서 충분한 공론화와 합의 조정 절차를 거쳐야 하며, 정책 결정 과정에서 회의록, 의결 근거, 참석자 의견 등을 체계적으로 기록·공개하여 국민의 신뢰를 확보할 필요가 있다. 나아가 정권 교체와 관계없이 교육 정책이 안정적으로 추진될 수 있도록, 교육부, 시·도 교육청, 전문가 집단과의 협력 체계를 제도화해야 한다. 이러한 과정에서 사회적 합의에 기반한 민주적 결정 과정을 통한 교육 정책을 수립할 수 있을 뿐만 아니라, 교육과정 정책을 정치적 이해관계에 흔들리지 않는 독립적·지속적 구조에 기반하여 운영할 수 있다.

5) 교육과정 실행-환류-개정의 순환 체계 제도화

교육과정 정책이 실효성을 거두기 위해서는 단순히 개정 고시로 끝나는 일회적 구조가 아니라, 실행-평가-환류-개정이 지속적으로 이어지는 순환 체계를 제도적으로 확립해야 한다. 학교 현장에서 이루어지는 교육과정 실행 결과를 실질적인 데이터 기반으로 모니터링하고, 그 결과를 교육청과 국가가 공유하고 분석함으로써 현장의 목소리가 정책 개선으로 이어지는 피드백 루프를 마련해야 한다[17]. 나아가 국가교육위원회와 교육부는 주기적인 교육과정 이행평가 보고서를 발간하고,

그 결과를 이후 교육과정 개정의 기초 자료로 활용해야 한다. 이러한 구조가 정착될 때 교육과정 자율화 정책은 형식적 제도 도입이 아니라, 학교의 자율적 혁신과 성장을 촉진하는 지속가능한 발전 구조로 자리 잡을 수 있다.

나. 교육부의 역할

과거 교육부는 교육과정의 기준과 내용을 직접 개발하는 주체였으나, 「초·중등교육법」 제23조 개정 이후 국가교육위원회가 제시한 기준과 방향을 학교 현장에 안정적으로 정착시킬 수 있도록 후속 지원 계획을 마련·집행하는 실행·지원 관리자 성격으로 전환되었다(18). 이에 따라 교육부는 학교 자율성과 역량 중심 교육과정을 실질적으로 뒷받침하는 정책적·재정적 지원을 위한 중추적 기관으로 역할이 재정립되었다.

1) 현장 여건을 고려한 교육 정책과 법률·재정 지원 체계 마련

교육부는 국가교육위원회가 제시한 교육과정의 방향과 기준이 지역과 학교에서 실질적으로 구현될 수 있도록 현장의 여건과 다양성을 반영한 실행 중심의 정책 체계를 마련해야 한다. 이를 위해 지역 간 특성을 자세하게 분석하여 유형별·단계별 맞춤형 지원 전략을 설계할 필요가 있다. 또한 교육부는 교육과정 자율화를 뒷받침하기 위해 법률적·재정적 기반을 마련해야 한다. 이를 위해 국가 차원에서 교육과정 운영과 관련된 제도적 권한을 명확히 규정하고, 시·도 교육청 및 학교가 자율적 의사결정을 내릴 수 있도록 예산 자율권과 행정적 권한을 확대해야 한다(19). 한편 국가 교육과정과 관련된 지침이나 절차를 안내할 때에는 학교가 자율적으로 교육과정을 설계할 수 있도록 간결하고 실질적인 가이드라인과 참고 자료집을 함께 제공해야 한다. 이처럼 교육부가 학교의 자율적 실천을 지원하는 촉진자로서 정책적·제도적 기반을 제공할 때, 국가 수준 교육과정이 현장에서 지속적으로 재구성되고 진화할 수 있는 여건이 형성될 수 있다.

2) 지역 · 학교 간 교육격차 해소와 형평성 보장

교육부는 교육과정 자율화 확대가 지역 · 학교 간 자원 격차나 운영 역량의 차이로 인한 교육 기회의 불평등으로 이어지지 않도록, 형평성과 포용성을 확보하는 국가적 지원 체계를 마련해야 한다[20]. 이를 위해 교육부는 지역과 학교의 규모, 재정 여건, 인력 배치 등 기초 여건을 종합적으로 분석하여, 교육 취약 지역과 소규모 학교를 우선 지원하는 차등적 자원 배분 체계를 구축해야 한다. 인력 지원 측면에서는 교원 순환 파견제, 전문상담사 · 교육복지사 · 특수교사 · 진로교사 등 전문 인력 우선 배치를 통해 교육 지원 체제를 강화할 수 있다. 또한 시설 · 기자재 · 디지털 학습 인프라가 부족한 지역에 대해서는 국가의 직접적인 예산 지원과 함께 원격 · 혼합형 수업이 가능한 온라인 학습 플랫폼을 무상으로 제공하여 교육 접근성의 형평성을 높일 필요가 있다. 이러한 기반 위에서 지역 간 교육과정 공유 시스템, 학교 간 협력형 모델 등을 함께 지원해야 한다. 이처럼 학생들이 거주 지역이나 학교 여건에 관계없이 다양한 교과목과 학습 기회를 경험할 수 있도록 보장할 때, 교육과정 자율화가 교육의 질과 기회 형평을 함께 높이는 정책으로 자리매김할 수 있다.

3) 교육과정 질 관리 방안 마련

교육부는 교육과정 편성 · 운영에 관한 평가, 학업 성취도 평가, 학교와 교육청 등에 대한 평가를 실시한 후 그 결과를 교육과정 개선에 활용함으로써 교육과정에 대한 질 관리를 지속적으로 할 수 있는 기반을 마련해야 한다[21]. 교과별 및 학년(군)별 학업성취도 평가 결과는 학생의 학습지원 방안, 국가 차원의 학력에 대한 질 관리, 교육과정의 적절성 확보와 개선 등에 활용할 수 있는 중요한 데이터로 활용될 수 있다. 또한 학교와 교육청에 대한 주기적인 평가를 통해 학교 교육과정 편성 · 운영의 적절성과 교육청의 실질적인 교육과정 지원 여부 등을 모니터링함으로써 국가 교육과정에 대한 다양한 지원 방안들을 개선해 나갈 수 있다.

4) 현장 실행 모니터링과 정책 환류 체계 구축

학교 자율성을 포함한 교육과정 정책이 학교에 안정적으로 정착되기 위해서는 데이터 기반의 모니터링과 상시적 정책 환류 체계가 필수적이다. 이를 위해 교육부는 학교 교육과정 운영 현황과 성과를 정기적으로 수집·분석하고, 그 결과를 국가교육위원회와 공유하여 차기 교육과정 개정과 지원 정책에 반영해야 한다. 이 과정에서 형식적인 행정 실적 점검에 머무르지 않고, 수업의 질, 학생 역량 발달, 교육과정 재구성 정도, 지역 특성 반영 여부 등 질적 지표를 포함하여 모니터링을 실시해야 한다. 이를 위해 교육부는 시·도 교육청과 협력하여 학교 방문, 수업 참관, 교사·학생·학부모 설문, 교육청 보고서 분석 등 다층적 소통 채널을 운영함으로써 학교 현장의 목소리가 정책 설계와 개정 과정에 실질적으로 반영될 수 있도록 해야 한다. 이러한 구조는 점검 중심의 행정 문화를 지원 중심의 질 관리 문화로 전환시키고, 학교 자율성이 교육의 질 향상으로 이어질 수 있는 제도적 토대가 된다.

다. 교육청의 역할

시·도 교육청은 국가와 학교 사이에서 교육과정 실행을 지원하는 중간 조직으로서, 국가교육위원회의 기준과 방향, 그리고 교육부의 후속 지원 정책을 바탕으로 지역 특성과 학교 실정을 고려한 맞춤형 지원 체계를 설계·운영하는 역할을 담당해야 한다. 이를 위해 교육청은 감독적 장학에서 벗어나 학교 맥락을 읽고 조율하는 현장 밀착형 지원자 역할을 강화하고, 국가 교육과정의 기본 방향을 지역적으로 해석하여 학교가 자율적으로 교육과정을 설계·운영할 수 있도록 지원해야 한다.

1) 지역 교육과정 설계와 정책 지원

교육청은 국가 수준 교육과정을 토대로 지역의 역사·문화·산업·생태 환경 등 지역의 특수성을 반영한 지역 교육과정을 개발·보급함으로써, 학교가 지역 특성을 살린 교육과정을 운영할 수 있는 토대를 제공해야 한다. 이때 지역 교육과정은 단순한 지침이 아닌 지역의 특수성과 공동체의 요구를 반영하여 학교가 자율적으로 교육과정을 설계하고 운영할 수 있도록 지원해야 한다. 아울러 행·재정 집행 과정에서 문서주의와 과도한 절차를 완화하고, 시수 조정이나 편성 변경 시 유연한 운영이 가능하도록 학교의 재량권을 보장할 필요가 있다. 또한 지방정부·지역사회·학교가 함께 참여하는 교육과정 거버넌스 체계를 구축하여 학부모, 지역 전문가, 시민단체 등 다양한 참여 기반을 활성화함으로써 학교가 지역사회 자원을 긴밀히 연결하여 자율적인 교육과정을 운영할 수 있는 기반을 제공해야 한다.

2) 지역사회 네트워크와 학습생태계 구축

교육청은 학교와 지역사회의 네트워크를 강화하여 교육과정이 학생 역량 발달과 진로 설계에 실질적으로 기여할 수 있도록 지원해야 한다. 이를 위해 마을교육공동체, 지역 전문가, 공공기관, 시민단체 등이 참여하는 지역 연계 기반의 교육과정 지원 체제를 마련하고, 학교가 지역의 다양한 자원을 교육과정에 유연하게 통합할 수 있도록 행·재정적 지원을 확대해야 한다. 또한 지역의 특성과 수요를 반영한 공동 교육과정, 원격·순회 수업, 캠퍼스 연합 프로그램 등을 운영하여 학생 맞춤형 경로를 다양화할 필요가 있다(22). 특히 고교학점제의 전면 시행과 관련하여 지역 내 대학, 기업, 연구소, 문화예술기관, 공공도서관 등과 협력하여 다양한 선택과목을 개설하고, 전문가 멘토링, 현장체험 중심 수업, 지역 기반 프로젝트 학습 등이 원활하게 이루어질 수 있도록 지원해야 한다. 이와 함께 늘봄학교, 진로체험, 봉사활동 등 생활 연계형 프로그램을 제공함으로써 학생들이 지역 안에서 자신의 흥미와 진로를 탐색하고, 배움과 삶이 유기적으로 연결되는 학습생태계를 경험할 수 있도록 해야 한다.

3) 단위 학교 맞춤형 지원 체계 마련

학교 자율성이 실질적 수업 혁신과 학생 성장 중심의 변화로 이어지기 위해서는 교육청 차원의 정교한 맞춤형 지원 체계가 필요하다. 교육청은 각 학교의 규모, 학생 구성, 교육 환경의 다양성을 종합적으로 분석하여 학교별 특성에 기반한 맞춤형 컨설팅과 지원 모델을 구축해야 한다. 이를 위해 교사 역량 강화를 위한 연수를 체계적으로 운영하고 현장의 요구를 반영한 컨설팅을 통해 학교의 실행력을 높여야 한다. 또한 교사의 자발적 성장과 협력을 촉진하기 위해 학교 간 네트워크형 전문적 학습공동체, 교육과정 전문지원단을 상시적으로 운영하여 현장에서 축적된 실천 지식이 확산될 수 있도록 지원해야 한다. 특히 취약 지역이나 소규모 학교에는 인력·예산·인프라를 집중적으로 지원하고, 자율적 교육과정 운영비를 별도 배정하여 학교가 교육 여건의 제약을 넘어 다양한 교육과정을 운영할 수 있는 기반을 제공할 필요가 있다.

4) 교육과정 성과 모니터링과 환류

교육청은 학교 교육과정의 질 관리를 위해 각급 학교의 교육과정 편성·운영 실태를 정기적으로 파악하고 교육과정 운영 지원 실태를 점검하여 효과적인 교육과정 운영이 이루어질 수 있도록 지원해야 한다[23]. 이때 학교의 자율적 교육과정 운영이 단순한 제도적 실행에 머무르지 않고, 학생의 역량 발달과 수업·평가 혁신으로 이어지도록 다층적인 성과 모니터링 체계를 구축해야 한다. 이를 위해 학업성취도 평가, 학교 교육과정 평가 등을 통한 결과를 학교 교육과정 개선에 활용하고, 교육청과 학교 간 양방향 소통 채널을 상시 운영하여 현장의 요구와 정책 방향이 상호 보완적으로 순환될 수 있도록 해야 한다. 이러한 소통 채널은 정례 협의회, 온라인 의견 플랫폼, 학교 방문 간담회 등 다양한 형태로 구현될 수 있다. 이 과정에서 수집된 성과와 현장 의견은 단순한 평가자료로 축적되는 데 그치지 않고, 교육과정 재구성·수업 혁신·평가 개선을 위한 학교 맞춤형 지원 계획에 직접 반영되어야 한다. 이와 같은 정책 환류 체계는 학교에서 국가 수준의 교육 방향과 지역 특성을 균형 있게 반영하면서 현장의 실정에 맞는 자율적인 교육과정을 운영해 나갈 수 있는 중요한 토대를 제공할 수 있다.

라. 학교의 역할

학교는 국가와 지역이 제시한 교육과정의 기준과 방향을 실제 수업과 학생 활동 속에서 구현하는 최종 운영 주체이다. 이에 따라 학교는 교육공동체의 참여와 협력을 바탕으로 스스로 교육과정을 설계·운영하며, 학생의 삶과 연결된 역량 중심 학습을 실현하는 맞춤형 교육과정을 운영해야 한다. 학교에서 자율적 교육과정이 안정적으로 뿌리내리기 위해서는 교사의 전문성 강화, 수업·평가 혁신, 지역사회와의 긴밀한 네트워크, 지속적 성과 환류를 결합한 통합적 실행 전략이 필요하다.

1) 교육공동체 참여와 민주적 교육자치 기반 마련

학교는 교육과정 운영의 주체로서 국가교육위원회, 교육부, 시·도 교육청이 제시한 교육과정의 공통 기준과 방향을 토대로 학교의 여건과 학생 특성에 맞게 재구성하여 학교 중심의 맞춤형 교육과정을 마련해야 한다. 이를 위해 교원·학생·학부모가 함께 참여하는 학교 교육과정 위원회를 중심으로 학교 교육의 목표와 운영 방향을 공동으로 결정하고, 학교 구성원 모두가 학교 공동체의 일원으로서 교육과정 운영과 관련된 의사결정 및 실행 과정에 참여할 수 있는 민주적 교육자치 문화를 조성해야 한다. 이를 위해 교사는 교육 전문가로서 학생의 학습과 성장에 대한 비전을 제시하고, 학생은 학습의 주체로서 자신의 필요와 흥미를 반영하며, 학부모는 교육의 동반자로서 학교의 교육 방향을 함께 설계하는 협력적 구조가 중요하다. 이러한 공동 의사결정과 상호 신뢰의 문화 속에서 학교는 교육과정을 스스로 계획하고 실행하며 평가하는 자율적 교육과정 운영 체제를 확립할 수 있다.

2) 역량 중심 교육과정과 수업·평가 혁신

학교는 교육과정 자율성을 기반으로 학생들의 역량 신장을 위한 수업과 평가 혁신 방안을 마련해야 한다. 이를 위해 지식 위주의 전달 수업을 넘어, 문제 해결 학습, 프로젝트 학습, 융합형 수업 등 역량 중심 수업 모델을 적극적으로 도입하고, 이를 학생의 삶과 연계할 수 있도록 학생 맞춤형 수업을 운영해야 한다. 이때 지역사회의 실제 문제를 탐구하거나 생활과 밀접한 데이터를 분석해 보는 등 다양한 교과와 연계하여 학생이 스스로 사고하고 협력하며 해결 방안을 모색해 보는 활동들은 학생들이 배움을 실질적으로 체감하도록 도울 수 있다. 이때 평가는 학습의 끝이 아니라 성장을 지원하는 과정으로 전환하여 과정 중심 평가를 체계적으로 운영해야 한다. 그 과정에서 학생이 학습 목표를 스스로 점검하며 자신의 학습에 대해 성찰할 수 있도록 자기평가, 동료평가, 학생 참여형 평가 등을 일상화하고 그 결과를 수업 개선과 학습 피드백에 적극 반영해야 한다.

3) 교사의 교육과정 설계 · 실천 역량 강화

교육과정 자율성을 위한 정책을 학교에 안착시키기 위해서는 교사의 교육과정 설계와 실천 역량이 기반이 되어야 한다. 이를 위해 학교는 교사들이 함께 연구하며 성장할 수 있도록 전문적 학습공동체를 활성화하여 교육과정-수업-평가의 일관성을 강화하고, 공동 수업 및 협력 수업 모델을 확대하여 수업의 다양성과 질을 높일 수 있는 체계를 마련해야 한다. 아울러 교사들이 교육과정 재구성, 융합형 수업 설계, 역량 중심 평가 기법을 실제 수업에 적용할 수 있도록 정기적인 연수와 맞춤형 컨설팅을 운영하여, 교사 개개인의 전문성 강화가 학교 전체의 변화 역량으로 이어질 수 있도록 해야 한다.

4) 지역사회 네트워크 확장과 학습생태계 구축

학교는 더 이상 지식 전달을 위한 기관이 아니라 학생의 배움을 지역사회와 연결하는 학습 허브로서 기능해야 한다. 이를 위해 학교는 지역의 역사 · 문화 · 산업 · 생태 자원을 교육과정 속에 적극적으로 통합하고, 지역사회가 곧 학습의 장이 되는 확장된 학교 개념으로 나아가야 한다. 이를 위해 지역 기관 · 기업 · 대학 · 문화예술 단체 등 다양한 지역사회 기관들과 협력 네트워크를 구축하여, 프로젝트 기반 학습이나 문제 해결 중심 학습 형태로 지역 연계 수업을 운영할 수 있다. 예를 들어, 지역 환경 보호, 도시 재생 등과 같은 문제들을 정규 교육과정이나 창의적 체험활동과 연계함으로써, 학생들은 실제 맥락 속에서 문제 해결력, 협업 능력, 창의성, 시민성을 동시에 기를 수 있다. 이처럼 지역사회와 학교의 경계를 허물고 학습 공간을 확장할 때 학교는 학생의 삶과 공동체의 지속 가능한 발전을 잇는 역량 중심 학습생태계로 자리매김할 수 있다.

5) 성과 환류와 지속 가능한 개선

학교는 교육과정 실행 결과를 양적·질적 지표로 분석하여, 우수사례는 확산하고 취약한 영역은 보완할 수 있는 내부 환류 시스템을 마련해야 한다. 성과 분석 결과는 교육과정 재구성, 수업·평가 혁신, 맞춤형 지원 계획 수립에 직접 반영되어야 한다. 이러한 성과 환류를 통해 학교는 단순한 실행 기관을 넘어, 교육과정을 지속적으로 발전시키는 주체로 자리매김할 수 있다.

〈표 6-2〉 교육과정 거버넌스 주체별 역할과 과제

구분	주요 역할	핵심 과제
국가교육위원회	• 국가 수준 교육과정의 방향·핵심 목표·최소 기준 제시 • 정치적 중립성과 장기 비전 유지 • 다층적 거버넌스 설계	• 국가·지역·학교 간 역할 재조정 • 장기적이고 일관된 교육 비전 수립 • 다층적 거버넌스 제도화 • 운영 과정의 정치적 중립성 확보 • 실행-환류-개정의 순환 체계 확립
교육부	• 국가교육위원회 결정 사항의 실행 지원 • 정책·법률·재정 지원 체계 구축 • 교육과정 질 관리·정책 환류 담당	• 현장 여건을 반영한 정책·재정 지원 체계 마련 • 지역·학교 격차 해소와 형평성 보장 • 교육과정 질 관리 체계 구축 • 정책 모니터링과 환류 체계 운영
시·도 교육청	• 국가와 학교를 연결하는 중간 지원조직 • 지역 특성을 반영한 맞춤형 교육과정 설계 및 실행 지원	• 지역 교육과정 개발·보급 • 지역사회 네트워크·학습생태계 구축 • 단위 학교별 맞춤형 지원 체계 운영 • 성과 모니터링 및 정책 환류
학교	• 교육과정의 최종적 실행 주체 • 교육공동체 기반의 자율적 교육과정 설계·운영	• 민주적 교육자치 기반 마련 • 역량 중심 수업·평가 혁신 • 교사 전문성 강화 • 지역사회 연계한 학습생태계 확장 • 성과 환류 체계 구축

이상의 논의를 종합해 보면, 〈표 6-2〉와 같이 학교 자율성을 강화하는 교육과정 지원 구조는 단순히 권한 이양에 그치는 것이 아니라, 국가-지역-학교 간의

상호 신뢰와 협력에 기반한 다층적 거버넌스로 재편되어야 한다. 이와 관련하여 김성숙(2022)은 우리나라 학교 교육과정 거버넌스가 중앙 중심의 수직적 전달 체계를 여전히 벗어나지 못하는 구조적 한계를 극복하기 위해서는 국가와 지역, 학교가 정책 기획-실행-환류 전 과정에 공동 참여하고, 동등한 책임과 권한을 갖는 수평적 · 네트워크형 거버넌스로 전환해야 한다고 강조하였다(24). 또한 이명신(2021)은 교육과정 거버넌스가 실질적으로 작동하기 위해서는 '자율성'과 '책임성'을 균형 있게 보장하는 제도적 장치가 필수적임을 지적하였다. 특히 학교가 창의적이고 맥락에 맞는 교육과정을 운영할 수 있도록, 안정적인 재정 지원, 전문성 기반의 실행 지원, 민주적 의사결정 구조를 동시에 갖추는 것이 중요하다고 제안하였다(25).

이러한 점을 고려할 때, 국가교육위원회, 교육부, 교육청, 학교는 각자의 교육과정 거버넌스 주체로서 권한과 역할을 명확히 하되 이를 상호 보완적으로 연결하는 구조 속에서 운영해야 한다. 국가 수준에서는 장기 비전과 최소 필수 기준을 제시하고, 지역은 이를 특성에 맞게 해석 · 조율하며, 학교는 교육공동체의 협력을 통해 창의적 교육과정을 구현해야 한다. 나아가 실행 결과를 지속적으로 환류하여 정책과 현장이 함께 진화하는 체계를 제도화할 때, 학교 자율성은 단발적 구호가 아니라 지속 가능한 교육혁신의 동력으로 기능할 수 있을 것이다.

탐구 질문

1. 역량 중심 교육과정과 학생 맞춤형 교육을 위해 필요한 교육과정 자율화 정책의 방향과 구체적 전략은 무엇인가?

2. 교육과정 자율화 정책이 학교에 안착되지 못하고 있는 이유는 무엇이고, 이를 실질적으로 안착할 수 있도록 지원할 수 있는 방안은 무엇인가?

3. 교육과정 자율성을 강화하기 위한 교육과정 거버넌스 형태는 어떻게 이루어져야 하고, 거버넌스 주체들은 각각 어떠한 역할을 담당해야 하는가?

6.2 정책-현장 간 연계 강화 방안

6.2.1. 정책-현장 간 괴리 원인 분석

불확실한 미래에 대응하기 위해 전 세계적으로 교육개혁이 이루어지고 있다. 이에 각국 정부와 교육 당국은 국제사회가 추구하는 미래 교육의 방향을 고려하여 역량 중심 교육, 학생 맞춤형 학습, 교육과정 자율화 등을 핵심 가치로 하는 다양한 정책을 수립해 왔다. 그러나 실행 주체인 학교 현장에서는 이러한 정책들이 의도한 효과를 충분히 발휘하지 못하고 있다. 교사들은 정책의 취지에는 공감하면서도, 실제 교실에서 수업과 평가를 운영하는 과정에서는 기존의 관행을 유지하거나 형식적으로만 적용하는 경우가 많다. 이러한 교육과정 정책과 학교 현장 간 괴리 문제를 해결하기 위해 먼저 정책-현장 간 괴리가 발생한 주요 요인을 분석해 볼 필요가 있다.

가. 정책 개념과 방향의 불명확성

교육과정 자율화 정책은 국가가 제시하는 교육과정의 기본 틀 안에서 학교가 지역과 학생의 특성에 맞는 교육과정을 자율적으로 재구성하도록 하는 것을 목표로 한다. 그러나 임재일 외(2021)의 연구에 따르면, '교육과정 자율화', '학교자율시간' 등과 같은 교육과정 정책에 대해 교사들은 그 개념과 범위에 대한 통일된 이해를 갖지 못하고 있는 경우가 많다. 예를 들어, 교육과정 자율화에 대해 일부 교사는 단순히 '기존 교육과정의 시수 조정이나 활동 추가' 수준의 제한적인 개념으로 해석한 반면, 다른 교사는 '교육과정 편성・운영 전반의 재설계'까지 포함하는 폭넓은 의미로 이해하였다[26]. 이러한 개념 해석의 차이는 실제 수업・평가 운영이나 학교 운영 계획에서 정책 취지의 왜곡・축소・과잉 적용으로 이어져, 교육과정 자율화의 본래 목적과 현장 실행 사이의 구조적 괴리를 심화시키는 요인이 된다.

나. 구체적인 실행 가이드라인의 부족

류영휘(2016)는 정책 문서가 대체로 목표와 기본 방향 제시에 머물고, 실제 실행을 위한 구체적 가이드라인을 제시하지 못하고 있다는 점을 지적하였다. 예컨대 '학생 주도 프로젝트 수업 운영'이라는 정책 방향이 제시되었을 때, 어떤 학교는 이를 단발성 체험활동 수준에서 제한적으로 운영하였지만, 다른 학교는 전 학년을 아우르는 장기 프로젝트로 확대하여 운영하였다[27]. 이러한 차이는 정책 차원에서 프로젝트 수업의 목표, 최소 운영 기간, 성취 수준 등에 관한 명확한 기준이 제시되지 않았기 때문에 발생한 것으로, 현장 교사의 이해도와 여건에 따라 운영 편차가 커질 수 있다. 결국 명확한 실행 가이드라인의 부족은 학교 현장에서 정책의 의도를 일관되게 구현하지 못하게 만들고, 정책-현장 간 괴리를 심화시키는 또 하나의 구조적 요인으로 작용한다.

다. 현장 참여의 제한

교육 정책이 학교 현장에서 실질적인 변화를 이끌기 위해서는 학교의 현실과 요구를 충분히 반영하는 과정을 통해 정책을 설계해야 한다. 그러나 실제 정책 형성 과정에서는 중앙의 기획 논리가 우선시되면서, 학교 현장의 경험이나 의견이 제대로 반영되지 못하는 경우가 많았다. 김선영 외(2014)의 연구에서는 그동안 다수의 교육과정 관련 정책은 교사·학생·학부모·지역사회의 실질적인 참여 없이 기획 단계에서 완성된 뒤, 일방적으로 학교에 전달되는 구조로 추진되어 왔음을 지적하였다[28]. 이러한 상향식 의견 반영의 부재는 학교를 정책의 수동적 수용자로 머물게 만들고, 결과적으로 정책 취지가 자율적 실천으로 이어지지 못한 채 형식적 이행에 그치는 결과를 낳았다. 예를 들어, 교육과정 문서에서 '학생 참여형 수업 운영'과 같은 방향이 제시되었더라도, 현장은 그 의미와 실행 방법을 자율적으로 설계하기보다 주어진 지침을 소극적으로 해석하거나 최소한의 형식으로만 운영하는 경향을 보였다[29]. 이처럼 정책이 현장의 맥락과 실행 여건을 고려하지 못한 채 전달되는 구조는 교사들의 자율성과 신뢰를 약화시키고, 결과적으로 정책의 실행력을 떨어뜨리는 주요 원인이 되고 있다.

라. 지역·학교 간 교육과정 지원 체계와 자원 격차

교육과정 자율화 정책이 학교 현장에서 실질적으로 정착하기 위해서는 교사의 전문성 개발, 인적·물적 지원, 재정적 기반을 균형 있게 지원해야 한다. 그러나 이윤미 외(2021)는 이러한 지원 체계가 지역과 학교 간에 불균등하게 배분되면서, 국가 정책의 취지와 실제 성과 사이에 심각한 괴리가 발생하고 있음을 지적하였다[30]. 실제 교사 연수 기회, 교육과정 설계 시간, 기자재와 인프라, 예산 지원 등에 따라 격차는 정책 실행의 질과 지속가능성을 좌우하는 요인으로 작용한다. 특히 소규모 학교나 농어촌 학교와 같이 교육 여건이 열악한 지역에서는 인력과 예산 부족으로 자율화 정책을 제대로 실행하기 어려운 경우가 많다. 이처럼 학교의 여건과 자원 격차를 고려하지 않은 일괄적 정책 추진은 정책 효과의 불균형을 확대시키고, 교육과정 자율화의 실질적 확산과 내실화를 저해하는 요인으로 이어질 수 있다.

마. 문화적·관행적 요인

정책-현장 간 괴리를 심화시키는 또 하나의 중요한 원인은 학교 현장에 뿌리내린 기존의 문화와 관행이다. 교육과정 자율화와 같은 새로운 정책이 도입되더라도, 많은 학교는 오랜 기간 유지해 온 운영 방식과 수업·평가 관행에서 쉽게 벗어나지 못한다. 실제 현장에서 교사들은 정책 변화의 방향성에는 공감하면서도, 여전히 지필 시험 중심의 평가나 지식 암기 위주의 수업을 유지하는 경우가 많다[31]. 이는 새로운 수업·평가 방식에 대한 이해 부족, 제한적인 연수 경험, 그리고 기존 방식이 안정적이고 관리하기 쉽다는 인식에서 비롯된다. 특히 입시 중심의 교육 문화가 강한 고등학교에서는 역량 중심 교육과정과 창의·융합형 수업이 실제 시간표와 평가 계획에 반영되기 어렵다는 현실적 제약이 크게 작용한다.

일부 교사들은 새로운 정책이 수업 준비와 행정 업무 부담을 가중시킨다고 인식하며, 변화보다는 기존 방식을 유지하려는 태도를 보인다. 정책을 일시적인 유행으로 보는 회의적 시각 역시 변화에 대한 저항을 강화하고, 정책의 지속성과 필요성에 대한 신뢰 부족으로 이어지곤 한다. 아울러 민주적 의사결정 구조가 충분히 정착되지 않은 학교에서는 교육과정 편성·운영 권한이 일부 관리자나 소수 교사에게 집중되어, 교사 전체나 학생·학부모의 의견이 제대로 반영되기 어렵다. 이로 인해 교육과정 자율화가 제도적 변화에 머무르고 실질적 혁신으로 이어지지 못하는 경우가 많다. 이처럼 문화적·관행적 요인은 국가가 의도한 정책 목표와 학교 현장의 실제 실행을 괴리시키는 잠재적 저항 요소로 작용한다[32].

바. 성과 환류 및 피드백 구조 부재

정책 실행 결과를 체계적으로 수집·분석하여 다음 단계의 정책 설계에 반영하는 환류(Feedback) 구조의 부재는 국가 정책과 학교 현장 간의 괴리를 장기적으로 고착화시키는 주요 요인으로 작용하고 있다. 교육과정 자율화 정책은 초기 기획과 실행 단계에서 일정한 관리와 지원 절차가 마련되지만, 정책 효과를 점검하고 개선점을 반영하는 후속 과정은 체계적으로 운영되지 않는 경우가 많다. 또한 현재의 정책 성과 평가가 참여율, 행사 횟수, 자료 개발 건수와 같은 정량적 지표 중심으로 이루어지다 보니, 수업 변화나 학생의 역량 성장과 같은 질적 성과에 대해서는 제대로 평가하거나 피드백하지 못하고 있다. 또한 정책 종료 후 실시되는 만족도 조사나 서면 보고가 형식적으로 이루어지는 경우가 많아 학교와 교사의 의견이 실제 다음 정책 설계에 반영되었는지를 확인하기 어렵다. 이로 인해 현장에서는 의견을 내도 달라지지 않는다는 인식이 확산되고 정책 참여에 대한 신뢰와 동기 약화로 이어지는 경우가 많다.

정책 실행과 환류 간의 시간적 시차도 문제를 심화시킨다. 정책의 시범 운영부터 전국 확산까지 수년이 소요되는 동안 사회적·교육적 환경은 급격히 변화하지만, 학교 현장에서 축적된 실행 경험과 개선 의견이 즉각적으로 반영되지 않아 정책 조정이 제때 이루어지지 못하는 경우가 많다. 이러한 구조적 한계는 정책 개선의 기회를 놓치고 동일한 시행착오를 반복하는 결과로 이어진다.

6.2.2. 피드백 기반의 정책-현장 연계 강화 방안

교육과정 자율화의 학교 안착을 위해서는 정책-현장 간 괴리를 해소하고 정책 설계·지원·운영·평가의 전 과정에서 피드백 기반 운영 체계를 구축할 필요가 있다. 이는 현장의 경험과 데이터가 정책 개선에 순환적으로 반영되는 체계로 전환되어야 함을 의미한다. 정책-현장 간 괴리 문제 해소를 위해서는 〈표 6-3〉과 같이 다양한 정책-현장 간 피드백 기반 연계 방안을 마련하여 정책의 현장 적합성을 높이고, 교사와 학교가 변화의 주체로 참여할 수 있도록 지원해야 한다.

〈표 6-3〉 피드백 기반 정책-현장 연계 강화 방안

구분	주요 내용	주요 실행 방안
가. 교육정책 개념 표준화와 실행 가이드라인 제시	• 정책 용어·개념 명확화 • 실행 가이드라인 제공	- 정책 용어 및 개념 표준화 - 단계별 실행 절차, 운영 기준, 성과 지표 제시 - 여건별 사례집 제작·보급 - 교육부-교육청-학교 간 정기 협의체 운영 및 지속 점검
나. 거버넌스 기반의 참여 구조 확립	• 정책 설계 단계부터 교육 주체 참여 보장	- 상설 거버넌스 기구 운영 - 정책 시안 공개 및 의견 수렴 절차 제도화 - 의견 반영 결과 및 사유 공개 - 온라인 플랫폼 기반 참여 플랫폼 구축 및 실시간 소통
다. 학교 맞춤형 차등 지원 구조	• 학교 여건별 지원 및 격차 해소	- 학교 여건별 진단 시스템 구축 - 차등적 재정·인프라 지원 체계 마련 - 전문가 인력풀 통한 맞춤형 컨설팅 지원 - 공동 교육과정 운영 네트워크 구축
라. 학교 문화 혁신과 교사 역량 강화	• 민주적 학교 문화 조성 • 교사 전문성 강화	- 학교자치 강화 및 민주적 의사결정 구조 확립 - 교사 전문성 강화 - 실천 중심 연수와 컨설팅, 전문적 학습공동체 활성화 - 성과 공유·확산 체계 마련
마. 지속적·다층적 피드백 체계 제도화	• 정책현장 간 환류와 개선 구조 확립	- 정책 순환 구조 제도화 (설계 → 시범 → 분석 → 개선 → 확산) - 정책 실행 중간 점검 및 실시간 조정 절차 마련 - 정량·정성 혼합 성과 평가 도입 - 피드백 결과 공개 및 반영 의무화

가. 교육정책 개념 표준화와 실행 가이드라인 제시

교육과정 자율화가 학교 현장에서 안정적으로 자리 잡으려면, 무엇보다 정책에서 사용하는 핵심 용어와 개념을 공통된 기준에 따라 이해할 수 있도록 명확히 안내해야 한다. 같은 용어라도 학교에 따라 다르게 해석된다면, 실제 운영 과정에서 정책 취지가 왜곡될 수 있기 때문이다. 또한 학교에 새로운 정책을 제시할 때 목표, 방향뿐 아니라 단계별 실행 절차, 운영 기준, 성과 지표 등을 포함한 구체적 실행 가이드라인을 함께 제공해야 한다. 교사들은 정책의 방향을 이해하더라도 실행에 따른 다양한 어려움이 있다는 문제를 반복적으로 제기해 왔다. 따라서 정책을 발표할 때 실행 단계까지 고려한 지침을 함께 제공하여 현장의 이해도와 실행력을 함께 높여야 한다.

이때 정책 실행에 대한 학교별 편차를 줄이고 정책의 효과를 높일 수 있는 방안도 함께 마련해야 한다. 이를 위해 도시·농촌, 대규모·소규모 등 학교의 여건별 특성을 반영한 유연한 지침 적용 방안과 이에 따른 사례 자료집을 제작하여 보급하는 방안도 고려해야 한다. 예를 들어, 2022 개정 교육과정에서 개정된 학교자율시간은 학교에서 한 학기 이상 반드시 개설하도록 지침으로 안내하였다. 그러나 한 학년에 한 학급으로 구성되거나 복식학급으로 운영되는 농어촌 학교나 소규모 학교의 경우 운영 학년과 학기를 정하여 학교 자체 교육과정을 설계·운영해야 하는 학교자율시간은 매우 부담스러운 정책 과제일 수 있다. 이에 따라 학교 간 공동 교육과정, 온라인 교육과정 등을 통해 교육과정을 함께 설계하고 운영할 수 있도록 별도 가이드라인이나 운영 사례집, 행·재정적 지원 방안 등을 제공하는 등 실질적인 지원 방안을 제공해야 한다.

정책이 발표된 이후에는 교육부-교육청-학교 간 정기 협의체를 운영하여, 실행 결과를 바탕으로 정책 용어의 해석과 실행 기준을 지속적으로 점검·보완해 나가야 한다. 이를 통해 정책이 현장으로 적용되는 과정에서 발생하는 혼선을 줄이고, 정책과 실행이 서로 보완적으로 맞물려 발전할 수 있는 순환 구조를 마련할 수 있다.

나. 거버넌스 기반의 참여 구조 확립

교육 정책이 학교 현장에서 실질적인 변화를 이끌기 위해서는 정책 형성 과정에서 현장의 참여를 제도적으로 보장할 수 있는 거버넌스 구조가 필요하다. 그동안 교육과정 정책은 중앙 중심으로 기획하여 하달되는 경우가 많아 학교의 의견을 충분히 반영하지 못하는 문제점이 있었다. 이러한 한계를 극복하기 위해서는 다음과 같은 개선 방안이 필요하다.

첫째, 정책 설계 단계부터 현장 의견 수렴을 제도화해야 한다. 국가 차원의 교육 정책을 마련할 때, 교원·학생·학부모·전문가 등이 함께 참여하는 상설 협의체를 운영하여 정책 기획 초기부터 현장의 의견이 반영될 수 있도록 해야 한다.

둘째, 의견 수렴 절차를 실질적으로 운영해야 한다. 정책 시안 단계부터 공개적 토론과 의견 수렴 방안을 마련하고, 수렴된 의견들이 최종 정책에 어떻게 반영되었는지 피드백 결과를 명확히 공개하는 체계를 마련해야 한다. 이는 정책-현장 간 신뢰를 높이고, 참여의 실효성을 확보하는 핵심 장치가 될 수 있다.

셋째, 참여 과정의 투명성 확보가 필요하다. 정책 시안이나 변경안에 대한 현장 의견 수렴 절차와 반영 결과 여부를 투명하게 밝히고, 그 사유를 명확히 피드백함으로써 그동안 문제가 되었던 정책-현장 간 신뢰를 형성할 수 있다. 이를 통해 참여가 단순한 형식이 아니라 정책 개선의 근거로 작동할 수 있도록 해야 한다.

넷째, 온라인 기반의 참여 플랫폼을 구축하여 지역·학교별 의견을 실시간으로 수집·분석하고, 정책 담당 부서와 현장이 지속적으로 소통할 수 있는 구조를 마련해야 한다. 디지털 플랫폼 기반의 의견 수렴은 시간·공간 제약을 최소화하고, 참여의 접근성을 높이는 동시에 정책 결정의 객관성과 효율성을 높이는 수단이 될 수 있다.

다. 학교 맞춤형 차등 지원 구조 마련

교육과정 자율화 정책의 성패는 각 학교의 여건과 지원 체계에 의해 많은 영향을 받는다. 학교 간 여건의 격차로 인해 발생할 수 있는 정책 적용의 어려움을 해소하기 위해서는 다음과 같은 지원 방안을 마련할 필요가 있다.

첫째, 학교 여건별 진단 시스템을 구축해야 한다. 학교의 인프라 수준, 교원 확보 현황, 학생 구성, 지역사회 자원, 교육환경 등을 종합적으로 분석하여 학교를 유형별로 분류하고, 이에 맞는 구체적 지원 전략을 설계해야 한다. 이러한 데이터 기반 진단은 한정된 정책 자원을 효율적으로 배분하고, 학교 간 불균형을 줄이는 기초 자료로 활용될 수 있다.

둘째, 차등적 재정·인프라 지원 체계를 마련해야 한다. 학교 여건에 대한 진단 결과에 따라 취약 학교에는 다양한 지원 방안 등을 마련하여 우선적으로 지원해야 한다. 반면, 이미 실천 역량이 높은 학교에는 우수 프로그램을 개발·확산하는 역할을 부여하여 지역 전체로 파급 효과를 높일 수 있다. 이를 통해 지원의 공정성과 형평성을 동시에 확보할 수 있다.

셋째, 전문가 인력풀을 통한 현장 맞춤형 지원을 강화해야 한다. 역량 중심 교육과정 설계, 수업·평가 혁신, 지역 연계 프로그램 운영 등 전문성을 갖춘 전문 인력풀을 마련해 학교별 맞춤형 컨설팅 등 맞춤형 지원을 확대해야 한다. 이러한 현장 맞춤형 지원은 특히 인력 자원이 부족하여 자율적 실천에 어려움을 겪는 학교에 효과적으로 활용될 수 있다.

넷째, 공동 교육과정 운영을 위한 네트워크를 구축하여 지원해야 한다. 농산어촌 학교나 소규모 학교 등과 같은 취약 지역 학교의 경우 단독으로 교육과정을 운영하는 데 한계가 있다. 이 때문에 인근 학교 간 공동 교육과정을 운영하거나 지역사회·대학·기관 등과 연계하여 네트워크형 교육과정을 제공하는 것이 중요하다. 이를 통해 제한적인 학교 여건에서도 학생들이 다양한 학습 기회를 경험하며, 교육과정 자율화가 개별 학교의 역량에만 의존하지 않고 지역 전체의 학습생태계로 확장하여 지원될 수 있는 토대를 마련할 수 있다.

라. 학교 문화 혁신과 교사 역량 강화 지원

학교 현장에 뿌리내린 기존의 문화와 관행은 국가 정책과 학교 실행 사이의 괴리를 심화시키는 주요 요인으로 작용한다. 제도적 틀만 존재하고 현장이 이를 수용하지 못한다면, 교육과정 자율화는 형식적 이행에 머물 수밖에 없다. 이러한 문제를 해결하기 위해 먼저 민주적인 학교 문화 정착 및 학교 자치 강화가 필요하다. 그동안 일부 관리자나 소수 교사에게 학교의 교육과정 편성·운영 권한이 집중되었던 폐쇄적 구조에서 벗어나기 위한 기반을 마련해야 한다. 이를 위해 모든 교원이 민주적으로 의사결정 과정에 참여하고 교육과정 혁신에 기여할 수 있는 개방적·참여형 구조를 확립해야 한다. 이러한 민주적 학교 문화는 교사·학생·학부모 간 신뢰와 상호 존중을 기반으로 협력적 실천 문화를 형성하고, 교육과정 자율화의 지속가능성을 높이는 토대가 된다.

이와 함께 교사의 정책 이해를 높이고 교육과정 실행 전문성을 강화할 수 있도록 지원해야 한다. 교육과정 자율화의 실질적 실행 주체는 교사이므로, 교사의 전문성 확보는 정책-현장 연계에서 가장 중요한 요인이 된다. 과정 중심 평가, 역량 기반 수업 설계, 지역사회 연계 프로젝트 운영 등은 기존의 지식 전달을 넘어서는 새로운 전문성을 요구한다. 이를 위해 정책과 관련된 단기 강의형 연수보다는 현장 밀착형 컨설팅, 학교 맞춤형 코칭, 수업·평가 공동 개발 워크숍과 같은 실천 중심 지원이 필요하다. 또한 전문적 학습공동체 운영, 상호 수업 참관, 공동 프로젝트 기획·운영 등을 활성화하여 교사들이 상호 학습과 협력을 통해 자율적 실행 역량을 높여 나갈 수 있도록 해야 한다.

나아가 성과 공유와 확산 체계를 마련해야 한다. 정책이 일회성 변화에 그치지 않고 지속 가능한 혁신으로 정착하기 위해서는 학교별 자율적인 실행과 정책 운영 사례를 통한 성과 확산 체계가 필수적이다. 온라인 플랫폼, 사례 발표회, 자료집 발간 등을 통해 우수사례뿐 아니라 시행착오 사례까지 공유·학습하는 문화를 정착시켜야 한다. 이를 통해 변화에 대한 교사들의 심리적 부담을 줄이고 집단 지성을 통해 지속가능한 개선 방안을 마련해야 한다.

마. 지속적이며 다층적인 피드백 체계 제도화

정책-현장 간 괴리를 줄이기 위해서는 정책 설계와 실행 이후의 성과 환류 체계를 제도화하여, 현장의 목소리가 지속적으로 정책 개선에 반영되도록 해야 한다. 현재 많은 교육 정책이 기획과 시범 운영 단계에서는 체계적인 관리·지원 절차를 갖추고 다양한 지원을 하지만, 정책 실행 이후에는 실질적인 피드백 구조가 부족하여 정책에 따른 효과를 축적하거나 피드백을 통해 더 나은 정책으로 개선되지 못하는 한계를 보이고 있다. 이러한 문제를 해결하기 위해서는 다음과 같은 피드백 시스템 마련이 필요하다.

첫째, 정책-현장 간 피드백 순환 구조를 확립해야 한다. '정책 설계 → 시범 운영 → 모니터링·분석 → 개선 → 확산'의 순환 과정을 제도화하여 동일한 시행착오를 반복하지 않도록 하고, 성공 사례는 신속하게 공유하고 확산될 수 있도록 해야 한다.

둘째, 정책 실행에 대한 중간 점검과 실시간 조정 절차를 마련해야 한다. 정책 실행 이후에도 중간 점검과 즉각적인 보완이 가능하도록 온라인 플랫폼, 현장 방문 간담회 등 다양한 소통 채널을 상시 운영해야 한다. 이를 통해 정책 실행 과정에서 나타나는 학교별 상황과 문제를 조기에 발견하고 수정·보완함으로써, 정책을 다양한 학교 맥락에 맞게 유연하게 안착시킬 수 있다.

셋째, 정량·정성 혼합형 성과 평가 체계를 도입하여 실질적 변화를 진단함으로써 정책 개선으로 환류해 나가야 한다. 프로그램 운영 횟수·자료 개발 횟수 등과 같은 양적 중심의 지표뿐만 아니라, 수업 변화, 학생 역량 성장, 학교 구성원의 만족도 및 인식 변화와 같은 정성 지표를 병행하여 변화를 진단해야 한다. 이를 통해 정책의 실질적 변화를 진단하고, 그 결과를 정책 개선에 직접 반영할 수 있다.

넷째, 피드백 결과의 공개와 반영을 의무화하려는 노력이 필요하다. 현장에서 수집된 의견과 제안, 그리고 이를 정책에 반영한 여부와 구체적인 반영 방안을 대외적으로 공개하여, 정책-현장 간 신뢰를 구축해야 한다. 또한 이러한 반영 정도를 정책 관리 지표에 포함시켜 환류 과정이 단순한 형식이 아니라 실질적 개선으로 이어지도록 해야 한다.

탐구 질문

1. 교육과정 자율화를 비롯한 다양한 교육과정 정책들이 학교의 실질적인 변화로 이어지지 못하는 원인은 무엇인가?

2. 교육과정 정책과 학교 현장과의 괴리를 줄일 수 있는 구체적인 방안에는 어떤 것들이 있는가?

3. 교육 정책이 실패하는 주요 원인으로 꼽고 있는 학교 문화와 관행, 보수적 교사 문화를 어떻게 극복할 수 있는가?

6.3 지속가능한 미래교육의 방향

오늘날의 교육은 디지털 기술 혁신, 기후 위기, 인구 변화, 사회 양극화 등 복합적이고 예측하기 어려운 변화 속에 놓여 있다. 인공지능 및 디지털 전환은 학습 방식과 학교의 역할을 근본적으로 재편하고 있으며, 환경과 자원의 지속가능성 문제는 교육이 다루어야 할 핵심 의제로 부상하고 있다. 또한 급격한 인구 구조 변화와 학령인구 감소는 학교 운영과 자원 배분 방식을 바꾸고 있으며, 지역·계층 간 교육격차 확대는 교육의 공정성과 포용성을 위협하고 있다. 이러한 맥락에서 교육은 학생들이 변화하는 세계를 이해하고 스스로의 삶과 공동체를 설계하며, 지구적 공동 과제 해결에 주도적으로 참여하여 변혁해 나갈 수 있는 역량을 기를 수 있도록 지원해야 한다. 또한 미래 교육의 지속가능성을 확보하기 위해 사회·경제·환경의 장기적 변화를 반영하고, 학습자가 비판적 사고·협력·창의성·책임 있는 시민성을 발휘할 수 있도록 교육과정을 제공해야 한다. 이를 위해 AI·디지털 활용교육, 세계시민교육, 진로연계교육, 환경교육 및 지속가능발전교육 등 미래 교육을 위한 핵심 가치와 주요 방향이 학교 교육에서 중요하게 강조될 수 있는 토대를 마련해야 한다.

미래 사회 변화에 요구되는 이러한 교육의 방향성은 국제사회에서도 동일하게 강조되고 있다. OECD(2019)는 학습자가 변혁의 주체로서 자신의 미래를 설계하고 사회적 변혁에 기여할 수 있도록 변혁적 역량(Transformative Competencies)을 갖추어야 한다고 강조하였다[33]. 또한 유네스코(2021)는 미래 사회에는 교육이 인권·평화·환경·연대의 가치를 토대로 새로운 사회계약을 구축해야 한다고 강조하며, 이를 위해 세계시민교육, 지속가능발전교육, 디지털 역량을 미래 교육의 핵심 과제로 제안하였다[34]. 이처럼 미래 교육은 지식 전달 중심에서 벗어나 AI·디지털 전환, 세계시민교육, 진로 연계, 지속가능발전교육 등을 통합적으로 다루는 교육과정으로 나아가야 한다. 이를 통해 국가·지역·학교는 학생들이 실제 삶과 연결된 문제를 해결하며, 지속가능한 사회를 만드는 데 기여할 수 있는 역량을 기를 수 있도록 지원해야 한다.

6.3.1. AI 기반 교육혁신과 자기 주도적 진로 설계

최근 AI 기반의 디지털 전환은 학습 환경과 교육과정의 설계·운영 방식을 근본적으로 바꾸는 동시에, 노동시장 구조를 빠르게 재편하고 있다. 팬데믹을 거치며 확인했듯이 디지털 접근성의 격차는 학습 기회의 격차로 이어졌다. 또한, 기술혁신·녹색 전환·긱 경제(Gig Economy)의 확산은 학생들에게 한 번의 진로 선택이 아니라 지속적으로 배우고 진로를 재설계하는 능력을 요구하고 있다. 이에 따라 미래 교육은 AI·디지털 기반의 학습 혁신과 자기 주도성에 입각한 진로 역량이라는 두 축을 통합적으로 지원할 수 있어야 한다. 이제 필요한 것은 디지털 기술을 수업 도구로 도입하는 수준을 넘어, AI가 제공하는 개인화 학습과 데이터 기반 지원을 학생의 진로 탐색-설계-실천과 촘촘히 연결 가능한 정책 설계다. 다시 말해, 디지털 전환을 통해 확보한 학습의 유연성과 접근성을 바탕으로, 모든 학생이 변화하는 직업 생태계 속에서 스스로 길을 찾고 갱신해 나가도록 돕는 통합 프레임이 필요하다.

가. 디지털・AI 전환 기반 교육혁신

오늘날 급격한 사회 변화 속에서 교육은 단순한 지식 전달을 넘어, 학생이 스스로 성장 경로를 설계하고 예측 불가능한 미래에 능동적으로 대응할 수 있는 역량을 기르는 방향으로 나아가야 한다. 이러한 전환의 중심에 있는 것이 바로 AI와 디지털 기반의 교육혁신이다. OECD(2023)는 디지털 전환이 학습의 개별화, 포용성과 형평성, 교수학습의 질 향상, 효율성과 혁신에 중요하게 기여할 수 있음을 강조하는 한편, 디지털 격차・알고리즘 편향・프라이버시 위협과 같은 새로운 도전 과제도 병존하고 있음을 지적하였다(35). 이러한 점을 고려할 때 디지털・AI 전환 기반 교육혁신은 단순한 기술 도입 차원을 넘어 지속 가능한 미래 교육을 위한 구조적 토대를 고려하여 설계되어야 한다.

1) 학습 공간의 재구성

디지털・AI 전환은 학습의 시・공간적 한계를 허물고 교실 중심의 전통적 구조를 넘어서는 새로운 학습 공간을 만들고 있다. 교실은 더 이상 유일한 학습 장소가 아니며, 이미 지역사회, 가정, 온라인 플랫폼, 나아가 국제 네트워크까지 학습 공간이 확장되고 있다. 예를 들어, 온라인 공동 교육과정이나 클라우드 기반 플랫폼은 학생들이 교실 밖에서도 다양한 학습을 이어가게 하며, 농산어촌 지역 학교나 소규모 학교 학생들에게는 지역적 한계를 넘어 다양한 교과와 프로그램에 접근할 수 있는 기회를 제공하고 있다. OECD(2023)는 이러한 디지털 생태계가 학습 기회의 접근성을 확대하고 국가 및 지역 간 교육격차를 줄일 수 있는 핵심 조건임을 강조한 바 있다(36).

학습 공간의 재구성은 단순한 물리적 확장을 넘어 학습 경험의 다양화와 연결성 강화를 의미한다. 유네스코(2021)는 AI와 디지털 기술이 단지 수업 도구를 넘어서 학습자 간 만남과 소통을 확장하는 사회적 연결망으로 작동할 수 있어야 한다고 강조하였다(37). 실제 하이브리드・원격 수업, 국제 공동 프로젝트, 지역사회 연계 프로그램 등은 학생들이 다양한 배경을 가진 또래・교사・전문가와 소통하며 협력할 수 있도록 기회를 제공하고 있다. 이는 학생의 자기 주도적 학습을 강화하는 동시에, 협력과 문제 해결 같은 미래 핵심 역량을 기르는 기반이 된다.

이처럼 디지털·AI 기반의 학습 공간 재구성은 형평성과 포용성을 확보하면서도 학습의 질과 다양성을 제고하는 지속 가능한 교육혁신 전략이다. 이를 위해 기기와 네트워크 인프라 보급, 공공 교육 플랫폼 확충, 지역 거점형 학습 지원 센터 운영, 교사의 디지털 역량 강화 등 정책적 뒷받침이 함께 이루어져야 한다. 이처럼 AI·디지털 기반 교육혁신을 통해 모든 학생이 동등하게 접근할 수 있는 학습 공간을 마련하여 제공할 때, AI·디지털 교육은 단순한 기술 도입을 넘어 미래 사회에 대응할 수 있는 포용적 학습생태계를 구축하는 토대가 된다.

2) 맞춤형 학습과 형평성 보장

AI와 빅데이터 기반의 학습분석은 학습자의 수준, 속도, 흥미, 학습 스타일을 정밀하게 파악하고 그 결과를 토대로 개별화된 학습 경로를 제공할 수 있다. 또한 학생이 스스로 목표를 설정하고 학습 여정을 관리할 수 있도록 돕는 핵심 기반이 된다. OECD(2023)는 개별화(Personalization)를 디지털 교육의 가장 큰 잠재력 중 하나로 제시한 바 있다[38]. 실제 AI와 빅데이터 기반의 접근은 학습 결손을 조기에 발견하고 즉각적으로 지원할 수 있어, 학습 격차를 예방할 수 있는 중요한 수단이 되고 있다.

맞춤형 학습은 단순히 학업 성취 수준 보장을 넘어 다양한 학생 요구와 진로 설계까지 포괄할 수 있는 방향으로 나아가야 한다. 예를 들어, 심화 학습을 원하는 학생에게는 고급 프로젝트나 국제 공동 수업의 기회를 제공하고, 학습에 어려움을 겪는 학생에게는 기초 보충 모듈과 개별 튜터링을 지원해야 한다. 또한 진로 탐색 단계의 학생들에게는 AI가 제공하는 데이터에 기반해 개인화된 진로 지도와 학습 경로를 제공함으로써, 학생 스스로 진로를 설계할 수 있도록 지원할 수 있다.

나아가 AI와 빅데이터 기반의 맞춤형 학습 설계는 형평성과 포용성 보장을 핵심 가치로 삼아야 한다. 포용성을 강조하는 보편적 학습설계(Universal Design for Learning, UDL) 원리를 적용하면, 장애 학생이나 다문화·이주 배경의 학생, 학습 속도와 방식이 다른 학생들까지도 각자의 상황과 특성에 맞는 학습 경험을 보장받을 수 있다. 이를 위한 공공 디지털 자원과 국가 차원의 학습 플랫폼 확충은 포용적 환경 마련에 중요한 역할을 담당한다. 이처럼 AI와 빅데이터 기반 맞춤형 학습은 학생 개인의 수준과 진로 요구를 충족시키는 동시에, 교육격차를 완화하고 모든 학습자가 동등하게 배움의 기회를 누릴 수 있는 토대를 마련하는 중요한 기반이 된다.

3) 협력적 학습생태계 구축

지속가능한 미래 교육을 위해서는 AI를 단순한 기술적 환경 변화를 넘어 인간과 결합하여 협력적 지원이 가능한 구조로 발전시켜야 한다. AI는 학습자의 데이터와 학습 경향을 분석하여 개인화된 학습을 지원할 수 있지만, 그 효과가 온전히 발휘되기 위해서는 교사·동료·지역사회 강사 등 다양한 주체와의 상호작용이 반드시 필요하다. 이를 위해 AI와 인간 주체가 함께 만들어 가는 협력적 학습생태계를 보장할 수 있는 정책을 마련하여야 한다. AI는 학생 개별화 지원의 도구일 뿐만 아니라 교사와 공동 설계·평가를 가능하게 하고, 지역사회와 연결된 프로젝트 학습을 매개하는 조력자로 기능해야 한다. 이러한 구조 속에서 학생들은 단순한 지식 습득을 넘어, 공동체 속에서 협력하고 문제를 해결하는 역량을 기르게 된다. 즉, AI 기반 학습 혁신은 인간적 상호작용을 강화하는 방식으로 운영될 때, 학생 맞춤형 교육과 더불어 교육적 불평등을 완화할 수 있는 방안을 실질적으로 제공하여 학습의 사회적 지속가능성을 담보할 수 있다.

4) 디지털 시민성과 데이터 윤리 강화

디지털·AI 전환은 교육의 혁신적 가능성을 열지만 동시에 허위정보, 개인정보 유출, 알고리즘 편향 등 새로운 위험을 수반할 수 있다. 온라인 학습 환경에서 수집되는 학생 데이터가 적절히 관리되지 않으면 권익이 침해될 수 있다는 점에서 개인정보 보호와 데이터 거버넌스는 교육 정책의 핵심 과제로 부상하고 있다. 이러한 점에서 지속가능한 미래교육을 위해 디지털 시민성과 데이터 윤리 교육을 교육과정 전반에 통합할 필요가 있다. 학생들은 단순한 기기 활용을 넘어 정보의 출처와 신뢰성을 판별하고, 알고리즘의 한계를 이해하며, 데이터 활용이 사회와 공동체에 미치는 영향을 성찰할 수 있어야 한다. 이를 위해 교과와 창의적 체험활동 속에 디지털 리터러시를 반영하고, 사회 문제를 탐구하며 디지털 도구를 비판적으로 활용하는 프로젝트형 학습을 활성화해야 한다. 아울러 교사는 디지털 시민성과 데이터 윤리 교육의 핵심 촉진자로서 전문성을 지속적으로 강화해야 하며, 학교 차원에서도 개인정보 보호 지침, 안전 교육, 온라인 학습 환경 관리 체계를 갖추어야 한다.

나. 자기 주도성을 바탕으로 한 진로 설계

지속가능한 미래 교육의 핵심은 학생들이 스스로 삶과 진로를 설계할 수 있는 자기 주도적 역량을 기르는 데 있다. OECD의 학습 나침반 2030(Learning Compass 2030)은 미래 사회의 목표를 '웰빙(Well-Being) 2030'으로 제시하면서, 학생들이 학습자 주도성을 발휘하는 것이 변화에 대응하고 행복한 삶을 설계하는 핵심 조건임을 강조하였다[39]. 특히 AI · 디지털 전환과 같은 예측 불가능한 변화가 가속화되는 상황에서 학생이 자기 주도적으로 학습하고 진로를 탐색하는 능력은 더욱 중요해지고 있다.

1) AI 기반의 맞춤형 진로 설계 지원 체계 구축

지속가능한 미래교육의 중요한 방향 중 하나는 자신의 흥미와 강점, 그리고 실제 학습 데이터에 기반한 맞춤형 탐색 과정을 통해 진로를 구체화할 수 있도록 지원하는 데 있다. 이를 위해 국가적 차원에서 AI 기반의 진로 탐색 · 경로 설계 도구를 개발 · 보급하여 학교 현장을 지원할 수 있는 체계가 필요하다. 이러한 체계는 학생 개개인이 자기 주도적으로 진로를 설계하고, 변화하는 사회적 맥락에 맞추어 이를 지속적으로 수정해 나갈 수 있는 기반을 제공할 수 있다.

매흘란(Mehlan, et al.)(2025)에 따르면, 생성형 AI와 학습분석을 활용한 맞춤형 지원이 학생의 학습 지속성과 몰입을 높이고, 학습 목표와 진로 목표 간의 정합성을 강화하는 효과를 보인다는 연구 결과를 발표했다[40]. 이러한 AI 기반의 진로 설계 플랫폼은 학생들이 시스템을 통해 다양한 진로 시나리오를 탐색하고 미래 직업 세계의 변화를 시뮬레이션할 수 있는 기회를 제공함으로써, 단순한 직업 선택을 넘어 삶의 장기적 경로를 설계하는 주도적 학습자로 성장할 수 있도록 도울 수 있다. 이처럼 AI 기반 맞춤형 진로 설계 지원 시스템은 단순한 기술적 보조를 넘어, 학생 개인의 데이터와 가능성을 존중하는 진로교육으로 전환하는 중요한 기반이 된다. 이를 통해 학생들은 자신의 흥미와 강점에 맞춘 학습과 진로를 주도적으로 설계하며, 예측 불가능한 미래 속에서도 안정적이고 지속가능한 성장 경로를 만들어 갈 수 있다.

2) 협력적 진로교육 생태계 조성

자기 주도적 진로 설계는 디지털·AI 기반의 기술적 지원만으로는 충분하지 않다. AI와 빅데이터 기반의 진로교육은 학생의 흥미와 강점을 분석해 맞춤형 정보를 제공하고 빅데이터 기반의 자동화를 통해 효율성을 높이며, 취약한 지역에도 용이하게 활용될 수 있다는 장점이 있다. 그러나 학생이 진로를 실제로 탐색하고 선택하는 과정에는 여전히 교사, 동료, 상담사, 지역사회 전문가와의 상호작용이 반드시 필요하다. 학생들은 상호작용에 기반한 협력적 경험을 통해 다양한 직업 세계와 사회적 맥락을 이해하고, 자신의 선택을 더 깊이 성찰할 수 있다. OECD(2024)는 청소년을 위한 진로 상담 체계에서 디지털 기술을 어떻게 활용할 수 있는지 정책적으로 연구한 보고서에서 디지털 기반의 진로 상담 체계가 효과성, 효율성, 형평성 측면에서 이점을 가짐에도 불구하고, 디지털 도구는 상담자의 역할을 대체하기보다 보완하는 방향으로 설계되어야 함을 제언한 바 있다[41]. 이처럼 진로교육은 AI와 빅데이터 기반의 진로 설계 시스템을 갖추더라도 상호작용을 통한 협력적 생태계 안에서 이루어져야 한다.

학교는 교과 수업을 넘어, 지역사회 연계 프로젝트나 팀 기반 활동을 통해 학생들이 실제 문제를 탐구하고 해결하도록 지원해야 한다. 이러한 프로젝트형 진로교육은 학생이 자기 주도성을 발휘하면서도, 타인과 협력하고 사회적 책임을 배우는 장을 마련한다. 지노스(Xenos) 외(2019)의 미래 시간 여행자(Future Time Traveller) 프로젝트는 가상 환경 속에서 학생들이 미래 직업을 탐험하도록 설계된 사례로, 주도성과 협력이 결합된 진로교육의 가능성을 잘 보여준다[42].

이처럼 학습자 주도성을 바탕으로 한 진로 설계는 개인화된 탐색과 협력적 경험이 함께할 때 완성된다. AI와 같은 기술이 다양한 학생들의 개별적 경로를 제안하는 도구로 활용된다면, 교사・동료・지역사회는 이를 구체적 경험으로 연결하는 촉진자로 작동할 수 있어야 한다. 이러한 협력적 구조 속에서 학생들은 불확실한 미래 속에서도 스스로 진로를 설계하고, 사회와 함께 성장할 수 있는 역량을 기를 수 있다.

3) 학습자 주도성과 책임성을 바탕으로 한 진로교육

지속가능한 미래교육에서 진로교육은 단순히 직업을 선택하는 과정이 아니라, 학생들이 불확실성과 위기 속에서도 스스로 학업・진로 경로를 설계하고 주기적으로 새롭게 갱신해 나갈 수 있는 역량을 기르는 과정으로 전환되어야 한다. 이는 곧 학습자 주도성을 바탕으로, 변화하는 사회 속에서 자기 삶의 방향을 책임 있게 찾아가는 힘을 키우는 일이다.

진로교육은 개인적 성공을 넘어, 학생들이 모두가 함께 살아갈 지속가능한 사회를 지향하는 책임 있는 미래 시민으로 성장하도록 이끌어야 한다. 이를 위해 학교는 학생 개개인의 흥미와 강점을 반영한 맞춤형 진로 탐색을 지원하는 동시에, 공동체적 책임과 사회적 기여를 성찰하는 경험을 제공해야 한다. 유네스코(2021)는 학습자가 단순한 기술 습득을 넘어, 사회적 책임과 연대의식을 내면화해 나갈 때 지속가능한 미래교육이 가능하다고 강조하였다[43]. 특히 자기 주도성과 책임성 강화는 교과뿐 아니라 창의적 체험활동 교육 전반에서도 구체적으로 실현되어야 한다. 디지털 리터러시 교육과 시민교육을 결합하여 데이터 활용이 사회와 공동체에 미치는 영향을 비판적으로 성찰할 수 있도록 지원해야 한다. 이를 통해 학생들은 개인의 진로를 설계하는 동시에, 사회적 가치와 지속가능성을 고려하는 책임 있는 진로 주체로 성장할 수 있다.

4) 평생학습 시대를 위한 순환형 진로 설계

미래 사회는 기술 혁신과 사회 구조 변화로 인해 직업이 새롭게 생겨나기도 하고 빠르게 사라지기도 한다. 따라서 진로교육은 단순히 특정 시점의 직업 선택뿐 아니라 학생들이 평생에 걸쳐 학업·직업 경로를 주기적으로 점검하고 갱신할 수 있는 능력을 기르도록 지원할 수 있어야 한다. 슈퍼(Super)가 제시한 생애-생활공간 이론(Life-Span, Life-Space Theory)은 진로를 단일하고 고정된 결과가 아닌, 생애 전반에 걸쳐 변화하고 발달하는 과정으로 보며, 개인이 수행하는 다양한 삶의 역할 속에서 진로가 반복적으로 구성되고 재구성됨을 강조한다[44]. 이 관점에서 학생은 단순한 '진로 선택자'가 아니라 자신의 삶을 스스로 설계하는 주체이며, 진로교육은 학생들이 흥미와 강점을 탐색하고 목표를 설정한 뒤 일정한 주기로 성취를 점검하여 경로를 수정할 수 있도록 순환적 구조를 제공해야 한다.

이러한 관점에서 진로교육은 지속적 경로 설계 지원 체계를 제도화할 필요가 있다. 국가와 교육청은 학생 개개인의 진로 설계를 장기적으로 연계하여 지원할 수 있는 플랫폼을 마련하고, 교사와 상담자가 학생 주도적 점검과 갱신 과정을 촉진하도록 연수와 지침을 제공해야 한다. 또한 지역사회와 연계된 프로젝트형 진로 프로그램을 확대해 학생들이 현실 세계 속에서 주기적으로 자신의 역량을 조정해 나갈 수 있는 기회를 보장해야 한다. 이러한 정책적 기반 위에서 학생들은 변화하는 사회 속에서도 자기 주도성과 평생학습 역량을 키워 미래 사회의 책임 있는 시민으로 성장할 수 있다.

6.3.2 지속가능성을 위한 협력적 시민성 교육

지속가능한 미래사회는 단순히 지식과 기술의 축적만으로 이루어지지 않는다. 기후 위기, 불평등, 갈등과 같은 복합적 문제를 해결하기 위해서는 학생들이 지역과 세계를 동시에 바라보며 공동의 책임을 나누는 협력적 시민 역량을 길러야 한다. 이제 교육은 개인의 성공을 넘어 함께 고민하는 방향으로 전환될 필요가 있다.

이러한 맥락에서 세계시민교육은 다양한 문화와 가치, 인권과 평화를 존중하며, 학생들이 글로벌 의제에 대해 비판적 성찰과 협력적 행동 실천을 강조한다. 또한 지속가능발전교육은 환경・경제・사회의 균형을 고려하여 학생들이 일상 속에서 지속가능한 생활양식을 실천하고, 더 나은 미래를 위한 변화와 개혁을 만들어가는 힘을 기르는 데 초점을 둔다. 이러한 지속가능성을 위한 협력적 시민성 교육은 미래교육이 지향해야 할 지속가능성과도 맞닿아 있으며, 학습자가 자기 삶을 넘어 타인과 지구의 웰빙을 함께 추구하는 새로운 교육 패러다임을 마련하는 길이 된다.

가. 연대와 책임을 통한 세계시민교육

오늘날 세계는 기후 위기, 불평등 심화, 인권 침해, 대규모 이주와 난민 문제 등 복합적이고 상호 연결된 여러 문제들을 직면하고 있다. 이러한 위기는 국경을 넘어 공동 대응과 연대, 그리고 인류가 공유하는 목적과 규범에 대한 재합의를 요구한다. 세계시민교육은 학습자가 지구 공동체의 일원으로서 자신의 권리와 책임을 인식하고, 인류가 공유하는 가치와 규범을 이해하며, 이를 바탕으로 타인과 협력하는 역량을 기르는 것을 목표로 한다. 이는 곧 연대와 책임을 바탕으로 한 지속가능한 미래교육의 핵심 축이라 할 수 있다. 이러한 방향에 따라 세계시민교육은 학생들이 실제 삶 속에서 세계시민으로서의 가치와 태도를 내면화하고 실천할 수 있도록 해야 한다.

1) 교육과정 운영과 세계시민교육의 통합

세계시민교육은 별도의 과목이 아니라, 교육과정 전반에 걸쳐 체계적으로 통합되어야 한다[45]. 이를 위해 범교과 학습 주제에 해당하는 세계시민, 인권, 평화, 지속가능발전목표(Sustainable Development Goals, SDGs) 등 글로벌 이슈들을 교과 및 창의적 체험활동과 연계하여 적극적으로 지도해야 한다. 예를 들어, 사회 교과에서는 글로벌 불평등, 난민・이주, 인권, 갈등 심화, 기후변화 등과 같은 주제를 토론・탐구형 수업으로 운영하고, 과학・기술 교과에서는 지속가능한 기술 개발,

에너지 전환, 생태 보전 등과 같은 주제를 프로젝트 기반 학습으로 연결할 수 있다. 국어 교과나 영어 교과에서는 국제 뉴스, 다문화 문학 작품, 글로벌 이슈 관련 자료를 활용해 비판적 사고와 문화 간 의사소통 역량을 함께 키울 수 있으며, 예술·체육 과목에서도 문화 다양성·평화 감수성 교육을 창의적 방식으로 확장할 수 있다.

나아가 2022 개정 교육과정에서 새롭게 신설된 학교자율시간을 통해 단위 학교에서 세계시민교육 관련 과목이나 활동을 개설할 수 있도록 지원할 수 있다. 이를 위해 교육청은 세계시민교육과 관련된 과목을 개설하여 관련 성취기준, 수업·평가자료, 학습 자료 등을 개발하여 단위 학교에 제공하고, 전문적 학습공동체나 교사 연구회 등을 지원하여 다양한 현장 적용 사례를 공유할 수 있다. 이처럼 세계시민교육과 연계하여 다양한 교육과정 재구성 모델을 활용함으로써, 학생들이 세계시민적 가치와 실제 문제 해결 경험을 축적하고 지구 공동체의 책임 있는 구성원으로 성장할 수 있도록 지원해야 한다.

2) 국제 연계 학습 플랫폼 구축 · 운영

국제 연계 학습 플랫폼은 학생들이 국경을 넘어 협력하고 다양한 시각을 교류하며 세계시민성을 실제로 체득할 수 있는 중요한 기반이다. 이는 그동안 이루어져 온 해외 연수나 단발적 교류 활동의 한계를 보완하고, 지리적·경제적 제약 속에서도 모든 학생에게 글로벌 학습 기회를 제공할 수 있는 토대가 된다. 특히 기후위기, 난민·이주, 인권, 갈등 심화 등 범지구적 이슈를 해외 또래와 함께 토론하고 해결 방안을 탐색하는 과정은 학생들에게 공감·연대·책임을 통한 변혁적 역량을 향상시키며, 지속가능한 미래교육을 실현하는 데 기여할 수 있다. 이러한 교육을 지원하기 위해서는 얼굴을 직접 보며 논의하는 실시간 화상 기능과 온라인 게시판, 학습관리시스템(Learning Management System, LMS) 등을 활용한 비동기 토론 기능, 사전·사후 성찰 활동 등을 통합적으로 지원하는 플랫폼 지원이 필요하다.

아울러 교사와 학생이 서로 다른 문화를 존중하며 교류할 수 있도록 문화 이해 교육을 제공하고, 프로그램이 원활히 운영될 수 있도록 기술·행정·통역 등 제도적 지원 체계도 마련해야 한다. 일본의 세계와 함께(With The World) 프로젝트,

한국의 국제교류 온라인 플랫폼, 싱가포르의 학생 온라인 학습 공간(Student Learning Space) 등은 이미 디지털 기반 국제교류 모델을 통해 글로벌 공동체 학습을 실현하고 있는 대표적 사례다. 이러한 경험을 토대로 지역 특성과 연계한 지속가능한 국제 학습 플랫폼을 구축한다면 학생들은 일상 속에서 세계시민적 태도와 협력적 문제 해결 역량을 내면화할 수 있을 것이다.

3) 교원의 세계시민교육 실천 역량 강화

세계시민교육이 학교 현장에서 실질적으로 운영되기 위해서는 교원의 전문성과 실행 역량 강화가 반드시 필요하다. 이를 위해 교사 연수 과정에 UNESCO, OECD 등 국제기구에서 발간한 세계시민교육 지침서와 자료를 적극적으로 활용하고, 온라인 기반 국제 공동 연수, 해외 현장 연수, 국제 비정부기구(Nongovernmental Organization, NGO)와 연계한 체험형 연수 프로그램 등도 제공할 수 있다. 이러한 과정을 통해 교사들은 세계시민교육의 철학과 목표를 이해할 뿐 아니라, 실제 수업에 적용 가능한 교수·학습 모형과 평가 방법을 익힐 수 있다. 또한 다문화 현장 방문, 국제기구 연수, 해외 자매학교 협력 활동 등과 같은 현장 중심 연수를 제공함으로써 교사들이 글로벌 이슈를 직접 경험하며 교육적 관점을 확장할 수 있도록 지원할 수 있다.

아울러 교사 연구회나 전문적 학습공동체를 통해 교사들이 수업 자료를 공동 개발하고, 세계시민교육을 교과나 창체 활동과 연계한 교육과정 재구성 사례를 공유해 나가야 한다. 또한 세계시민성 핵심 역량을 반영한 평가 루브릭을 개발·보급하여 수업과 평가가 일관성 있게 이루어질 수 있도록 지원하는 한편 실제 수업 적용 결과를 피드백할 수 있는 체제를 마련해야 한다. 나아가 교사들이 주도적으로 국제교류 프로그램이나 글로벌 캠프를 기획·운영할 수 있도록 제도적, 행정적 지원도 제공할 수 있다. 이를 통해 교사들은 세계시민교육을 주도적으로 설계·운영하는 교육과정 전문가로 성장할 수 있으며, 학교 현장에서는 보다 체계적이고 지속가능한 세계시민교육 실천이 가능해질 것이다.

4) 포용적 학교 문화 조성

세계시민교육이 학교 현장에서 안정적으로 실행되기 위해서는 제도와 일상 전반에서 다양성과 공존을 존중하는 포용적 학교 문화가 구축되어야 한다. 이는 단순히 다문화 학생을 수용하는 차원을 넘어, 모든 학생이 배경과 특성에 관계없이 의사결정 과정과 학교 활동에 평등하게 참여할 수 있는 구조를 만드는 것을 의미한다. 이를 위해 학급회의나 학생자치회와 같은 의사결정 기구에 다양한 문화·언어적 배경을 지닌 학생들의 참여를 보장하고, 교실과 학교 공간 곳곳에 문화적 다양성을 반영하는 상징과 자료를 배치하며, 정기적인 다문화 축제와 교류 활동을 통해 서로의 문화를 존중하고 배우는 기회를 제공해야 한다. 이러한 노력을 통해 학교는 학생들이 다양성을 긍정적으로 경험하고 존중하는 민주적 학습공동체로 발전할 수 있다[46].

또한 포용적 학교 문화를 위해서는 혐오와 차별을 예방하는 제도적 장치와 갈등 관리 체계가 반드시 필요하다. 예를 들어, 혐오 표현 예방 교육과 반차별 캠페인을 정기적으로 실시하고, 갈등이 발생했을 때 중재할 수 있는 교사·학생 공동의 갈등 해결 프로그램을 운영할 수 있다. 나아가 학교는 학생·교사·학부모의 의견을 정기적으로 수렴하여 참여율, 만족도, 갈등 발생 건수 등과 같은 포용성 지표를 점검하고, 그 결과를 바탕으로 학교 문화를 개선하는 순환 구조를 마련할 수 있다. 이러한 기반이 구축될 때, 학생들은 세계시민으로서의 가치와 태도를 일상 속에서 실천하고, 지속가능한 미래사회를 위한 협력과 연대의 토대를 자연스럽게 체득할 수 있다.

나. 지속가능한 미래와 실천을 위한 지속가능발전교육

지금 우리는 기후변화의 가속화, 생물다양성 손실, 빈번한 자연재해, 자원의 과도한 소비와 같은 복합적이고 구조적인 위기에 직면해 있다. 이러한 문제들은 단일 국가의 노력만으로는 해결될 수 없으며, 지구 공동체 차원의 연대와 협력을 통한 새로운 대응 체계를 요구한다. 국제사회는 이미 2015년 유엔이 채택한 지속가능발전목표(Sustainable Development Goals, SDGs)를 통해 환경·경제·사회의 조화를 이루는 미래 비전을 제시하였으며, 각국은 교육을 통해 이러한 목표를 실현할 수 있는 시민적 역량을 길러내는 데 주력하고 있다. 특히 유네스코(2021)는 이러한 전 지구적 위기에 대응하기 위해 지속가능발전교육(Education for Sustainable Development, ESD)을 강조하고 있다(47). 이는 단순한 환경 보호 지식이나 실천 교육을 넘어 학습자가 기후변화와 불평등, 생태 위기와 같은 문제를 다각적으로 이해하고, 비판적으로 사고하며, 미래를 예측하고, 공동체적 의사결정 과정에 참여하는 능력을 함양하는 것을 목표로 한다. 다시 말해, 지속가능발전교육은 학생들이 일상에서 지속가능한 생활양식을 실천하고, 동시에 미래 세대의 번영을 보장할 수 있는 역량중심 교육과정의 핵심 영역을 구현하는 중요한 기제로 기능한다(48).

1) 지속가능발전교육을 위한 지원 체계 마련

지속가능발전교육이 학교 현장에 뿌리내리기 위해서는 무엇보다 국가 차원의 제도적 지원이 선행되어야 한다. UNESCO(2020)는 각국이 정책 차원에서 지속가능발전교육을 위한 목표를 명확히 반영하고, 제도와 학교 문화 전반으로 확산할 것을 강조하였다(49). 이에 따라 국가교육과정 총론에 환경, 인권, 평화, 경제적 지속가능성을 포괄하는 목표를 명확히 제시하고, 교과별 성취기준 속에 지속가능성과 관련된 학습 요소를 체계적으로 반영할 수 있는 방안을 마련해야 한다. 나아가 창의적 체험활동, 자유학기제, 학교자율시간 등을 활용하여 지속가능발전교육이 범교과적이고 통합적으로 운영될 수 있도록 제도적 기반을 마련할 필요가 있다. 이러한 제도적 장치는 단순한 교육내용의 추가가 아니라, 국가교육과정 전반을 지속가능성 중심의 패러다임으로 전환하는 계기가 될 수 있다.

아울러 제도적 기반을 효과적으로 구현하고 학교 안착 방안을 마련하기 위해서는 교원 전문성 강화가 핵심 과제로 자리 잡아야 한다. 국가 차원에서 지속가능발전교육을 교사 연수의 필수 영역으로 포함시키고, 모든 교원이 이를 이해하고 수업에 적용할 수 있는 방안을 마련해야 한다. 또한 교사들이 수업 설계와 평가 과정에서 참고할 수 있는 교수·학습 자료, 평가 루브릭, 수업 모형 등을 개발·보급하고,

전문적 학습공동체를 활성화하여 현장 적용 사례를 공유할 수 있도록 지원해야 한다. 나아가 예비 교원 단계부터 지속가능발전교육의 철학과 방법론을 다루는 교원양성 교육과정을 운영하여, 장기적으로는 모든 교사가 미래교육을 위한 지속가능발전교육의 촉진자로 성장할 수 있는 토대를 갖추어야 한다.

2) 지속가능발전교육 거점센터 및 교육 프로그램 개발 · 보급

지속가능발전교육이 학교 현장에서 지속적이고 체계적으로 운영되기 위해서는, 교육청 차원에서 지역 거점센터를 설치하고 이를 중심으로 학교를 지원하는 체계를 마련하는 것이 중요하다. 거점센터는 지역의 특성과 자원을 반영하여 학생들이 실제 삶과 연결된 학습을 할 수 있도록 돕는 기관으로, 학교 현장에서 바로 활용할 수 있는 프로그램을 개발 · 보급하는 역할을 담당할 수 있다. 예를 들어, 해양 도시에서는 해양 생태계 보전 프로그램, 산업 도시에서는 탄소중립 산업 탐방, 농촌 지역에서는 지속가능한 먹거리와 지역 농업 연계 교육 프로그램 운영이 가능하다. 이러한 거점센터는 지방정부, 환경 · 시민단체, 대학, 기업 등과 긴밀한 협력 네트워크를 구축하여 학교가 지역사회 문제 해결형 프로젝트를 운영할 수 있도록 행 · 재정적 기반을 제공할 수 있다. 이는 단순한 학교 차원의 활동을 넘어, 지역 차원의 지속가능성 교육 생태계를 구축하는 효과를 가져온다.

아울러 교육청은 각 학교의 지속가능발전교육 운영 현황을 정기적으로 모니터링하고 우수사례를 발굴하여 확산하는 체계를 마련해야 한다. 여기서 중요한 점은 지속가능발전교육이 지식 전달이나 이해에 그치지 않고 태도와 실천을 포함해야 한다는 점이다. 이에 따라 지속가능발전교육과 연관된 성취기준과 평가 체계도 지식 습득뿐 아니라 학생들이 실제로 지속가능한 생활양식을 실천할 수 있는 능력까지 포괄하여 운영할 수 있도록 해야 한다. 나아가 교육청이 모니터링에 따른 평가 결과를 분석하고 환류함으로써, 지속가능발전교육 프로그램의 질적 성장을 도모함과 동시에 각 학교가 스스로의 성과를 점검하며 개선 방향을 설정할 수 있도록 촉진할 수 있다.

3) 학교 단위 지속가능발전교육 프로젝트 학습 활성화

지속가능발전교육을 효과적으로 실현하기 위해서는 학교가 교육과정 자율권을 바탕으로 학생 주도의 프로젝트 학습을 활성화하는 것이 필요하다. 프로젝트 학습은 학생들이 실제 문제를 중심으로 탐구하고 해결책을 제시하는 과정에서 비판적 사고, 협력, 창의적 문제 해결과 같은 역량을 기를 수 있다는 점에서 역량 중심 교육과정과 맞닿아 있다. UNESCO(2020) 역시 지속가능발전교육은 단순한 지식 전달이 아니라, 학습자가 “행동할 수 있는 힘(Agency)”을 기르는 데 목적이 있다고 강조한 바 있다[50]. 따라서 학교는 교과, 창의적 체험활동, 학교자율시간 전반에 지속가능발전교육을 반영하고, 학생들이 실생활 속에서 변화를 만들어낼 수 있는 주제를 스스로 선택·설계할 수 있도록 지원해야 한다.

예를 들어, 에너지 절약 캠페인, 지역 생태 조사, 지속가능한 식생활 프로젝트, 플라스틱 저감 활동과 같은 실천 중심 과제를 통해, 학생들은 배운 지식을 행동과 연결하고 공동체의 문제 해결에 기여할 수 있도록 도울 수 있다. 이 과정에서 교사는 배움의 촉진자로서 학생들의 탐구를 안내하고 협력을 이끌며, 학습 결과를 공유하고 성찰하는 장을 마련해야 한다. 이때 평가 방식도 단순 시험이 아니라 포트폴리오, 발표회, 지역사회 공유회처럼 학생의 학습 과정과 실천을 함께 반영할 수 있도록 해야 한다. 이러한 접근은 학생들에게 지속가능한 생활양식을 실천하는 경험을 제공함으로써, 학교가 곧 지속가능발전교육의 실험실이자 학습공동체로 기능하게 만든다.

4) 지역사회 및 국제 연계 방안 마련

지속가능발전교육의 핵심은 학생들이 실제 사회 문제에 참여하고, 공동체의 일원으로서 변화를 만들어내는 경험을 통해 협력적 시민성(Collective Citizenship)을 기르는 데 있다[51]. 이 때문에 학생들의 배움이 현실 세계와 연결될 수 있도록 교실을 넘어 지역사회, 국제사회, 그리고 다양한 비형식 학습 공간과 연계한 교육으로 확장해 나가야 한다.

우선 지역사회 차원에서는 지자체, 환경단체, 마을교육공동체, 대학 등과 파트너십을 맺어 지역 문제 해결형 프로젝트를 운영할 수 있다. 예를 들어, 지방정부의 탄소중립 정책과 연계한 온실가스 감축 캠페인, 마을 단위의 '제로 웨이스트 마켓' 운영, 지역 하천 수질 모니터링, 도시 농업 프로젝트 등은 학생들에게 지역의 실제 문제를 탐구하고 해결책을 제시하는 기회를 제공할 수 있다. 이러한 활동은 단순한 봉사가 아니라, 비판적 사고・협력・문제 해결 역량을 키우는 학습 과정이 된다.

지속가능발전교육을 위한 국제사회와의 연계는 학생들에게 더 넓은 시야를 제공할 수 있다. 대표적으로 유네스코 학교 네트워크(UNESCO Associated Schools Network: ASPnet)는 전 세계 180여 개국에서 10,000여 개 학교가 참여하는 네트워크로, 평화・인권・지속가능발전, 문화 다양성 등을 중심 주제로 삼아 교육과정, 프로젝트, 교사연수, 학교 교류 등을 지원함으로써 유네스코에서 추구하는 가치들이 학교 전반에 스며들도록 지원하고 있다[52]. 우리나라 학생들도 유네스코 학교 네트워크(ASPnet)를 통해 해외의 우수 수업 사례와 교수・학습 자료를 공유받고, 기후 행동 챌린지, 해양 쓰레기 저감 활동 등 국제 공동 프로젝트에 참여하면서 '글로벌 시민'으로 성장할 수 있다. 또한 온라인 플랫폼을 활용해 국경을 넘어 또래 학생들과 가상 프로젝트를 수행함으로써, 학생들이 지역적 실천과 국제적 연대 경험을 동시에 쌓을 수 있도록 지원할 수 있다.

탐구 질문

1. 예측 불가능한 사회의 변화에 대응하여 지속가능한 미래교육을 위해 어떠한 교육 정책 방향과 노력이 필요한가?

2. AI 기반의 급격한 디지털 사회 변화 속에서 지속가능한 미래를 위한 교육 방향과 정책은 어떻게 이루어져야 하는가?

3. 기후 위기, 갈등 심화 등 전 지구적 문제 해결을 위해 필요한 교육적 가치와 내용은 무엇인가?

참고문헌

(1) UNESCO. (2021). *Reimagining our futures together: A new social contract for education*. Paris, France: UNESCO.

(2) OECD. (2018). *The future of education and skills: Education 2030 — The learning framework 2030*. Paris, France: OECD Publishing.

(3) 교육부. (1992). 제6차 국민학교 교육과정 총론. 서울: 교육부.

(4) 교육부. (1997). 제7차 초등학교 교육과정 총론. 서울: 교육부.

(5) 교육인적자원부. (2007). 초등학교 교육과정 총론. 서울: 교육인적자원부.

(6) 교육과학기술부. (2009). 2009 개정 교육과정 총론. 서울: 교육과학기술부.

(7) 교육부. (2015). 2015 개정 교육과정 총론. 서울: 교육부.

(8) 교육부. (2022). 2022 개정 교육과정 총론. 세종: 교육부.

(9) 김선영, 소경희. (2014). 교사들이 기대하는 교육과정 자율권 탐색. 아시아교육연구, 15(4), 55-79.

(10) 임재일, 박은영, 박주훈, 김택헌. (2021). 학교자율과정 적용 양상에 따른 교육과정 정책 방향 논의: 경기도교육청을 중심으로. 교육문화연구, 28(3), 75-104.

(11) 이윤미, 박성자, 정민경, 조현정, 임성태, 김순미, 하늘빛, 김두겸, 송정화. (2021). 교사의 교육과정 강화를 위한 국가교육과정 개발 방향 연구. 전주: 전북교육정책연구소.

(12) OECD. (2016). *Governing education in a complex world*. Paris, France: OECD Publishing.

(13) Finnish National Agency for Education (EDUFI). (2016). *National core curriculum for basic education 2014*. Helsinki, Finland: Finnish National Board of Education.

(14) 국가교육위원회. (2023). 국가교육위원회 운영 규정 및 업무 지침. 서울: 국가교육위원회.

(15) 노은희. (2025). "국민과 함께하는 교육과정"의 의견 수렴에 대한 반성적 고찰: 2022 개정 국어과 교육과정 개발 과정을 중심으로. 교육과정평가연구, 28(2), 33-66.

(16) 김희삼, 박남기, 김미경, 한경혜. (2021). 국가교육위원회의 설립 방향과 과제. 진천: 한국교육개발원.

(17) 한국교육과정평가원(KICE). (2021). 교육과정 실행 및 환류 체계 구축을 위한 연구. 서울: 한국교육과정평가원.

(18) 교육부. (2022). 2022 개정 교육과정 총론 해설. 세종: 교육부.

(19) 국가교육위원회. (2023). 국가교육정책 중장기 기본계획(안). 서울: 국가교육위원회.

(20) 교육부. (2022). 2022 개정 교육과정 총론 해설. 세종: 교육부.

(21) 교육부. (2022). 2022 개정 교육과정 총론. 세종: 교육부.

(22) 서울특별시교육청. (2021). 서울형 혁신교육지구 운영 매뉴얼. 서울: 서울특별시교육청.

(23) 교육부. (2022). 2022 개정 교육과정 총론. 세종: 교육부.
(24) 김성숙. (2022). 우리나라 학교 교육과정 거버넌스 변화의 방향 탐색. 교육과정연구, 40(4), 1-27.
(25) 이명신. (2021). 교육과정 거버넌스와 학교 자율성: 현황과 과제. 한국교육행정학회지, 39(2), 85-109.
(26) 임재일, 박은영, 박주훈, 김택헌. (2021). 학교자율과정 적용 양상에 따른 교육과정 정책 방향 논의: 경기도교육청을 중심으로. 교육문화연구, 28(3), 75-104.
(27) 류영휘. (2016). 교육과정 자율화 정책에 대한 비판적 고찰 - 교사의 자율성 개념을 중심으로. 서울대학교 대학원.
(28) 김선영, 소경희. (2014). 교사들이 기대하는 교육과정 자율권 탐색. 아시아교육연구, 15(4), 55-79.
(29) 교육부. (2019). 2015 개정 교육과정 현장 실행 실태 조사 연구. 서울: 한국교육과정평가원.
(30) 이윤미, 박성자, 정민경, 조현정, 임성태, 김순미, 하늘빛, 김두겸, 송정화. (2021). 교사의 교육과정 강화를 위한 국가교육과정 개발 방향 연구. 전주: 전북교육정책연구소.
(31) 이윤미, 김혜진, 정은경. (2021). 교육과정 자율화 정책의 실행 실태와 개선 방향. 서울: 한국교육과정평가원.
(32) 김진숙, 정은영. (2019). 학교 문화와 교육과정 혁신의 관계 분석. 교육과정연구, 37(4), 65-88.
(33) OECD. (2018). *The future of education and skills: Education 2030 — The learning framework 2030*. Paris, France: OECD Publishing.
(34) UNESCO. (2021). *Reimagining our futures together: A new social contract for education.* Paris, France: UNESCO.
(35) OECD. (2023). *OECD digital education outlook 2023: Towards an effective digital education ecosystem*. Paris, France: OECD Publishing.
(36) OECD. (2023). *OECD digital education outlook 2023: Towards an effective digital education ecosystem*. Paris, France: OECD Publishing.
(37) UNESCO. (2021). *AI and education: Guidance for policy-makers*. Paris, France: UNESCO.
(38) OECD. (2023). *OECD digital education outlook 2023: Towards an effective digital education ecosystem*. Paris, France: OECD Publishing.
(39) OECD. (2019). *OECD learning compass 2030: A series of concept notes. Paris*, France: OECD Publishing.
(40) Mehlan, R., Hess, C., Stierstorfer, Q., & Schaaff, K. (2025). *Personalized knowledge transfer through generative AI: Contextualizing learning to individual career goals.* arXiv.

(41) OECD. (2024). *Digital technologies in career guidance for youth*. Paris, France: OECD Publishing.

(42) Xenos, M., Papadopoulos, T., Christopoulos, A., & Douligeris, C. (2019). *The Future Time Traveller project: Career guidance on future skills, jobs and career prospects of Generation Z through a game-based virtual world environment*. ResearchGate.

(43) UNESCO. (2021). *Reimagining our futures together: A new social contract for education.* Paris, France: UNESCO.

(44) Super, D. E. (1980). A life-span, life-space approach to career development. *Journal of Vocational Behavior, 16*, 282-298.

(45) 김혜숙, 이지연, 장은정, 이희숙. (2020). 세계시민교육을 위한 교육과정 통합 방안 연구. 진천: 한국교육개발원.

(46) 한국교육개발원. (2019). 포용적 학교 문화 조성을 위한 정책 연구. 진천: 한국교육개발원.

(47) UNESCO. (2021). *Reimagining our futures together: A new social contract for education.* Paris, France: UNESCO.

(48) UNESCO. (2021). *Reimagining our futures together: A new social contract for education.* Paris, France: UNESCO.

(49) UNESCO. (2020). *Education for sustainable development: A roadmap*. Paris, France: UNESCO.

(50) UNESCO. (2025). *UNESCO Associated Schools Network (ASPnet) strategic framework for action 2025-2029*. Paris, France: UNESCO.

(51) UNESCO. (2020). *Education for sustainable development: A roadmap*. Paris, France: UNESCO.

(52) UNESCO. (2021). *UNESCO Associated Schools Network (ASPnet) strategy 2022-2030*. Paris, France: UNESCO.

제 7 장 역량 중심 교육, 그 너머의 과제

7.1 교육의 본질로 돌아가기

오늘날 학교 교육은 여전히 정량화된 성취와 서열화된 평가 체제에 강하게 의존하고 있다. 성적과 등수는 학생의 학업 수준을 비교하는 데 효율적인 도구일 수 있으나, 교육의 목적을 '더 높은 점수'와 '더 좋은 등수'라는 협소한 틀 안에 가두어 버린다. 그 결과 학생 개개인의 삶과 연결된 배움, 내면적 성장, 공동체적 성숙은 종종 후순위로 밀려나는 구조적 한계를 드러내고 있다. 그러나 교육의 본질은 점수나 서열이 아니라 학생이 지닌 고유한 가능성을 발견하고 그것을 삶 속에서 실현할 수 있도록 돕는 과정에 있다. 이러한 본질을 회복하기 위해서는 단순한 지식 전달 중심의 수업 구조를 넘어 맥락적·경험적 학습이 필요하다. 즉, 학생이 왜 이것을 배우는지, 맥락 속에서 배움의 의미를 자각하고 직접 경험을 통해 배우는 과정에서 지식을 배움으로 전환하며, 나아가 그 배움이 공동체와 어떻게 연결되는지를 탐구할 수 있어야 한다.

역량 중심 교육과정은 이러한 전환을 제도적으로 뒷받침하는 구조적 대안이다. 역량은 단순한 지식 습득이 아니라 실제 삶의 맥락에서 문제를 해결하고, 타인과 협력하며, 자기 주도적으로 학습하고 성장하는 능력을 포괄한다. 예컨대, 지속가능발전교육 수업에서 학생이 기후변화의 원인을 이해하는 데 그치지 않고, 지역의 탄소 배출 현황을 조사하고 대안을 설계하며 지역사회와 소통하는 경험은 역량 중심 학습의 전형적 사례라 할 수 있다. 이처럼 역량 중심 교육과정은 교육을 단순한 정보 습득 과정이 아니라 삶과 공동체에 기여하는 실천적 과정으로 재정립한다. 이러한 방향은 학생 맞춤형 교육과도 긴밀히 연결된다. 학생 맞춤형 교육은 모든 학생이 동일한 교육 경로를 따르는 것이 아니라, 개인의 흥미・적성・목표에 따라 최적화된 학습 경험을 제공하는 것을 의미한다. 이를 위해 교사는 학생의 발달 단계, 학습 이력, 진로 목표를 반영한 교육과정을 설계해야 하며, 다양한 선택 과목, 프로젝트, 심화활동을 통해 개별화된 학습 기회를 보장해야 한다. 이는 학습자가 스스로 학습 경로를 설계할 수 있는 자율성을 강화하는 동시에, 삶의 맥락에 적합한 배움을 경험하도록 하는 데 기여한다.

아울러 학교 자율적 교육과정 운영은 성장 중심 교육을 실현하기 위한 중요한 기반이다. 학교는 국가 수준 교육과정의 큰 틀 안에서 지역사회 자원, 학생 요구, 학교 비전 등을 반영하여 학교에 적합한 교육과정을 자율적으로 구성할 수 있어야 한다. 지역 특화 산업이나 문화유산을 기반으로 한 프로젝트 수업, 학생회가 주도하는 교육과정 편성 참여, 교사 협업을 통한 융합형 과목 운영 등은 자율성을 토대로 한 성장 중심 교육의 좋은 사례로 평가할 수 있다. 또한 성장 중심 교육으로의 전환은 교육과정의 설계, 수업 운영, 학교 문화 전반을 역량 중심 교육과정, 학생 맞춤형 수업, 학교 자율성 강화라는 세 축 위에 재구조화하는 과정이다. 학생이 실패를 배움의 일부로 받아들이고, 협력 속에서 의미를 찾으며, 자신의 배움이 사회적 가치와 어떻게 연결되는지를 자각하는 것이야말로 진정한 교육의 본질이자, 학생이 미래 사회에서 살아갈 수 있는 역량을 기르는 교육의 완성이라 할 수 있다.

7.2 현장의 관점에서 본 도전과 과제

역량 중심 교육의 방향성은 제도적으로 명확히 제시되었지만, 실제 학교 현장에서 이를 실현하는 과정은 여전히 많은 제약에 부딪히고 있다. 2009년 이후 교육과정 개정이 거듭되며 핵심역량과 학생 맞춤형 교육의 중요성을 지속적으로 강조하고 있지만, 입시 중심 교육 문화와 정량 평가에 대한 집착은 변함없는 구조적 한계로 남아 있다. 학부모와 학생 모두가 대학 입시 성과에 과도하게 집중하는 상황에서 입시와 직접 연결되지 않는 학습 활동은 부차적으로 인식되기 쉽고, 학교 내부 평가 지표에서도 낮은 비중을 차지한다. 이는 곧 학교 현장에서 역량 중심 교육을 실질적으로 추진할 수 있는 동력을 약화시키는 요인으로 작용한다.

교사들은 역량 중심 수업과 평가를 실천할 의지를 가지고 있음에도, 과중한 행정 업무, 교육부 및 교육청의 잦은 지침 변경, 교육 자원의 부족 등으로 인해 교육혁신에 충분히 몰입하기 어려운 상황에 놓여 있다. 특히 교사 연수는 단발적이고 이론 중심의 연수로 운영되는 경우가 많아, 현장에서 즉시 적용 가능한 실습형·사례 중심 연수가 부족하다. 그 결과 교사는 새로운 교육과정의 취지와 방법을 이해하더라도 실행력 확보에 어려움을 겪게 된다. 이러한 현실을 개선하기 위해서는 다음과 같은 정책적 전환이 필요하다.

첫째, 피드백 중심의 학교 맞춤형 교육 정책 지원이 필요하다. 상위 기관이 단일한 지침을 일방적으로 하달하는 방식에서 벗어나, 학교별 여건과 필요를 반영한 맞춤형 지원을 제공하고, 주기적인 피드백 체계를 마련해야 한다. 이를 통해 학교의 자율성과 실행력을 동시에 보장할 수 있다.

둘째, 교사 중심의 교육과정 실행을 보장해야 한다. 교사가 수업 설계와 교육과정 운영의 주체로 설 수 있도록 권한과 자율성을 확대해야 하며, 불필요한 행정 부담을 경감하고, 학교 단위의 의사결정 구조에서 교사의 발언권과 영향력을 강화해야 한다. 이는 교사가 교육혁신을 주도할 수 있는 제도적 기반을 마련하는 일이다.

셋째, 지속적인 전문성 연수와 교사 전문적 학습공동체 활성화가 이루어져야 한다. 단발적 연수에 머무르지 않고, 연구회·수업 나눔·교사 멘토링 등을 체계적으로 지원하여 교사의 역량 중심 수업·평가 역량 함양을 지원해야 한다. 특히 교육청 차원에서 장기적이고 심화된 연수 프로그램을 마련함으로써 교사가 지속적으로 성장할 수 있는 학습 문화를 함께 구축해야 한다.

넷째, 입시와 분리된 과정 중심 평가 제도화가 필요하다. 학생의 성장을 반영하는 평가가 입시 성적과 직접적으로 연결되지 않도록 돕는 장치를 마련하고, 학생의 장기적 성장과 학습 여정을 기록하고 환류하는 체계를 확보해야 한다. 이를 통해 학교 현장에서 과정 중심 평가가 안정적으로 안착할 수 있도록 지원할 수 있다.

이러한 정책적 전환은 앞서 제안한 민주적 학교 문화 조성, 지역사회 연계 진로 체험 생태계 확충, 미래 직업 대응 역량 강화와도 긴밀히 연결된다. 교사가 교육혁신의 실질적 주체로 설 수 있도록 토대를 마련할 때, 학교는 비로소 학생의 삶과 연결된 진정한 역량 중심 교육을 실현할 수 있을 것이다.

7.3 학생의 삶과 연결되는 교육의 길

미래 사회에서 교육은 더 이상 교실 안에만 머무르지 않는다. 학생들은 지역사회, 온라인 공간, 자연환경, 문화・예술 활동 등 다양한 곳에서 배움을 경험하며 성장한다. 따라서 학교는 단순히 지식을 전달하는 곳이 아니라, 여러 학습 자원을 연결하고 조율할 수 있는 배움의 허브로 역할을 확장해야 한다.

이처럼 학습을 위한 허브로서의 학교는 지역 특성을 살린 프로젝트 학습, 공공도서관・박물관・마을 교사와 연계한 교육 프로그램, 디지털 기술을 활용한 맞춤형 학습 경로 설계, 실시간 피드백 시스템 등을 운영할 수 있다. 이렇게 하면 학생들은 교실 안팎을 자유롭게 오가며, 배움이 자신의 삶과 어떻게 이어지는지를 직접 경험할 수 있다. 특히 자유학기제와 고교학점제를 연계하면, 학생은 학교 수업에서 얻은 기초 역량을 지역사회 경험과 연결해 자기 주도적인 진로 설계로 발전시킬 수 있다. 여기에 지역 진로교육 거점센터와의 협력이 더해지면, 학교 교육과정과 지역 자원이 긴밀히 이어져 실제 직업 세계에 필요한 역량을 기를 수 있다.

또한 미래 교육은 모든 학생을 포용하는 방향으로 나아가야 한다. 즉, 학교 밖 청소년, 이주 배경 학생, 장애 학생 등 다양한 학습자가 차별 없이 배움에 참여할 수 있어야 한다. 이를 위해 지역사회 기관, 비영리단체, 대학, 기업이 함께 참여하는 개방형 교육 네트워크를 만들고, 학생의 특성과 필요에 맞춘 맞춤형 지원을 제공해야 한다. 예를 들어, 디지털 기기에 접근하기 어려운 학생에게는 기기와 네트워크를 지원하고, 장애 학생에게는 보조공학을 활용한 학습 환경을 제공하며,

이주 배경 학생에게는 다국어 자료를 마련하여 제공하는 것 등이 그 사례가 될 수 있다.

앞서 다룬 정책들은 이러한 포용적 교육 생태계와 깊이 연결된다. 지속가능발전교육은 환경·사회·경제 문제를 통합적으로 이해하고 실천할 수 있는 힘을 길러준다. 또한, 민주적 역량 강화는 학생이 공동체 속에서 참여와 협력을 실천하도록 돕는다. 평생 경력 개발 역량은 변화하는 사회와 직업 환경 속에서도 스스로 학습 경로를 새롭게 설계하고 역량을 갖추어 나갈 수 있도록 한다.

이처럼 학교를 넘어선 교육 생태계 속에서 학생들은 단지 좋은 성적을 얻기 위한 학습이 아니라, 실제 삶의 문제를 이해하고 해결하며, 공동체의 일원으로서 의미 있게 살아가는 방법을 배울 수 있다. 이것이야말로 역량 중심 교육이 지향하는 교육의 목표이며, 학생들에게 살아갈 힘을 길러주는 교육의 완성된 모습이다.

역량 중심 교육은 단기적 제도 개편이 아니라 교육의 존재 이유를 새롭게 정의하는 긴 여정이다. "이 교육은 누구를 위한 것인가?", "이 배움은 학생의 삶을 어떻게 변화시키는가?"라는 질문은 첫 장에서 던졌던 출발점이자, 마지막 장에서 다시 되짚어야 할 도착점이다. 앞서 제안한 정책과 실천 방안—지속가능발전교육, 민주적 역량, 진로 연계 교육, 미래 직업 대응, 평가 혁신 등—은 그 길을 위한 구체적인 발판이다.

요컨대 교육의 목적은 단순히 결과를 만드는 것이 아니라, 방향을 세우는 데 있다. 학생이 자신의 삶을 스스로 설계하고, 공동체와 함께 살아갈 힘을 기르는 과정이 곧 교육의 핵심이다. 이를 위해 정책, 제도, 수업, 평가가 따로따로 움직이지 않고 서로 연결된 생태적 구조를 만들어야 한다. 그렇게 될 때 역량 중심 교육은 단순한 개혁을 넘어, 학생의 현재와 미래를 이어주는 진정한 혁신으로 완성될 것이다.

찾아보기

『 기타 』

저자 약력

구교정

인천 현직 중학교 교장이자 교육학 박사로 인하대학교에 출강하며 교육과정과 수업 혁신 연구에 힘써 왔다. 수석교사로 봉직한 바 있고, 수업 혁신에 기여한 공로로 홍조근정훈장을 수훈했으며, 미국 SciencePG 학회 논문 심사위원으로도 활동하고 있다. 또한 《중학교의 미래 준비》를 포함한 6권의 저서를 집필하고 SCI급 학술지를 포함해 20여 편의 논문을 발표하여 학교 현장 발전에 기여하고 있다.

고흔석

서울 현직 초등학교 교장이자 교육학 박사를 취득했다. 사회과교육을 전공하는 교육학자로서 서울교대, 한국교원대학교에 출강하고 있으며, 한국사회과교육연구학회 부회장으로 학회 활동을 하고 있다. 관심 연구 분야는 초등 사회과 교육과정과 교육방법, 민주시민교육이고 저서로는 《쟁점중심 사회과교육》, 공저로는 《국정 초등 사회교과서》, 《서울의 생활》 등을 집필하였다.

양일동

서울 현직 고등학교 교사이자 교육학(국어교육) 박사 학위를 취득했다. AI디지털미래교육연구소 대표이며 교육학자로서 AI 시대에도 학습자가 스스로 사고하고 표현할 수 있는 방안을 다수의 논문과 연구 성과로 제시해 왔다. 아울러 AI 활용과 디지털 실무 혁신, AI 디지털 리터러시, AI 활용 글쓰기 교육의 방향성과 실행 전략을 정립해 가고 있다. 《왜 오늘따라 교단에 서는 게 힘들까》, 《나는 그렇게 다시 계절의 품에 안긴다》, 《AI와 함께 여는 글쓰기 교육의 미래》를 집필하였다.

이안정

인천 현직 중고등학교 교사이자 교육학(국어교육) 박사 학위를 취득했다. 작가, 문학평론가, AI디지털미래교육연구소 부대표이며 교육학자로서 문학적 사유와 변증법적 초상, 존재의 결을 따라 다수의 저서와 논문을 통해 연구와 창작의 길을 꾸준히 걸어가고 있다. 저서로는 시집과 에세이 《불안해서 열심히 산다는 그대에게》를 비롯해 학술·교육 연구서 《맥신 그린(Maxine Greene)의 예술 교육 철학과 심미적 체험 기반 문학 수업 연구》 등 총 5권의 저서를 집필하였다.

채민정

인천 현직 고등학교 교사로 영어교육을 전공하고 2009년부터 재직 중이다. 교직 초기에는 학습 동기 유발에 초점을 둔 다양한 영어 교수법 개발에 전념하였고, 점차 교육의 본질을 학생의 전인적 성장에서 모색하게 되었다. 창의성과 인문학적 통찰력을 토대로 한 다양한 주제 융합 수업을 통해, 학업 성취와 인간적 성숙이 조화를 이루는 교육을 실천하고 있다.

곽지순

인천 현직 초등학교 교감이자 초등 국어교육학 석사 학위를 취득하였고, 인천광역시교육청에서 장학사로 근무하였다. 이후 교육과정·수업·평가 개선에 관심을 가지고 다양한 정책 지원과 연구, 현장 강의를 진행하고 있다. 저서로는 《배움을 키우는 북아트》, 《아 다르고 어 다른 우리말》, 《국어교육과 미디어텍스트》 등이 있다.

학생 맞춤형 역량교육의 이론과 실천

-학습자 중심 패러다임의 재구성-

2026년 1월 1일 1판 1쇄 인쇄
2026년 1월 10일 1판 1쇄 발행

저 자 : 구교정 고흔석 양일동
이안정 채민정 곽지순

발행자 : 한 정 주
발행처 : 교 육 과 학 사

경기도 파주시 광인사길 71
전화(031)955-6956~8/팩스(031)955-6037
Home-page : www.kyoyookbook.co.kr
E-mail : kyoyookbook@daum.net

등록 : 1970년 5월 18일 제2-73호

정가 **22,000** 원
Printed in Korea.
ISBN 978-89-254-1961-9